高等院校公共基础课系列教材

U0662539

职业发展与就业指导
——大学生生涯通关实训手册

韩 赟 姚文静 主 编

江 洁 罗陈娟 叶 腾 副主编

清華大学出版社

北 京

内 容 简 介

本书是一本专为大学生量身打造，能有效助力其明晰职业方向、走好职业发展之路的实用教材。全书以生涯通关任务为特色，精心设置丰富多样的实践内容，从意识唤醒起步，帮助大学生详细解读职业环境，深度剖析自身兴趣、能力与价值观，并帮助其明确职业方向。本书通过模拟求职场景、提供真实案例分析等方式，传授简历撰写、面试心理调适等实用求职技能。本书自研的 KGN 复盘法，可助力大学生高效复盘职业探索实践，进而帮助其总结经验、明晰不足并优化职业规划。无论是对未来迷茫的大一新生，还是临近毕业的大四学生，本书都能提供切实有效的指导，是大学生职业发展道路上的得力助手。

图书在版编目(CIP)数据

职业发展与就业指导：大学生生涯通关实训手册 /
韩赟, 姚文静主编. -- 北京：清华大学出版社，2025.7（2025.8重印）.
(高等院校公共基础课系列教材). -- ISBN 978-7-
302-69605-6

Ⅰ. G647.38

中国国家版本馆CIP数据核字第2025GL8388号

责任编辑：胡辰浩
封面设计：高娟妮
版式设计：妙思品位
责任校对：成凤进
责任印制：宋　林

出版发行：清华大学出版社
　　　　网　　址：https://www.tup.com.cn，https://www.wqxuetang.com
　　　　地　　址：北京清华大学学研大厦A座　　　　　　　　邮　　编：100084
　　　　社 总 机：010-83470000　　　　　　　　　　　　　　邮　　购：010-62786544
　　　　投稿与读者服务：010-62776969，c-service@tup.tsinghua.edu.cn
　　　　质 量 反 馈：010-62772015，zhiliang@tup.tsinghua.edu.cn
印 装 者：三河市龙大印装有限公司
经　　销：全国新华书店
开　　本：185mm×260mm　　　印　　张：18.5　　　　　　　字　　数：485千字
版　　次：2025年7月第1版　　　印　　次：2025年8月第2次印刷
定　　价：59.80元

产品编号：108641-01

　　大学生作为青年群体中的重要组成部分，他们的职业发展和就业状况不仅关系到个人的成长成才和价值实现，更关系到国家的经济发展和社会稳定。党和国家历来高度重视大学生的生涯教育和就业工作，将其摆在突出位置，出台了一系列政策措施，为大学生的职业发展和就业创造了良好的环境。

　　生涯教育作为培养高素质人才的关键环节，越发受到国家的高度重视。生涯教育已被全面纳入教育改革的整体布局之中，成为提升教育质量、促进学生全面发展的核心举措。中共中央办公厅、国务院办公厅 2024 年 11 月印发的《关于加快构建普通高等学校毕业生高质量就业服务体系的意见》中明确提出，要强化生涯教育与就业指导。

　　《职业发展与就业指导——大学生生涯通关实训手册》正是在这样的背景下应运而生。本书紧密围绕国家对生涯教育的要求，结合大学生的实际需求和特点，以实训通关的创新模式，为大学生提供了一套系统、全面、实用的生涯教育和就业指导方案。

　　本书的特色在于采用了实训通关和体验式活动的方式，将生涯教育和就业指导的内容融入一个个具体的关卡和任务中。通过这种方式，让大学生在实践中学习，在体验中成长，增强了学习的趣味性和实效性。

　　第一关"意识唤醒关"，旨在帮助大学生初步认识生涯规划的重要性，唤醒他们对职业发展的意识，引导他们树立正确的职业观和价值观。

　　第二关"外部探索关"分为两个任务。任务一"解析形势·初探职业"，旨在让大学生了解当前的就业形势和行业发展趋势，初步探索自己感兴趣的职业领域；任务二"纵横校园·蓄能聚源"，则引导大学生充分利用校园资源，提升自己的综合素质和职业能力。

　　第三关"自我认知关"包含四个任务。任务一"心之所向·乐在当下"，旨在帮助大学生发现自己的兴趣爱好，找到自己真正热爱的事情；任务二"剖析性格·洞察自我"，通过性格测试等方式，让大学生深入了解自己的性格特点，为职业选择提供参考；任务三"内外兼修·能力为王"，引导大学生认识到自身的优势和不足，有针对性地提升自己的能力；任务四"价值溯源·澄明寻真"，旨在帮助大学生明确自己的职业价值观，找到与自己价值观相契合的职业。

　　第四关"计划决策关"包含两个任务。任务一"洞察未来·决策生涯"，教会大学生如何制定合理的职业规划，做出正确的职业决策；任务二"生涯导航·逐梦未来"，则为大学生提供了实现职业目标的具体路径和方法。

　　第五关"行动执行关"有三个任务。任务一"简历点睛·职场破冰"，传授大学生撰写优秀简历的技巧，帮助他们在职场中脱颖而出；任务二"自信开场·面试领航"，通过模拟面试等方式，提升大学生的面试能力和自信心；任务三"心态调适·就业无忧"，关注大学生在就业过程中的心理状态，帮助他们调适心态，应对各种压力和挑战。

第六关"复盘评估关"，引导大学生对自己的生涯规划和就业过程进行全面的复盘和评估，总结经验教训，及时调整规划，为未来的职业发展做好准备。

本书的编写团队由从事生涯教育和就业指导工作多年的专家和一线教师组成，具有丰富的理论知识和实践经验。在编写过程中，团队成员深入调研了大学生的实际需求和存在的问题，参考了大量的国内外相关文献和研究成果，力求使本书具有科学性、实用性和前瞻性。

希望本书能够成为大学生职业发展和就业指导的良师益友，帮助广大大学生树立正确的职业观和价值观，掌握科学的生涯规划方法和就业技巧，顺利实现从校园到职场的过渡，为实现中华民族伟大复兴的中国梦贡献自己的力量。同时，也希望本书能够为从事生涯教育和就业指导工作的教师和研究人员提供有益的参考和借鉴。

由于作者水平有限，本书难免存在不足之处，恳请广大读者提出宝贵意见和建议，以便我们在今后的修订中不断完善。我们的电话是 010-62796045，邮箱是 992116@qq.com。

编　者
2025 年 5 月

目录

意识唤醒关

一、关卡名称：揭开生涯面纱

子曰："吾生也有涯，而知也无涯。"他用有止境的生命衬托无止境的学习，这里的"生涯"特指生命或人生。唐纳德·E. 舒伯(Donald Edwin Super)认为，"生涯"是生活中各种事态的演进方向与历程，它统合了人一生中的各种职业和生活角色，由此表现出个人独特的自我发展形态。1971年，美国联邦教育署署长马兰博士正式提出"生涯教育"观念，这标志着现代生涯教育的开始。时任美国总统尼克松称其为"由政府创办的一种最有前途的教育事业"。西方生涯教育理论大体分为人职匹配理论、职业生涯发展理论、社会学习生涯理论、后现代生涯理论四大类型。

(一) 生涯

许多人认为生涯(career)就是工作或职业，实际上，"生涯"一词含义较为丰富，它的意义要比工作和职业的范围更大。从广义上讲，生涯整合了一个人一生中各种职业和生活角色，包含了父母、子女、配偶，或者学生、工作者，也包括副业等。它涵盖了个人在社会中所从事的工作、所承担的家庭角色、个人的兴趣爱好发展、社会交往等各个方面。它的范围从出生到退休甚至死亡。因此，个体生涯的发展由生命的长度、广度、宽度交织而成，每个阶段都有相应的角色和任务，每个人都要找一条适合自己的人生发展之路，在一步步的闯关晋级过程中，形成必备的个人特征，过去的经验、经历使得我们成为当下的自己，而当下阶段的角色是为下一个阶段做准备的，从而推动了生涯的发展。

中国台湾金树人老师的《生涯咨询与辅导》一书中，总结了生涯的特点如下。

- 方向性：生涯指向某个方向。一个人的生涯发展，犹如茫茫大海中轮船的航道，虽不可见，但是有方向可循。
- 时间性：生涯可以是一个阶段，但整个生涯的发展是人的一生当中连续不断的过程。
- 空间性：生涯可以横跨生活的各个空间，以事业的角色为主轴，也包含其他与工作有关的角色。

- 独特性：每个人的生涯都是独一无二的，我们要寻找的不是唯一正确的、最佳的生涯规划，而是最适合自己的。
- 现象性：生涯包含对生活现象的反思，是对客观"位置"的主观觉知，在发展中觉察，彰显和完成人生的意义。
- 主动性：人是生涯的主动塑造者，通过生涯转换过程中的生涯决定来完成。

而在我们生活中所说的生涯多指向职业生涯，它实际上是生涯的一部分。

(二) 职业生涯与职业生涯规划

从职业角度来说，生涯常常特指个人的职业发展道路，包括职业的选择、晋升、转型等一系列与工作相关的经历和决策。职业生涯指个体从正式进入职场开始到退出职场这段时间与工作有关的经历、态度、需求、行为等过程，是一个人的终身职业经历。

职业生涯规划并不是简单地找工作或者只与工作相关，而是指个人与组织相结合。一个人在对职业生涯的主客观条件进行测定、分析和总结的基础上，对其兴趣、爱好、能力及特点进行综合分析与权衡，结合时代特点，根据其职业倾向，确定最佳的职业奋斗目标，并为实现这一目标做出的行之有效的行动计划。职业生涯规划的基本原则如下。

1. 择世所需

在规划自己的职业生涯时，一定要分析社会需求，从社会的整体利益出发，择世所需。在规划个人生涯时，将国家需要、社会需求与党的二十大精神相结合具有重要意义。党的二十大强调了高质量发展，包括科技创新、绿色发展、乡村振兴等领域。

如果在理工科方面有专长，可以考虑投身于科技创新行业，为解决"卡脖子"技术难题贡献力量；若对环境保护和可持续发展有热情，那么可在新能源、资源回收利用等领域找到广阔的发展空间，助力实现碳中和、碳减排目标；若对改善民生、促进社会公平正义有理想初衷，可以选择从事教育、医疗、社会保障等工作；如果有志于服务农村，农业科技、农村电商、乡村旅游等领域都急需人才，这将是实现个人价值的良好途径；如果对中国传统文化颇为了解，也热衷弘扬，那么可以从事文化传承与创新、文艺创作、文化产业等工作，能够为增强国家文化软实力添砖加瓦。

总之，将个人生涯规划与党的二十大精神相结合，不仅能使个人发展与国家、社会的发展同向同行，还能在为国家和社会做出贡献的过程中，实现个人的人生价值和理想抱负。

2. 择我所爱

调查表明：兴趣与成功概率有着明显的正相关性。在规划自己的职业生涯时，考虑自己的特点，珍惜自己的兴趣，选择自己所喜欢的职业，职业生涯会由此变得妙趣横生。原央视著名主持人张泉灵参加北京大学毕业典礼时说道：

其实在这么多年里我和青年学生交流的时候，有的人会跟我说这样的话：其实这个世界上有多少人能真正做到自己喜欢的职业呢？有多少人会把自己喜欢的事情变成自己终生的事业呢？你是很幸运的。我通常的反驳是这样的：如果，你考大学时选的专业不是你喜欢的，而是你父母喜欢的；你的选修课不是你喜欢的，而是拿证多、学分好得的；你求职不是挑你喜欢的，而是待遇好的，请问，你选择时从未拿喜欢当事，凭什么你会从事喜欢的职业呢，并且成为终生的事业呢？凭什么呢？

所以我想告诉大家的只有一句话，成功不等于名和利的相加，成功是你内心的一个目标，在实现的过程中你会无怨无悔，并且无比快乐。

因此，兴趣在职业规划中起着至关重要的作用。

3. 择我所利

"选择职业择我所利"这一观点强调了在职业选择中，个人利益的重要性——个人幸福最大化。职业价值观是人们在选择职业时看重的原则、标准和品质，它反映了个人对职业目标、职业回报及职业意义的认知和评价。其中可能包含经济报酬、成就感、社会地位、工作环境、职业发展、工作生活平衡、创新性、社会贡献等。明智的选择是在由以上因素等变量组成的函数中找出一个最大值。

从经济层面看，选择能够带来丰厚收入和良好福利的职业，可以提高生活质量，为个人和家庭提供更好的物质保障。

从心理层面看，从事有价值、有成就感的工作，能够带来精神上的愉悦和满足，增强自信心和幸福感。

从个人发展看，选择有利于自身技能提升、社会地位提升和经验增长的职业，有助于实现个人的长远发展，拓展个人的职业空间和机会。

4. 择我所长

在进行职业选择时择己所长，从而有利于发挥自己的优势。即找到"人无我有、人有我优、人优我特"的地方，运用比较优势原理充分分析别人与自己，尽量选择能够发挥自身所长的行业。

综上所述，可以在进行自身职业生涯规划时，问自己以下4个问题。

○ 我喜欢干什么？(择我所爱)
○ 我能干什么？(择我所长)
○ 做什么对我而言有价值？(择我所利)
○ 做什么对国家社会有用？(择世所需)

(三) 大学生的职业生涯规划

大学生的职业生涯规划是指大学生对自己未来职业发展的系统性设计和前瞻性安排。大学生正处于职业生涯的探索阶段，需要完成与生涯探索相关的任务，具体的步骤就是要求大学生在学校、工作实践甚至一些休闲活动中，进行充分的自我探索和职业探索，形成相对稳定的职业目标和自我概念，生涯规划、职业生涯规划和大学生职业生涯规划关系见图1-1。聚焦大学生发展的任务，大学的生涯发展可以细分为生涯适应期、生涯探索期、生涯决策期3个阶段，每个阶段都有其应该侧重的任务。

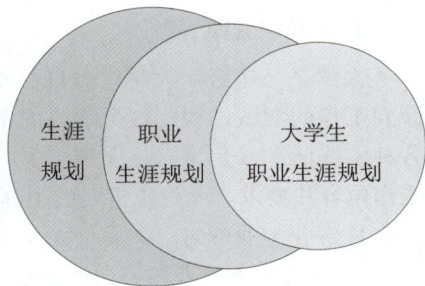

图 1-1 生涯规划、职业生涯规划和
大学生职业生涯规划关系图

1. 生涯适应期

大学一年级，大学生经历了从梦想到实际的过程，学生开始对大学生活和学习环境保持好奇，对专业和未来职业有初步的认知和感受，这个阶段的主要任务是"适应"，此阶段应注重培养对大学的认识和对未来职业的设想，重要的生涯规划任务如下。

1) 自我探索

(1) 深入了解自己的兴趣、性格、价值观和能力特点。学生可以通过参加相关测评(测评是帮助自己探索自我的一种手段，不能作为给自己贴标签的唯一标准)、与老师同学交流、反思个人过往经历等方式来进行，需要特别注意的是，发展自己的兴趣，同时避免在众多兴趣中迷茫。

(2) 思考自己在学习、社交、实践、环境适应等方面的优势和不足。

2) 专业认知

(1) 熟悉本专业的培养方案、课程设置、就业方向、行业趋势、发展前景。

(2) 与专业老师、学长学姐交流，了解专业学习的重点和方法。

3) 学业规划

(1) 制订合理的学习计划并进行有效的时间管理，包括每学期的课程目标和学习进度安排，学习使用学校的资源。

(2) 确定是否有转专业的想法，如果有，进一步了解相关政策和要求。

4) 拓展视野

(1) 参加各类学术讲座、行业报告等，拓宽知识面和视野。

(2) 阅读与职业发展相关的书籍和文章。

5) 社交与人际关系

(1) 积极参与社团活动，结交不同专业和背景的朋友。

(2) 建立良好的人际关系，培养团队合作的能力，包括与同学、老师和辅导员的关系。

6) 初步职业探索

(1) 利用假期进行简单的兼职或志愿者活动，初步感受职场。

(2) 了解一些常见职业的工作内容和要求。

7) 技能提升

(1) 提高计算机操作、语言表达、书面写作等通用技能。

(2) 培养自主学习和时间管理能力。

8) 目标设定

设定短期(本学期或本学年)和长期(大学毕业时)的学业和职业发展目标。

2. 生涯探索期

大学二三年级，大学生对自己的专业和兴趣的了解增加，开始进行职业的探索，经历从校园到工作的尝试过程，这个阶段的主要任务是"尝试"，注重职业生涯的实践，可以通过参加各种实践活动、实习、社团等，更广泛地探索自己的兴趣、能力和职业偏好，了解不同职业的工作内容和要求。此阶段重要的生涯规划任务如下。

1) 深化专业学习

(1) 努力掌握专业核心课程知识，提高专业成绩。

(2) 争取参加专业相关的学术竞赛或研究项目，提升专业能力。

2) 职业探索

(1) 进行更深入的职业调研，包括行业发展趋势、岗位要求、薪资待遇等；缩小与职业目标的差距(展开与职业发展相关的实践)；兼职和实习(注重选择的质量与财务管理)。

(2) 尝试申请与专业相关的实习机会，亲身体验职业环境。

3) 拓展技能

(1) 发展与职业生涯相关的能力(注重在活动或兼职中自己能力的发展，特别是负责任、团队合作、时间管理等可迁移能力)。

(2) 考取与专业或未来职业相关的证书，如语言类证书、职业资格证书等。

(3) 学习一些实用的软件和工具，包括专业的和通用的，从而增强自己的职业竞争力。

4) 提升综合素质

(1) 培养创新意识和思辨的能力，积极参与创新创业项目、科研活动、设计竞赛、学习逻辑思维、批判性思维等课程。

(2) 加强沟通、团队协作、领导力等软技能的培养。

(3) 参加一些拓展训练或团队活动。

5) 确定职业方向

(1) 探索工作或进修的实际要求，在多种职业可能性中，根据自身兴趣和能力，初步确定未来的职业方向。

(2) 进行生涯人物的访谈活动，与已经从业的人士交流，获取更真实、无过滤、未加工的职业信息。

6) 留学或考研准备(如有需要)

(1) 如果有留学意向，开始准备语言考试、了解目标院校。

(2) 若打算考研，则确定考研专业和目标院校，收集相关资料。

7) 建立职业人脉

通过实习、活动等途径，结识已经在自己专业领域工作的学长学姐或业内人士，积累职业人脉资源。

8) 完善个人简历

总结自己的经历和成果，制作一份初步的个人简历，挖掘自己在择业路径上的优势，继续发展优化；发现目前与职业目标的差距，了解还需要在哪些方面进行拓展和精进。

3. 生涯决策期

大学四年级，不管是工作、考研、自主创业还是出国深造都要在此刻做出一个决定。经过前面二三年级探索定位的阶段，走过从尝试到实战的历程，这个阶段的发展任务就是"理性决策"，能够根据自身的情况，国家、社会、地方经济发展的需求，以及其他各种信息做出最适合自己的生涯决定，同时要明白生涯决定是人生中的重要决定之一，同时生涯规划是一个循环往复的过程，而不是"一选定终身"。此阶段重要的生涯规划任务如下。

1) 明确职业目标

(1) 经过前期的探索和尝试，明确具体的职业目标，如具体的职业岗位、行业领域和工作地点等，理性选择并对选择负责。

(2) 制定实现该目标的详细步骤和时间表。

2) 提升职业竞争力

(1) 针对目标职业，进一步提升专业技能和知识，参加高级课程、培训或进修。

(2) 积累相关的实践经验，如参加更多的实习、项目实践等。

3) 准备求职材料

精心完善个人简历，突出与目标职业相关的经历、技能和成果。

4) 求职技巧训练

(1) 学习面试技巧，包括常见问题的回答策略、仪表仪态等。

(2) 进行模拟面试，提高应对能力。

5) 考研或留学冲刺

(1) 考研的同学了解不同地方/行业/学校/专业可能的发展前景/利弊，并进入全面复习和冲刺阶段，进行模拟考试和知识点查漏补缺，同时不能忽略心理和考试的准备。

(2) 考研初试通过的同学，准备复试；未通过初试或需要调剂的同学，及时关注调剂信息，争取机会。

(3) 留学的同学完成申请材料提交，等待录取结果，并做好后续的准备。

(4) 已获得留学录取的同学，办理相关手续，了解留学目的地的文化和生活习惯，做好充分的准备。

6) 拓展职业资源

(1) 参加各类校园招聘和社会招聘活动、职业论坛等活动，拓展人脉资源。

(2) 关注目标企业的招聘信息，及时投递简历。

(3) 拿到录用通知后，了解公司的入职流程和要求，做好入职准备。

7) 制定备选方案

鉴于可能的不确定性，制定一到两个备选职业方案，并做好相应的准备。

8) 评估个人发展

(1) 回顾大学四年的经历，总结经验教训，为未来的职业发展提供参考。

(2) 定期评估自己的能力和进展，与职业目标进行对比，及时调整规划。

二、闯关意义

职业生涯规划可帮助个人对自我进行全面透彻的分析，从而更加深刻地认识自己的性格特点、职业兴趣、职业价值和所具备的能力与潜力。在探索与认识职业世界的过程中，评估自己的优势与不足，通过对客观环境的分析，明确个人职业发展的方向，正确选择职业目标；实施有效的行动计划，并克服职业生涯发展中的困难，一步步达成目标，进而实现人生理想。

通过职业生涯规划的训练，可避免大学生在校期间学习和实践的盲目性与被动性，还可帮助大学生更加有目标、有计划地完成知识的积累与能力的锻炼，少走弯路，节省时间和精力。职业生涯规划技术，可帮助大学生更加清晰客观地了解自己，看到自身与社会要求的差距，激发他们学习、实践，不断进取的愿望。因此，在大学阶段进行职业生涯规划对大学生将来职业发展与个人成长有着重大的意义。

(一) 带来价值

(1) 帮助大学生确立与自身情况相符的人生目标，让努力变得有动力。让大学生清晰地认识到自己想要从事何种职业，以及在该职业中期望达到的成就和地位。

(2) 帮助大学生提高自我认知，明确自身优势与不足。通过自我评估，发现自己的专业技能、性格特点、兴趣爱好等方面的优势和局限，从而有针对性地进行提升和改进。

(3) 帮助大学生有目的地培养与锻炼职业能力与素质，锤炼核心竞争力。

(4) 帮助大学生认识职业环境，了解职业、市场需求与就业形势，根据职业目标确定所需的知识和技能，有重点地选修课程、参加培训和实践活动，提高自身的综合素质和竞争力，为就业做准备。

(5) 帮助大学生从过去的经历中找寻成功的规律，善用资源、优势和机遇。

(二) 找到方向

生涯规划就像对自己生活的排列组合，你想去的地方决定你会如何安排生活中的事件，而这些行动会带你去往不同的方向，所以进行生涯规划最重要的作用就是找到自己的方向，清楚地知道自己要去哪里。

(三) 获得支柱

面对多变的社会环境，进行生涯规划可以帮助我们清楚职业认同，确定职业锚所在的领域，获得一定的确定感，成为自己的支柱。

(四) 发展适应

面对变化，生涯规划的重要意义就是真正提高一个人的生涯适应力。萨维卡斯(Savickas)认为，生涯适应力就是个体应对职业生涯中各种任务、变化和挑战的能力和资源，让我们面对可以预测的任务，尽力去准备，并为不可预测的改变留出空间。在当今快速变化的职场环境中，生涯适应力对于个人的职业成功变得越来越重要。

三、闯关武器

(1) 人生纸条。

(2) 心中的图画。

(3) 完美旅行。

(4) 人生格子。

(5) 用生涯的时空观，分析小李的生涯故事。

(6) "潜意识投射卡"蜕变之旅。

(7) 我的名片。

(8) 生涯幻游。

(9) "初见生涯"表单。

(10) 生涯九宫格探秘。

四、解读密码

1. 特质因素论

职业生涯规划起源于美国。1980年，有"职业指导之父"之称的弗兰克·帕森斯(Frank Pasons)针对大量年轻人失业的情况，成立了波士顿职业局，首次提出职业指导的概念。帕森斯人职匹配理论简单用几个字来概括就是"人职匹配"。"特质"指个人拥有的能力倾向、能力、兴趣、雄心、资源及限制、品质等。"因素"指现实工作成功所必须具备的条件和要求、优点与缺点、待遇、就业机会与发展前途。因此，该理论主要强调要把个人的特点和工作成功的条件进行匹配。这一理论奠定了人才测评理论的理论基础，推动了人才测评在职业选拔与指导中的运用和发展。

对于大学生的职业生涯规划而言，该理论具有多方面的显著促进作用。高校的就业主管部门通常会建立两个数据库，一个是每年毕业生的相关信息，如该学生的生涯发展档案，具体包括该学生的基本情况、大学期间所参加的社会实践、每年动态的职业测评结果，以及学生对未来职业的期待和为目标职业所做的努力与积累。另一个数据库是常年合作、新扩充的用人单位的用人要求和企业概况，从而定期开展双选会，给双方提供进一步考察是否适合双方的机会。虽然该理论已经距今一百多年，但依然历久弥新。

从某种意义上来讲，特质因素论更像是促成个人与工作"恋爱"。同学们都希望在短暂的大学几年打造一个完美的自己，从而在自己最美丽的时刻，遇见最心仪的职业，和未来能够牵手成功。然后找到最"甜蜜"的职场发展之道,把"恋爱"的过程和职业生涯规划的步骤结合起来,找到契合点,用自己的"特质"去寻找匹配职业的"因素",见图1-2。以一家用人单位需要招聘护士为例,该职业对从业人员的要求是需要有耐心、爱心和良好的表达能力等,而具备这些特质的大学生选择护士职业,往往更容易获得职业满足感和成就感。

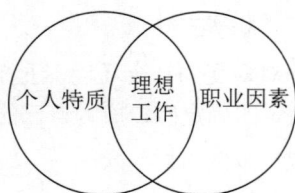

图1-2　个人特质职业因素和理想工作关系图

2. 生涯发展理论

1953年,舒伯在《美国心理学家》杂志发表文章,提出了"生涯"的概念,之前帕森斯的"特质因素论"只能被看作实施职业辅导的指导原则,到这里就变成生涯发展,由此带动了相关研究的热潮。许多新观点和方法陆续被提出,生涯辅导才形成了自己的理论,成为咨询心理学的重要分支。

舒伯把职业生涯的发展看成一个持续渐进的过程,一直伴随人的一生。个人不能满足的期待不一定只在职业这个角色中去追求和获得,他认为一个人的生涯发展与个人在发展历程的各个阶段所扮演的各种角色如子女、学生、休闲者、公民、工作者、夫妻、家长、父母和退休者有关。人在某一阶段对某角色投入得多,就容易促使这一角色的成功,同时也可能导致另一角色的失衡。

1) 阶段模型

舒伯将人的职业生涯划分为如下5个主要阶段。

第一阶段,成长阶段(出生～14岁)。儿童开始辨认他们周围的事物,并逐渐开始意识到自己的兴趣所在和跟职业相关的一些最基本技能。他们这个发展阶段的任务是:发展自我形象和对工作世界的正确态度,并了解工作的意义。

第二阶段,探索阶段(15～24岁)。青少年开始通过尝试一些自己感兴趣的职业活动,对自我能力及角色、职业进行探索,其职业倾向趋向于某些特定的领域。

第三阶段,建立阶段(25～44岁)。个人开始尝试选择适合自己的职业领域。个人在这个发展阶段的任务是致力于工作上的稳定。大部分人在这个发展阶段最具创造力。

第四阶段,维持阶段(45～64岁)。个人通过不断努力来获得职业生涯的发展和成就,并逐渐能在自己的领域中占有一席之地。这一阶段发展的任务是维持既有成就与地位。

第五阶段,衰退阶段(65岁以上)。由于生理及心理机能日益衰退,个人职业角色的分量逐渐减少,开始考虑退休并享受自己的晚年生活。

2) 生涯彩虹图

舒伯在原有的阶段理论基础上,增加了角色理论,并将生涯发展阶段与角色彼此间交互影响的状况描绘成一个多重角色生涯发展的综合图形——生涯彩虹图,见图1-3。它形象地展现了生涯发展的时空关系,更好地诠释了生涯的定义。简单来讲即生涯三度:长度、广度、宽度。

(1) 长度:彩虹图中弧线部分,代表了人一生的长度,每个阶段都有每个阶段的重点任务,以该彩虹图为例,当事人30岁已处于生涯发展的建立阶段,但是生活中我们经常有人三四十岁,仍然目标不明、左右摇摆、频繁尝试。因此,一个人处于什么阶段,不是单纯用年龄来划分。过去的选择、决定使其成为今天的自己,而当下的一切都是为下个阶段做准备。

(2) 广度:彩虹图中颜色不同的彩虹条,代表了当事人扮演的各种角色。当代大学生要尽可能拓宽自己的生涯角色,因为角色平衡是一种生涯成熟的表现。各种角色之间是相互作用的,在某个角色上得不到满足时，有可能在其他角色中获得一些补偿，但这并不意味着可以完全依赖其他角色来弥补某个角色的缺失。每个角色对于个人的生活都具有重要的意义和价值。例如，一个人在工作中遭受挫折和困难，但可能会在休闲者角色中寻求放松和快乐。这提醒人们关注生活中的多个角色，尽量实现各角色之间的平衡与协调发展，以获得更丰富、充实和满意的人生。

(3) 宽度：彩虹图中每个彩虹条在不同时间阶段的宽窄程度不一，以彩虹图中子女这条彩虹条为例，当事人刚出生时子女的角色比重非常大，因为年龄小没有能力承担别的角色，随着年龄的增长，别的角色依次出现，到20岁左右时，子女彩虹条变窄，因为自己长大，父母年龄尚可，不需要子女太多的照顾，因此分配到该角色的时间减少。到55岁左右时，子女的彩虹条变宽，因为父母逐渐年迈，需要更多子女的照顾，需要当事人从别的角色中抽离一些时间回归到照顾父母的角色上来。因此，生涯的宽度意味着时间任务管理是自我管理的核心。当然，一个人过分沉溺于某一种角色，其他的角色也会失衡，例如，一个大学生过分沉溺于网络游戏充当一个游戏者的角色，那么学生的角色自然会有所缺失。

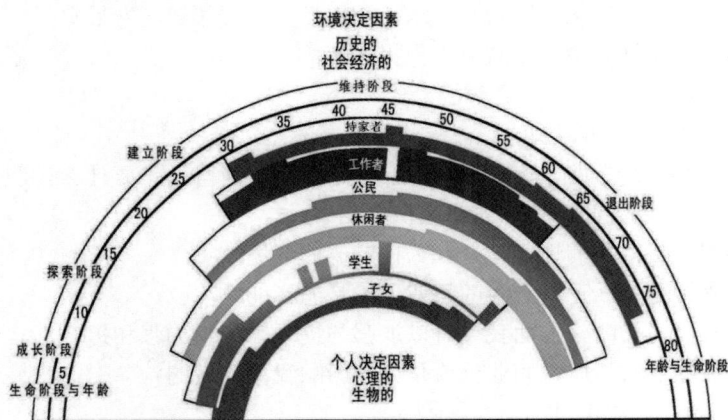

图 1-3 生涯彩虹图

3. 生涯建构理论

在快速变化和充满不确定性的知识经济时代，由组织或社会主导的传统职业生涯模式越来越难以解释和匹配多变的时代需求。萨维卡斯提出的个体生涯建构理论，认为个体职业发展的实质就是追求主观自我与外在客观世界相互适应的动态建构过程，而不同的人所建构的内容和结果往往是不一样的。因此，生涯建构理论的生涯规划流程强调了我们对自己命运的解读和建构，把生涯的机会也考虑进来，不断诠释自己如何适应环境的变化，并且落实在行动中。所以最佳匹配的职业选择并不是生涯成功的唯一标准，个人可以通过选择具体的工作体验来体现自身的价值和能力，重新定义成功和发展。

2017 年上映的电影《摔跤吧！爸爸》在播出后受到热议，有人认为主人翁女儿吉塔的摔跤之路，完全是为了实现她父亲的梦想，完全没有自我；还有人也认为当时的印度社会中，女孩几乎没有选择命运的机会，是爸爸给吉塔打开了一条不同于普通印度女孩的人生道路，怎么能说是限制呢？

生涯建构理论则强调：生涯规划就是不断在叙述中发现个人的生命主题，发展生涯适应力的过程。系统职业生涯规划的步骤包括擘画生涯愿景——意识唤醒、拥抱职业世界——外部探索、揭秘自身特质——自我认知、澄清资源目标——决策目标、行动赋能未来——行动计划、回望路径修正——再评估(成长)几部分。

1) 擘画生涯愿景——意识唤醒

这个阶段的主要目的是建立生涯规划意识，了解生涯、职业生涯规划与大学生职业生涯规划的含义。明确职业生涯规划的重要性，并愿意花时间来规划自己的人生。职业生涯规划不能一蹴而就，也不能立竿见影，更不是一劳永逸的事情。随着我们对自我和职业环境认识的加深，职业目标也会随之而改变。因此，职业生涯规划是一个动态平衡的过程，通过对自我和职业环境认识的加深，生涯目标不断调整，这是必然的。

2) 拥抱职业世界——外部探索

很多大学生到了大学四年级，即便对自己非常了解，但面对择业，仍然犹豫不决，甚至茫然。这是因为大学生对职业世界知之甚少。所谓知己知彼才能百战不殆，所以大学生需要利用课余时间深入社会、了解社会，增长才干。职业世界探索内容包括以下几部分。

(1) 我国有哪些产业？哪些行业？当下哪些行业最热门？

(2) 各行业的领头企业或知名企业，企业的业务范围，企业的类型、文化与风格。

(3) 能提供哪些岗位，岗位的职责与要求、相关培训学习渠道与发展路径。

(4) 国家宏观经济发展政策，如政府工作报告等。

(5) 职业宏观发展趋势。

3) 揭秘自身特质——自我认知

很多大学生往往不知道如何择业，那是因为他们不清楚自己想要什么。职业生涯规划是一个由内及外的过程，所以生涯规划首先要认识自我。

(1) 我是怎样的性格，我的性格适合什么样的职业环境？

(2) 我的职业兴趣是什么，适合我的职业环境是怎样的？

(3) 我具备哪些能力，哪些方面我还可以加强与提升，如何加强和提升？

(4) 我看重职业的什么特质，职业价值是如何影响我做决策的？

4) 澄清资源目标——决策目标

决策是梳理与评估对做决策有帮助的信息，是确立生涯目标与职业生涯发展行动计划的关键一环，它包括以下内容。

(1) 对所搜集信息的综合整理与评估。

(2) 考虑各种可能性，锁定 2～3 个选项。

(3) 理性决策，确立生涯目标，制订职业生涯发展行动计划。

5) 行动赋能未来——行动计划

行动是将所有的设想与计划落地的一步。行动非常重要，只有行动起来，我们才会更加接近目标；否则，目标只停留在想象中。对大学生来说，行动包括以下内容。

(1) 有条理、按计划完成学业。

(2) 参与社会实践与工作实习。

(3) 制作并投递简历，参加面试。

6) 回望路径修正——再评估(成长)

随着我们对职业世界更加了解，对自我认识更加全面，我们可能会继续按照原有规划前进；也有可能在与职业接触过程中，发现原来的生涯目标与计划并不适合自己，或者发现过去的规划并不是最佳方案。这就需要再次进行系统的生涯规划，修正生涯目标。这也是为什么我们总说职业生涯规划是一个循环的、动态平衡的过程。这部分内容包括以下两方面。

(1) 实习实践，深入职场。

(2) 管理与修正自己的职业生涯规划。

4. 生涯适应力

大学是一个新起点，为了能全新建立自己的知识基础、拥有较高的可塑性、集中精力充实自我的成长历程，就需要具备和提升生涯适应这项重要能力。

"生涯适应力"(career adaptability)的概念最早源自舒伯(Super)的生涯成熟度理论，指的是一种可以培养并能够促进个体不断前进的能力，能通过个体与环境的交互作用得以提升，由生涯困境或危机来彰显。它具有三个典型特点：一是可以培养的能力，由生涯困境或危机来彰显；二是一种能够帮助个体"前进"的能力；三是个体与环境交互作用的结果。

后来，生涯适应力研究的代表人物萨维科斯(Savickas)从1997年开始，将生涯适应力置放在舒伯(Super)的生活广度——生活空间理论的概念之下去理解，认为它是整合个体各种生涯角色的核心能力，即"个体对于可预测的生涯任务、所参与的生涯角色，与面对生涯改变或生涯情境中不可预测之生涯问题的因应准备程度"。生涯适应力的研究发展到2005年，马克·L.萨维科斯(Mark L. Savickas)不断完善并提出了生涯适应四维结构模型，见表1-1。这个模型成为后来研究者评估个体生涯适应力水平的一个有效方法，还为生涯干预提供了一个立体式的概念框架，具有较强的实用价值。

表 1-1　生涯适应力四维结构模型

向度	生涯问题	态度与信念	能力	状态	因应行为	生涯干预
关注	我有未来吗	计划的	计划	不关心	觉察、投入、准备	生涯导向练习
控制	谁拥有我的未来	确定的	做决定	不确定	自信、有条理、执着	决策训练
好奇	未来我想要做什么	好奇的	探索	不真实	尝试、冒险、询问	从事信息搜集
自信	我能做到吗	有效的	问题解决	抑制的	坚持、努力、勤奋	建立自尊

1) 生涯关注

生涯关注是指我们对自己的职业生涯保持警觉和关注，积极了解职业信息和机会，能尽量关注未来的可能变化，通过合理的计划来思考未来。例如，一个大学生在选择专业时就开始了对自己生涯的关注，思考未来从事的职业方向，是倾向于稳定的公务员工作，还是充满挑战的创业之路；是选择热门的金融行业，还是投身于具有创新性的科技领域。

2) 生涯好奇

生涯好奇是指对自己和职业保持好奇，愿意尝试和冒险，收集尽可能多的信息，开始更多的探索行为。在职业选择过程中，生涯好奇也能推动个人不断拓展自己的视野，不局限于传统的热门职业，而是去挖掘那些新兴的、有潜力但尚未被广泛关注的职业领域。例如，随着人工智能的发展，对与"AI"相关的新兴职业产生好奇和探索的欲望。对于大学生来说，生涯好奇可能促使他们去参加各种职业体验、生涯人物访谈等活动，了解不同职业的真实面貌，从而获得无过滤、无加工的真实体验。

3) 生涯控制

生涯控制是指个人对自己职业生涯的规划、管理和主导，包括决策和自我监控。例如，一个对计算机平面设计有浓厚兴趣的人，如何将梦想"画"进现实，如通过专业课程的学习、自学相关内容、进行作品创作、参加行业比赛、考取专业证书等方式，来提升自己在这个领域的技能和竞争力，从而更好地控制自己走向理想的职业道路。

4) 生涯自信

生涯自信是个人在面对自己的职业生涯时，所展现出的一种积极、坚定和确信的心理状态。培养生涯自信有助于人们更早地明确职业方向，积极主动地为未来的职业生涯做准备。拥有生涯自信的人，在职业发展中如果遇到挫折和困难，心理的韧性通常较好，能够保持积极的心态，将挫折与困难视为成长的机会，而不是自我怀疑和否定的理由。例如，在求职过程中，他们能够充满信心地展示自己的优势和特长，不卑不亢，不畏惧竞争压力。再如，某项学科竞赛失败后，他们会总结经验教训，相信自己下次能够做得更好。

五、执行任务

(一) 人生纸条

(1) 每人准备一个一厘米左右宽的纸条。

(2) 将纸条对折两次。

(3) 再将纸条三等分折。

(4) 打开，此刻纸条上就有了间距相等的折痕。

(5) 将纸条横向摆在面前，从左至右每个格子写数字(10个一组)：第一个格子写 1 ~ 10，第二个格子写 11 ~ 20，以此类推。

第一步：生命的旅程如同一曲优美的乐章，而其终章何时奏响，实难预料。满天繁星闪烁着最后的璀璨之时，便是人生旅程悄然落幕之时，如果有一天，你不留遗憾，幸福地走到了生命的终点，那么会是多少岁呢？请你在那个年龄节点，将纸条撕掉。

第二步：无论过去是好是坏，都让它成为今天的你自己。今天你多少岁了？请将过去已经度过的岁月撕掉。

第三步：退休宛如一场宁静而美好的谢幕，你打算多少岁退休？在退休的年龄节点将纸条撕掉，请注意，这部分撕掉的纸条放在一边，待会儿还需要使用。(有的人可能按照国家法定退休年龄退休；有的人努力工作提前退休；有的人过了法定退休年龄还要继续发挥余热，延迟退休。)

第四步：提问，在人的一生的悠悠长河当中，占我们时间最多的是什么？答案是睡眠。其次是休闲、娱乐、其他琐碎之事。请将现有的纸条撕掉其三分之二，这三分之二代表了睡眠、休闲娱乐、日常琐事，等等。

第五步：现在剩下的是短短的三分之一，这三分之一代表了什么呢？这三分之一代表了我们纯学习和纯工作的时间。

第六步：请每位同学左手拿着纯学习和纯工作的三分之一纸条，右手拿两张纸条，一个是休闲娱乐、睡眠的三分之二，另一个是退休后的那部分。

第七步：请同学们相互讨论、分享，在这个过程中，你体会到了什么？感受到了什么？有哪些觉察和思考？

(二) 心中的图画

(1) 播放适合冥想的轻音乐，调暗光源，全体闭上眼睛，以自己感觉最为舒适的姿势坐着或者趴在课桌上，每人面前准备好一张空白的A4纸。

(2) 聆听引导语：闭上眼睛，放松自己，以自己感觉目前最舒适的姿势坐着或者趴在课桌上，如果觉得需要，可以把眼镜摘下放到一边。闭上眼睛，进入平静、愉悦的状态，随着音乐的流动，慢慢地想象10年后的自己，10年后你的生活、工作、学习的场景。10年后你会在哪里，和谁在一起，会做什么？(此环节也可使用金树人老师的"生涯幻游"引导语)。当画面足够清晰时，慢慢睁开眼睛，完成自己手中的画。整个作画的过程彼此之间不能有任何言语交流。

(3) 3分钟后本小组顺时针相隔一名成员交换手中的画，不做任何言语交流，继续完成手中的这幅画。

(4) 3分钟后再顺时针传递一名成员，不做任何言语交流，继续完成手中的这幅画。

(5) 3分钟后，将本小组的画和邻组交换，继续完成手中的这幅画。

(6) 3分钟后，将画发回原组，你还认得自己最初的那幅画吗？

请同学们讨论如下内容。

(1) 你对手里的这幅图画满意吗？为什么？

(2) 根据自己的感觉为画打分。请高分和低分的成员分别分享：你原本想画什么？现在你看到了什么？

(3) 这个活动如果再做一次，你会和以前有什么不同？

(4) 从这个活动里你受到什么启发？

(5) 这个活动与我们的生涯规划有什么相似之处？

小组讨论3分钟后选一名代表分享。

(三) 完美旅行

请同学们回答：如果不考虑时间，不考虑经费，让你来一场说走就走的完美旅行，在这场完美旅行中，你只能带三样东西，你会带哪3样？

(1) ＿＿＿＿＿＿＿＿＿＿＿＿＿＿＿＿＿＿＿＿＿＿＿＿＿＿＿＿＿＿＿＿＿＿

(2) ＿＿＿＿＿＿＿＿＿＿＿＿＿＿＿＿＿＿＿＿＿＿＿＿＿＿＿＿＿＿＿＿＿＿

(3) ＿＿＿＿＿＿＿＿＿＿＿＿＿＿＿＿＿＿＿＿＿＿＿＿＿＿＿＿＿＿＿＿＿＿

在这个过程中，请同学们思考，有没有想到自己要去哪里？一个人如果没有明确的目标和方向，就如同在茫茫大海中航行的船没有灯塔的指引。即便花费大量的时间和精力去做所谓的"准备"，也可能无法有效地整合和运用。因此，没有目标的引领，准备工作可能是零散的、无序的，无法形成一个有机的整体来推动个人朝着有意义的方向前进。

(四) 人生格子

这是一种通过将人生量化为格子的方式，帮助人们反思和规划人生的活动。参与者根据自己的实际年龄涂掉已经度过的格子，从而直观地看到自己已经走过的人生和剩余的时间。通过这个过程引发人们对生涯的思考，帮助人们更好地认识自己的人生，规划未来，做出更有意义的决策，它不仅能让人感受到时间的紧迫性，还有助于激发人们积极生活、追求梦想的动力。

(1) 发放"人生格子"空白表单，见图1-4，横竖总共900个格子。

(2) 活动介绍：假设人的平均寿命是75岁，如果一个月算一个小格子，就等于有900个格子。在一个30×30的表格的格子上，每过一个月就为一个格子涂色。选择一支你喜欢的颜色的彩笔，根据现在自己的年龄，涂绘自己的人生格子。

(3) 完成后请同学们进行分享。

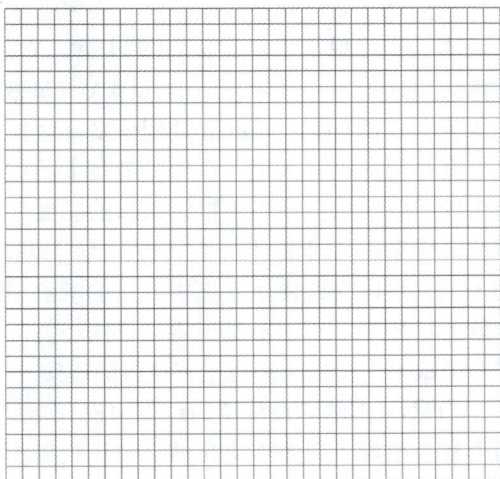

图 1-4　人生格子

(五) 用生涯的时空观，分析小李的生涯故事

案例：

小李从小就是一个听话的孩子，老师眼中的好学生，父母眼中的好儿子。中学期间衣食无忧，学习上无须担心，学习好。他的主要任务就是学习。

直到他参加完高考准备填报志愿时，他觉得要开始认真思考自己的未来了，但他对选什么专业，将来要从事什么工作是很模糊的，他也不知道自己到底喜欢什么。后来，他在某本杂志上看到有关心理学专业的介绍，开始对心理学产生兴趣，决定报考心理学专业。

但他的父母认为，心理学专业可能将来就业不好，希望他报工科专业，开始小李挺反对，父母没有办法只好请小李的叔叔做他的工作(他叔叔是博士，某高校的教授)，他叔叔也希望他报一个工科专业，并帮他选择了土木工程专业，因为小李一直很佩服自己的叔叔，所以就接受了叔叔的意见。

进入大学后，小李发现自己根本不喜欢这个专业，所以想换专业，但一直没有勇气，就这样，小李大一时在玩中度过，大二在关注情感问题中度过，大三在迷茫和彷徨中度过，然后浑浑噩噩地读到大四。临近毕业时，恰逢就业市场面临着巨大挑战，小李自知大学四年并没有学到什么知识，也不知道自己到底该进入哪个领域，所以感到压力很大。当时，班里有好多同学准备继续攻读硕士研究生，小李也加入了考研大军，但他内心并不想再读书了，希望先就业。他到处投简历，不管这个职位是否与专业相关，也面试几家单位，但多以失败而告终，他开始对自己的能力产生怀疑，也因此耽误了复习……

基于生涯的"时、空"观，分析小李的生涯，请同学们讨论如下内容。

(1) 面对小李现在的苦恼，你会给他什么建议？

(2) 假如小李重来一遍人生，你认为他应该怎么度过？

(3) 假如你睡了一觉醒来，发现此刻正坐在高中的课堂中，你会做些什么？

(4) 如果你到了毕业季，你不想成为"小李"，回首大学四年，你希望度过怎样丰富、充实、科学、合理的大学学习和生活？

(5) 也许庆幸的是，你现在就坐在大一的课堂中，那么请思考，接下来的几年大学生活，你将如何规划？

(六) 蜕变之旅

该活动需要借助潜意识投射卡来完成。

潜意识投射卡，也被称为OH卡牌，它是一种简单而实用的心理学工具。OH卡牌由一位在加拿大攻读人本心理学硕士的德国人莫里兹·艾格迈尔(Moritz Egetmeyer)和一位墨西哥裔的艺术家伊利·拉曼(Ely Raman)共同研发。这套卡牌由88张图像卡和88张文字卡组成。其名字的由来有几种说法，有人说，在体验者玩卡的过程中，经常会发出"OH MY GOD!"的惊叹，来表达卡牌所映射出自己当下情绪状态的感受。也有人说，玩卡时，要"OPEN YOUR HEART"，因此而得名——OH欧卡。它又被称为"口袋里的沙盘""心灵的镜子"，其原理主要基于投射技术，它可以帮助使用者探索自己的潜意识，挖掘内心真实的想法和心理动机，使用者在解读卡牌的过程中，不知不觉地将自己的心态、经验、情感等投射到卡牌的内容中，看起来是在创作一个故事，实际上和自己有很多的连接。

当然，OH欧卡在使用的过程中也有一定的局限性，如文化的差异让使用者很难理解。因此，当今社会出现了很多本土化的潜意识投射卡，会结合当地的文化、价值观、生活场景等元素，使其更贴近使用者的生活和经验，从而更容易引发共鸣和深入的自我探索。

利用卡牌和使用者进行会谈，可以让对方看清楚现状、确定目标、制定行动方案，进而达

成目标。使用时要关注到视觉、听觉、触觉、感觉等多个角度，因为每个人对外部的刺激，各种感官的敏感程度不同。过程中多用开放式的提问对自己进行探索，例如，会如何？是什么？为什么？从而使自己看见解决问题的多种可能性，少用"是"或"否"这样的封闭式问题。

蜕变之旅的操作步骤如下。

(1) 每人盲抽5张卡牌，摆放图形见图1-5。

(2) 仔细观察这5张卡牌。

(3) 选1张代表你现在的困扰或者问题，把它放在你的左手边。

(4) 再选1张代表你的目标，或者问题解决后的状态，把它放在你的右手边。

(5) 剩下3张牌，把它们当成达成目标的手段和方法，每一张牌可能是一个行动或者一种心态，依照自己的认知和与卡牌的联结，决定先后顺序。

(6) 本人分享这个过程带给自己的触动和感受。

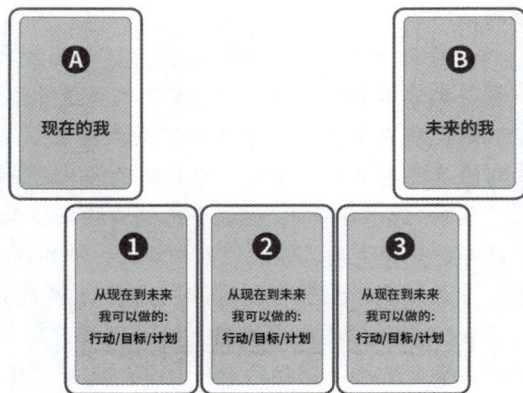

图 1-5　"蜕变之旅 OH 卡牌"

(7) 小组成员反馈这个过程带给自己的触动和感受。

(8) 本人决定是否需要调整卡牌顺序。

(9) 如果觉得这个过程对自己有帮助，则亲手写下，并列入自己的行动日程和未来规划。

(七) 我的名片

请你设计一张未来10年你的一张职业名片。在设计自己名片之前，请完成以下表单。

(1) 你的姓名：【你的名字】_____

(2) 职业：【你期望的具体职业和岗位，如人工智能工程师】

_____

(3) 公司/机构：【所在的公司/单位/机构等】

_____

(4) 职位：【在工作岗位上的级别，如总经理、主任等】

_____

(5) 工作领域：【详细说明自己未来所专注的工作领域，如教育领域、人工智能在医疗领域的应用、艺术设计领域等】

_____

(6) 主要成就：【创新、科研、荣誉、奖项等】

_____

(7) 技能与专长：【专业知识、通用技能、个性品质等】

_____

(8) 联系方式：【电子邮箱、个人网站、自媒体账号、联系电话等】

_____

请设计一张"我"的职业名片。

(八) 生涯幻游练习

这是一个类似冥想的练习，请找一个安静且不被打扰的地方，舒适地坐下或者躺下，跟随老师的指导语做这个练习。

可以在课堂上跟随老师做这个练习，也可以在宿舍里面做这个练习，还可以独自做这个练习。

让我们一起坐在时光隧道机上，来到××年后的世界，也就是××××年时的世界，请算一算，此时你多少岁？容貌有变化吗？请你尽量想象××年后的情形，越仔细越好。

好，现在你正躺在家里卧室的床铺上。这时候是清晨，和往常一样，你从睡梦中醒来，先看到的是卧室里的天花板。你看到了吗？它是什么颜色？

接着，你准备下床。尝试去感觉脚指头接触地面那一刹那的温度，它是凉凉的？还是暖暖的？经过一番梳洗之后，你来到衣柜前面，准备换衣服上班。今天你要穿什么样的衣服？穿好衣服，你看一看镜子。然后你来到了餐厅，早餐吃的是什么？一起用餐的有谁？你跟他们说了什么话？

接下来，你关上家里的大门，准备前往工作地点。你回头看一下自己的家，它是一栋什么样的房子？然后，你将搭乘什么样的交通工具去上班？

你快到达工作的地方，首先注意一下，这个地方看起来如何？好，你进入工作的地方，你跟同事打了招呼，他们怎么称呼你？你还注意到哪些人出现在这里？他们正在做什么？

你在自己的办公桌前坐下，安排一下今天的行程，然后开始上午的工作。上午的工作内容是什么？你跟哪些人一起工作？你工作时用到哪些东西？

很快，上午的工作结束了。你的午餐如何解决？吃的是什么？跟谁一起吃？午餐还愉快吗？

接下来是下午的工作，与上午的工作内容有什么不同吗？你在忙些什么？

快到下班的时间了，或者你没有固定的下班时间，但你即将结束一天的工作，下班后你直接回家吗？或者要先办点什么样的事？或者要做一些什么其他的活动？

到家了。家里有哪些人呢？回家后你都做什么事？晚餐的时间到了，你会在哪里用餐？跟谁一起用餐？吃的是什么？

睡觉前，你正在计划明天参加一个典礼的事。那是一个颁奖典礼，你将接受一项颁奖。想想看，那会是一个怎么样的奖项？颁奖给你的是谁？如果你将发表得奖感言，你打算讲什么话？

该是上床的时候了，你躺在早上的那张床铺上。回忆一下今天的工作与生活，今天过得愉快吗？你要许个愿吗？许什么样的愿望？

渐渐地，你很满足地进入梦乡。睡吧！一分钟后，我会叫醒你。(一分钟后)

我们渐渐地回到这里，还记得吗？你现在的位置不是在床上，而是在这里。然后，你慢慢地醒过来，静静地坐着。

请大家与同学分享自己的体验(如果是独自做的练习，也请反思以下的问题)。

(1) 分享5年后的自己，在幻游中看到或听到的是什么？有什么感受？

(2) 你最喜欢10年后生活的哪个部分？为什么？

(3) 在幻游中，你想到的可能是什么职业？跟你现在的学习有什么关系？你可以通过什么途径获得那样的生活。

(九) 初见生涯

该表单任务的完成，主要是为自己做一个生涯规划的初步计划表，见表1-2。目的是明确方向、提高效率、增强动力、提前准备、适应变化、促进成长、增加信心。当人们把想法和规划转化为具体的文字时，它不再是脑海中模糊的概念，而是变得清晰、明确和可衡量。可视化呈现方式让我们更能感受到计划的真实性和重要性。同时，完成好的表单更容易被回顾和审视，同学们可以随时查看自己的进展，对照设想，及时调整。《初见生涯》更像是我们对自己立下的契约，提醒我们对所写内容负责，从而增强我们执行计划的决心和毅力。

(1) 明确方向：帮助个人明确自己的职业和人生方向，避免在未来的道路上感到迷茫和困惑，如个人的个性和特质、能力优势、价值倾向、重要他人对自己选择职业方向的影响等。

(2) 提高效率：合理安排时间和资源，集中精力朝着既定目标努力，从而提高实现目标的效率。

(3) 增强动力：将大的目标分解为具体的小步骤和阶段性任务，如长期目标、中期目标、短期目标的设定，每完成一个小目标都能带来成就感，增强持续前进的动力。

(4) 提前准备：澄清自己的理想工作，以及自己看中的职业价值观，通过思考能够提前预见可能遇到的问题和挑战，并做好相应的准备，降低风险和不确定性。

(5) 适应变化：尽管计划可能会因各种因素而调整，但有一个初步的框架可以让个人更从容地应对变化，及时做出合理的改变。例如，迄今为止自己的闪光时刻和成长瞬间(对自己有积极影响的三件成就故事，对自己有消极影响的三件挫折事，习得了什么？成长了什么？)

(6) 促进自我成长：在制定和完成表格内容填写的过程中，不断地反思和学习，提升自我认知和综合能力。

(7) 增加信心：清晰的规划会让人对未来更有信心，更积极地面对生活和工作中的各种情况。

表 1-2　初见生涯计划表

(姓名) _____		初见生涯	
我这个人的个性和特质是什么？	我所具备的能力或专长是什么？(人无我有、人有我优、人优我特)	我最看重和珍视的是什么？	我进入这所学校，学习这个专业，对我影响最大的人是谁？他(她)是做什么工作的？
截至目前，我生活中最大的成就是什么(三件)：		截至目前，我生活中最大的挫折是什么(三件)：	
我最理想的工作是：			
这个理想工作最吸引我的地方是：	理想工作与理想生活状态结合成什么工作？	我的长期目标是：	我的中期目标是：
我的短期目标是：	这些目标的实现，对我来说机会如何？	我目前的决定是：	理由：

(十) 探秘生涯九宫格

生涯九宫格来自舒伯的生涯发展理论，舒伯按照生涯彩虹图的横截面发展出了这样一个图形，见图1-6。金树人老师在团体辅导手册中提出生涯九宫格的概念，将生涯发展概括为九个方面：学习进修、职业发展、人际交往、个人情感、身心健康、休闲娱乐、财务管理、家庭生活、服务社会。

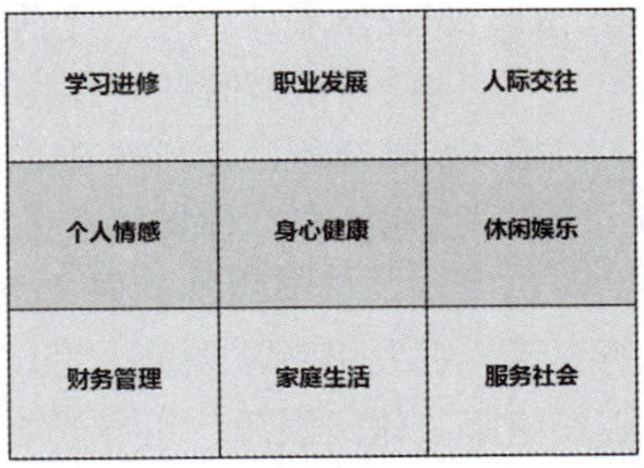

图 1-6　生涯九宫格

很多大学生在入学之初虽然怀有对大学的畅想，但很多人目标不够具体，经常会说到"多交朋友""多参加社会实践"，没有想到具体应该如何去做；还有的同学想法比较单一，除了学习(考四六级、考研)就不知道还能做什么。生涯九宫格会将大学几年的学习、生活多层面、立体化地展现出来，帮助引导学生综合、全面地发展。

同学们可以根据老师的讲解，来完成下表1-3生涯九宫格中的内容。

表 1-3　生涯九宫格问题表格

学习进修	职业发展	人际交往
课程表上要求的课程有哪些？ 除了课程表上的内容，你还需要学习什么？（有目的地学习） 基于自己未来的职业目标，你需要积累什么？ 你的学习习惯怎样（循序渐进）？	任何一个阶段的实践都是在为下一个阶段的发展做准备。 你对理想职业的要求有哪些？ 你为此可以做哪些准备？ 你现在做得怎样？	你感觉难以应对的人有哪些？ 哪些场合让你感觉不自在？ 为了将来更好地适应社会，你打算从搞定哪些人开始？
个人情感	身心健康	休闲娱乐
你怎么看待爱情、友情等？ 你建立并维系亲密关系的能力如何？ 重要他人对你的影响有哪些？	你有没有坚持运动的习惯？ 适合你的运动方式有哪些？ 你如何保持自己的心情愉悦？ 你如何处理焦虑、压力、沮丧等不良情绪？	你有哪些兴趣爱好？ 你业余时间会做哪些事情让自己感受那种创造性和成就感？ 除了学习、工作，你还做什么来愉悦自己？
财务管理	家庭生活	服务社会
你每个月的生活费是如何管理的？ 你是否了解过一些个人理财的知识？ 你是否尝试过为自己增加一些收入？ 财富在你未来的生涯发展中的比重如何？	你和父母的关系怎样？ 你是否从内心接纳并且尊重你的父母？ 父母对你是影响还是掌控？ 你和父母的关系是如何影响你今天的人际交往的？	你是否参加过一些志愿服务？ 你怎样理解一个大学生的社会责任感？ 你怎样看待社会公益组织？ 你是否有过创业的想法？ 你觉得创业需要思考哪些问题？

(1) 分发A4纸，横折三折、竖折三折，展开后就能呈现有折痕的9个格子。

(2) 将每个格子的标题都写上，分别是"学习进修""职业发展""人际交往""个人情感""身心健康""休闲娱乐""财务管理""家庭生活""服务社会"。

(3) 三行呈现了三个维度，逐一进行内容的填写，达到对内的问话效果。

第一行，呈现的是大学里最主要的三件事情：学习进修，是对合格大学生的基本要求；职业发展，是为了未来做准备，体现的是舒伯的生涯发展阶段论；人际交往，是指人在成长过程中，除了学习者，还有其他角色，离不开人际交往，要让一部分只知道学习的学生知道生涯角色的丰富性，包括生涯的广度、宽度和深度。

以上第一行的维度，是对合格大学生的基本要求：顺利毕业，找到未来方向，人际交往无障碍，缺一不可。你可以根据以下问题进行诚实的自问。

○ 学习进修：课程表上要求的课程有哪些？除了课程表上的内容，你还需要学习什么？基于自己未来的职业目标，你需要积累什么？你的学习习惯怎样？

○ 职业发展：任何一个阶段的实践都是在为下一个阶段的发展做准备，那么你对理想职业的要求有哪些？你为此可以做哪些准备？你现在做得怎样？

○ 人际交往：你感觉难以应对的人有哪些？哪些场合让你感觉不自在？为了将来更好地适应社会，你打算从搞定哪些人开始？

第二行，呈现的是如何从合格大学生走向优秀大学生：个人情感，学会与他人建立近距离的关系，引发思考，完善人格；身心健康，维持身心健康是一切生活的基础，包括身体健康和心理健康；休闲娱乐，引导学生培养自己的兴趣、爱好，获得持久动力和生命平衡的能量。你可以根据以下问题进行诚实的自问。

○ 个人情感：你怎么看待爱情、友情等？你建立并且维系亲密关系的能力如何？重要他人对你的影响有哪些？

○ 身心健康：你有没有坚持运动的习惯？适合你的运动方式有哪些？你如何保持自己的心情愉悦？你如何处理焦虑、压力、沮丧等不良情绪？

○ 休闲娱乐：你有哪些兴趣爱好？你业余时间会做哪些事情让自己感受那种创造性和成就感？除了学习、工作，你经常还会做什么愉悦自己？

第三行，呈现的是如何让优秀的学生走向卓越：财务管理，看学生如何分配每个月的生活费，是否掌握基础的个人理财的知识，让学生看到自己曾经忽视的和存在知识空白点的部分；家庭生活，这是每个人成长过程中的精神支柱和动力来源，通过原生家庭引发大家的思考，是自由的多还是焦虑的多，是正向的多还是负向的多；服务社会，可以加上一部分创业的内容，思考给社会带来哪些价值，或者讲一些大学活动，如对于迎新志愿者的印象，会更贴合实际。你可以根据以下问题进行诚实的自问。

○ 财务管理：你每个月的生活费是如何管理的？你是否了解过一些个人理财的知识？你是否尝试过为自己增加一些收入？财富在你未来的生涯发展中比重如何？

○ 家庭生活：你和父母的关系怎样？你是否从内心接纳并且尊重你的父母？父母对你是影响还是掌控？你和父母的关系是如何影响你今天的人际交往的？

○ 服务社会：你是否参加过一些志愿服务？你怎样理解一个大学生的社会责任感？你怎样看待社会公益组织？你是否有过创业的想法？你觉得创业需要思考哪些问题？

当同学们根据问题填完所有格子之后，思考如下问题。

(1) 回顾这九个格子，有哪些格子里的内容是曾经被我们忽略的？

(2) 如果未来希望提升的话，你希望主要在哪三个方面进行改变？

(3) 如果可以变得更好一点，你认为是你有了什么样的行动会变得更好？

六、通关要领

(一) 党的二十大对生涯发展提供的指引

党的二十大为个人的生涯发展提供了重要的指引和方向，为我们唤醒生涯意识提供了宏观的背景和指导，让我们能够在国家发展的大格局中，更清晰地规划个人的职业道路和生涯发展。党的二十大强调了高质量发展、创新驱动、人才强国等重要战略，这意味着在职业选择和生涯规划中，应更注重与国家发展战略相契合，积极投身于能够推动国家进步的领域。

党的二十大对生涯发展的指引主要体现在以下几个方面。

(1) 明确发展方向：党的二十大强调了科技创新、乡村振兴、绿色发展等重点领域的发展。这为大学生指明了未来职业发展的热门方向，鼓励大学生在这些领域发挥自己的专业知识和技能，为国家的发展贡献力量。

(2) 重视综合素质：党的二十大明确了对各类人才的重视和需求。这促使我们不断提升自身素质和技能，以适应社会发展对人才的高标准要求。党的二十大提出了要培养德智体美劳全面发展的社会主义建设者和接班人。这就要求大学生在职业生涯规划中，不仅注重专业知识的学习，还要注重培养自己的思想道德素质、身体素质、审美能力和劳动精神，以适应社会对全面发展人才的需求。

(3) 倡导创新精神：党的二十大强调创新是第一动力。这启示我们在生涯规划中培养创新思维和能力，勇于探索新的职业领域和发展路径。大学生在规划职业生涯时，应注重培养自己的创新思维和创新能力，敢于在工作中尝试新方法、新技术，以提高工作效率和质量，为个人和社会创造更大的价值。

(4) 强调社会责任：党的二十大明确了实现中华民族伟大复兴的使命任务。大学生在选择职业和规划职业生涯时，要将个人的职业发展与国家的发展需求紧密结合，肩负起社会责任，为解决国家面临的重大问题贡献自己的智慧和力量。

(5) 关注国际视野：党的二十大提出要推动构建人类命运共同体。在全球化的背景下，大学生要有国际视野，了解国际形势和国际规则，为在国际舞台上展现中国风采、促进国际交流与合作做好准备。

总之，大学生应认真学习领会党的二十大精神，将其融入个人的职业生涯规划，以更好地实现个人价值，为国家和社会的发展作出积极贡献。

(二) 工业5.0对生涯教育提出的要求

2021年，欧盟公布了《工业5.0：迈向可持续、以人为本和富有弹性的欧洲工业》战略，提出工业5.0的三个核心要素：以人为中心(humancentric)、可持续(sustainability)和韧性(resilience)。该战略强调以人为中心，要求劳动者密切参与新工业技术的设计和部署，包括当下备受关注的人工智能技术，将人类的核心需求和利益置于生产过程的中心，而不是以新兴技术为出发点考察其提高效率的潜力。工业5.0战略还提出教育方面的支持措施：加强与教育培训机构的合作，促进企业更好地确定技能差距并预测近期技能需求；通过教育、培训和技能提升来适应数字化转型。世界制造业论坛2019年提出，未来制造业从业者必备的十大技能多数是诸如创造性问题解决能力、创业心态、沟通技巧、应对持续变化的开放心态、跨文化与跨学科心态和多元包容性等非技术本身的技能。作为劳动者能力培养基础的教育，特别是生涯教育，被寄予了更多的期待。

(三) 就业形势为生涯教育寄予的期待

习近平总书记指出，当前，我国教育已由规模扩张阶段转向高质量发展阶段。在夯实学生的知识基础的同时，也要激发学生崇尚科学、探索未知的兴趣，培养其探索性、创新性思维品质。要在全社会树立科学的人才观、成才观、教育观，加快扭转教育功利化倾向，形成健康的教育环境和生态。《中华人民共和国国民经济和社会发展第十四个五年规划和2035年远景目标纲要》提出：全面贯彻党的教育方针，坚持优先发展教育事业，坚持立德树人，增强学生文明素养、社会责任意识、实践本领，培养德智体美劳全面发展的社会主义建设者和接班人。实施就业优先战略，健全有利于更充分更高质量就业促进机制，扩大就业容量，提升就业质量，缓解结构性就业矛盾。从高校毕业生就业形势看，在高等教育普及化的时代背景下，高校毕业生数量持续高位运行，就业压力巨大，面临"就业难与用工荒现象并存""无业可就与有业不就现象并存""人等岗位与岗位等人现象并存"。这种结构性矛盾反映出高校层次类型、专业设置、学科建设和人才培养能力等方面不同程度地存在与市场需求和经济社会发展不相适应的问题，对高校生涯教育和就业指导服务提出了更高的要求。

(四) 抓住重点筑牢生涯教育的意识

生涯教育的重点是找到自己、做自己，而不是他人；重点是开拓无限的可能性，而不是定位；重点是培养选择的能力，而不是考分。随着时代的发展，一些教育政策越来越引起社会的关注，如坚持初中后普职分流，巩固中等职业教育基础地位；普通高中开展人才培养改革，实行选课走班和按专业填报志愿；高等学校坚持分层分类发展，学术型、应用型和技术技能型协调发展。这些政策的推动实施，既是经济社会发展、人才需求对教育政策的反映，很大程度上也遵循了生涯教育的底层逻辑。每个学生都是独一无二的个体，禀赋、才能、爱好和特长不尽相同，不能只关注学习好的学生，使很多学生被忽视、被遗忘，体会不到学习的成就和成长的快乐，越来越没有信心。要尊重学生、理解学生、信任学生、激励学生，公平公正对待学生，相信每一个学生都是可塑之才，善于发现每一个学生的闪光点和特长。

开展生涯教育要牢固树立3种意识。一是个性发展和终身发展的意识。要尊重学生个性发展的差异性，坚持因材施教、知行合一；要引导学生认知和探索自我，更要引导学生探索社会和职业，同时，要通过增强对社会和职业的认知，引导学生更好认识自我、探索自我、实现自我。二是健康发展的意识。要树立健康第一的教育理念，引导学生关注身心健康，激活内在驱动力，积极应对压力，养成良好的自我关爱习惯，寻求支持和建立良好的人际关系，平衡好自身的各种角色，从而形成健全的人格、锻炼坚强意志。三是全面发展的意识。要着眼于德智体美劳全面发展，面向全体学生，不仅仅是职业规划和职业能力的培训，更是面向全体学生的成长成才教育。要发挥生涯教育的育人作用，实现从职业认知到生涯育人、从静态规划到动态发展的根本性改变。

我们前面通过执行十个任务来澄清未来的愿景，最重要的是立足当下要培养什么样的能力，在什么样的环境，开始为自己踏上梦想之路设定第一个行动计划。同时，我们完成一个一个的任务，用大家喜欢的方式帮助同学们梳理人生定位，再一次唤醒同学们的生涯意识，以及及早树立利己利人利国家的家国情怀。

外部探索关

任务一　解析形势·初探职业

一、关卡名称：洞悉职业江湖

职业是从业人员为了获取主要的生活来源而从事的社会性工作类别，是由一定人数组成的相对稳定的、从事社会活动的工作门类。它是人的生活方式、经济状况、文化水平、行为模式、思想情操的综合反映，也是一个人的权利、义务、职责和社会地位的一般体现。

从词义学的角度看，"职业"一词由"职"与"业"构成。所谓"职"，是指职位职责，"业"是指行业、事业；也有人认为"职"包含着社会职责、天职、权利和义务的意思，"业"包含从事业务事业、事情、独立性工作的意思。

《中华人民共和国国家职业分类大典》中明确规定了职业的五个要素：一是职业名称，它是职业的符号特征；二是工作的对象、内容、劳动方式和场所；三是特定的职业资格和能力；四是职业所提供的各种报酬；五是在工作中建立的各种人际关系。《现代汉语词典》(第六版)对职业的解释为：个人在社会中所从事的作为主要生活来源的工作。

在原始社会初期，并无职业可言。随着社会的进步和发展，人类在长期生产活动中产生了劳动分工，职业由此产生和发展。也就是说，社会职业存在于社会分工之中，人们的社会角色是不一样的，一定的社会分工或社会角色的持续实现，就形成了职业。

职业是人们为了获取主要生活来源而从事的相对稳定的、具有专门技能的社会性工作类别。它不仅仅是岗位名称的简单堆砌，更是包含工作内容、工作性质、所需技能、人际关系及劳动报酬等多个维度的综合体。在职业的探索之旅中，大学生需认识到，每种职业背后都承载着相应的社会责任、行业标准及个人成长的空间。

随着社会的进步和科技的发展，职业世界日新月异，新兴职业层出不穷，而传统职业也在不断转型升级。因此，对职业的认知不能仅停留在表面，而应深入探究其内在要求与发展趋势。大学生在规划职业生涯时，需结合自身兴趣、特长及市场需求，理性分析不同职业的特点与要求，从而做出更加适合自己的职业选择。

职业是大学生步入社会后的首要课题，它既是个人实现梦想的舞台，也是社会发展的重要推手。清晰理解职业的本质，对于大学生而言是开启职业世界探索之旅的第一步，也是迈向成功职业生涯的坚实基础。

二、闯关意义

在人生的黄金阶段，大学生正处于从校园迈向社会的关键转折点，职业世界探索对于他们的成长与发展具有非常重要的价值。这一过程不仅是自我认知与职业定位的基石，更是连接个人梦想与社会现实的桥梁。

首先，职业世界探索促使大学生进行自我发现和定位。通过深入了解不同职业领域的工作内容、工作环境、发展前景及所需技能，大学生能够更清晰地认识到自己的兴趣所在、能力优势以及职业倾向。这种自我认知的过程，有助于他们避开盲目选择的误区，制定出更加符合自身条件的职业规划，从而在未来的职业生涯中少走弯路，实现自我价值最大化。

其次，职业探索拓宽了大学生的视野和思维方式。在信息爆炸的时代，新兴行业与职业层出不穷，传统行业也在不断转型升级。通过持续关注行业动态、参与专业讲座与工作坊、与职场前辈交流互动，大学生能够紧跟时代潮流，掌握最新的职业发展资讯，从而培养出前瞻性的眼光和敏锐的市场洞察力。这种宽广的视野和开放的思维，将为他们在未来的职业生涯中提供更多可能性与选择空间。

再次，对职业世界探索能为大学生提供宝贵的实践机会。理论知识的学习固然重要，但真正的职场经验才是检验个人能力与适应性的试金石。通过参与实习、兼职、志愿服务等实践活动，大学生不仅能够将所学知识应用于实际工作中，提升专业技能和职业素养，还能深入了解企业文化、团队协作及项目管理等方面的知识。这些实践经验将成为他们职业生涯中宝贵的财富，为未来的职业发展奠定坚实的基础。

最后，职业世界探索还有助于大学生建立职业网络与社交圈子。在职场中，人脉关系往往对个人的发展起到至关重要的作用。通过与业界专家、企业高管及同行交流互动，大学生能够建立起广泛而深入的人脉网络，获取更多的职业机会与发展资源。同时，这种社交活动也能提升他们的沟通能力和团队协作能力，为未来的职业合作打下良好的基础。

三、闯关武器

(1)《国民经济行业分类》(GB/T4754-2022)。
(2)《中华人民共和国职业分类大典》(2022年版)。
(3) 家族成员职业访谈记录表。
(4) 生涯人物访谈表。
(5) "AI时代的职业领航者"记录表。

四、解读密码

(一) 职业的特征

职业的特征包括社会性和时代性、专业性和规范性、经济性和稳定性、知识性和技能性、多样性和层次性五个方面。

1. 社会性和时代性

职业是生产力发展和社会化分工的结果，它的形成和内容都离不开社会，受社会政治、经济、文化等因素的影响，还与社会制度和社会政策相关。随着时代的发展和社会的进步，旧的职业不断被淘汰，新的职业不断产生，职业不断发生变化。相同的职业在不同时期会有不同的内容和形式。从不同时期出现的热门职业可以看出，职业具有鲜明的时代特点，特定时期的人对不同职业的热衷程度不一。

2. 专业性和规范性

一个人要从事某种职业，就必须具备职业化的专门知识、能力并遵从特定的职业道德要求，如医生要有一定的医疗专业知识、技能和救死扶伤的精神，教师要有学科教学能力和教学育人的职业操守等。随着社会的发展、科技的进步，劳动的专业化程度越来越高，职业的专业性越来越强。职业主体所从事的职业活动必须符合国家的法律规定和社会伦理道德准则。

职业分为正当职业和不正当职业两种。不正当职业要么不符合国家的法律规定，要么有悖于社会伦理道德的准则要求。特别需要提醒的是，非法传销活动作为不正当职业，对大学生影响很大，大学生应予以警惕。

3. 经济性和稳定性

人们从事职业的重要目的之一是获得一定的报酬，维持自己和家庭的生存与发展。作为从事生产劳动的职业，它的形式和内容在一定的时期内是相对固定的，这也保证了劳动者能通过连续从事这一职业获得稳定的收入。在职业范畴里，经济性和稳定性是不可分割的。

4. 知识性和技能性

不同职业要求不同的知识和技能，有的知识和技能比较简单，容易掌握，不需要专门学习和培训，就可以在社会生活中通过经验的总结和常识的积累来获得，如农耕文明就是先民们在天文、气象、水利等方面的知识和耕作方面的技巧的积累和总结，但对于大型仪器操作，则需要进行专业培训。在现代社会中，职业分工越来越细，各种新职业层出不穷，职业的知识含量越来越高，技术越来越复杂，需要从业者经过专业的学习和培训，具备专门的知识和技能，才能胜任特定工作。即便是农业生产，随着现代农业的发展，也呈现出越来越明显的专业化态势。

5. 多样性和层次性

职业的多样性非常明显，职业领域十分广泛，涉及人类社会生产和生活的方方面面，而且职业的分化还在继续，职业的种类还在不断增加。同时，这些不同的职业对劳动者的素质和条件有着多样化的要求。职业的层次性包括各类职业间的层次和各个职业类型内部的层次。虽然我们一直强调职业没有高低贵贱之分，但不可否认的是，收入水平的高低、工作任务的轻重、社会声望和地位的高低确实使职业呈现出层次性特征，影响着人们对职业的态度。随着社会的发展，职业也在发生着变化，并表现出了不同的特征，如表2-1所示。

表2-1 职业特征的变化

过去职业的特征	现在职业的特征
全是永久性合同	兼职临时合同
保障就业	不保障就业
从一而终的职业选择	不断变化的职业选择
终身职业	多种职业
终身的组织	多个或没有组织

(续表)

过去职业的特征	现在职业的特征
○ 有规律地提升	○ 可雇佣性的维持
○ 多种水准的等级制度	○ 层次减少的金字塔
○ 可预测工件移动方向	○ 不可预测工件移动方向
○ 内部劳动力市场	○ 外部劳动力市场
○ 组织管理职业	○ 员工自己开发
○ 组织开发员工	○ 个人管理职业

(二) 职业的分类

职业分类是采用一定的标准和方法，依据一定的分类原则，对从业人员所从事的各种专门化的社会职责所进行的全面、系统的划分与分类。

目前世界上的职业种类已超过42 000种。我国是世界上最早出现职业和职业活动的国家之一。《春秋·谷梁传》就写道："古者有四民，有士民，有商民，有农民，有工民。"近几十年来，社会主义现代化建设的发展，促进了我国现代职业的发展。1999年，国家职业分类大典和职业资格工作委员会经过四年时间编制完成了《中华人民共和国职业分类大典》，后该大典历经数次更新改版。

《中华人民共和国职业分类大典》运用科学的职业分类理论和方法，参照国际标准，借鉴国际先进经验，充分考虑我国社会转型期社会分工的特点，按照以"工作性质相似性为主、技能水平相似性为辅"的分类原则，2022年版《中华人民共和国职业分类大典》将我国职业分类体系调整为8个大类、79个中类、449个小类、1636个职业，标注了127个绿色职业，97个数字职业。8个大类分别如下。

第一大类为"党的机关、国家机关、群众团体和社会组织、企业、事业单位负责人"，主要包括中国共产党机关负责人，国家机关负责人，民主党派和工商联负责人，人民团体和群众团体、社会组织及其他成员组织负责人，基层群众性自治组织负责人，企事业单位负责人6个种类。

第二大类为"专业技术人员"，主要包括科学研究人员，工程技术人员，农业技术人员，飞机和船舶技术人员，卫生专业技术人员，经济与金融专业人员，监察、法律、社会和宗教专业人员，教学人员，文学、艺术、体育专业人员，新闻出版、文化专业人员，其他专业技术人员11个种类。

第三大类为"办事人员和有关人员"，主要包括行政办事及辅助人员，安全和消防及辅助人员，法律事务及辅助人员，其他办事人员和有关人员4个种类。

第四大类为"社会生产服务和生活服务人员"，主要包括批发与零售服务人员，交通运输、仓储物流和邮政业服务人员，住宿和餐饮服务人员，信息传输、软件和信息技术服务人员，金融服务人员，房地产服务人员，租赁和商务服务人员，技术辅助服务人员，水利、环境和公共设施管理服务人员，居民服务人员，电力、燃气及水供应服务人员，修理及制作服务人员，文化和教育服务人员，健康、体育和休闲服务人员，以及其他社会生产和生活服务人员15个种类。

第五大类为"农、林、牧、渔业生产及辅助人员"，主要包括农业生产人员，林业生产人员，畜牧业生产人员，渔业生产人员，农、林、牧、渔业生产辅助人员，其他农、林、牧、渔业生产及辅助人员6个种类。

第六大类为"生产制造及有关人员"，主要包括农副产品加工人员，食品、饮料生产加工人员，烟草及其制品加工人员，纺织、针织、印染人员，纺织品、服装和皮革、毛皮制品加工制作人员，木材加工、家具与木制品制作人员，纸及纸制品生产加工人员，印刷和记录媒介复制人员，文教工美、体育和娱乐用品制作人员，石油加工和炼焦、煤化工生产人员，化学原料和化学制品制造人员，医药制造人员，化学纤维制造人员，橡胶和塑料制品制造人员，非金属矿物制品制造人员，采矿人员，金属冶炼和压延加工人员，机械制造基础加工人员，金属制品制造人员，通用设备制造人员，专用设备制造人员，汽车制造人员，铁路、船舶、航空设备制造人员，电气机械和器材制造人员，计算机、通信和其他电子设备制造人员，仪器仪表制造人员，再生资源综合利用人员，电力、热力、气体、水生产和输配人员，建筑施工人员，运输设备和通用工程机械操作人员及有关人员，生产辅助人员，其他生产制造及有关人员32种类。

第七大类为"军队人员"，包括军官(警官)，军士(警士)，义务兵，文职人员4个种类。

第八大类为不便分类的其他从业人员，包括不便分类的其他从业人员1个种类。

此外，根据不同标准的职业，可有不同的分类方法。例如：从行业上划分，可分为一二三产业；从工作特点上划分，可分为务实(使用机器、工具和设备的工种)、社会服务、文教、科研、艺术及创造、计算及数学(钱财管理、资料统计)、自然界职业、管理、一般服务性职业等十多种类型的职业。每一种分类方法，对其职业的特定性都有明确的解释，这对我们更好地掌握某一职业的特点，去选择适合自身的职业有指导作用。

在新时代的快速发展背景下，职业领域正经历着深刻的变革与拓展。2024年7月，人力资源社会保障部联合市场监督管理总局及国家统计局，正式发布了包含生成式人工智能系统应用员、云网智能运维员、智能网联汽车测试员、智能制造系统运维员、工业互联网运维员等在内的19个新兴职业，如表2-2所示，以及直播招聘师、老年助浴员、储能电站运维管理员、氢能利用工程师、休闲露营地管家、生活服务体验员等29个新工种。

表2-2 19个新增加职业

1. 生物工程技术人员	11. 文创产品策划运营师
2. 口腔卫生技师	12. 储能电站运维管理员
3. 网络安全等级保护测评师	13. 电能质量管理员
4. 云网智能运维员	14. 版权经纪人
5. 生成式人工智能系统应用员	15. 网络主播
6. 工业互联网运维员	16. 滑雪巡救员
7. 智能网联汽车测试员	17. 氢基直接还原炼铁工
8. 有色金属现货交易员	18. 智能制造系统运维员
9. 用户增长运营师	19. 智能网联汽车装调运维员
10. 会展搭建师	

这次发布的19个新职业，半数以上与新质生产力密切相关。例如，紧跟前沿技术的"数""智"职业，生成式人工智能系统应用员、智能网联汽车测试员、智能制造系统运维员、工业互联网运维员等；数字经济孕育的全新岗位，网络主播、用户增长运营师等。

绿色是新职业的一大"标签"。这一批新职业，不少源于经济转型和绿色低碳发展的新需要。如脱胎于传统产业的氢基直接还原炼铁工、满足新兴产业发展的储能电站运维管理员、电能质量管理员等。

职业"上新"见证着社会发展的新活力。文创产品策划运营师、口腔卫生技师、滑雪巡救员等新职业，生活服务体验员、老年助浴员、休闲露营地管家等新工种，都反映了人们生活需求的多元化和新变化。新职业带来更丰富的产品和服务供给，更好地满足了人们的物质生活和精神文化生活的需要。

(三) 当前职业环境分析

1. 行业分析

行业(或产业)是指从事相同性质的经济活动的所有单位的集合。行业分类则是有规则地按照一定的科学依据,对从事国民经济生产和经营的单位或者个体的组织结构体系的详细划分。

随着我国经济社会的快速发展和结构调整,以及科技进步和新兴产业的浮现,原有的行业分类已不能满足各方面的需要。同时联合国统计司于2022年发布了《国际标准工业分类修订版4》(ISIC Rev.4),对原有的行业分类进行了重大改革,增加了许多新兴和高技术产业,并对部分行业进行了重新划分。为了与新的国际标准保持一致,并反映我国最新的经济结构和发展水平,我国于2022年发布了《国民经济行业分类》(GB/T4754—2022),并于同年11月1日起正式实施。该标准采用了ISIC Rev.4,并根据我国实际情况进行了适当调整。

《国民经济行业分类》(GB/T4754—2022)按照经济活动的性质和内在联系,将全社会经济活动划分为21个大类(A至U),88个中类,191个小类和510个门类。每一个类别都有相应的代码,由字母或者数字组成。其中大类由一个字母表示,中类由两位数字表示,小类由三位数字表示,门类由四位数字表示。例如,A表示大类,01表示中类,011表示小类,0111表示门类。

《国民经济行业分类》(GB/T4754—2022)的21个大类及其代码如下。

大类及代码:

A 农、林、牧、渔业	L 租赁和商务服务业
B 采矿业	M 科学研究和技术服务业
C 创造业	N 水利、环境和公共设施管理业
D 电力、热力、燃气及水生产和供应业	O 居民服务、修理和其他服务业
E 建造业	P 教育
F 批发和零售业	Q 卫生和社会工作
G 交通运输、仓储和邮政业	R 文化、体育和娱乐产业
H 住宿和餐饮业	S 公共管理、社会保障和社会组织
I 信息传输、软件和信息技术服务业	T 国际组织
J 金融业	U 其他
K 房地产业	

各行业本身所处的发展阶段及其在国民经济中的地位不尽相同,分析影响行业发展的各种因素,判断对行业的影响力度,预测行业的未来发展趋势,判断行业走向,可以为职业决策提供参考依据。根据数据统计显示,十大热门行业中,互联网电子商务、计算机软硬件、网络设备占据三甲,IT服务、电子微电子、通信紧随其后,专业咨询服务、房地产、机械制造和证券期货基金也榜上有名。

行业分析主要分析行业发展现状及发展趋势、产业结构、行业结构与分类、行业对人员的要求等内容,在此基础上进行从业匹配分析,即自己是否适合从事这一行业,有哪些方面适合,哪些方面不适合。

2. 职业分析

随着经济社会发展、科技进步和产业结构调整升级,我国的社会职业构成和内涵发生了很大变化。一是一些传统职业开始衰落甚至消失,如"餐具清洗保管员""唱片工""拷贝字幕员"等。二是一些新的职业不断涌现并迅速发展,如"信息通信信息化系统管理员""基金发行员""光伏组件制造工"等。三是一些职业为适应新形势开始调整和转化,如"光盘复制工""市话测量员""话务员"等职业相应调整和转化为"音像制品复制工""信息通信网络测量员""呼叫中心服务员"。

职业分析主要分析职业分类和结构，职业的特点与规律，不同职业的性质、特点、任务、工作环境、资格要求、能力要求、发展趋势、职业的含金量等，在此基础上进行人岗匹配分析，即判断自己是否适合这一职业的要求，有哪些方面适合，哪些方面不适合。

进行职业环境分析可以主要对该职业的工作说明书与能力模型进行分析。工作说明书与能力模型是员工职业生涯规划的重要依据之一。对于个人而言，到某个岗位工作或任职，某单位对这一岗位的能力标准要求是什么？这个岗位对学历、专业知识、工作技能、综合能力、工作经验、工作标准的要求是什么？我们是否满足这些要求？要了解这些问题，就需要对工作说明书和能力模型进行分析。工作说明书对岗位的工作职责、工作责任、工作标准、工作权限、工作流程、工作强度、工作环境及任职资格等都做出了界定。能力模型对岗位任职者应具备的知识要素、能力要素、能力标准等级也做出了界定。

3. 组织分析

组织分析也就是对目标组织的分析，在对组织进行分析时，必须注意自己的发展要与组织的发展相一致，自己的生涯目标必须与组织的发展目标相吻合，也就是说，我们必须是组织所需要的人，组织也是我们所需要的组织。这是因为个人的发展与组织的发展是分不开的。个人只能在特定的组织内部工作，在特定组织内发展，只有组织发展，个人才能实现发展。如果不考虑组织的需要，只考虑个人发展，职业生涯规划也就失去了意义，生涯目标也很难实现。

组织分析主要分析目标组织的规模和组织结构；组织发展战略和发展前景；组织的制度；组织人力资源开发与管理状况，如人力资源需求、晋升发展政策、薪资和福利、教育培训、工作设施设备条件和工作环境、发展、组织文化、产品及其市场、员工素质、工作氛围、人际关系状况、招聘条件等因素，在此基础上进行人企匹配分析，即判断自己是否对该组织满意、认同，自己是否符合组织的要求，有哪些方面适合，哪些方面不适合。

(1) **组织的发展战略**。组织发展战略明确了组织的发展远景，明确了组织未来发展的重点与方向。这些发展远景、发展重点、发展方向预示了未来的人才需求。组织的未来人才需求，就是个人职业生涯发展的目标。所以，在制定职业生涯规划时，要对自己目标组织的发展战略做重点分析。

一个组织的发展战略决定了一个组织的关键竞争优势，一个组织的关键竞争优势决定了一个组织对未来人才的整体要求，决定了什么样的人能够在组织内生存和发展，并且能够支持组织的生存和发展。不同的发展战略，对人才的能力及类型要求是不同的：成本领先发展战略的组织需求是高水平的管理人才；差异化发展战略需要较强创新能力的人才，如开发型人才、经营型人才、策划型人才等。

(2) **组织文化**。组织文化是企业的核心价值观和行为准则。不同的组织文化孕育着不同的工作环境和人才需求，因此，在制定职业生涯规划时，深入了解并考虑组织文化的因素显得尤为重要。

组织文化不仅影响着企业的日常运营和员工行为，更在无形中塑造着员工的职业观念和发展路径。在创新型文化的组织中，创新被视为企业的生命线，这类组织鼓励员工提出新想法、探索新领域，为敢于挑战和突破的员工提供广阔的舞台。对于怀揣创新梦想的大学生而言，选择这类组织将更有可能实现他们的职业愿景，并在不断的创新实践中提升自我。

稳健型文化的组织则更注重稳定和规范。这类组织强调流程、注重细节，对员工的专业素养和执行力有着极高的要求。对于追求稳定职业环境、注重专业深度的大学生来说，这类组织将是他们职业生涯的坚实后盾。

服务型文化的组织，其核心在于客户满意度和服务质量。这类组织注重员工的沟通技巧和服务意识，希望员工能够成为连接企业和客户的桥梁。对于擅长沟通、注重服务体验的大学生而言，这类组织将为他们提供展示才华和实现职业价值的广阔平台。

在制定职业生涯规划时，大学生应深入了解不同组织的文化特性，明确自己的职业目标和价值观，并寻找与自己相契合的组织文化。这样，他们不仅能在职业生涯中找到归属感和满足感，还能在组织文化的熏陶下不断提升自我，实现职业生涯的持续发展。

(3) 组织的类别属性。不同的组织类别，不同的组织属性，对员工有不同的要求。例如，对于传统的机械加工组织，生产技术和手段较为规范化和程序化，对人才的需求是以熟练的技术工人为主；而对于一些进行新产品开发的高新技术，则需要技术创新的开发人才；中介性贸易公司需要商贸经营人才，店铺经营型公司需要更多的销售服务人才；同样，劳动密集型组织强调员工的体能，资本密集型组织强调员工的技术，而知识密集型组织强调员工的科研开发能力。

(4) 组织管理类型。在职业生涯规划与管理的广阔领域中，组织管理类型扮演着至关重要的角色。它是确保组织目标得以实现、成员协同工作并持续优化的基础框架。随着时代的进步和管理的科学化，组织管理类型也在不断演变与丰富，以适应复杂多变的内外部环境。

直线型组织以其简单明了、权责分明的特点，适用于规模较小、任务明确的组织。在这种类型中，命令链清晰，决策迅速，但可能缺乏灵活性和跨部门协作。随着组织规模的扩大，直线职能型组织应运而生，它在保持直线型组织统一指挥优势的同时，引入了职能部门的支持，增强了专业管理的能力，但也可能带来沟通壁垒和决策效率的挑战。

矩阵式和事业部式组织类型则体现了更为复杂和灵活的管理思想。矩阵式组织通过项目团队的形式，打破了传统职能部门的界限，实现了资源的有效整合和跨部门协作，特别适用于项目驱动型组织。而事业部式组织则通过按产品或服务划分独立核算的事业部，赋予了各事业部更大的自主权和市场响应能力，促进了组织的创新和发展，但同时也对总部的管理协调能力提出了更高要求。

随着信息技术的飞速发展和市场环境的快速变化，一些新兴的组织管理类型如虚拟组织、网络组织等也逐渐崭露头角。它们打破了传统组织的物理界限，利用互联网和通信技术实现远程协作和资源共享，为组织提供了更广阔的发展空间和可能性。

(5) 管理制度与用人标准。不同的管理制度与用人标准，对个人职业生涯目标有着直接的影响。例如，职务晋升制度如何？绩效考核制度是重绩效还是重关系，是重能力还是重文凭？是鼓励创新还是鼓励按部就班？工资体系是倾向于技术人员，还是管理人员、销售人员或者生产工人？是平均主义，还是按劳分配？了解掌握这些制度特点及用人标准，有利于在制定职业生涯规划时采取相应对策。

(6) 本组织的人员现状。人的工作是一个群体性的组织活动，不管我们所处的单位和部门大与小，都由不同数量、不同年龄、不同专业、不同能力、不同性格的人组成。我们每个人的发展或多或少都会和其他人产生关系。因此，在制定职业生涯规划时，必须了解本组织人员的情况，主要包括人员的学历、工作能力、特长、兴趣、年龄、职称、工资绩效、生涯发展状况、人际关系、领导者的能力和抱负等。

4. 目标地域分析

在选择职业时，地域因素是一个不容忽视的重要考量。不同的地域拥有各自独特的文化、传统和习惯，同时其经济发展水平也存在显著差异。因此，有必要对目标工作地区进行深入分析，以确保职业选择与个人偏好及地域特点相契合。

发展前景是地域分析中的关键要素。需要了解目标地区的经济发展趋势、产业布局及未来规划，从而判断该地区是否具备良好的职业发展前景。一个充满活力和机遇的地域，无疑能为职业生涯提供更多的可能性和空间。

文化特点也是需要重点关注的内容。不同的地域拥有各自独特的文化背景和价值观，这些都会对生活和工作产生深远的影响。了解并融入目标地区的文化，有助于更好地适应新环境，建立和谐的人际关系，进而促进职业发展。

气候水土等自然条件也是选择地域时需要考虑的因素。不同的地域拥有不同的自然环境和气候条件，这些因素会直接影响居住的舒适度和生活质量。因此，在选择职业地域时，应根据个人的生活习惯和偏好，选择适合自己的气候和自然环境。

人际关系在地域分析中同样占据重要地位。需要了解目标地区的人文环境，包括当地人的性格特点、交往方式及社会网络等，这些因素会直接影响在新环境中的融入速度和职业发展机会。一个良好的人际关系网络能够为职业发展提供有力的支持和帮助。

进行地域分析时，还应进行人地匹配分析。这意味着要将个人特点、职业目标与地域特点进行综合考虑，以判断该地区是否适合职业发展。特别是，需要明确说明为什么要选择这个城市，而不是另外一个地方。这需要对自身的职业规划和人生目标有清晰的认识，并能够将它们与地域特点相结合。

需要分析目标地域为实现人生目标提供了哪些机会，同时存在哪些威胁。机会可能包括职业发展机遇、学习资源、生活品质等，而威胁则可能包括竞争压力、适应难度等。通过全面分析这些因素，可以更加准确地判断该地区是否适合职业发展，并制定相应的应对策略。

(四) 未来职业发展前景预测

1. 顺应未来职业发展趋势的重要性

在未来这个科技飞速发展的时代，职业发展的预测已不再仅仅局限于个人规划的范畴，它已跃升为国家发展战略、企业人力资源配置及个人职业规划的核心要素。随着人工智能、大数据、云计算等技术的广泛应用和不断革新，职业结构正经历着前所未有的深刻变革。这种变革不仅影响着我们的工作方式，更在悄然重塑着整个社会的就业形态。因此，我们必须对未来职业发展前景有深入的理解和准确的预测，以便更好地应对即将到来的挑战和机遇。

技术革新带来的不确定性进一步加剧了这种紧迫性。从历史上看，每次技术革新都会带来职业结构的重大调整。从蒸汽机时代的工业革命到如今的数字革命，技术的每一次飞跃都深刻地改变了我们的工作方式和生活方式。如今，人工智能技术的快速发展，特别是深度学习、自然语言处理等领域的突破性进展，使许多传统职业岗位面临被自动化取代的风险。同时，这也催生了大量新兴职业，如数据科学家、机器学习工程师等。这种不确定性要求我们必须持续关注技术发展动态，以便及时调整职业规划，确保个人和企业的长期发展。

经济模式的变化也进一步凸显了预测未来职业发展的紧迫性。随着全球经济的不断融合和数字化转型的加速推进，新的经济模式如共享经济、平台经济等不断涌现。这些新模式不仅改变了我们的就业方式，还对传统产业结构造成了深远影响。一些传统职业逐渐衰退，而另一些新兴职业则迅速崛起。这种快速变化的经济环境要求我们必须对未来职业发展有清晰的预测和规划，以便更好地适应和应对市场的变化。

对于个体而言，职业发展前景的预测更是制定个人职业规划的重要依据。通过了解未来职业发展趋势，个人可以更好地选择适合自己的职业方向，提前做好准备，提升自身竞争力。在激烈的职场竞争中，只有那些能够准确预测未来职业发展趋势并做出及时调整的人，才能脱颖而出，实现职业生涯的成功。

2. 未来职业发展趋势的深度剖析

(1) 技术驱动的职业变革。 人工智能技术的广泛应用正在深刻改变着职业格局。一方面，自动化和智能化技术的普及使得那些重复性高、技能要求低的岗位逐渐被机器取代。例如，在制造业中，生产线工人逐渐被自动化机器人所替代；在零售业中，收银员等岗位也面临着自动化技术的挑战。另一方面，人工智能技术的发展也为新兴职业和高技能人才提供了广阔的发展空间。人工智能工程师、数据科学家、机器学习专家等职业需求激增，成为新的就业热点。这些职业要求从业者具备深厚的专业知识、精湛的技能以及持续学习的能力，以应对不断变化的技术环境。

(2) 知识经济的全面崛起。 在知识经济时代，知识已成为最重要的经济资源。以知识为基础的产业在国民经济中的比重不断上升，对高技能人才的需求也随之增加。金融、科技、教育、医疗等领域成为人才需求的重点方向。这些领域不仅要求从业者具备扎实的专业知识储备，还需要具备创新思维、跨界融合等能力。例如，在金融科技领域，既懂金融又懂技术的复合型人才将更受欢迎；在医疗领域，具备医学、计算机科学和数据分析等多领域知识的复合型人才将更具竞争力。这种对高技能人才的需求将进一步推动知识经济的全面崛起。

(3) 职业的跨界融合与复合化的加速发展。 随着科技的不断进步和产业的深度融合，越来越多的职业岗位呈现出跨界融合和复合化的趋势。单一技能已难以满足现代职业的需求，跨领域、复合型人才成为市场的新宠。例如，在文化创意产业中，设计师不仅需要具备艺术素养和设计能力，还需要了解市场趋势和消费者需求；在智能制造领域，工程师不仅需要掌握机械、电子等专业知识，还需要了解人工智能、大数据等前沿技术。这种跨界融合和复合化的趋势要求从业者不断提升自己的综合素质和跨领域能力，以适应不断变化的市场需求。

(4) 工作方式的灵活化与远程化的广泛应用。 随着互联网的普及和移动设备的广泛应用，工作方式正变得越来越灵活和远程化。越来越多的企业开始采用弹性工作制度、远程办公等新型工作模式，以适应快速变化的市场需求和提升员工的工作效率。这种变化不仅为员工提供了更加便捷的工作方式，还为企业降低了运营成本并提高了竞争力。同时，它要求从业者具备更强的自我管理和团队协作能力以适应这种新型工作模式。未来，随着技术的进一步发展和社会对灵活工作方式的认可度提高，工作方式的灵活化与远程化将成为更加普遍的现象。

3. 未来职业发展呈现的特点

(1) 职业种类日益丰富与多样化。 随着社会的进步和分工的细化，以及新兴产业的不断涌现，职业种类将更加丰富多样。未来我们将看到更多具有创新性和前瞻性的职业岗位涌现出来。这些新职业不仅将满足人民对美好生活的向往，还将推动社会的进步和发展。例如，环保工程师、可持续发展顾问、虚拟现实设计师等职业将成为未来就业市场的新宠儿。同时，随着社会的不断发展和变革，一些传统职业也将逐渐演变和转型，以适应新的市场需求和社会环境。

(2) 知识型职业需求的持续增长与主导地位的确立。 在知识经济时代，知识型职业的需求将持续增长并成为就业市场的主流趋势之一。这些职业不仅要求从业者具备深厚的专业知识储备，还需要具备持续学习和创新的能力以适应快速变化的市场需求和技术革新带来的挑战。例如，软件开发工程师、数据分析师、人工智能研究员等职业将成为未来人才市场的热门选择之一。随着技术的不断进步和知识的不断更新换代，知识型职业将逐渐占据就业市场的主导地位。

(3) 职业的智能化与信息化的深度融合与发展。 随着信息技术的广泛应用和智能化水平的不断提升，未来越来越多的职业岗位将实现智能化和信息化转型。这不仅将提高工作效率和质量，还将为从业者提供更加便捷高效的工作方式并降低工作强度和成本负担。然而，这也要求从业者不断提升自己的信息素养和数字化技能以适应职业发展的新要求和新挑战。例如，智能客服、数字化营销专员、远程医疗顾问等职业将成为未来就业市场的新亮点之一。随着智能化和信息化技术的不断发展和普及，这些职业将逐渐成为就业市场的重要组成部分。

(4) **服务的个性化与定制化的广泛推广与实施**。在消费升级的背景下，服务的个性化与定制化将成为未来职业发展的重要趋势之一。无论是产品设计还是市场营销还是客户服务等领域，都将更加注重满足消费者的个性化需求并提供更加贴心和专业的服务体验。这将为从业者提供更加广阔的发展空间和创新机会，并推动相关产业的持续健康发展。例如，私人定制顾问、个性化健康管理师、高端旅游规划师等职业将成为未来就业市场的新增长点之一。随着消费者对个性化服务需求的不断增加和升级，这些职业将逐渐崭露头角并成为就业市场的新宠儿。

4. 未来人才需求预测的精准把握与应对策略

(1) **管理类人才的多元化需求与细分化趋势**。随着企业管理的日益复杂化和精细化，对管理类人才的需求将更加多元化和细分化。除传统的职业经理人、物流管理人才、品牌经理等职业外，未来还将涌现出更多新兴的管理类职业，如数字化转型顾问、可持续发展经理等。这些职业不仅要求从业者具备扎实的专业知识和技能，还需要具备敏锐的市场洞察力和战略思维能力，以及跨领域整合资源和协调各方利益的能力。为了满足这种多元化和细分化的需求，企业需要更加注重管理类人才的培养和引进，同时也需要为从业者提供更多的职业发展机会和培训资源。

(2) **信息技术类人才的持续紧缺与市场需求分析**。在信息技术快速发展的背景下，信息技术类人才的需求将持续紧缺并成为就业市场的重要支柱之一。未来信息技术类人才不仅需要掌握扎实的计算机科学和信息技术基础知识，还需要具备创新思维和实践能力，以及持续学习和跟进技术前沿的能力。例如，云计算工程师、大数据分析师、人工智能算法工程师等职业将成为未来人才市场的热门选择之一。为了应对这种持续紧缺的市场需求，企业需要加大信息技术类人才的培养和引进力度，同时也需要为从业者提供更多的职业发展机会和激励措施。

(3) **高新技术领域人才的崛起与未来发展趋势预测**。随着新能源、量子信息等高新技术领域的快速发展，对相关人才的需求也将急剧增加并成为未来就业市场的新亮点之一。这些领域不仅要求从业者具备深厚的专业知识背景和创新能力，还需要具备跨学科整合资源和解决问题的能力，以及应对技术挑战和风险的能力。例如，新能源技术研发工程师、量子计算科学家等职业将成为未来人才市场的稀缺资源之一。为了抢占高新技术领域的市场先机，企业需要更加注重相关人才的培养和引进，同时也需要为从业者提供更多的研发资源和创新平台。

(4) **金融行业与咨询行业的专业人才需求与市场前景展望**。金融分析师、风险管理师等金融专业人才，以及战略规划咨询师、市场营销咨询师等咨询行业专业人才的需求也将持续增长并成为就业市场的重要组成部分之一。这些职业要求从业者具备扎实的专业知识和丰富的实践经验，以及敏锐的市场洞察力和战略思维能力，能够为客户提供专业的咨询和服务并推动相关产业的持续健康发展。例如，金融科技顾问、投资策略分析师等职业将成为未来人才市场的热门选择之一。为了满足这种持续增长的市场需求，企业需要更加注重金融行业与咨询行业专业人才的培养和引进，同时也需要为从业者提供更多的职业发展机会和业务拓展平台。

(5) **医疗健康领域人才的创新与培养策略**。随着人口老龄化和健康意识的提升，医疗健康领域对专业人才的需求日益迫切。除了传统的医生和护士，未来还将涌现出更多创新的医疗健康职业，如基因编辑师、远程医疗顾问、健康数据分析师等。这些职业要求从业者具备深厚的医学知识、数据分析能力和创新思维，能够推动医疗健康领域的科技进步和服务创新。为了满足这种创新需求，医疗机构和教育部门需要加强合作，共同培养医疗健康领域的专业人才，并为他们提供实践机会和持续发展的平台。

(6) **文化创意产业人才的发掘与激励机制。**在文化创意产业蓬勃发展的背景下，对创意人才、设计人才和文化传播人才的需求不断增长。未来，文化创意产业将更加注重跨界融合和创新发展，如数字艺术设计师、文化IP运营师、跨文化交流策划师等职业将成为新的热门选择。这些职业要求从业者具备丰富的创意、敏锐的市场洞察力和跨文化沟通能力，能够推动文化创意产业的创新发展和国际交流。为了发掘和培养这类人才，政府和企业需要建立更加完善的激励机制和合作平台，为他们提供更多的创作机会和国际交流渠道。

(7) **绿色经济与可持续发展领域人才的培育与挑战。**随着全球对环境保护和可持续发展的重视，绿色经济与可持续发展领域对专业人才的需求急剧增加。未来，这个领域将涌现出更多新兴职业，如碳中和顾问、绿色建筑设计师、循环经济专家等。这些职业要求从业者具备深厚的环保知识、创新思维和实践能力，能够推动企业和社会的绿色转型和可持续发展。为了培育这类人才，高校和培训机构需要加强绿色经济与可持续发展领域的教育和培训，同时政府和企业也需要提供更多的实践机会和政策支持。

(8) **智能制造与工业4.0领域人才的转型与升级。**智能制造和工业4.0的快速发展，对具备先进技术和管理能力的人才需求日益增长。未来，这个领域将更加注重人才的转型与升级，如智能制造工程师、工业数据分析师、自动化系统集成师等职业将成为新的热门选择。这些职业要求从业者具备深厚的工程技术知识、数据分析能力和创新思维，能够推动制造业的智能化转型和升级。为了满足这种需求，企业和高校需要加强合作，共同培养智能制造与工业4.0领域的专业人才，并为他们提供实践机会和持续学习的平台。

(9) **电子商务与数字营销领域人才的多元化与实战能力。**在电子商务和数字营销蓬勃发展的背景下，对具备多元化技能和实战能力的人才需求不断增加。未来，这个领域将更加注重人才的多元化发展和实战能力的培养，如电商平台运营师、数字营销策划师、社交媒体分析师等职业将成为新的就业热点。这些职业要求从业者具备深厚的电子商务和数字营销知识、创新思维和实战能力，能够推动企业的数字化转型和市场拓展。为了培养这类人才，高校和培训机构需要加强电子商务与数字营销领域的教育和培训，同时企业也需要提供更多的实战机会和项目经验。

(10) **教育领域人才的创新培养与多元发展。**随着当前社会教育改革的深入和技术的快速发展，教育领域对人才的需求也在不断变化。未来，教育领域将更加注重人才的创新培养和多元发展，如教育技术创新师、课程设计专家、在线教育运营师等职业将成为新的热门选择。这些职业要求从业者具备深厚的教育学知识、创新思维和实践能力，能够推动教育技术的创新应用和教育模式的改革。为了满足这种需求，高校和教育机构需要加强教育领域的专业人才培养，同时提供多样化的实践机会和发展平台。

(11) **智慧城市与智能交通领域人才的跨界融合与创新能力。**随着智慧城市和智能交通的快速发展，对具备跨界融合和创新能力的人才需求日益增长。未来，这个领域将更加注重人才的跨界合作和创新能力培养，如智慧城市规划师、智能交通系统工程师、数据治理专家等职业将成为新的就业热点。这些职业要求从业者具备深厚的城市规划、交通工程、数据分析等领域的知识，同时还需要具备创新思维和跨界融合的能力，能够推动智慧城市和智能交通领域的创新发展和实际应用。为了满足这种需求，高校和科研机构需要加强智慧城市与智能交通领域的教育和研究，同时提供实践机会和跨界合作平台。

五、执行任务

(一) 我的家族职业树

1. 访谈

为了更好地理解每个人的职业发展如何受到家庭影响，以及获取来自家人的建议，请先罗列出身边亲近的家属成员，然后依据家族成员职业访谈记录表(见表2-3)的内容，对每位的家属分别进行访谈。通过访谈，可以帮助同学们更深入地了解家庭乃至家族对我们职业发展的影响，并获得来自家族成员的支持与指导。

表2-3　家族成员职业访谈记录表

亲属关系	职业名称与核心工作内容	入职资格及关键入职步骤	工作胜任度与满意度	对我职业发展的建议与期待
父亲				
母亲				

2. 参考图2-1，绘制你自己的家族职业树

参考第一步表2-3中内容，绘制你的家族职业树，具体见图2-1。

3. 观察你的家族职业树，探索职业世界，思考下列问题

(1) 在你的家族中，从事人数最多的职业是什么？

_____

_____

(2) 爸爸如何形容他的职业？爸爸平时会提到哪些职业？

_____

_____

(3) 妈妈如何形容她的职业？妈妈平时会提到哪些职业？

_____

_____

(4) 家族中还有谁对职业的想法对我影响深刻？他们怎么说？

_____

_____

(5) 我想要从事这种职业吗？为什么？

_____

_____

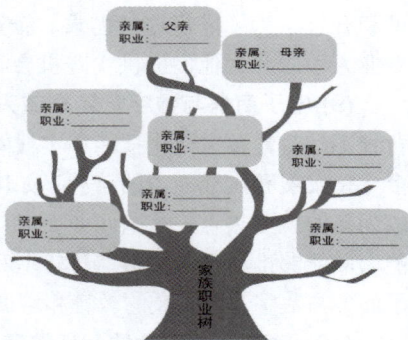

图 2-1　家族职业树

(6) 家族中让彼此感到满意或羡慕的职业是什么？

_____

_____

(7) 我对他们的想法有什么感受？

_____

_____

(8) 我觉得家人对我未来选择职业的影响是什么？

_____

_____

(9) 通过对家族职业的了解，你倾向考虑从事的职业是什么？

_____

_____

(10) 你绝对不会考虑从事的职业是什么？

_____

_____

(11) 你家人希望你从事的职业是什么？

_____

_____

(12) 从家族职业树中你收获到什么？

_____

_____

_____

4. 讨论与思考

在这棵家族职业树上，哪些是你生涯发展中的资源，哪些有可能成为限制。思考后建议与家长、老师或者同学一起讨论，一定会有新的收获。

_____

_____

_____

(二) 生涯人物访谈

所谓"生涯人物访谈"，就是通过与一定数量的职业人士(尤其是自己感兴趣的职业的从业人员)会谈而获得关于某一个自己打算进入的行业、职业或企业信息的一种职业探索活动。

通过生涯人物访谈，一般可以了解该行业或企业的相关信息，了解该职业的岗位要求及薪酬标准、发展空间等，进而可以作为自己是否进入本领域的重要参考；访谈也可以检验自己是否真的对这项工作感兴趣。这实际上是一次简洁、快速的职业体验。这是大学生了解职业的一个好方法，是一种获取职业信息的有效渠道，目的在于使大学生了解和认识社会需求、职业需求、职业环境和基本状况，帮助求职者(尤其是在校大学生)检验和印证以前通过其他渠道获得的信息，并了解与未来工作有关的特殊问题或需要，如潜在的入职标准、核心素质要求、晋升路径和工作者的内心感受等(这些信息是通过大众传媒和一般出版物得不到的)。通过生涯人物访谈，还能正确认识自己的优势和不足，从而制订更加合理的大学学习、生活计划。

具体操作流程如下。

1. 认识和了解自己

加强对自己的了解和认识。可以借助一定的工具，如霍兰德职业倾向测试、职业能力测量表、职业价值观自测量表或测评软件分析自己的兴趣、性格、技能和工作价值观。(注意：可以使用各种测评工具或软件作为参考，但不能迷信。)

2. 找生涯人物

结合自己的兴趣、性格、技能、工作价值观、教育背景和已掌握的职业知识列出未来可能从事的几个职业，然后在每个职业领域寻找三位以上的在职人士作为生涯人物。生涯人物可以是自己的亲人、老师和朋友，可以是他们推荐的其他人，也可以借助行业协会、同学录或某个具体组织来寻找其他职场人士。(注意：生涯人物的职业应是自己向往的。每个职业领域的生涯人物应结构合理，既有初入职场的人士，也有工作了一定年限的中高层人士；正式访谈前，对生涯人物的信息掌握得越全面越好，姓名、职务和联系方式是必需的，对于可以在生涯人物的讲话、文章或者大众传媒和单位网页上获得的信息要尽可能地收集和熟悉。)

3. 拟定访谈提纲

结合目标职业信息设计访谈问题，对生涯人物的访谈可以围绕以下要点进行：行业、单位名称、职业(职位)、工作的性质类型、主要内容、地点、时间、任职资格、所需技能、市场前景、行业相关信息、工作环境、工作强度、福利薪酬、工作感受、员工满意度等。

4. 预约并实地采访

预约方式有电话、微信、电子邮件和普通信件等，其中电话最好。预约时首先介绍自己，然后说明找到他的途径、自己的采访目的、感兴趣的工作类型，以及进行采访所需要的时间(通常30分钟左右)，确认采访的日期、时间和地点。(注意：联系前的准备要充分，电话联系时还应备好纸和笔，以备临时电话采访；联系时一定要有礼貌，时间要短。)

访谈方式可以是面谈、电话访谈、微信访谈，最好是面谈。面谈前采访者一般可以通过已经从其他渠道了解的生涯人物的好消息轻松打开话题，之后可以按设计好的问题进行访谈。遇到生涯人物谈兴正浓时，采访者要乐于倾听，给生涯人物留出提供其他信息的机会。在访谈结束时，请生涯人物再给自己推荐其他相关的生涯人物。这样就可以通过滚雪球的方式拓展自己的职业认知领域。

此步骤的注意事项如下。

(1) 采访前为自己准备个"30秒的广告"，因为在访谈过程中生涯人物可能会问采访者的职业兴趣和求职意向。

(2) 面谈前，应征求生涯人物的意见，视情况对谈话进行录音或书面记录或不记录。

(3) 面谈一定要守时、简洁，不浪费他人时间。

(4) 访谈结束后，对于不允许访谈现场记录的内容应迅速补记。

(5) 采访结束后一天之内，要通过合适的方式表示感谢。

5. 访谈结果分析

在一个职业领域采访三个以上的生涯人物后，用职业信息加工的观点来分析，对照之前自己对该职业的认识进行比较，找出主观认识与现实之间的偏差，确定自己是否适合这一行业、职业和工作环境，是否具备所需能力、知识与品质，形成书面总结报告，进而详细制订大学期间的自我培养计划。如果访谈结果与自己之前的认识出现严重脱节，则有必要进入另一个职业领域开展新一轮生涯人物访谈。

6. 注意事项

(1) 访谈前要做好充分准备。

(2) 访谈中要注意着装和仪表，态度和蔼、大方；要文明礼貌，措辞得体。

(3) 要时刻注意安全问题，增强安全意识，提高防范能力，确保万无一失。

(4) 尊重被访谈者，注意保护他们的信息安全和个人隐私。

(5) 认真对待，不走过场，真正通过访谈达到探索职业的目的，为个人的职业定向和职业选择做准备。

7. 生涯人物访谈清单(参见附录)

(三) 我的商业帝国

团队初创：全班分组，一组10人左右。每组选出一个组长，一个副组长。两人为一个公司的联合创始人。任务是需要在组内选拔合适的人成立一个公司的核心成员团队。(确定两个领导角色是为了让选拔人才的过程更快一点)

1. 选择方式

(1) 小组10人按学号顺序划分。

(2) 核心领导选举，组员同时指向两个人，票数最高者当选。

2. 活动过程

(1) 每个小组除核心领导2人外，剩余的同学在小组内公开竞聘上岗，介绍自己的各方面能力、专业水平、职业素养等，最后由领导进行聘任，并在组内淘汰1～2人。

(2) 小组初步形成商业团队，讨论决定创办什么企业，并进行初步的分工。该部分在了解外部工作世界的相关信息基础上进行。

(3) 各企业核心领导阐述在整个招聘的过程中最看重的专业水平、个人能力、职业素养是什么，什么样的人更能赢得他们的青睐。

(4) 每小组被淘汰的学生，跨小组竞聘。失业人员站成一排，依次进行自我推荐。根据核心领导的介绍，同学们有针对性地去自我推荐，这个自我推荐会更加有的放矢。(同学们了解不同的岗位和职位，用人单位更关注求职者的哪些方面，这些岗位和职位对求职者的要求具体是什么。)

TIPS：上一轮被淘汰的人员，在重新竞聘的这个环节可能出现多个企业抢人的情况，这个时候原来的失业人员变成了香饽饽，再由他来进行反选。

用人单位招聘不是招最优秀的，是招最适合的，你适合不适合这个公司这个职位，要建立在你充分了解这个行业、职业、岗位的基础上，说明认识外部工作世界的重要性。

(5) 进入成立公司的环节，按照之前招聘的结果成立公司，结合上节课活动专业就业地图职业群，选择一个具体职业。例如，播音与主持专业的学生选择职业是司仪，那么这个组可以成立婚庆公司，由此确定公司名称、标志、营业范围等。

(6) 填写营业执照，见图2-2。在营业执照模板上填写相关内容，让学生了解营业执照上的内容，有目的地查阅资料，展开外部工作世界的探索，了解该行业该公司可以运营的范围是什么。

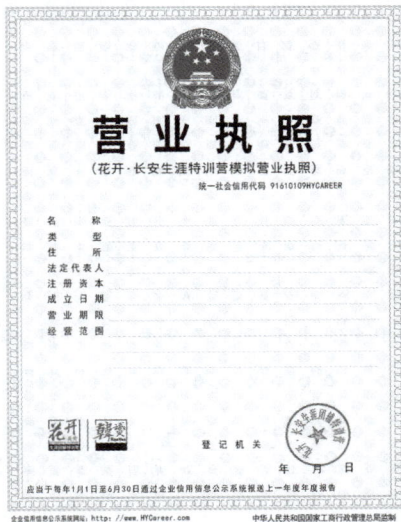

图 2-2 营业执照

(7) 填写组织机构图模板，参考组织机构图将公司人员填写在相应的岗位。由于公司的性质不同，设置的内容也不同，可以借鉴空白的组织机构图进行参考，也可以自己设计，所有成员都要安排好具体岗位，见图2-3。

完成图2-4所示的商业画布，每个公司进行讨论，依据自己的公司业务明确商业画布中的各项内容，讨论完毕后要求他们在全体成员中进行公司的宣讲，目的是吸引投资。哪个公司获得的融资最多，哪个公司获胜。在这个过程中同学们主动探索外部工作世界，不是听他人的灌输。

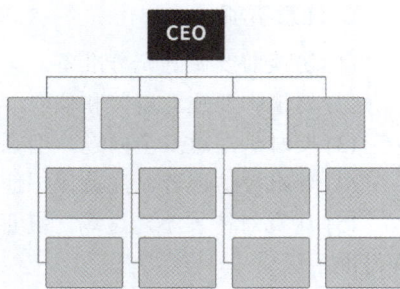

图 2-3　组织结构图

重要合作 谁可以帮我	关键业务 我要做什么	价值服务 我怎样帮助他人	客户关系 怎样和对方打交道	客户群体 我能帮助谁
	核心资源 我是谁，我拥有什么	渠道通路 怎样宣传自己和交付服务		
成本结构 我要付出什么		收入来源 我能得到什么		

图 2-4　商业画布

商业画布是分析商业模式的一种工具，被全球很多企业运用，商业画布是2008年著名商业模式创新专家、商业顾问亚历山大·奥斯特瓦德提出的概念。

商业画布能够提供更多灵活多变的计划，它能够将商业模式中的元素标准化，并强调元素之间的相互作用。当团队有一些创新的概念时，鼓励他们用商业画布模型来表达概念，把一些细节想清楚，包括趋势发展、考虑客户的痛点需求等。当团队能够快速整合资源时，广泛查阅资料，你的公司产品和服务也就一目了然地呈现在商业画布上面了。这本身就是在深层次地探索外部工作世界。

核心资源——我是谁？我有什么？也就是我的核心竞争力是什么？

关键业务——我要做什么？

客户群体——我能帮助谁？

服务价值——我怎样帮助他人？

渠道通路——怎样宣传自己和交付服务？

客户关系——怎样和对方打交道？

重要合作——谁可以帮我？

收入来源——我能得到什么？

成本结构——我要付出什么？

(8) 进行公司众筹：每个公司需要按照商业画布宣讲自己的公司相关情况，突出重点，吸引别的公司给予资金支持。获得资金最多者获胜。

(四) 智驭未来——AI时代的职业领航者

同学们，我们正身处一个日新月异的时代，人工智能(AI)正以前所未有的速度改变着我们的生活和工作方式，你们是否准备好迎接这个充满挑战与机遇的新时代了呢？

为了帮助大家更好地理解和应对AI时代的职场变革，特设置了本轮任务。完成本任务，将帮助你深入了解AI的基础知识及其对各行各业的影响，探索在AI时代如何有效开发和利用新资源，以促进个人职业发展。活动将以小组竞赛的形式进行，你们将扮演不同职业场景中的角色，通过角色扮演、模拟实践等环节，亲身体验AI技术在职场中的应用与挑战。下面让我们一起踏上这段充满探索与发现的旅程，智驭未来，成为AI时代的职业领航者吧！

智驭未来："AI时代的职业领航者"任务记录表

小组名称：＿＿＿＿＿＿＿＿＿＿＿＿＿＿＿＿＿＿＿＿＿＿＿＿＿＿＿＿＿＿＿＿

职业场景：＿＿＿＿＿＿＿＿＿＿＿＿＿＿＿＿＿＿＿＿＿＿＿＿＿＿＿＿＿＿＿＿

(1) 你知道哪些关于人工智能的基础知识？请简要列举。

＿＿＿＿＿＿＿＿＿＿＿＿＿＿＿＿＿＿＿＿＿＿＿＿＿＿＿＿＿＿＿＿＿＿＿＿

＿＿＿＿＿＿＿＿＿＿＿＿＿＿＿＿＿＿＿＿＿＿＿＿＿＿＿＿＿＿＿＿＿＿＿＿

畅想AI将如何改变未来的职业场景？请描述至少两个方面的变化。

变化一：＿＿＿＿＿＿＿＿＿＿＿＿＿＿＿＿＿＿＿＿＿＿＿＿＿＿＿＿＿＿＿＿

变化二：＿＿＿＿＿＿＿＿＿＿＿＿＿＿＿＿＿＿＿＿＿＿＿＿＿＿＿＿＿＿＿＿

(2) 角色扮演与演讲。

我们的演讲主题是什么？请简要描述。

我们提出了哪些利用AI技术提升工作效率或解决特定问题的策略？请列举并简要说明。

策略一：＿＿＿＿＿＿＿＿＿＿＿＿＿＿＿＿＿＿＿＿＿＿＿＿＿＿＿＿＿＿＿＿

策略二：＿＿＿＿＿＿＿＿＿＿＿＿＿＿＿＿＿＿＿＿＿＿＿＿＿＿＿＿＿＿＿＿

(3) 模拟实践与项目方案。

项目方案名称是什么？请简述项目方案，包括设计理念、实施步骤及预期成果。

＿＿＿＿＿＿＿＿＿＿＿＿＿＿＿＿＿＿＿＿＿＿＿＿＿＿＿＿＿＿＿＿＿＿＿＿

＿＿＿＿＿＿＿＿＿＿＿＿＿＿＿＿＿＿＿＿＿＿＿＿＿＿＿＿＿＿＿＿＿＿＿＿

＿＿＿＿＿＿＿＿＿＿＿＿＿＿＿＿＿＿＿＿＿＿＿＿＿＿＿＿＿＿＿＿＿＿＿＿

(4) 总结与反思。

这次任务学到了哪些重要的知识点？请列举并简要说明。

知识点一：＿＿＿＿＿＿＿＿＿＿＿＿＿＿＿＿＿＿＿＿＿＿＿＿＿＿＿＿＿＿＿

知识点二：＿＿＿＿＿＿＿＿＿＿＿＿＿＿＿＿＿＿＿＿＿＿＿＿＿＿＿＿＿＿＿

六、通关要领

通过先前的任务探索，相信大家已经明白，个人的成长与发展并非孤立存在的过程，而是深深植根于国家和社会的广阔土壤之中。正如党的二十大报告所强调的，新时代的中国正以前所未有的姿态走向世界舞台的中央，而我们的青春梦想，也正是在这个伟大的时代中孕育、成长并绽放。

深入探索新时代的内涵与特点，理解其如何与世界潮流同向同势，相互交织、激荡。青年学子将见证中国在新时代背景下的深刻变革，以及这些变革如何为他们的成长和发展提供前所未有的机遇与挑战。这些变革也将引导大家思考，作为新时代好青年，应如何顺应时代潮流，确立人生目标，树立远大志向，将自己打造成有责任、有担当的时代新人。

新时代青年学子应志存高远、忠于祖国，努力成为具有远大理想和坚定信念的爱国者；应敢于担当、勇于奋斗，努力成为具有责任意识和创新精神的建设者；应勤奋学习、锤炼身心，努力成为具有过硬本领和高尚品格的接班人。

实现中华民族伟大复兴的神圣使命未来落到新时代青年学子的肩上，他们是未来社会主义现代化建设事业的中坚力量，他们的青春将在全面建设社会主义现代化国家的火热实践中绽放绚丽之花。

(一) 深刻领会新时代的特点与发展

党的二十大报告指出，从现在起中国共产党的中心任务就是团结带领全国各族人民全面建成社会主义现代化强国、实现第二个百年奋斗目标，以中国式现代化全面推进中华民族伟大复兴。进入新时代，中国日益走近世界舞台的中央，这标志着中国的发展状态、发展趋势、发展愿景，与世界潮流同向同势，相互交织、相互激荡，中国深刻改变着世界，世界也深刻影响着中国。

1. 新时代与新格局

进入新时代以来，国际国内形势发生了深刻的变革，世界局势面临"百年未有之大变局"。一方面，经济全球化作为一种客观趋势，正将世界变成一个互联互通的"地球村"，社会生产的资源和要素在全球范围展开；另一方面，经济全球化所催生的经济、政治、社会和文化等全面的大变化，政治多极化、文化多样化、社会信息化更加深入发展，国际形势和世界格局正在发生深刻变化，人类正面临着一系列重大变化，这种变化不仅表现为经济的发展和社会的转型，还涉及思想文化价值层面的变革。

生产力的革命是一切社会变迁和政治变革的终极原因。当前，互联网、人工智能、大数据、量子信息、生物技术等新一轮科技革命和产业变革正在集聚力量，催生大量新产业、新业态、新模式，给全球发展和人类生活带来翻天覆地的变化，人类社会发展面临着空前的机遇和挑战。

毫无疑问，日益走近世界舞台中央的中国正是其中的一个关键变量，中国的新时代与世界历史大时代的深刻变化交汇在一起，中国与世界的关系发生着前所未有的深刻变化。中国的经济体量已占世界第二位，对世界经济增长的贡献前所未有地增长，在全球发展中的作用前所未有地提高，中国的综合国力、中国的国际地位都达到了历史的高峰，中华民族正以崭新的姿态屹立于世界的东方。中国的变量带给世界的是正能量，新时代的中国向前进，推动世界向前进；新时代的中国是世界进步的动因，带给世界的是机遇。

2. 新时代新征程

现代化是生产力发展进步的客观结果，也是人类社会发展的必然趋势。一个国家的现代化程度在很大程度上反映了国强民富的程度。

近代以来，中国一代代志士仁人梦寐以求的夙愿和不懈奋斗的追求，就是通过走现代化之路实现国强民富。中国自近代以来的现代化进程，屡屡被帝国主义列强和反动势力所阻断，中华人民共和国成立之后，中国才真正开启了实现现代化的历程。在中国共产党和中国人民的艰苦卓绝的奋斗下，中国用几十年时间走完了发达国家几百年走过的工业化历程，在实现现代化的道路上迅跑，中国共产党和中国人民使诸多不可能成为可能。进入新时代，我国的现代化建设已处于物质文明和精神文明、物质力量和精神力量、物质生活和精神生活全面协调推进的历史新起点，处于由量的积累到质的提升的历史新起点，新型工业化、信息化、城镇化、农业现代化深度融合、同步发展，国家治理体系和治理能力现代化强势推进，中国即将赢得全面建成小康社会的完全胜利，并在此基础上，开启全面建设社会主义现代化国家新征程。

新时代不仅标明了我国改革发展的历史方位，还标明了我国全面实现现代化的历史方位。新时代的根本任务，就是要在全面建成小康社会、实现第一个百年奋斗目标的基础上，乘势而上，使我国基本实现现代化，最终实现第二个百年奋斗目标，将我国建设成为富强、民主、文明、和谐、美丽的社会主义现代化强国。在新时代，我们以决胜全面建成小康社会为起点，全面建设社会主义现代化，我国现代化的程度从较低层次向较高层次跃升，现代化的范围从部分领域、部分地区向全方位覆盖，现代化的性质从物质层面向精神层面、人的素质层面深度延伸。

3. 新时代与伟大梦想

实现中华民族伟大复兴，是近代以来中华民族最伟大的梦想，是中国共产党人始终不变的追求。新时代，就是实现中华民族伟大复兴的决胜时代。

中华民族创造了灿烂瑰丽的文明形态，曾长期走在世界前列。只有创造过辉煌的民族，才懂得复兴的意义；只有历经过苦难的民族，才对复兴有如此深切的渴望。新时代，中国人民和中华民族在历史进程中积累的强大能量已经充分爆发出来，汇聚为实现中华民族伟大复兴势不可挡的磅礴力量。新时代，中国比历史上任何时期都更接近中华民族伟大复兴，比历史上任何时期都更有信心、有能力实现中华民族伟大复兴。

(二) 践行新时代青年人的使命担当

历史赋予使命，时代要求担当。每一代青年都有自己的际遇和机缘，都要在自己所处的时代条件下谋划人生、创造历史。当代中国青年是与新时代同向同行、共同前进的一代，生逢盛世，肩负重任。新时代中国青年运动的主题，新时代中国青年运动的方向，新时代中国青年的使命，就是坚持中国共产党领导，同人民一道，为实现"两个一百年"奋斗目标、实现中华民族伟大复兴的中国梦而奋斗。新时代中国青年要珍惜这个时代，担负时代使命，在担当中历练，在尽责中成长。

中华民族伟大复兴的战略全局和世界百年未有之大变局背景下，如何顺应时代潮流，确立人生目标，树立远大志向，将自己打造成有责任、有担当全面发展的时代新人，担当起新时代赋予的使命，置身强国伟业，成为当代大学生必须面临的重要问题，也是必须承担的使命与责任。

(1) 作为新时代好青年，应志存高远、忠于祖国，努力做新时代具有远大理想和坚定信念的爱国者。

一个人的理想只有同国家的前途和民族的命运相结合才有价值，一个人的追求只有同社会的需要和人民的利益相一致才有意义。新时代青年只有胸怀忧国忧民之心、爱国爱民之情，才能准确定位自己的人生目标和奋斗方向。大学生作为青年中的佼佼者，必须坚定自己的理念，时刻牢记自己的历史使命，肩负起时代的重任，而且要完成自己的历史使命。信念决定事业成败，没有理想信念，就会导致精神上"缺钙"。新时代青年只有用习近平新时代中国特色社会主义思想武装头脑，不断增强"四个自信"、持续坚定中国特色社会主义信念，才能在推进新时代中国特色社会主义事业的爱国奋斗中不断实现人生理想和价值。

(2) 作为新时代好青年，应敢于担当、勇于奋斗，努力做新时代具有责任意识和创新精神的建设者。

青年人是祖国的未来，是民族的继承人，他们将决定祖国的命运。大学生责任担当将关系到建设中国式现代化的进程，关系到我们能在多大程度上肩负起实现中华民族伟大复兴的历史使命。

在中国迎来从站起来、富起来到强起来的伟大飞跃新时代，广大青年应深刻认识自身所面临的时代际遇和历史责任，将个人梦与中国梦结合起来，以实现中华民族伟大复兴为己任，不辜负党的期望、人民期待和民族重托，不断将中国特色社会主义事业推向前进。但是，中华民族伟大复兴绝不是轻轻松松、敲锣打鼓就能实现的，需要靠一代又一代人的接续奋斗。奋斗是青春最亮丽的底色,广大青年要积极响应习近平总书记的号召,要有锐意创新的勇气、敢为人先的锐气、蓬勃向上的朝气,勇于创业、敢闯敢干,努力在改革开放中闯新路、创新业,不断开辟事业发展新天地。

(3) 作为新时代好青年,应勤奋学习、锤炼身心,努力做新时代具有过硬本领和高尚品格的接班人。

当今时代,知识更新不断加快,社会分工日益细化,新技术、新模式、新业态层出不穷。这既为青年施展才华、竞展风采提供了广阔舞台,也对青年能力素质提出了新的更高要求。广大青年要孜孜不倦地学习,坚持知行合一。

追求梦想、担当使命需要依靠过硬的本领,而练就过硬本领则要依靠勤奋学习。青年时期是学习的黄金期,青年要把学习作为首要任务,作为青年大学生,在学校要珍惜所有能珍惜的机会,不仅要学书本上的知识,更要学实践中的知识。一方面要学习好科学文化知识,为自己的未来、国家的未来打好基础,另一方面要参加各种社会活动,尽自己的一份微薄之力,在锻炼自己能力的同时为社会做出自己的一份贡献。要在面向现代化、面向世界、面向未来的大局中不断提升体能、技能和智能,要在感悟新时代、紧跟新时代、引领新时代的新际遇中持续提高自身的素质和能力,通过学习使自己成为新知识、新观念和新思维的集成体。与此同时,要注重修炼品德。新时代青年要不断用社会主义核心价值观涵养自身的言行品格,不断锤炼自己、完善自己。自身的提高是为了成为建设国家的有用之才,而这一价值的最终体现则要通过实践来实现,广大青年要积极投身于新时代中国特色社会主义的伟大实践,努力在新时代改革开放事业的奋斗中成为可堪大用、能担重任的栋梁之材。

实现中华民族伟大复兴的神圣使命已经落到当代大学生的肩上,大学生是未来社会主义现代化建设事业的中坚力量,新时代大学生要能够明确自己作为"时代新人"的角色定位,能够正确认识并肩负起实现中国梦的时代使命,以其深厚的家国情怀和坚定的报国信念为支撑,上下求索,艰苦奋斗,主动投身于使命实现的伟大征程中,积极投入实现中华民族伟大复兴事业中,成为中华民族勇于开拓的一代。

【榜样故事】

张桂梅:用生命点亮山区女孩的未来

张桂梅,女,满族,中共党员,1957年出生于黑龙江省牡丹江市。她是一位普通的人民教师,却用自己的一生诠释了什么是"无私奉献"。1974年,张桂梅随姐姐来到云南支边,从此扎根在云南贫困山区。1996年,她的丈夫因病去世,张桂梅独自承担起家庭的重担。为了帮助更多的贫困孩子,她放弃了调回城市的机会,选择留在山区继续教书育人。

2001年,张桂梅在云南省丽江市华坪县创办了全国第一所全免费女子高级中学——华坪女子高级中学。这所学校专门招收贫困家庭的女孩,帮助她们通过教育改变命运。张桂梅不仅为学生们提供免费的教育,还用自己的工资和募捐来的资金为她们提供生活补助。她每天凌晨5点起床,晚上12点才休息,几乎把所有的时间和精力都投入学校和学生身上。

张桂梅的身体状况并不好,她患有多种疾病,但她始终坚持在工作岗位上。她曾说:"只要我还有一口气,我就要站在讲台上。"她的无私奉献和坚韧不拔的精神感动了无数人,许多学生在她的帮助下考上了大学,走出了大山,改变了命运。

2020年,张桂梅被评为"全国优秀共产党员""时代楷模",并荣获"全国脱贫攻坚楷模"称号。她的故事被广泛传播,成为无数人学习的榜样。张桂梅用她的行动诠释了什么是"不忘初心、牢记使命",她的事迹激励着更多的人投身脱贫攻坚和教育事业中。

七、晋级成功

写下收获，取得下一关闯关资格。

_____

_____

_____

_____

_____

附录：生涯人物访谈清单

访谈的目的：

被访谈人基本情况：

姓名： 性别： 学历背景： 毕业时间：

工作单位： 现任职务：

访谈内容汇总如下。

1. 当初您是如何找到这份工作的？这份工作的职责有哪些？

2. 对于这份工作，您喜欢的是什么？不喜欢的是什么？

3. 胜任这份工作需要什么样的资质和知识技能？有什么其他要求吗？

4. 目前这类职业岗位的薪酬福利如何？

5. 在正常工作时间内，您每天一般做些什么？

6. 您的职业发展经历是怎样的？

7. 这类职业的发展前景如何？有哪些新趋势？

8. 有哪些单位设有这类职位，单位的招聘途径一般是如何的？

9. 对于大学生，应该提高哪些素质以适应这类工作？有哪些方法呢？

10. 您能给我一些学习或就业方面的建议吗？

访谈总结：

任务二 纵横校园·蓄能聚源

一、关卡名称：驰骋学府增慧

告别中学时代，莘莘学子满怀对未来的希望和对大学的憧憬迈进大学校门，人生的历程翻开了新的篇章。人生的理想将在这里确立，未来的发展将在这里奠基，美好的生活将从这里开始。柏林大学创始人洪堡指出，大学肩负着对科学的探索，以及培养个性与提升道德修养的双重重任。大学阶段，不仅是深度钻研知识、提升科学文化水平与专业能力的时期，更是塑造世界观、人生观与价值观的关键阶段，对个人全面发展影响深远。

(一) 大学：人生关键转折点的资源宝库

大学的学习生活，恰似广袤无垠的草原，充满无限可能。踏入大学，往昔皆成历史，全新画卷就此铺展。同学们在这里将历经众多人生初体验：首次跟随众多学识渊博的教师步入知识殿堂，首次拥有充裕自由的课余生活，首次独立思索人生，首次自主抉择向往的生活方式等。面对全新生活环境，同学们既会满怀新奇与兴奋，也可能遭遇困难与挫折。

大学之所以成为人生关键转折点，是因为其蕴含丰富资源，助力个人成长。在这里，同学们能够涉猎各领域知识，拥有大量可自主支配的时间用于自我提升，还能与来自五湖四海、背景各异的人交流互动，这些皆为宝贵资源。尽快适应大学生活，便是在积累这些资源，为后续大学生活筑牢根基。诚如老舍先生所说，大学生活是后半世生活的根基，其重要性不言而喻。

(二) 大学：追逐梦想的资源汇聚高地

大学是自我修炼的绝佳之地，为同学们追逐梦想搭建起广阔平台。它汇聚了不同学识、不同学科的莘莘学子，通过授课、讲座等多元方式，为同学们带来风格各异、视角独特的知识体验与人格感染。同时，身边充满激情、勇于挑战且思想活跃的同学，他们各自不同的价值观念、兴趣爱好等，皆可成为同学们学习借鉴的资源。

此外，大学期间建立的良好师生关系与同学关系，更是未来职业发展中不可或缺的人脉资源。因此，同学们务必精心规划大学四年，充分利用这些资源，让大学生活充实而富有意义。大学为我们的成长提供了优质环境与难得机遇，在此积累的知识与经验，皆是人生宝贵财富。如何把握大学时光，是每个大学生需深入思考的重要课题。

二、闯关意义

大学绝非仅仅是一方用于传道授业解惑的讲堂，它自诞生之日起，便宛如一颗被精心雕琢的璀璨明珠，承载着岁月赋予的深厚底蕴，被赋予了独特且丰富的意义和内涵，犹如一本等待着莘莘学子去细细品读、深入探索的鸿篇巨制，每一页都蕴含着无尽的智慧与启迪。

(一) 大学是独立起点与自我升华的舞台

大学是新生挣脱高考重负，追逐理想、兴趣与方向的起始点。在此，新生告别家庭生活的庇佑，开启独立参与团体和社会活动的征程；不再局限于书本理论知识的学习，而是拥有将理论与实践相结合的契机；也不再依赖老师和父母对学习与生活的全方位安排，拥有充足的时间自主处理各类问题。因此，大学成为培育独立意识与能力的关键场所。

踏入大学，同学们应树立独立自主、自我规划的理念，明确未来发展方向。大学中精英荟萃，一场讲座、一本书或一番谆谆教导，都可能潜藏改变命运的契机，助力同学们实现自我升华。

(二) 大学是个体从幼稚走向成熟的转折点

大学四年，是人一生中知识储备、思想成熟与性格完善的关键阶段。大学学习更注重主动、独立与开放，着重培养学习能力、创造性潜能，以及为人处世、人格修养和生活能力。大学学习虽有教师引导，但更多需依靠自身探索、钻研与实践，正如"师父领进门，修行在个人"所表达的道理。

德国哲学家卡尔·西奥多·雅斯贝尔斯认为，大学生应独立自主，掌控自己的命运。真正的大学生善于倾听不同观点，做出自我判断，借助大学平台，探寻适合自己的发展路径，并在人际交往中成长，同时保持自身个性，实现从幼稚到成熟的转变。

(三) 大学是一种精神家园与人生追求的寄托

大学最具魅力之处，在于其独特的大学精神。大学精神是在特定大学理念的引领下，经历代大学人长期努力积淀而成的稳定且共同的理想与信念，是大学独特气质与精神文明的结晶，亦是大学文化的核心所在。它既内蕴于大学之中，又影响广泛。

大学虽无法直接赐予人们职业、财富或幸福，但大学精神能潜移默化地滋养人们的精神、信念与信仰，使人得到终身受益的熏陶。大学作为一种精神家园，承载着人们对知识、真理与美好品质的追求，成为人生追求的重要寄托。

三、闯关武器

(1) 大学适应状况调查表。

(2) 我的大学资源库。

(3) 学业发展路线图。

(4) 大学遗憾榜。

(5) 新时代大学生的六大核心能力。

四、解读密码

(一) 进入大学阶段的变化

1. 学习方式的变化

高中学习多是被动的，大学学习是主动的。高中学生基本上是围绕老师的安排，在老师的教育下一步步地学习。而在大学阶段的学习，知识的广度和深度大大增加，专业方向基本确定，需要大力发挥学习的主动性、创造性。大学阶段要求同学们主动地进行学习，要"读万卷书，行万里路"，把理论与实践相结合，不断提高自己分析问题和解决问题的能力。没有主动学习的精神，要想在学业上取得好的成就是不可能的。

大学主要实行的是学分制，除了公共科目、学科基础课和专业课属于必修课，各专业还开设选修课，同学们可以根据个人兴趣和能力选修相关课程，自由支配的学习时间增多，学习的主动性极大增强。大学图书资料和各种信息丰富，获取知识的渠道更加多样化，熟练利用图书馆和互联网搜集资料和掌握信息，成了同学们必备的学习技能。广泛涉猎相关知识，掌握科学的学习方法，培养自主学习和独立思考问题、分析问题、解决问题的能力，是大学阶段学习的重要特点。

课堂学习依然是大学生学习的主要途径，但已经不是学习的唯一方式。大学生的学习以自学为主，以课堂为辅。对于大学课程，老师在课堂上大都只讲重点。所以新生要养成良好的学习习惯，做到提前预习，通过预习发现课程重点和难点，了解课程的内在联系，掌握听课的主动权。通过大学学习，大学生应该逐步学会不需要老师也能获得知识、更新知识的本领。高校教师的教育方法以引导为主，不再是单向灌输的形式。

大学学习充分体现出学生学习的主动性、积极性和自觉性，并使学生不断探索和总结适合自己的有效的学习方法。大学的学习一定要改变往日应试教育的学习方式，课外阅读、同学讨论、参与实践、听各种学术报告和讲座、利用网络等，都是大学生进行学习、获取知识的重要方式。而且这些方式对于锻炼自己的实践能力与社交能力同样是非常重要的，这些所得将会是未来走向社会获得职业成功的基础。

大学生的学习具有研究和探索的性质，不仅表现在需要完成学业论文和毕业论文，以及参加学术报告会上，而且表现在所学课程的内容上。大学生的学习不但要掌握知识，而且要掌握科学知识的形成过程、科学的研究方法、交叉学科存在的问题及解决问题的可能性，并且可以对书本的知识、老师教导的知识提出质疑、表达自己的不同观点，在专业的领域内验证观点的科学性与正确性。

2. 生活环境的变化

高中生活以家庭生活为主，大学生活以集体生活为主。上高中的时候，大部分同学住在家里，即使是住校的同学，每个月也能回家，这样会从父母那里得到更多的关爱，过上更好的生活。生活上的琐事不用太操心，与人的交流沟通能力显得不太重要。进入大学以后，同学们离开父母独立生活，许多同学还远离家乡，衣、食、住、行、学等日常生活都要靠自己安排，一切问题都要依靠自己的力量进行处理。同学们来自五湖四海，兴趣爱好、生活习惯可能存在差异，主动地加强沟通和交流，互相理解和关心成为一种需要。自理能力强的同学会很快适应，应对自如；自理能力弱的同学，则可能计划失当，顾此失彼。因此，同学们要尽快适应新的环境，既要学会过集体生活，又要学会独立处理学习生活中遇到的各种实际问题。

3. 社会活动的变化

高中解决的问题是单一的，大学解决的问题是多样的。高中解决的主要问题就是考上理想的大学。在高中阶段，只要学习成绩好、考上大学就算跑到终点。而大学教育要解决的问题具有多样性，迈入大学校园，面临的是一个全新的学习环境，大学的学习已完全不同于中学。大学既要学专业知识，也要学专业外的知识；既要学科学研究方法，也要学实践操作；既要学做事，也要学做人。

进入大学后，党组织、团组织、学生会、班委会等组织活动增多；由志趣、爱好相同的同学自愿组织起来的各种学生社团的活动丰富多彩，同学们参加各种社会活动的机会大大增加。因此，同学们可以根据自己的特点和爱好、时间和精力积极参加各种活动，合理安排课余生活，锻炼组织和交往能力。

大学教育要求每位大学生找到自己的职业方向，并据此学好自己的专业知识。大家在填报志愿时，初步确定了未来的职业定向，因而在大学阶段首先应该围绕相应的职业定向学习基础课和专业课，培养自己对于专业的热爱，形成对该学科知识的浓厚兴趣。大学里的课程知识是由基础课、专业基础课和专业课组成的，循序渐进，一环扣一环，前面任何一环没有学好都会影响后面的课程。此外，还要通过课程与课外的实践不断摸索，正确认知自我，了解自身的特点与长处，探索自己今后可能发展的职业方向、寻找资源和途径来体验心仪的职位、丰富自身经历，所以大学需要解决的问题与高中比起来更为多样。

4. 评价标准的变化

在高中，学习成绩是评价一个学生的重要标准；在大学，评价标准却是多元的。进入大学后，特别是在重点大学，人才济济，高中的学习优势没有了，同学们又在一个新的起跑线上。有的在社会工作上特别优秀，有的在文体方面特别优秀，有的动手能力强，有的科研能力强，不能以单一标准来判断孰优孰劣。在激烈的竞争中，同学们原有的优势被弱化，具有的只能是相对优势。

由于评价标准的多元化，大家可以根据自己的优势、专业特点、爱好或者今后期望的职业方向来规划自己的大学学习。一方面，可以合理利用自由支配的时间，在这些独立的学习时间内，阅读各种参考书和文献资料，扩大并补充课堂知识；或听自己喜爱的专业选修课或专题课，深化自己的专业知识层次，拓展知识范围；或者选择学校开设的公共选修课，根据自己的兴趣、需要、特长进行选择，丰富自己多维知识。另一方面，可以借助校园活动、院系活动、暑期实践、企业实习的机会，磨炼自己对于知识的运用能力，增加自己对真实职场的了解与接触，通过实践来更好地指导自己的学习方向和重点。多元化的评价标准可以给大家很多自我选择的空间，不拘泥于成绩的高低，有利于多角度审视自己，促进个性的发展。

(二) 高等院校差异

在高等教育的广阔领域中，不同高校在诸多方面存在显著差异，这些差异深刻影响着学生的学习体验、个人发展及未来职业走向。了解这些差异，对于大学生合理规划职业生涯，充分利用高校资源至关重要。具体来说，资源差异表现在地域、办学定位、学科特色、资源类型及政策支持等维度。

1. 地域

高校所处地域对其资源的影响广泛而深远。经济发达地区通常拥有更为雄厚的经济实力，能够为高校提供充足的资金支持，用于建设先进的教学设施、科研实验室，以及引进高端人才。同时，这些地区产业结构丰富多样，高新技术产业、金融服务业等蓬勃发展，为高校学生提供了大量与专业相关的实习和实践机会。例如，一线城市的高校周边往往汇聚了众多知名企业，学生可以便捷地参与企业项目，积累实践经验。

根据教育部发布的2022年全国普通高等学校名单，经初步统计，全国高等学校共计3013所，其中：普通高等学校2759所，含本科院校1270所、高职(专科)院校1489所；成人高等学校254所(本名单未包含港澳台地区高等学校)。进一步统计，高校数量最多的省市分别为江苏(168所)、广东(160所)及河南(156所)。

公办本科高校数量前三分别为北京(61所)、江苏(50所)和山东(45所)，非公办本科高校数量前三分别为湖北(32所)、广东(29所)和陕西(28所)，公办专科高校数量前三分别为河南(72所)、江苏(69所)和湖南(69所)，非公办专科高校数量前三分别为四川(34所)、河南(27所)和广东(26所)。

相比之下，经济欠发达地区的高校在资金投入上相对有限，教学设施和历史文化底蕴等欠佳，但为高校开展特色学科研究提供了丰富素材。例如，一些位于少数民族聚居地科研条件可能相对滞后。然而，这些地区也有自身独特的优势，如丰富的自然资源、深厚的历史，在民族文化研究、民族特色产业发展等方面具有独特的资源优势。

此外，地域差异还体现在文化氛围上。不同地区的文化传统、社会观念和生活方式各不相同，这会对高校的校园文化产生影响。例如，沿海地区的高校可能更具开放包容的文化氛围，而内陆地区的高校可能更注重传统文化的传承与发展。这种文化氛围的差异会潜移默化地影响学生的思维方式和价值观。

2. 办学定位

中国普通高等院校层次分布如图2-5所示。

(1) 研究型大学。研究型大学以学术研究为核心使命，致力于追求知识的创新和学术的卓越。这类高校通常拥有雄厚的师资力量，汇聚了众多国内外知名学者和专家，他们在前沿学术领域开展深入研究，为学生提供了接触顶尖学术成果和参与科研项目的机会。学校注重培养学生的科研能力和创新思维，开设大量学术讲座、研讨会及科研实践课程，鼓励学生参与科研项目，发表学术论文。同时，研究型大学往往拥有丰富的学术资源，如图书馆藏书丰富、学术数据库完备，为学生进行深入的学术研究提供了坚实的基础。

(2) 应用型大学。应用型大学侧重于培养适应社会需求的应用型人才，注重将理论知识与实践相结合。学校与企业紧密合作，建立了众多校外实习基地，为学生提供丰富的实践机会，使学生能够在真实的工作环境中锻炼专业技能。在课程设置上，应用型大学强调实用性和针对性，根据行业需求和职业标准设置课程内容，培养学生解决实际问题的能力。此外，应用型大学的师资队伍中，有相当比例的教师具有企业工作经验，能够将实际工作中的案例和经验融入教学中，使学生更好地了解行业动态和企业需求。

(3) 职业院校。职业院校以培养高技能应用型人才为目标，聚焦于特定职业领域的技能培训。这类院校的课程设置紧密围绕职业岗位需求，注重实践教学，实践课程占总课程的比例较高。学校配备了先进的实训设备和模拟工作场景，让学生在实践操作中熟练掌握专业技能。同时，职业技能型院校与行业企业保持密切联系，积极开展订单式培养，根据企业需求定向培养人才，学生毕业后能够直接进入相关企业就业。此外，学校还会邀请行业专家和技术能手来校授课，传授最新的行业技术和操作技巧。

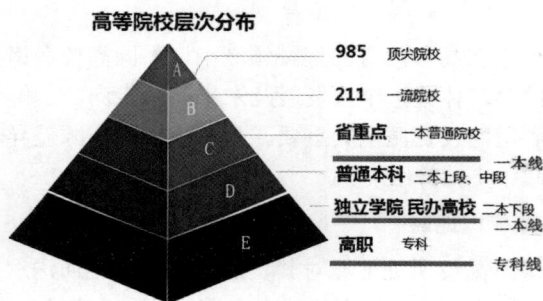

图 2-5　中国普通高等院校层次分布图

3. 学科特色

不同高校在学科建设上各有侧重，形成了独特的学科优势。拥有优势学科的高校，在该学科领域内汇聚了顶尖的师资力量、先进的科研设备及丰富的学术资源。例如，一些以理工科见长的高校，在物理学、化学、生物学等基础学科，以及计算机科学与技术、电子信息工程等应用学科方面具有强大的实力，为学生提供了深入学习和研究这些领域的良好条件。学生可以参与国家级科研项目，与学科领军人物交流学习，拓宽学术视野，提升专业素养。

而以文科为主的高校，在文学、历史、哲学、经济学、法学等学科方面具有深厚的学术积淀和丰富的教学资源。这些高校往往拥有知名的学术期刊、研究机构，为学生提供了发表学术见解、参与学术交流的平台。此外，一些高校在特色学科领域具有独特的资源优势，如农业类高校在农业科学、园艺学等学科方面，为学生提供了丰富的实践教学基地和科研项目，有助于学生深入了解农业产业发展和农业科技创新。

4. 资源类型

(1) 学术资源。学术资源在不同高校存在显著差异。顶尖高校通常拥有丰富的学术资源，包括数量众多的国家级和省部级重点实验室、研究中心，承担大量国家级科研项目，能够吸引国内外顶尖学者来校讲学和开展合作研究。学校图书馆藏书丰富，订阅了大量国内外权威学术期刊和数据库，为学生提供了广阔的学术研究空间。相比之下，一些普通高校的学术资源相对有限，但也会根据自身特色学科，在某些领域积累一定的学术资源，为学生的专业学习和研究提供支持。

(2) 实践平台。实践平台的差异直接影响学生实践能力的培养。综合性大学和一些工科类高校往往与大型企业、科研机构建立了广泛的合作关系，为学生提供了丰富的实习实践机会，如参与企业的研发项目、工程实践等。此外，一些高校还建有校内实践基地，如工程训练中心、创新创业孵化基地等，为学生提供模拟真实工作场景的实践环境，培养学生的创新能力和创业意识。而部分文科类高校则注重与政府部门、社会组织等合作，为学生提供社会调研、政策咨询等实践机会，提升学生的社会洞察力和实际工作能力。

5. 校园文化环境

文化环境是高校独特的资源之一。不同高校具有各自独特的校园文化，这与学校的历史传统、办学理念和学科特色密切相关。一些历史悠久的高校，拥有深厚的文化底蕴，校园建筑、文化景观等都承载着丰富的历史记忆，潜移默化地影响着学生的文化素养和审美情趣。同时，高校丰富多彩的校园文化活动，如社团活动、文艺演出、体育竞赛等，为学生提供了展示自我、发展兴趣爱好的平台，营造了积极向上、充满活力的文化氛围。此外，不同学科背景的学生相互交流、学习，形成了多元包容的文化环境，有助于培养学生的创新思维和跨文化交流能力。

6. 政策支持差异

政策支持是影响高校发展和学生受益程度的重要因素。国家和地方政府对不同类型、不同地区的高校给予的政策支持力度有所不同。对于一些重点建设高校，政府在资金投入、学科建设、人才引进等方面给予了大量的政策倾斜，使其能够在师资队伍建设、科研创新等方面取得快速发展，为学生提供更好的学习和发展条件。例如，"双一流"建设高校在学科建设、科研项目申报等方面享有更多的政策优惠，能够吸引更多的优秀人才和资源。

而一些地方高校则可能受到地方政府的重点支持，在服务地方经济社会发展方面具有独特的政策优势。地方政府会根据本地产业发展需求，引导高校调整学科专业设置，加强与本地企业的合作，为学生提供更多与地方产业对接的实践和就业机会。此外，一些特殊政策，如少数民族地区高校的优惠政策、贫困地区高校的扶持政策等，也会对高校的发展和学生的培养产生重要影响。

(三) 就读专业差异

在探讨高校资源差异后，专业层面的差异同样对大学生的学术成长与职业发展起着关键作用。不同专业在培养目标、课程设置、学术资源及职业导向等方面呈现出显著不同，将深刻影响学生大学生活的轨迹与未来职业生涯的走向。

1. 培养目标差异

每个专业都有其特定的培养目标，这些目标反映了社会对该专业人才的需求方向。例如，工科类专业，如机械工程、电子信息工程等，着重培养具备扎实工程技术基础和创新实践能力的应用型人才。这类专业旨在让学生掌握工程原理与技术，能够解决实际工程问题，为工业生产、技术研发等领域输送专业力量。

文科类专业，如汉语言文学、历史学等，更注重培养学生的人文素养、批判性思维和表达能力。以汉语言文学专业为例，其目标是培养具有深厚文学底蕴、良好文字表达能力的人才，可从事教育、文化、传媒等领域的工作。

理科类专业，像物理学、数学等，则侧重于培养学生的理论研究能力和科学思维方法。旨在为科研机构、高等院校输送研究型人才，或者为其他应用领域提供理论支持。

2. 课程设置差异

专业的课程设置紧密围绕培养目标展开，各专业之间差异明显。工科专业课程注重实践与理论结合，除了基础学科课程，如高等数学、大学物理等，还设有大量专业核心课程与实践课程。例如，计算机科学与技术专业，会有编程语言、数据结构、算法设计等核心课程，以及课程实验、实习、毕业设计等实践环节，以确保学生具备实际编程与项目开发能力。

文科专业课程强调知识的系统性与综合性，以法学专业为例，学生需学习宪法、民法、刑法等一系列法律课程，还要通过案例分析、模拟法庭等实践教学，培养法律思维与实践应用能力。同时，文科专业通常会开设大量人文社科类选修课程，拓宽学生知识面。

理科专业课程则以理论知识的深度与广度为重点。例如，化学专业的学生要学习无机化学、有机化学、物理化学等基础课程，以及结构化学、高分子化学等进阶课程。实验课程也是理科专业的重要组成部分，帮助学生验证理论知识，培养科研技能。

3. 学术资源差异

不同专业所拥有的学术资源各有侧重。热门工科专业，由于与产业发展紧密相关，往往能获得更多企业与政府的支持。例如，人工智能专业，不仅有学校自建的实验室，还可能与知名科技企业共建联合实验室，获得企业捐赠的设备与数据资源。同时，该专业会邀请行业专家举办讲座，学生有更多机会参与前沿科研项目与学术会议。

基础理科专业，虽然在产业应用方面相对间接，但在学术研究领域有着深厚积累。高校会为其配备先进的科研仪器，如物理专业的粒子加速器、化学专业的高分辨率光谱仪等。这些专业的学生更容易申请到国家级科研项目，参与国际学术交流活动，在顶尖学术期刊发表论文的机会也相对较多。

文科专业的学术资源则更多体现在图书馆馆藏、学术数据库及学术机构的建设上。如历史学专业，学校图书馆会收藏丰富的古籍文献、历史档案等资料。此外，文科专业会成立各类研究中心，举办学术研讨会，为学生提供深入研究与交流的平台。

4. 职业导向差异

专业差异直接决定了学生未来的职业导向。工科专业毕业生多进入工业企业、科技公司等，从事技术研发、工程设计、生产管理等工作。例如，土木工程专业毕业生可在建筑公司、设计院等单位，参与房屋建筑、桥梁道路等工程的设计与施工。

文科专业毕业生职业选择较为广泛，可进入政府部门、企事业单位、教育机构等，从事行政管理、文化宣传、教育教学等工作。例如，新闻学专业毕业生可在各类媒体机构从事记者、编辑等工作。

理科专业毕业生除了继续深造从事科研工作，还可凭借扎实的理论基础进入金融、科技等领域，从事数据分析、算法研究等工作。例如，统计学专业毕业生可在金融机构进行风险评估、市场预测等工作。

(四) 大学发展的四个阶段

大学四年时光，是一段充满挑战与机遇的旅程，是从青涩校园迈向广阔社会的关键过渡期。教育部学生发展研究中心的跟踪调查显示，超六成大学生认为大学期间的发展规划对职业起点有着直接且深远的影响。基于此，我们将大学生发展科学划分为四个阶段，助力同学们精准绘制个人成长路线图。

第一阶段：适应与探索期(第1～2学期)。

初入大学校园，新环境带来的兴奋与陌生感交织，同学们面临着生活、学习与心理的多重挑战。此阶段的核心在于实现从"被动学习"到"主动成长"的思维跃迁。生活上，需学会自主安排生活节奏，合理管理财务，妥善处理复杂的人际关系；学习模式上，从高中的"填鸭式"教学转变为大学的"启发式"学习，强调自主探索与思考；专业认知方面，同学们往往对所学专业的发展方向尚感迷茫。

在这一阶段，同学们应着力构建自主学习体系，制订详细的每周学习计划，合理分配专业课程学习与课外阅读时间，熟练掌握图书馆资源的使用方法，培养高效的文献检索能力。同时，积极拓展校园生活圈，选择1～2个感兴趣的社团加入，在团队活动中培养协作能力，参与志愿服务活动，增强社会责任感。此外，开展深入的专业认知探索，通过旁听高年级专业课程、与专业教师交流、参加专业讲座和行业论坛等方式，初步建立对未来职业的认知。

值得注意的是，此阶段易陷入过度放松导致学业滑坡、盲目参加活动而忽视学习、对专业认知浮于表面等误区。因此，保持学习与生活的平衡，建立正确的专业认知至关重要。

第二阶段：定位与积累期(第3～5学期)。

经过一年的适应，同学们已逐渐熟悉大学的学习生活节奏，此时需要明确个人发展方向，并开始有针对性地积累相关能力。核心任务包括确定发展主航道(学术深造、就业创业或其他方向)、构建坚实的能力基础(涵盖专业知识、实践技能、综合素质)，以及建立有力的支持系统(导师指导、朋辈互助、行业联系)。

对于综合型发展的同学，学术上可参与教师科研项目，锻炼研究思维，撰写学术论文提升写作能力，参加学科竞赛增强问题解决能力；实践方面，寻找专业相关实习机会，参与社会实践项目，开展创新创业训练；同时，担任学生干部，参与演讲辩论活动，学习第二外语，全面提升综合素质。学术型发展的同学则专注于选择深入研究领域的课程，申请科研项目，参加学科竞赛，向多位老师请教以完善研究能力。技术型发展的同学在广泛学习专业课程的同时，留心生活中的实际问题，尝试解决并参与专业类实践项目，积累工作技能。

为了合理规划时间，建议同学们将专业学习占比50%(包括课程学习与科研训练)，实践锻炼占比30%(实习实践与社团活动)，个人发展占比20%(兴趣培养与身心调节)。

第三阶段：冲刺与突破期(第6～7学期)。

大学后期，同学们需为毕业后的发展做最后的冲刺准备，关键在于查漏补缺，全面提升自身竞争力。选择学术深造的同学，要确定考研目标院校与专业，系统复习专业课与公共课，精心准备推荐信与个人陈述；就业方向的同学需完善个人简历，突出实践经历与能力优势，参加模拟面试提升求职技巧，广泛收集就业信息，深入了解目标行业与岗位。

综合素质的强化同样不可忽视，同学们可考取相关职业资格证书，参与企业开放日活动，拓展职场人脉网络。求职准备清单应包括中英文简历、求职信模板、成绩单与证书复印件、作品集或项目报告、正装与职业照等。

第四阶段：选择与过渡期(第8学期)。

毕业前夕，同学们站在人生的重要十字路口，需做出关键选择，并为下一阶段的生活做好充分准备。发展路径主要包括直接就业、继续深造和自主创业。直接就业的同学积极参加校园招聘会，关注企业招聘信息，办理就业相关手续；继续深造的同学准备研究生复试，联系导师与实验室，规划学术发展路径；自主创业的同学完善商业计划书，申请创业扶持政策，组建创业团队。毕业准备事项涵盖完成毕业论文(设计)、办理离校手续、参加毕业典礼、建立校友联系等。此阶段，同学们需做好心理调适，以积极的心态迎接从校园到社会的角色转变。

　　结合大学毕业后不同的职业目标和发展方向，学生在大学四年需要规划学业和生活，在不同的阶段采取不同的行动或参加不同的活动，培养不同的能力并取得成果。以下三种类型(表2-4、表2-5、表2-6)的学生发展规划路线图可以作为大学生活规划的参考。

表2-4　学术型发展路线图

阶段	阶段目标	需要做的事	重点培养的能力	成果和证明
大一大二	1. 初步确定研究兴趣 2. 锻炼研究能力	1. 选择自己想深入研究的领域的课程并认真学习 2. 尝试申请1项小型的科研项目，或者参加学科竞赛 3. 向2个以上不同的老师请教自己研究(设计)的优缺点	1. 提出问题和研究、假设的能力 2. 研究、设计的能力 3. 团队合作的能力	1. 科研项目申请成功 2. 学科竞赛晋级
大三	1. 继续深入学习本专业的理论和实践知识 2. 在初步确定的研究领域深入研究	1. 继续学习专业课程 2. 争取成为1名导师的研究助理 3. 完成1项科研，并将研究成果写成报告或者论文 4. 完成1个学科竞赛	1. 分析数据的能力 2. 整合资料并撰写论文的能力 3. 管理项目的能力	1. 科研项目获奖 2. 学科竞赛获奖
大四	1. 保研 2. 出国读研 3. 考研	1. 联系感兴趣的研究方向的导师 2. 准备研究设计、自我陈述和推荐信 3. 准备保研或者研究生入学考试	1. 跟导师沟通的能力 2. 展现自我的能力 3. 快速学习的能力	1. 论文发表 2. 研究专利 3. 获得录取通知书

表2-5　技术型发展路线图

阶段	阶段目标	需要做的事	重点培养的能力	成果和证明
大一	1. 在专业知识方面打好基础 2. 广泛涉猎，发现自己的兴趣 3. 参加各种社团活动	1. 认真学习通用基础课程和专业基础课程 2. 参加讲座，与老师、学长沟通，发现自己的兴趣方向 3. 留心观察生活中的小问题或者社会的需求，尝试解决 4. 参加至少1个社团或学生会	1. 自我管理的能力 2. 逻辑思维和批判思维能力 3. 任务的执行能力 4. 沟通能力 5. 团队合作能力	1. 学业成绩 2. 参与、组织社团的大型活动
大二	1. 在社团中深入发展 2. 寻找兼职机会 3. 暑假实习(专科则必须实习)	1. 广泛学习所有专业课程 2. 尝试加入团队，申请1项专业类实践项目 3. 在社团中作为主要的组织者组织大型活动 4. 做1份兼职，初步了解职业世界 5. 完成1次暑期实习	1. 了解和运用专业知识的能力 2. 组织管理能力 3. 展示与表达能力 4. 时间管理能力 5. 基本的工作技能(如Office等)	1. 项目申请成功 2. 成功举办社团或学生会活动 3. 通过兼职赚取生活费 4. 顺利完成实习
大三	1. 完成专业实习 2. 完成研究或实践项目 3. 暑期实习 4. 创业准备(可选)	1. 继续学习专业课程 2. 至少完成1个实践项目 3. 完成1次暑期实习 4. 尝试加入或组织团队做一些小型的创业项目	1. 解决问题的能力和创新能力 2. 管理项目的能力 3. 领导能力 4. 职场行为规范	1. 实践项目获奖 2. 顺利完成实习并获得上级和同事的好评 3. 创业项目完成价值验证
大四	1. 求职 2. 创业	1. 参考多方面因素选择求职或者创业 2. 准备简历和面试 3. 准备商业计划书	1. 展示能力和表达能力 2. 沟通谈判能力 3. 营销推广能力	1. 获得工作录用通知 2. 创业项目盈利或取得融资

表 2-6 综合型发展路线图

阶段	阶段目标	需要做的事	重点培养的能力	成果和证明
大一	1. 在专业知识方面打好基础 2. 广泛涉猎，发现自己的兴趣 3. 参加各种社团活动	1. 认真学习英语、数学、计算机等通用基础课程 2. 认真学习专业基础课程 3. 参加讲座，与老师、学长沟通，发现自己的兴趣方向 4. 参加至少1个社团或学生会	1. 自我管理能力 2. 逻辑思维和批判思维能力 3. 任务执行能力 4. 沟通合作能力	1. 学业成绩 2. 参与、组织社团举办的大型活动
大二	1. 初步确定自己的兴趣方向 2. 参加科研或者实践的项目 3. 在社团中深入发展 4. 考取相关的技能证书 5. 暑假尝试实习	1. 广泛学习所有的专业课程 2. 尝试加入团队，申请1项小型的科研或实践项目，或者参加学科竞赛 3. 在社团中作为主要的组织者组织大型活动 4. 考取一些必要的技能证书，为以后的实习和工作打下基础 5. 完成1次暑期实习	1. 对专业知识的全面了解 2. 将专业知识应用于实践中解决问题的能力 3. 组织管理能力 4. 团队合作能力	1. 项目申请成功 2. 学科竞赛晋级 3. 成功举办活动 4. 取得技能证书 5. 顺利完成实习
大三	1. 继续学习专业理论和实践知识 2. 完成研究或实践项目 3. 积累实习经历	1. 继续学习专业的课程 2. 根据职业目标有针对性地实习 3. 如果准备读研，争取进入一个导师的实验室从事相关的研究项目或成为研究助理	1. 解决问题的能力和创新能力 2. 项目管理的能力 3. 职场行为规范	1. 项目获奖 2. 学科竞赛获奖 3. 顺利完成实习并获得上级和同事的好评
大四	1. 工作 2. 读研	1. 参考多方面条件选择直接工作或者继续读研 2. 准备简历和面试 3. 准备保研或考研	1. 展示自我的能力 2. 快速学习的能力	1. 获得研究生录取通知书 2. 获得工作录用通知书

大学四年的发展，实质是"认识自我—提升自我—实现自我"的螺旋上升的过程。首先，要循序渐进，每个阶段都有特定任务，不可急于求成；其次，要知行合一，理论学习与实践锻炼并重；最后，要动态调整，根据实际情况及时修正发展计划。

正如教育家杜威所说："教育不是为生活做准备，教育就是生活本身。"希望同学们能够珍惜大学时光，在探索中成长，在实践中飞跃，为未来的人生奠定坚实基础。通过科学规划和持续努力，每位同学都能在大学四年中实现自我突破，为职业生涯开启成功之门。

有媒体统计并公布了大学毕业生的"大学遗憾榜"（见表2-7），排在前三位的是"没有把握好那些可以让自己变得更好的时间""没有早点开始做职业规划""没有练就一项让自己立足于社会的本领"。大学期间，有许多学生放任自己、虚度光阴，还有许多学生始终找不到目标和方向。当第一次被补考通知打击时，当收到第一封来自应聘企业的婉拒信时，学生才惊讶地发现：自己的前途是那么迷茫，一切努力似乎为时已晚……所以，想要毕业时和未来漫长的生涯发展中不留过多遗憾，现在就要用心地规划自己的大学生活，认真探索未来的方向。

表 2-7 大学遗憾榜

序号	遗憾之事	遗憾指数
1	没有把握好那些可以让自己变得更好的时间	★★★★★
2	没有早点开始做职业规划	★★★★★
3	没有练就一项让自己立足于社会的本领	★★★★★
4	没有深入了解自己的专业	★★★★
5	没有主动参加任何一个社团组织	★★★★

(续表)

序号	遗憾之事	遗憾指数
6	没有常回家看看父母	★★★★
7	不喜欢自己的专业，也没有勇气转专业	★★★
8	没有不为学分纯为兴趣旁听过任何一门课程	★★★
9	没有谈一场恋爱	★★★
10	没有毕业旅行	★★★
11	没有坚持运动，变成了颓废的胖子	★★★
12	没有听过图书馆的闭馆音乐	★★
13	没有一次青春的疯狂	★★
14	没有和室友推心置腹地谈过	★★
15	没有利用学生证半价去看展览、看风景	★★

(五) 新时代大学生的六大核心能力

在新时代背景下，大学生作为国家未来的栋梁和社会主义现代化建设的中坚力量，面临着前所未有的机遇与挑战。为了适应快速变化的社会环境和满足国家发展的需求，大学生必须不断提升自身的综合素质和能力。以下六点核心能力，是新时代大学生应当重点培养的。

1. 创新思维能力

创新是一个民族进步的灵魂，是一个国家兴旺发达的不竭动力。在新时代背景下，创新思维能力对于大学生而言至关重要。创新思维能力不仅意味着能够提出新颖的观点和解决问题的方法，更要求大学生具备敢于挑战传统、勇于探索未知的勇气。培养创新思维能力，大学生应积极参与科研项目、学科竞赛和实践活动，通过不断尝试和实践，锻炼自己的创新思维。同时，要学会运用多学科知识交叉融合，拓宽视野，打破思维定式，形成多元化的思考方式。高校也应加强创新教育，通过开设创新思维课程、举办创新讲座和工作坊等方式，激发学生的创新潜能，培养具有创新精神和实践能力的高素质人才。

2. 自主学习能力

随着知识更新速度的加快和终身学习理念的深入人心，自主学习能力成为新时代大学生不可或缺的核心能力之一。自主学习能力不仅要求大学生具备高效的学习方法和策略，更强调其能够主动寻求学习资源，自我监控学习过程，及时调整学习策略，以达到最佳学习效果。为了培养自主学习能力，大学生应树立明确的学习目标，制订合理的学习计划，培养良好的学习习惯。同时，要学会利用各种学习资源和工具，如图书馆、在线课程、学术论坛等，不断拓展自己的知识领域。高校也应加强自主学习环境的建设，提供丰富多样的学习资源和支持服务，引导学生形成自主学习的意识和习惯。

3. 团队协作能力

在全球化和信息化快速发展的今天，团队协作已成为完成工作和解决问题的重要方式。团队协作能力要求大学生具备与他人有效沟通、协调合作、共同完成任务的能力。为了培养团队协作能力，大学生应积极参与团队项目和社会实践活动，学会倾听他人的意见，尊重他人的观点，与团队成员建立良好的合作关系。同时，要学会在团队中发挥自己的优势，为团队目标的实现做出贡献。高校也应加强团队协作能力的培养，通过组织团队拓展训练、模拟项目等活动，提高学生的团队协作意识和能力。

4. 跨文化交流能力

在全球化背景下，跨文化交流能力成为新时代大学生必备的核心能力之一。跨文化交流能力不仅要求大学生具备流利的语言表达能力，更强调其能够理解并尊重不同文化背景下的价值观和行为方式，有效地进行跨文化沟通。为了培养跨文化交流能力，大学生应努力学习外语，提高自己的语言水平；同时，要广泛阅读不同文化背景下的文学作品、历史资料和时事新闻，增进对不同文化的了解。此外，还应积极参与国际交流活动，如留学、国际志愿者服务等，亲身体验和感受不同文化的魅力。高校也应加强跨文化交流能力的培养，通过开设跨文化交流课程、举办国际文化节等活动，拓宽学生的国际视野，增强跨文化沟通能力。

5. 信息处理能力

在信息化时代，信息处理能力成为衡量大学生综合素质的重要指标之一。信息处理能力要求大学生能够高效地获取、筛选、整合和利用信息，以支持自己的学习和工作。为了培养信息处理能力，大学生应学会利用搜索引擎、数据库等信息检索工具，快速准确地获取所需信息；同时，要学会对信息进行筛选和整合，去伪存真，提炼出有价值的信息。此外，还应学会利用信息技术工具对信息进行分析和处理，如数据分析软件、可视化工具等。高校也应加强信息处理能力的培养，通过开设信息技术课程、举办信息素养讲座等活动，提高学生的信息素养和信息处理能力。

6. 自我管理能力

自我管理能力是新时代大学生实现个人成长和发展的重要保障。自我管理能力不仅要求大学生能够合理规划自己的时间、精力和情绪，更强调其能够设定明确的目标并为之付出努力。为了培养自我管理能力，大学生应学会制订个人发展计划，明确自己的短期和长期目标；同时，要学会合理规划时间，确保学习、工作、娱乐等方面的平衡。此外，还应学会调节自己的情绪和压力，保持积极乐观的心态。高校也应加强自我管理能力的培养，通过开设职业生涯规划课程、举办心理健康讲座等活动，引导学生树立正确的价值观和人生观，提高自我管理能力。

综上所述，新时代大学生应重点培养创新思维能力、自主学习能力、团队协作能力、跨文化交流能力、信息处理能力和自我管理能力六点核心能力。这些核心能力的培养不仅有助于大学生适应快速变化的社会环境，提高其综合素质和竞争力，更有助于大学生在实现个人成长和发展的同时，为国家和社会做出更大的贡献。因此，高校和大学生本人都应高度重视这些核心能力的培养，共同努力提升大学生的综合素质和能力水平。

(六) 大学生的休闲管理

随着生活节奏的加快，人们越来越认识到休闲管理对人生的重要。休闲管理是生涯规划课题中不可忽略的一项。从时间的角度来看，一个人在其一生中必然应有属于自己支配的自由时间，而人们也需要在这段时间从事一些活动，调剂自己的生活，促进身心发展。大学生入学之前基本上是从家门到校门，生活的中心内容是学习，校园生活单一。进入大学犹如从"小天地"来到"大世界"，生活的领域大大拓宽。大学生自由支配的时间增多，体现出休闲时间充裕的特点。现代大学生要用"休闲是学习，休闲是创造"的观念来管理好自己的大学休闲时光。

许多大学生不懂得如何合理安排自己的业余时间，进大学后放松了对自己的要求，影响了学业。大学生的休闲管理可参考如下方面进行。

1. 学会交往，积淀人脉资源

借助多种有益的休闲活动，大学生可以扩大自己的社交圈子，学习人际交往的技巧，找到志同道合的朋友。休闲的人际交流比较随意、自由、多样，可以拉近人与人之间的距离，促进感情交流，消除相互之间心灵的隔阂。其乐融融的人际交流有助于人的心理健康。

2. 启发智慧，激发创造力

休闲可以解除压力，人们可以有更多机会接触新事物、新思想，从容自由地进行冥想和各种探索，这将使人心变得清澈，涌现许多新奇的灵感。历史上不少科学家、思想家、艺术家的发现和创造往往不是在紧张工作中得来的，而是在休闲中峰回路转，茅塞顿开。看似无所事事的休闲，不经意间也可以对工作和研究起到推动作用，或别出心裁地突破难题，或激发出超常的创造力。

3. 拓展学业，完善自我

在自由支配的时间里，大学生们可以有更多的时间探索更广阔的领域，进行心理、文化素养、智商、情商、能力等方面的新投资，由此提升人的价值，激发人的全面的才能。中国古人十分重视休闲过程中的健身、修心、养性，认为流水之声可以养耳，青禾绿草可以养目，观书绎理可以养心，弹琴学字可以养脑，逍遥杖履可以养足，静坐调息可以养筋骸。这正是借休闲以完善自我的体现。

4. 潜能发挥，实现自我

大学生有了充裕的闲暇时间，可以充分发挥自己的爱好、兴趣，在艺术、科学、思想方面的才能获得发展，潜能获得发挥，个人理想得到实现。

5. 人文关怀，和谐发展

近些年来，有人还从人文关怀的角度丰富闲暇时间的内涵和外延，如参加志愿者活动、慈善捐助、社会救助、宣传环保等，鼓励人们把自我发展和承担社会责任联系在一起，以此营造温馨、友善、公益、互助的社会氛围，增强社会凝聚力、团结力，增强人与社会的和谐发展、人与文化的共生共荣。

大学生休闲管理策略如下。

(1) 保持积极的心态，正确把握休闲的内涵。学会进行有技术的休闲，而不是机械性地没有任何意义及目标的休闲。享受休闲活动带给我们的益处，成长为社会需要的综合型人才，在社会这个广阔的天地里游刃有余地施展自身的才华，实现自我价值与社会价值的完美结合。

(2) 坚持有理、有利、有节的休闲活动原则。休闲必不可少，积极参与休闲活动，做到有理、有利、有节。参加休闲活动要有理，要在完成基本的学习任务之外进行，要在自己的经济支付能力之内进行等。在休闲中，要坚持正确的文化及道德导向，从自身做起。休闲活动要有节制，如不能无节制地通宵、玩网络游戏等。

(3) 学习休闲知识、提高休闲能力。从广义上来说，休闲能力包括休闲评价能力、休闲选择能力、休闲专业技能和组织管理能力等方面，其中休闲技能主要包括演唱能力、健美能力、交际能力、家政能力、创作能力、旅游能力等。通过休闲活动，学习和丰富休闲知识，树立正确的休闲价值观，培养积极的休闲动机、情趣和参与意识。在休闲活动中，通过反复实践、乐于求教、善于模仿、勤于体验，掌握休闲的各种技能技巧。

(4) 学会自娱，培养休闲个性。在业余时间，积极开展愉快的休闲活动，进行积极的放松和休整，促进身心健康，有利于自己更有效地开展工作和学习。每个大学生都有必要根据自己的性格和条件，注意培养和发展一些兴趣和业余爱好，学会自娱，维护身心健康，培养休闲个性。

(5) 参加各类公益活动，体味休闲价值。积极参加社区活动，在为他人奉献中体会到个人价值，提高实践能力，满足自我实现的需要。在轻松中消除疲劳，在休闲中发展自己。大学生在对四年的休闲时间进行规划时，必须遵循明确目的、科学规划、促进成长的原则。

五、执行任务

(一) 大学"变形记"

同学们，从高中步入大学，学习要求发生了诸多显著变化。适应这些变化对我们顺利完成大学学业、实现个人成长至关重要。接下来，请大家认真填写以下对比表。通过回顾高中学习模式，清晰认识大学学习的新特点，并结合自身情况，规划出适合自己的大学学习路径。这不仅能帮助大家更好地把握当下学习，更能为未来的职业发展筑牢基础。让我们一起开启对大学学习要求变化的探索之旅吧！

○ 学习方式

(1) 是否能主动制订学习计划并执行：

　　A. 能主动制订合理计划并严格执行　　　　B. 基本能制订计划并大部分完成

　　C. 偶尔制订计划，执行效果不佳　　　　　D. 很少制订计划，学习比较被动

(2) 是否善于利用图书馆和互联网获取知识：

　　A. 熟练运用，经常通过多种渠道获取资料　B. 能使用，偶尔主动找资料

　　C. 知道但很少用　　　　　　　　　　　　D. 基本不会用

(3) 能否主动与老师和同学讨论学术问题：

　　A. 经常主动讨论，有自己的见解　　　　　B. 有时会主动参与讨论

　　C. 被邀请才参与讨论　　　　　　　　　　D. 很少参与讨论

(4) 是否习惯预习和课后复习：

　　A. 每次都认真预习复习，效果很好　　　　B. 经常预习复习，有一定效果

　　C. 偶尔预习复习　　　　　　　　　　　　D. 几乎不预习复习

(5) 对于课程中的研究性内容的态度和参与度：

　　A. 积极主动参与，深入思考并提出问题　　B. 能参与，完成基本任务

　　C. 参与度一般，很少思考　　　　　　　　D. 不参与，不关注

○ 生活环境

(6) 能否合理安排日常生活起居：

　　A. 安排合理，井井有条，能很好照顾自己　B. 基本能安排好，偶尔需要他人提醒

　　C. 生活较混乱，需要他人帮助　　　　　　D. 难以自理

(7) 与室友及同学的相处情况：

　　A. 相处融洽，关系很好，能主动关心他人　B. 关系较好，能互相理解包容

　　C. 偶尔有矛盾，相处一般　　　　　　　　D. 经常有矛盾，相处困难

(8) 处理生活中突发问题的能力：

　　A. 能冷静快速处理，有自己的方法　　　　B. 能处理，需要一些帮助

　　C. 遇到问题不知所措，依赖他人

(9) 对于集体生活的融入感：

　　A. 完全融入，积极参加集体活动，享受集体生活　B. 比较融入，经常参加集体活动

　　C. 融入感一般，偶尔参加　　　　　　　　D. 很难融入，很少参加集体活动

○ 社会活动

(10) 参与社团或学生组织的情况：

　　A. 参加多个社团，积极参与活动并担任一定职务　B. 参加一个社团，积极参与活动

　　C. 参加社团但参与度不高　　　　　　　　D. 未参加社团

(11) 是否能平衡学习与社会活动的时间：

    A. 能很好平衡，两者都有较好发展　　B. 基本能平衡，没有明显冲突

    C. 有时难以平衡，顾此失彼　　D. 经常无法平衡，影响学习或活动

(12) 在社会活动中锻炼的能力(组织、沟通等)情况：

    A. 组织和沟通能力很强，在活动中表现突出　　B. 有一定能力，能完成任务

    C. 能力一般，表现不突出　　D. 能力较弱，在活动中较被动

(13) 对于职业方向的思考和探索情况：

    A. 有明确的职业方向，正在积极积累相关知识和经验

    B. 有初步想法，开始了解和探索

    C. 还没有明确方向，处于迷茫中

○ 评价标准

(14) 是否认识到大学评价标准的多元化：

    A. 非常清楚，能根据多元标准规划自己的发展　　B. 基本了解，知道要从多方面提升自己

    C. 有点模糊，不太清楚如何做　　D. 完全不清楚，仍只关注成绩

(15) 是否根据自身优势和兴趣选择课程或活动：

    A. 能很好地结合，选择合理且有成效　　B. 有一定结合，选择较合适

    C. 有考虑但选择不太理想　　D. 没有考虑，随意选择

(16) 在多元化评价中对自己的定位和目标：

    A. 有清晰的定位和明确的目标，努力朝着目标前进

    B. 有大致定位和目标，偶尔会努力

    C. 定位和目标较模糊，不知道怎么努力

    D. 没有定位和目标

(17) 对于自己在不同方面的优势和不足的认知：

    A. 非常清楚，能客观分析并积极改进不足

    B. 比较清楚，能认识到大部分优势和不足

    C. 了解一些，但不够全面准确

    D. 几乎不了解自己的优势和不足

○ 计分方式

每个问题选项对应不同分值，具体如下。

对于选项A：对应4分。表示在该方面表现非常出色，完全达到了最佳状态，适应能力很强，能很好地完成相关任务或达到相关要求。

对于选项B：对应3分。表明在该方面基本符合较好的情况，有一定的适应能力和表现，但可能还存在一些小的不足或需要进一步提升的空间。

对于选项C：对应2分。意味着处于中间水平，基本能达到要求，但在该方面存在一些明显的不足，偶尔会出现不太适应的情况。

对于选项D：对应1分。表示在该方面更接近不太好的情况，适应困难较大，存在较多问题，需要较多的帮助和改进才能达到较好的水平。

你的总分为_____。

得分范围及对应标准和解释

总分56～68分：适应能力很强。在大学的学习方式、生活环境、社会活动，以及对大学

评价标准的理解和应用等各方面均表现优秀，能轻松应对大学阶段的各种变化。主动规划学习和生活，积极参与各类活动，对自身有清晰的认知和定位，善于利用资源提升自己，各方面发展较为均衡且出色，能很好地适应大学的节奏和要求。

总分41～55分：适应能力较好。基本能适应大学的学习、生活以及社交等方面。在学习上有一定的主动性，能合理安排生活和参与社会活动，对大学的多元化评价标准有一定认识并能努力践行。虽然在某些方面还存在一些小问题或不足，但不影响整体的适应情况，有较强的自我调整和改进能力，经过进一步的努力和完善，可更好地适应大学生活。

总分29～40分：适应能力一般。在大学的适应过程中存在一些明显的困难和挑战。在学习方式、生活管理、社会活动参与等方面存在较多不足，对大学的评价标准和自身定位还比较模糊。在学习上主动性不够，生活安排不够合理，参与社团或活动的积极性不高，需要花费更多的精力和时间来做出调整和改进，以更好地适应大学的环境和要求。

总分17～28分：适应能力较差。在大学的学习、生活和社会活动等多方面适应情况欠佳。学习上较为被动，缺乏有效的学习规划；生活自理能力和人际交往能力相对薄弱，难以融入集体生活；对大学的多元化评价体系认识不足，自我发展方向不明确。需要高度重视自身存在的问题，积极采取有效措施，如主动学习、寻求帮助、加强自我管理等，逐步提升适应能力，以更好地适应大学生活和个人发展的需求。

(二) 我的学校资源大探秘

同学们，大学是我们走向社会的重要过渡阶段，了解学校的各种资源和特色，对于我们的职业生涯规划至关重要。学校所处的地域环境、办学定位、学科特色等，都与我们的学习和未来发展息息相关。接下来，请大家认真思考并回答以下问题，让我们一起深入探索学校的独特之处，为自己的职业生涯规划找到更明确的方向。

1. 地域

我校所在地区的经济发展水平属于＿＿＿＿＿＿＿(经济发达地区/经济欠发达地区)，该地区的主导产业有＿＿＿＿＿＿＿＿＿＿＿＿＿＿＿＿＿＿＿＿＿＿＿＿＿＿＿＿＿＿＿＿＿。

为我们提供的常见实习机会有＿＿＿＿＿＿＿＿＿＿＿＿＿＿＿＿＿＿＿＿＿＿＿＿＿＿＿。

我校所处地区具有的独特文化特色是＿＿＿＿＿＿＿＿＿＿＿＿＿＿＿＿＿＿＿＿＿，这对我校校园文化产生的影响体现在＿＿＿＿＿＿＿＿＿＿＿＿＿＿＿＿＿＿＿＿＿＿＿＿＿＿。

2. 办学定位

我校的办学定位是＿＿＿＿＿＿＿＿＿＿(研究型大学/应用型大学/职业技能型院校)。

我校为了实现这样的办学定位，在师资队伍建设方面的举措有＿＿＿＿＿＿＿＿＿＿。

我校在课程设置上，体现办学定位的特点是＿＿＿＿＿＿＿＿＿＿＿＿＿＿＿＿＿。

3. 学科特色

我校的优势学科是＿＿＿＿＿＿，在该学科领域，学校配备的顶尖师资力量有＿＿＿＿＿＿。

我校优势学科所拥有的先进科研设备有＿＿＿＿＿＿。

学校为优势学科的学生提供的参与科研项目的机会有＿＿＿＿＿＿＿＿＿＿＿＿＿＿。

4. 资源类型

我校拥有的国家级或省部级重点实验室(研究中心)有＿＿＿＿＿＿＿＿＿＿＿＿＿＿。

我校图书馆藏书量大约为＿＿＿＿＿＿册，订阅的国内外权威学术期刊有＿＿＿＿＿＿种。

我校与＿＿＿＿＿＿家企业(机构)建立了合作关系，为学生提供实习实践机会。

我校校内的实践基地有_____，主要用于培养学生的_____能力。

5. 校园文化环境

我校具有历史文化意义的校园建筑(文化景观)有_____，它们承载的历史记忆是
_____。

我校最具特色的校园文化活动是_____，该活动对学生的影响是_____。

我校不同学科背景学生之间的交流方式有_____，形成的文化环境特点是
_____。

6. 政策支持

我校在学科建设方面获得的政策支持有_____。

地方政府为我校提供的与产业对接的政策优势是_____。

我校是否享受特殊政策(如少数民族地区高校优惠政策等)？如果是，具体政策内容是
_____。

(三) 专业成长研习坊

(1) 请简要概括本专业的培养目标_____。

(2) 课程体系与学习重点。

列举本专业对你而言最重要的三门核心课程，并说明原因。

课程一：_____，原因：_____

课程二：_____，原因：_____

课程三：_____，原因：_____

(3) 实践教学环节。

本专业有哪些实践教学环节(如实习、实验、课程设计等)？
_____

你认为这些实践教学环节对你未来职业发展的帮助体现在哪些方面？
_____

(4) 主要就业方向。

经过讨论，你认为本专业毕业生主要的就业方向有哪些(列举至少三个)？
_____

在这些就业方向中，你最感兴趣的是哪一个？为什么？
_____
_____

(5) 行业发展趋势。

结合讨论与资料查阅，简要描述本专业相关行业的发展趋势。
_____
_____

基于行业发展趋势，你认为在校期间需要培养哪些技能或素养来更好地适应未来就业？
_____
_____

(四) 雕琢时光，绘制成长拼图

同学们，大学四年是充满机遇与挑战的成长旅程。为了让大家更好地规划学习，我们有必要依据大学不同阶段的特点，梳理出明确的学习目标，这是做好学习规划的基础。

现在，请大家先选出大学各年级段对自己最重要的几个目标，并且排好顺序，填写在表2-8"成长计划表"中。然后请完成表2-9。

表 2-8　成长计划表

阶段	目标	实施措施
第一阶段： 适应与探索期(第1～2学期)	(1)	
	(2)	
	(3)	
第二阶段： 定位与积累期(第3～5学期)	(1)	
	(2)	
	(3)	
第三阶段： 冲刺与突破期(第6～7学期)	(1)	
	(2)	
	(3)	
第四阶段： 选择与过渡期(第8学期)	(1)	
	(2)	
	(3)	

表 2-9　目标助力、阻力分析表

阶段对策	第一阶段	第二阶段	第三阶段	第四阶段
助力				
阻力				
将阻力化为最小或将阻力转为动力的措施				

(五) 休闲储能站

1. 案例1——大学生户外运动社团的休闲活动组织

某高校的户外运动社团，旨在为热爱户外运动的大学生提供一个交流和参与活动的平台。社团定期组织各种户外运动，如登山、露营、徒步等。在组织活动过程中，社团负责人需要进行多方面的休闲管理。

首先，要根据成员的时间和课程安排，选择合适的活动时间，确保大多数成员能够参与。其次，在活动策划方面，要考虑活动的难度和强度，以满足不同水平成员的需求，同时也要保证活动的安全性。在活动过程中，还会安排一些休息和互动环节，让成员们在运动之余能够放松身心，交流感情。

例如，在一次登山活动中，社团提前对路线进行了考察，根据成员的体能状况选择了一条难度适中的路线。在登山过程中，每隔一段路程就会安排休息点，让成员们补充能量，欣赏风景。到达山顶后，还组织了一些团队游戏，增强成员之间的团队协作和沟通能力。

相关问题设置如下。

(1) 户外运动社团在组织活动时，是如何进行时间管理以适应成员的休闲需求的？
_____
_____

(2) 活动中的休息和互动环节对于成员的休闲体验有什么重要意义？
_____
_____

(3) 如果你是社团负责人，你还会采取哪些措施来提升成员的休闲质量？
_____
_____

2. 案例2——大学生志愿者活动中的休闲价值体现

某大学的志愿者协会经常组织各种志愿者活动，如社区服务、环保宣传、公益支教等。许多大学生积极参与其中，在为社会做出贡献的同时，也实现了自身的休闲价值。

在社区服务活动中，志愿者们会帮助社区清理环境、关爱孤寡老人等。通过这些活动，大学生们不仅丰富了自己的课余生活，还在与社区居民的互动中收获了快乐和满足感。在环保宣传活动中，志愿者们走上街头，向市民宣传环保知识，增强了公众的环保意识，同时自己也对环保有了更深入的理解。公益支教活动则让大学生们有机会将自己的知识传授给偏远地区的孩子们，在这个过程中，他们体会到了奉献的意义，也拓展了自己的视野。

(1) 参与志愿者活动对于大学生来说，在哪些方面体现了休闲价值？
_____
_____

(2) 结合案例，说说志愿者活动是如何促进大学生与社会的互动和融合的。
_____
_____

六、通关要领

(一) 树立正确的学业观

在新时代，树立正确的学业观对于大学生而言具有极其重要的意义。学习早已不是简单地为了满足父母的期望或者迎合老师的要求，它有着更为深远和重大的意义。

从个人层面来看，在这个科技飞速发展、竞争日益激烈的社会，学习是为了让自己具备在社会中立足的能力，能够顽强地应对各种挑战，实现自我价值。从更高层次来说，这更是为了我们伟大的祖国。新时代的中国正处于实现中华民族伟大复兴的关键时期，需要大量有理想、有本领、有担当的青年人才。我们的学习是为了为祖国的繁荣昌盛贡献力量，推动国家经济的快速发展，使我国在国际舞台上更具竞争力。同时，学习能让我们内心充满激情，对知识的海洋不断探索，进而追求更高的人生目标，为个人和国家的发展注入源源不断的动力。

大学生的学业是一个广义的概念，涵盖了高等教育阶段以学习为主的一切活动。它不仅包括科学文化知识的汲取，还涉及思想、政治、道德、业务、科研、组织管理能力及创新能力等多方面的学习。而学业观作为对所学专业、课业的态度和认识，是大学生学习和生活的先导，在很大程度上决定着他们的人生前景。

在新时代的背景下，当代大学生在学业问题上存在着诸多误区。一些同学将学业含义理解过窄，仅仅局限于课堂上的知识学习；一些同学对学业生活预期过高，缺乏脚踏实地的努力；

还有些同学对学业角色定位不准，不清楚自己在大学中的使命和责任；更有同学对职业期望过高，忽视了自身能力的提升。为了走出这些误区，我们需要正确处理以下几种关系。

1. 正确处理学业与专业的关系

在新时代，国家的发展对各专业领域的人才提出了更高的要求。大学生重视学业，就应找到自己在专业学习中的价值，努力培养专业兴趣。要将个人爱好与国家战略需求、社会发展趋势有机结合起来。例如，在人工智能、新能源等国家重点发展的领域，相关专业的学生应积极投身其中，掌握专业知识、技能和相关能力，培养专业素质，为国家的科技进步和产业升级贡献力量。

2. 正确处理学业与职业的关系

新时代的职业发展变化迅速，对人才的要求越来越高。大学生在学习期间要自觉学好职业知识，积极参加各类职业技能培训，利用实习、实践等机会锻炼职业能力。例如，计算机专业的学生可以通过参与实际项目开发，提升自己的编程和项目管理能力，为将来在竞争激烈的互联网行业中立足奠定基础。

3. 正确处理学业与事业的关系

我们要将学业、职业与事业紧密联系起来。在学习过程中，充分认识到所学专业在国家建设和社会发展中的重要意义、作用和广阔前景。如土木工程专业的学生，要看到我国在基础设施建设方面的巨大成就和未来需求，立志为国家的建筑事业贡献力量，在工作中实现自己的人生价值，为国家打造更多的优质工程。

4. 正确处理学业与就业的关系

就业与学业相辅相成。在新时代的就业市场中，行业需求不断变化，新技术、新职业层出不穷。以就业为导向，有助于大学生合理选择专业报考，及时调整学业目标，改变学习方式，拓展学习外延，提升综合素质。同时，就业也是检验学业成就的重要标准。大学生要具备强烈的事业心、广博精深的专业知识、较强的沟通协调能力等，才能在就业竞争中脱颖而出。

(二) 正确对待读书与社会实践

新时代的浪潮奔涌向前，对大学生的综合能力无疑提出了全方位、多层次的更高要求，这使得正确对待读书与实践的关系成为大学生成长成才的关键命题。

1. 锻炼独立能力

新时代的大学生，大多在父母无微不至地呵护下度过了成长期，犹如温室中的花朵。然而，进入大学，就如同花朵移栽至广阔天地，必须学会独立生活。这意味着要自己打理日常生活起居，合理安排作息时间，管理个人财物等。例如，要学会自己洗衣服、整理内务，不再依赖父母的照顾；要能够根据课程安排和自己的学习计划，合理分配时间，确保学习和生活有序进行。只有具备了独立生活的能力，才能在面对学业压力和各种挑战时，心无旁骛地专注于学业，为个人的全面发展奠定坚实基础，真正实现从依赖他人到独立自主的转变，这也是走向成熟的重要一步。

2. 避免读死书

大学是知识的殿堂，更是培养自主学习和创新能力的摇篮。在这个信息爆炸、知识更新换代以惊人速度推进的新时代，新知识、新技术、新观念如潮水般涌来。如果仅仅局限于书本知识，死记硬背，就如同逆水行舟，不进则退。因此，大学生要学会活学活用，将所学知识与实际应用紧密结合。例如，在学习专业课程时，不仅要理解理论知识，还要思考如何将其应用到实际项目中。可以通过参加科研项目、学科竞赛等方式，将课堂上学到的知识用于解决实际问题，在实践中深化对知识的理解和掌握。同时，要培养创新思维和解决实际问题的能力，敢于突破传统思维的束缚，从不同角度思考问题。例如，在面对复杂的工程问题时，尝试运用跨学科知识，提出新颖的解决方案。

3. 积极参加课外活动

在新时代多元化的社会背景下，人际交往和团队协作能力的重要性不言而喻。参加社团活动、结交朋友，无疑是拓展交际圈、增长见识的有效途径。社团是一个汇聚了不同专业、不同兴趣爱好同学的大家庭，在这里，大学生可以找到志同道合的伙伴，共同追求梦想。例如，参加音乐社团，可以与其他音乐爱好者一起排练节目、举办音乐会，提升自己的艺术素养和表演能力；加入志愿者社团，能够参与各种公益活动，为社会贡献力量，同时结交来自不同背景的朋友，拓宽自己的视野。通过参与社团活动，大学生还可以锻炼自己的组织能力、沟通能力和团队协作能力。在组织社团活动时，需要策划活动方案、协调各方资源、安排人员分工等，这有助于提升组织能力；与社团成员沟通交流、表达自己的想法和观点，能够锻炼沟通能力；而在完成社团项目或任务时，与团队成员密切配合、相互支持，共同克服困难，则可以培养团队协作能力，为未来的职业发展和社会生活筑牢根基。

4. 树立就业意识

新时代的就业市场犹如一片竞争激烈的战场，对人才的实践能力和专业素养要求日益严苛。大学生不能再两耳不闻窗外事，一心只读圣贤书，而要时刻关注专业动态和行业发展趋势。要了解自己所学专业在市场中的需求情况，以及行业的最新技术和发展方向。例如，学习计算机专业的学生，要关注人工智能、大数据等领域的发展动态，了解行业对相关技术人才的技能要求。同时，要将学习与实际生活紧密结合，积极参加实践活动和实习。大学生可以利用寒暑假时间，到相关企业或单位实习，积累工作经验。在实习过程中，要了解企业的运作流程、项目管理方式等，将所学理论知识应用到实际工作中，提高自己的实践能力。此外，还可以通过参加行业研讨会、学术讲座等活动，与业内人士交流，拓宽自己的就业视野，为未来的职业发展做好充分准备。

5. 重视实习

实习是大学生从校园走向社会的桥梁，是将理论知识应用于实践的重要途径，也是检验学习成果的试金石。在实习中，大学生能够接触到真实的工作环境和项目，这与校园里的模拟案例或理论学习有着天壤之别。例如，在互联网公司实习的学生，可能会参与实际的软件开发项目，亲身体验从需求分析、设计编码到测试上线的整个流程，学习到书本上学不到的项目管理知识和团队协作技巧。同时，通过与同事和上级的交流合作，还能了解行业的最新动态和需求。例如，在实习过程中，可能会发现市场对某种新兴技术的需求旺盛，从而明确自己未来的学习方向和职业发展目标。此外，实习还可以帮助大学生建立人脉关系，为未来的就业创造机会。在实习单位结识的同事、领导等，都可能成为未来职业道路上的重要资源。

6. 锻炼较强的实践能力

在新时代，实践能力是衡量人才的重要标准之一。知识与能力是辩证统一的关系，能力在某种程度上比知识更为重要。一名优秀的大学毕业生应将构建合理的知识结构、培养科学的思维方式和锻炼较强的实践能力有机统一起来。大学生要积极参加各类实践活动，如科技创新竞赛、社会实践调研、企业实习等，提升自己的表达能力、动手能力、适应能力等。

7. 全面提高综合素质

　　新时代对人才的综合素质要求越来越高，知识、能力、素质是大学生社会化的三大要素。知识是素质形成和提高的基础，能力是素质的外在表现，而素质则决定了一个人的品德和价值观。在思想道德素质方面，大学生要树立正确的世界观、人生观和价值观，践行社会主义核心价值观，培养爱国主义情怀和社会责任感。在心理素质方面，大学生要具备较强的抗压能力和挫折承受能力，保持积极乐观的心态。在人文素质方面，大学生要加强对中华优秀传统文化和世界优秀文化的学习，提高自己的文化修养和审美水平。在身体素质方面，大学生要坚持体育锻炼，保持健康的体魄，为学习和工作提供有力保障。

七、晋级成功

　　写下收获，取得下一关闯关资格。

_____

_____

_____

_____

_____

_____

_____

_____

_____

_____

_____

_____

_____

_____

_____

_____

_____

_____

_____

_____

第三关

自我认知关

任务一　心之所向·乐在当下

一、关卡名称：探索兴趣类型

兴趣是指人们以特定的事物或活动为对象，所产生的积极的、带有倾向性和选择性的态度和情绪。兴趣是人们内心动力和快乐的来源，常常表现为一种自觉自愿、乐此不疲的精神状态。

首先，它是积极的，如快乐、愉悦、满足等。其次，它带有倾向性，指的是一种偏好，有主观的选择在里面。最后，它的选择性就意味着排他性。当然，我们讨论兴趣的前提是有机会选择，例如，一场丰盛的自助餐开始了，提供各种各样的面食、烤肉、甜品和各类饮料，你会对什么食物感兴趣呢？你会选择先吃什么再吃什么？因此，我们讨论兴趣的前提是有多个选项可供考虑。

(一) 兴趣的分类

1. 物质兴趣和精神兴趣

物质兴趣包括吃的、喝的、穿的……根据马斯洛需求层次理论，处于不同层次的群体，对于物质兴趣的需求也是有很大差异的。

精神兴趣包括听音乐、旅游、画画……由于个体所处的社会环境和家庭环境的不同，精神兴趣也通常会表现出较大的差异性，当然，有一部分精神兴趣和能力的相关度也很大，有些是个体与生俱来的，我们称之为"潜能"。

2. 直接兴趣和间接兴趣

直接兴趣里的"直接"有两层含义：一是它的过程就已经很快乐了；二是自己就很快乐，不需要借助外界的评价。如我很喜欢打羽毛球，只要拿着拍子在球场上跑动挥拍子，无论输赢我就很快乐。直接兴趣有个定义是"无论能力高低，无论外界如何评价，我们依然乐此不疲"，这两个"无论"，就是所谓的纯粹快乐。

间接兴趣更注重于结果导向，它必须获得外界的评价和强化，这个强化有可能来自外界评价，还有可能来自自我的认可。如有些孩子小时候到底喜欢语文还是数学，大多数是间接性的，因为遇到了一个表扬自己的数学老师或者语文老师，于是就更愿意去学数学课或者语文课，一旦学得好了，又受到了老师的表扬和鼓励，结果就是学得更好了。因此，最理想的境界就是兴趣既可以满足物质和精神需求，又可以满足个人和周围环境的需求，同时过程还是快乐的，结果也是有保证的。

例如，一个学生说他喜欢打篮球，我们如何判断打球是他的直接兴趣还是间接兴趣？我们可以问他："你打得好不好？打得怎么样？如果整场得分不高的话你还打吗？"学生回答说："那没关系，我打的就是过程呀！"这就说明打球是他的直接兴趣。如果学生回答说："我打得不好，如果我上场不能像队长一样为球队赚那么多分，我就不上场了。"这就说明打球是他的间接兴趣。

再如，有个学生说她特别爱看书，我们怎么判断看书是她的直接兴趣还是间接兴趣？我们可以问："如果你证书考完了，学历也够了，按照现实来说，你已经不需要看书了，你还会每天保证那么多个小时的阅读和查阅资料的时间吗？"如果学生回答："那我不会了，考完这几个证书，我应该不会想碰这些书了。"这就是她的间接兴趣。如果她回答说："我看书，就跟你爱吃肉一样，宁可三日无肉，不可一日无书，我特别享受看书的思考过程。"这就是直接兴趣。

3. 个人兴趣和社会兴趣

个人兴趣指的是一个人力求认识某种事物或从事某种活动的心理倾向，是自主选择、自觉、自愿、发自内心的。社会兴趣指的是其他人或其他影响因素，包括周围的人和社会文化背景等，社会兴趣受到外界的压力、潮流的走向、社会文化背景等的偏差会产生影响。例如，你对传统中医药文化很感兴趣，所以想学中医，但是有人告诉你："那不行，中医都得熬到老了才能有所建树。"于是你觉得要不去学西医吧，但是又有人告诉你："现在医患关系这么紧张，而且学医的培养周期太长了，太辛苦。"于是你放弃了。这就是个人兴趣和社会兴趣之间的冲突。

(二) 职业兴趣

职业兴趣是兴趣在职业方面的表现，是指人们对某种职业活动具有的比较稳定而持久的心理倾向，使人对某种职业给予优先注意，并向往之。职业兴趣会直接影响个人的工作满意度、职业稳定性和个人成就感。

一个兴趣要成为职业兴趣，必须满足两个条件：一是要有社会需求；二是要有跟兴趣相关的职业能力。对内，要有从事兴趣职业的相关能力；对外，社会要有这个需求。通俗来讲，兴趣再加上社会有这个职业，才能成为职业兴趣。如果你只有兴趣而社会上没有这个职业，那你只能停留于兴趣层面，这个兴趣就不能成为社会的一种需要，而仅仅是你个人的一种需要。

(三) 霍兰德职业兴趣

1959年，霍兰德提出了他的霍兰德类型论，一开始的文献里写的是霍兰德类型论，后来更改为霍兰德职业兴趣理论，我们在不同文献里看到不同的表述，其实这两个理论是同一回事。

1. 霍兰德的基本假设

(1) 大多数人的人格特质可以归纳为6种类型。

(2) 工作环境也有6种类型，其名称及性质与人格类型的分类一致。

(3) 人们都尽量寻找那些能运用自己的技术、体现自己的价值和能在其中扮演令自己愉快角色的职业。

(4) 一个人的行为表现是职业环境类型和人格类型互相作用的结果。

2. 两种极端情况

(1) 天花板效应。每个维度得分都很高，且分化性低(分差都没有超过 8 分)。

(2) 地板效应。每个维度得分都很低，且分化性低。

3. 衍生假设

(1) 一致性。第一个类型与第二个类型之间在心理上一致的程度，也就是第一代码与第二代码之间的关系：他们是相邻的、相近的，还是对立的？如果是单代码，就可以忽略一致性。因此，一致性一定是双代码以上。(详见图 3-1)

正六边形模型 (Hexagon)

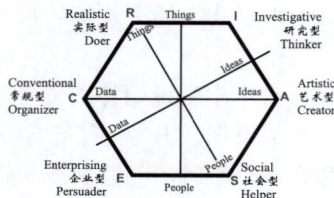

——金树人，2007，生涯咨询与辅导，高等教育出版社

图 3-1 霍兰德职业兴趣六边形模型

如图 3-1 所示，R-I，R-C 在六边形上都是相近的，动脑和动手都要遵守流程。R-S 在六边形上是对应的，他们的一致性就低一些，原因是 R 对物感兴趣，S 对人感兴趣。以此类推，I 与 R 相近，动脑动手不分家；I 与 A 相邻，艺术发展到一定程度，都需要哲学基础作为学科背景，艺术可以用自己的方式表达对世界万物的看法；A 与 S 相邻，可以看出人际关系中表达的重要性。

对角线上的两个代码差异性较大，如果一个人的三代码中，既有 R 又有 S，如医院的科室主任，技术高超又很会处理医患关系；既有 I 又有 E，既能深入思考，又能影响掌控，如高校的博士生导师。

(1) 一致性主要解决个人有没有冲突。有的人测试代码有 A 也有 C，如图 3-1 所示，这两个代码处于对角线的位置，我们得具体分析他在心理上有没有冲突。比如在生活中是 A，但是在工作中是一个井井有条的工作者，显然二者是没有冲突的，他达到了较好的生涯平衡。但是如果有人的代码是 A 型的人，却要让他在 C 型的环境中工作，他觉得实在太无聊了，则说明他的一致性没那么好，无法做到良好的生涯平衡与管理。

(2) 分化性。六种兴趣强度差别的程度。分化性的高低决定了兴趣的差别。

(3) 适配性。个人类型与环境特征性匹配与否的程度。如果是个人与职业处于六边形对角线的两端，那我们可以知道它们的适配性相对比较低。

(4) 统整性。此方面包括个人统整性与环境统整性。个人统整性指的是个人在生涯目标、兴趣及能力各方面的清晰度与稳定性；环境统整性指的是某一类的环境或职业是否有清晰的目标、任务与报酬系统，也就是你对个人兴趣类型和你对环境兴趣类型的综合理解程度。统整性高，表示对自我与环境的认知度高，知识多；统整性低，表示对自我与环境的探索度低。

二、闯关意义

实施测评这一步在很多教程中讲得非常少，正如在医院，你所有的检查没有做好之前，医生都无法进行下一步的诊断和治疗。医生要根据你的施测结果进行引导改变，或者叫作实施治疗。同样，兴趣测评也是一样的道理。

(一) 带来价值

应把概念向施测者解释清楚，如果概念没有解释清楚，学生在答题时，是按他的主观感受来答题，还是一边答题一边考虑别人的评价？如果概念没有澄清，那兴趣就乱套了，如老师按照直接兴趣施测，而学生用间接兴趣来回答。这样测完的结果，你还能解释得明白吗？就如同医生如果没让你空腹，你第二天一早去测血糖结果还能够准确吗？兴趣的测评不是单纯为了筛选，而是为了增加更多的可能性，也就是不要过早地排除一些选项，而要加强后天的尝试、学习和培养来增加更多的可能性。

(二) 找到方向

应把目的向施测者说明白，让学生知道测评的结果可以为我们的专业选择和职业选择找到一个非常好的切入点。这相当于老百姓到医院看病，问医生说："医生你为什么要开点这些单子呀？"医生回答说："我得看一下，你这是血管有问题，还是机体组织有问题。如果是血管问题就只需要给你开点药回家吃，如果是机体组织有问题我们就得商量后续的手术方案。"老百姓听了以后就心服口服地去做检测了。如果医生说："你别问那么多，你就去测吧！"医患矛盾就会产生。

(三) 发展适应

应回归问题，引导改变。学生的最终目的不是拿到最后的那个测量结果，而是通过生涯测评来解决他当下所面临的生涯问题。就如同我们去医院就诊的最终目的不是拿到化验单，而是依据化验单上面的数据制定相应的治疗方案。

三、闯关武器

(1) 兴趣岛。
(2) 兴趣访谈。
(3) 兴趣能力对对碰。
(4) 职业倾向自我探索量表SDS兴趣测试。

四、解读密码

(一) 霍兰德兴趣类型理论

约翰·霍兰德(John Holland)是美国约翰·霍普金斯大学心理学的教授，美国著名的职业指导专家。他于1959年提出了具有广泛社会影响的职业兴趣理论，认为人的人格类型、兴趣与职业密切相关，兴趣是人们活动的巨大动力，凡是具有职业兴趣的职业，都可以提高人们的积极性，促使人们积极地、愉快地从事该职业，且职业兴趣与人格之间存在很高的相关性。霍兰德认为人格可分为现实型、研究型、艺术型、社会型、企业型和常规型六种类型。

1. 现实型(realistic)

在有些文献里翻译成实用性，有些测评里写出技术型、技能型，这些类型都是一样的，有的更侧重于特点，如现实型、实用型；有的更侧重于表现，如技术型、技能型。以下是这一类型的表现特征。

(1) 愿意使用工具从事操作性工作。
(2) 动手能力强，做事手脚灵活，动作协调。
(3) 偏好于具体任务，更愿意与物打交道。
(4) 做事保守，较为谦虚。
(5) 通常喜欢独立做事。

这一类型的典型职业有以下表现特征。

(1) 经常使用工具、机器,重视操作技能的工作。

(2) 对要求具备机械方面才能、体力或从事与物件、机器、工具、运动器材、植物、动物有关的职业有兴趣,并具备相应能力。

常见的有:园艺师、木匠、汽车修理工、工程师、军官、外科医生、足球教练员等。

这个代码可以用一个词概括,就是动手操作,特点是现实、实用、有技术。

2. 研究型(investigative)

以下是这一类型的表现特征。

(1) 求知欲强,肯动脑,善思考。

(2) 抽象思维能力强。

(3) 喜欢独立的和富有创造性的工作。

(4) 知识渊博,有学识才能。

(5) 喜欢逻辑分析和推理。

(6) 不断探讨未知的领域。

这一类型的典型职业有以下特征。

(1) 喜欢智力的、抽象的、分析的、钻研的工作。

(2) 喜欢独立的定向任务。

(3) 喜欢将通过观察、评估、衡量等结果形成理论,并由此发现和解决新的问题。

常见的有:科学家、研究员、实验室工作人员、生物学家、化学家、心理学家、工程设计师、大学教授。

这个代码用一个词概括,就是动脑研究,特点是抽象,总琢磨一些事,但不乐于表达。

3. 艺术型(artistic)

以下是这一类型的表现特征。

(1) 有创造力,乐于创新。

(2) 渴望表现自己的个性。

(3) 做事理想化,追求完美。

(4) 具有一定的艺术才能。

(5) 善于表达、展示。

这一类型的典型职业有以下表现特征。

(1) 要求具备一定艺术修养的工作。

(2) 对创造力、表达能力和直觉要求比较高的工作。

(3) 能将想象力和创造力应用于语言、行为、声音、颜色等表达方式的工作。

常见的有:艺术方面(演员、导演、设计师、雕刻家),音乐方面(歌唱家、作曲家),文学方面(小说家、诗人、剧作家)等。

这个代码用一个词概括,就是创新与展示。

4. 社会型(social)

以下是这一类型的表现特征。

(1) 喜欢与人交往、善于言谈。

(2) 热情、善于合作、乐于奉献。

(3) 善良,有耐心。

(4) 关心社会问题，有社会责任心，比较看重社会义务和社会道德。

这一类型的典型职业有以下表现特征。

(1) 与人打交道的工作。

(2) 为他人提供信息、启迪、教导和帮助的工作。

(3) 医疗、护理、教育等工作。

常见的有：教育工作者(教师、教育行政人员)，社会工作者(咨询人员、公关人员)，护士，志愿者等。

这个代码用一个词概括，就是服务与奉献。

5. 企业型(enterprising)

以下是这一类型的表现特征。

(1) 追求权力、权威和地位。

(2) 具有影响力和领导才能。

(3) 喜欢竞争、敢冒风险，有野心、有抱负。

(4) 习惯以利益、权力、地位、金钱等来衡量做事的价值。

(5) 做事有较强的目的性。

这一类型的典型职业有以下表现特征。

(1) 经营、管理、监督和领导类的工作。

(2) 有挑战、有声望的工作。

(3) 有经济地位和社会地位的工作。

常见的有：项目经理、销售人员、营销管理人员、政府官员、企业领导、法官、律师。

这个代码用一个词概括，就是管理掌控。

6. 事务型(conventional)

以下是这一类型的表现特征。

(1) 尊重权威、流程和规章制度。

(2) 喜欢按计划办事，细心、谨慎、有条理。

(3) 习惯接受他人的领导和管理。

(4) 注重实际。

这一类型的典型职业有以下表现特征。

(1) 注重细节、精确度、有系统、有条理地工作。

(2) 记录、归档、整理的工作。

(3) 根据特定要求或程序进行信息组织和管理的工作。

常见的有：秘书、办公室人员、记事员、会计、行政助理、图书馆管理员、出纳员、打字员、仓库管理员等。

这个代码用一个词概括，就是规则秩序。

(二) 兴趣与生涯发展的关系

(1) 如果兴趣与职业匹配，理想工作必须满足以下几个条件：兴趣+能力+需求=理想工作。

个人满足的是兴趣和现实要求的能力，也就是说，从你个人来讲有好恶，而现实对你的要求是你得有胜任的能力。例如，学生做完测评后的结果为SAE、RSI等，可以得出几项职业选项，按照兴趣你如何排序？按照能力如何排序？按照社会需求如何排序？理想工作是个人感兴趣，还得有胜任能力，社会还需要你发挥这个能力，给你这个机会，你的工作才能达到理想状态。

(2) 如果兴趣与职业不匹配。

○ 平衡。用能力获取工作，用兴趣来满足娱乐和业余爱好，从而达到工作、学习和生活的平衡状态。

○ 适应。提高能力，符合社会需求。要么能提高相应的能力，即把兴趣转化成真正的职业能力；如果无法管理好自己的不合理期待，那么当下谋生是最重要的，我们没有能力去改变他人和环境，那就先学会接纳现实。

○ 认知。兴趣虽然很重要，但是并不一定必须体现在专业学习或者工作中。生涯角色多样化，兴趣可以成为自己的快乐来源。我们首先要克服完美主义，因为不是所有的兴趣最终都会转化为职业；其次我们还要避免一些负面思维，工作是谋生的手段，并非快乐的来源，但也千万不要认为工作跟兴趣不相符，那这一辈子就完了；最后我们还要停止习惯性纠结，摆脱给自己造成困扰的不合理信念，着眼于当下最迫切的需要来促进自己的行动。

五、执行任务

(一) 兴趣岛

指导语：恭喜你，获得了一次免费度假游的机会，有机会去下列六个岛屿中的一个，请不要考虑时间、金钱等其他因素，仅凭自己的兴趣挑出你最想前往的岛屿(详见图3-1)。

请注意指导语中为什么要强调不要考虑时间、金钱等其他因素？因为兴趣岛作为非正式评估工作，测试的是直接兴趣。

1号岛屿(R)：自然原始的岛屿。岛上自然生态保持得很好，有各种野生动物。居民以手工见长，自己种植花果蔬菜、修缮房屋、打造器物、制作工具，喜欢户外运动。

是不是选择去1号岛屿的都是热爱劳动的？不一定，有些代表学生的物质兴趣，如对食物很感兴趣的，想去探索很多未知的美食；有些代表学生的社会兴趣，如有些人想要逃离雾霾和辐射所以选择一个原生态的环境。这些选择都不是直接兴趣，而是间接兴趣。真正自己种植花果蔬菜、修缮房屋、打造器物、制作工具，并乐在其中的，才是直接兴趣。

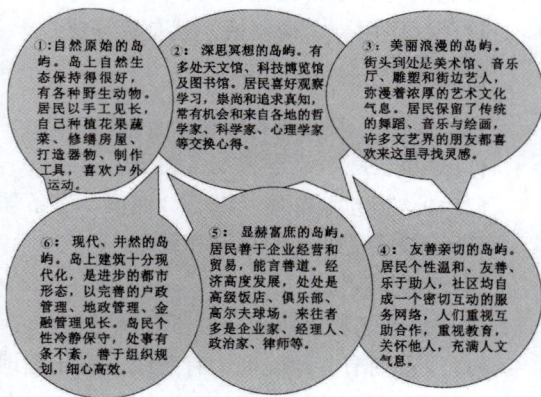

图3-1 兴趣岛

2号岛屿(I)：深思冥想的岛屿。有多处天文馆、科技博览馆及图书馆。居民喜好观察、学习，崇尚和追求真知，常常有机会和来自各地的哲学家、科学家、心理学家等交换心得。

是不是选择去2号岛屿的都是喜欢进行科学研究的呢？也不一定，有些人觉得跟进行科学研究的人一起待着，有利于自己学术的提升，有些人只是好奇那些科学家和研究者平时都是怎么生活、交流的而已。

3号岛屿(A)：美丽浪漫的岛屿。街头到处是美术馆、音乐厅、雕塑和街边艺人，弥漫着浓厚的艺术文化气息。居民保留了传统的舞蹈、音乐与绘画，许多文艺界的朋友都喜欢来这里寻找灵感。

是不是选择去3号岛屿的都是文艺范呢？也不一定，有些人是去猎奇的，有些人是去放松的，有的人自己不能成为钢琴师，但是会对钢琴师是如何生活的产生好奇。

4号岛屿(C)：友善亲切的岛屿。居民个性温和、友善、乐于助人，社区均自成一个密切互动的服务网络，人们重视互助合作，重视教育，关怀他人，充满人文气息。

选择去4号岛屿的人群中，有些人愿意服务奉献，有些人愿意被他人服务奉献，你觉得你属于哪一种呢？

5号岛屿(E)：显赫富庶的岛屿。居民善于企业经营和贸易，能言善道，经济高度发展，处处是高级饭店、俱乐部、高尔夫球场。来往者多数是企业家、经理人、政治家、律师等。

选择去5号岛屿的不一定都是创业的，有的人是想要去看一看，表达一些羡慕，有的人想去找工作，看看有没有更多的工作机会。

6号岛屿(S)：现代、井然有序的岛屿。岛上建筑十分现代化，是进步的都市形态，以完善的户政管理、地政管理、金融管理见长。岛民个性冷静保守，处事有条不紊，善于组织规划，细心高效。

是不是选择去6号岛屿的都是善于整理的人呢？也不一定，有些人只是喜欢和擅长做整理工作的人在一起。

让学生从这6个岛中选择3个岛，并将所代表的字母进行排序。

知识点讲解：进行各个代码的特点讲解，主要用于让学生进行自我了解，知晓自己的霍兰德职业兴趣代码并进行排序。

(二) 兴趣访谈

通过访谈法澄清感兴趣的类型，我们可以把兴趣类型六大类每个类概括成四字词，分别是：动手操作、动脑研究、创新创造、服务奉献、影响掌控、规则秩序。

实用型(R)的人情绪稳定、有耐性、坦诚直率，宁愿行动不喜多言，喜欢在讲求实际、需要动手的环境中从事明确固定的工作，依既定的规则，一步一步地制造完成有实际用途的物品。对机械与工具等事较有兴趣，生活上亦以实用为重，眼前的事重于对未来的想象，比较喜欢独自做事，喜欢从事机械、电子、土木建筑、农业等工作。

研究型(I)的人善于观察、思考、分析与推理，喜欢用头脑依自己的步调来解决问题，并追根究底。他们不喜欢别人给予指引，工作时也不喜欢有很多规矩和时间压力。做事时，他们能提出新的想法和策略，但对实际解决问题的细节较无兴趣。他们不是很在乎别人的看法，喜欢和有相同兴趣或专业的人讨论，否则还不如自己看书或思考，喜欢从事生物、化学、医药、数学、天文等相关工作。

艺术型(A)的人直觉敏锐、善于表达和创新。他们希望借文字、声音、色彩或形式来表达创造力和美的感受。喜欢独立作业，但不要被忽略，在无拘无束的环境下工作效率最高。生活的目的就是创造不平凡的事物，不喜欢管人和被人管，和朋友的关系比较随性，喜欢从事音乐、写作、戏剧、绘画、设计、舞蹈等工作。

社会型(S)的人对人和善，容易相处，关心自己和别人的感受，喜欢倾听和了解别人，也愿意付出时间和精力去解决别人的冲突，喜欢教导别人，并帮助他人成长。他们不爱竞争，喜欢大家一起做事，一起为团体尽力。他们交友广阔，关心别人胜于关心工作，喜欢从事教师、辅导、社会工作、医护等相关工作。

企业型(E)的人精力旺盛、生活紧凑、好冒险竞争，做事有计划并立刻行动。不愿花太多时间仔细研究，希望拥有权力去改善不合理的事。他们善用说服力和组织能力，希望自己的表现被他人肯定，并成为团体的焦点人物。他不以现阶段的成就为满足，也要求别人跟他一样努力，喜欢管理、销售、司法、从政等工作。

事务型(C)的人个性谨慎，做事讲求规矩和精确。他们喜欢在有清楚规范的环境下工作。他们做事按部就班、精打细算，给人的感觉是有效率、精确、仔细、可靠且有信用。他们的生活哲学是稳扎稳打，不喜欢改变或创新，也不喜欢冒险或领导别人，他们会选择和自己志趣相投的人成为好朋友，喜欢从事银行、金融、会计、秘书等相关工作。

我们在访谈中有一个技巧，先让学生说出类别，然后让学生列举想到的跟这个类别有关的专业和职业，最后让学生进行评价。

我们经常说到的言传身教、耳濡目染，也是兴趣培养的一个过程。比如家里有老人天天在看京剧，家里的孩子可能自然而然地就会对传统戏曲感兴趣；家里有人天天在听评书，孩子渐渐地就会对评书感兴趣。这也就是舒伯提出的在探索期，要尽可能地拓宽孩子的视野和选择，拓宽选择的可能性，然后到了建立期的时候，才能够确定自己感兴趣的某个领域，当然即使确立了兴趣类型我们也要保持开放，尤其是在如今飞速发展变化的时代，勇于尝试和创新本身就是一个非常重要的品质。

(三) 兴趣能力对对碰(见图3-2)

兴趣1	植物	能力1
兴趣2	动物	能力2
兴趣3	水果	能力3
这一列请用文字描述	这一列请用图画绘制	这一列请用文字描述

图3-2　兴趣能力对对碰

指导语：每个人在九宫格中按照图3-2的备注，在每列的三个格子中分别填入相应的内容。

第一列用文字描述自己最感兴趣的三件事情，兴趣有可能指向食物，也有可能指向某种活动，比如你在闲暇的时候会沉迷于哪些活动无法自拔？兴趣之所以让我们沉迷，就是因为它产生了积极的态度和情绪，常常表现为一种自觉自愿乐此不疲的精神状态；它还带有倾向性，它带有倾向性和选择性的时候，也就自然而然地有了排他性。

第二列用图画绘制自己最喜欢或者最熟悉的三种事物，分别是一种植物、一种动物和一种水果。

第三列用文字描述自己最擅长的三种能力，任何能力都是通过个人学习和练习而获得的。比如你对唱歌感兴趣，但并不一定能够以此为业，因为你喜欢的未必是你擅长的。同样的道理，你擅长的也未必是你喜欢的，比如你擅长写发言稿，每次写完都大气磅礴很有文采，但是你很烦写它，一提起它你就觉得不开心。所以我们的兴趣和技能并不是齐头并进的，有可能此消彼长，或者有些是互惠互利的一个过程。

九宫格完成后，大家在指定时间内(根据人数可以设定为5~8分钟)，按自己的方式在班级中找到与自己格子内容相同的团队成员，互相签名。时间结束后统计签名数量，可以引导同学们看到哪些兴趣或者能力获得的签名数多，或许那是你志同道合的朋友；哪些兴趣或者能力获得的签名数少或者全班仅有你一人独享，或许这可以成为你的核心竞争力；用图画绘制的部分，自己有没有受绘画能力的限制，你是如何克服的，是通过文字备注还是上网搜索简笔画完成，这些都可以成为自己寻求资源的一种习惯化方式，这种方式是否帮到了自己。

我们要不断地去发现并培养新的兴趣，也就是说很多时候我们并不是因为喜欢才擅长，而是因为擅长所以喜欢。兴趣固然重要，但是兴趣不等于能力，它仅仅是一种态度和情绪，它和能力之间并没有因果的必然联系。

个人满足的是兴趣，但是现实要求的是你有没有跟兴趣相匹配或者说相一致的能力？如果没有，那你的兴趣依然不能作为工作。因为在这里，兴趣的定义让我们知道它仅仅是一种态度或者是情绪，所以兴趣不等于能力，也就是说你喜欢的未必是你擅长的。甚至在你看来，擅长的未必能达到职业化的。

如果你喜欢的恰好是你擅长的，而且还是社会所需要的，这就可以成为你的理想工作。也就是说，兴趣如果最终能够与职业相联系的话，你喜欢的刚好是你擅长的，刚好还能给你带来丰厚的回报，有社会需求也就是有价值的，这就是你的理想工作。

如果你只满足了喜欢而不满足擅长，即高兴趣加上低能力，那就只能沦为业余爱好。你想想是否有相似的情况？你很感兴趣，但是你不擅长，比如你对唱歌很感兴趣，但是你这个能力远达不到一个职业歌手的水平，你只能作为业余爱好，偶尔在朋友聚会或者兴致来了唱个小曲，却无法做到以唱歌为生计，所以只能作为业余爱好。

如果从我们找工作的角度来看，那就是个人的技能，加上你可以得到的待遇，以及下一步的发展空间。所以合适的职业就可以解释为，在你技能可胜任的范围内，待遇最好且有一定发展空间的职业方向。

(四) SDS兴趣测试(职业倾向自我探索量表)

SDS兴趣测试是一个正式评估，全称是职业倾向自我探索量表，它的适用范围首先得是个人对他自己的兴趣和专业职业有一定程度的认知，其次就是他的这六个兴趣之间存在明显的区分。测完后会得到图3-3所示的汇总表(例表)。

第一步，无论是几个代码，第一步都先看最高分。

第二步，最高分比次高分是否高过8分，如果高过8分，那就是单代码。

第三步，次高分比第三高分是否超过8分，如果是，那就是双代码，也就是说，第二个分数远大于第三个分数。如果否，要继续往下走。

SDS记分与代码确认

项目	R	I	A	S	E	C
活动	4	0	9	10	6	5
能力	6	0	11	11	6	4
职业	0	1	7	12	10	1
自评1	3	2	7	7	6	6
自评2	5	3	7	7	7	6
综合	18	6	41	47	35	22

图3-3　SDS 计分与代码确认列表

第四步，第三高分是否比第四高分超过8分，如果是，那就是三代码，如果否，那就是多代码。

测试结果讲究8分原则：8分原则是工具使用的规定，是按照统计原则算出来的。

单代码指的是第一个高分项超过第二个高分项大于8分。单代码如果画出折线图，我们可以发现区分性很明显，高分非常高，低分非常低。建议这类学生在选专业和找工作的时候，可以优先考虑兴趣的因素。因为这部分群体的兴趣很集中地体现，他就较难在别的地方获得补充或者平衡。

双代码指的是第二个高分项远大于第三个高分项，也就是大于8分，这个时候就产生了双代码。在你的兴趣类型中，这两个就算是核心兴趣，别的都可以忽略了。

三代码指的是第三个高分项远高于第四个高分项，也就是高于8分。如果第三代码跟第四代码差值没有超过8分，那就是四代码，超过三代码的我们就称为多代码。

三代码中，最高减去三高大于或等于8分，就只能叫作小三代码。如果最高减去三高依然小于8分，这就叫作大三代码。小三代码有两种组合，也就是排序1和2的代码顺序可以调换。大三代码有六种组合，也就是排序前3个代码顺序都可以调换。

如果是多代码，测试者本人兴趣类型区分性不明显，差异不大，这时候我们可以不用讨论兴趣，因为兴趣对当事人的影响不大，没有区分性，就不存在对这个工具的判断性。

我们看图3-3，最高是S，第二高是A，第三是E，其中E和C超过8分，所以这个人类型是SAE。我们继续看，因为S和A没有超过8分，所以有可能是AS，同理，A和E也没有超过8分，所以有可能是EA。我们在霍兰德兴趣代码职业索引中查询你的时候，要把三个高分项可能组成的代码都查了，找到最适合测评者的内容。另外，有些代码里是直接兴趣和间接兴趣，有的是目标兴趣，有的是路径兴趣。就如同同样是艺术，有些是人文艺术，有些是管理艺术，代码虽然是一样的，但是每个代码对个人的含义是不一样的。也就是说我们为什么要依托霍兰德兴趣代码职业索引来查那么多代码，是为了给人们更多的选择，而不是限制人们的选择。

（五）曾史二氏适配性指数量表

测试结果为三代码可以使用曾史二氏适配性指数，详见图3-4。

(1) 代码越小的，找到匹配工作的可能性会小一些，纯粹单代码的工作比较少。

(2) 把人的兴趣代码和环境代码进行比较。

(3) 个人兴趣类型可以通过测评测量出来。

(4) 环境类型需要通过霍兰德职业代码索引简表里搜索，这个代码是固定的。

如临床医学，环境代码是SIA，如果你的兴趣测评结果是SIA，那么根据曾史二氏适配性指数，和临床医学这个专业的匹配度为6分，非常高，叫作显著匹配；如果你的兴趣测评结果

曾史二氏适配性指数

适配程度	环境类型	个人类型
6：完全相同	RIE	RIE
5：前两个代码相同	RIA	RIS
4：三个代码相同，但顺序不同	REI ERI RIE	IER REI EIR
3：仅第一代码相同	SIA	SER
2：任两代码相同	RIC CES ASE	IER SCR ESI
1：任一代码相同	SEA	AIR
0：任一代码之首码，未出现在他码	IRE IAS	SEA ECR

——Zener & Schnuelle，1976

图3-4　曾史二氏适配性指数

是SIE，根据曾史二氏适配性指数，和临床医学这个专业的匹配度为5分，匹配度也是比较高的；如果代码一样，顺序不同，比如IAS，那么根据曾史二氏适配性指数的匹配度分数4分；如果只有一个代码一样，曾史二氏适配性指数分数3分。

(5) 判断标准：4～6分匹配度高；低于4分匹配度低。

(6) 量表的用途：通过量化测评结果，帮助一个人确定他和环境之间兴趣的匹配程度，可以进行排序，这是用来计算匹配程度的。

（六）霍兰德职业索引——职业兴趣代码与其相应的职业对照表

R(实际型)： 木匠、农民、操作X光的技师、工程师、飞机机械师、鱼类和野生动物专家、自动化技师、机械工(车工、钳工等)、电工、无线电报员、火车司机、长途公共汽车司机、机械制图员、修理机器、电器师。

I(研究型)： 气象学者、生物学者、天文学家、药剂师、动物学者、化学家、科学报刊编辑、地质学者、植物学者、物理学者、数学家、实验员、科研人员、科技作者。

A(艺术型)： 室内装饰专家、图书管理专家、摄影师、音乐教师、作家、演员、记者、诗人、作曲家、编剧、雕刻家、漫画家。

S(社会型)： 社会学者、导游、福利机构工作者、咨询人员、社会工作者、社会科学教师、学校领导、精神病工作者、公共保健护士。

E(企业型)： 推销员、进货员、商品批发员、旅馆经理、饭店经理、广告宣传员、调度员、律师、政治家、零售商。

C(事务型)：记账员、会计、银行出纳、法庭速记员、成本估算员、税务员、核算员、打字员、办公室职员、统计员、计算机操作员、秘书。

下面介绍与你3个代号的职业兴趣类型一致的职业，对照的方法如下：首先根据你的职业兴趣代号，在下面找出相应的职业，例如，你的职业兴趣代号是RIA，那么牙科技术人员、陶工等是适合你兴趣的职业。然后寻找与你职业兴趣代号相近的职业，如你的职业兴趣代号是RIA，那么其他由这三个字母组合成的编号(如IRA、IAR、ARI等)对应的职业，也较适合你的兴趣。

RIA：牙科技术员、陶工、建筑设计员、模型工、细木工、制作链条人员。

RIS：厨师、林务员、跳水员、潜水员、染色员、电器修理、眼镜制作、电工、纺织机器装配工、服务员、装玻璃工人、发电厂工人、焊接工。

RIE：建筑和桥梁工程、环境工程、航空工程、公路工程、电力工程、信号工程、电话工程、一般机械工程、自动工程、矿业工程、海洋工程、交通工程技术人员、制图员、家政经济人员、计量员、农民、农场工人、农业机械操作、清洁工、无线电修理、汽车修理、手表修理、管道工、线路装配工、工具仓库管理员。

RIC：船上工作人员、接待员、杂志保管员、牙医助手、制帽工、磨坊工、石匠、机器制造、机车(火车头)制造、农业机器装配、汽车装配工、缝纫机装配工、钟表装配和检验、电动器具装配、鞋匠、锁匠、货物检验员、电梯机修工、托儿所所长、钢琴调音员、装配工、印刷工、建筑钢铁工人、卡车司机。

RAI：手工雕刻、玻璃雕刻、制作模型人员、家具木工、制作皮革品、手工绣花、手工钩针纺织、排字工作、印刷工作、图画雕刻、装订工。

RSE：消防员、交通巡警、警察、门卫、理发师、房间清洁工、屠夫、锻工、开凿工人、管道安装工、出租汽车驾驶员、货物搬运工、送报员、勘探员、娱乐场所的服务员、起卸机操作工、灭害虫者、电梯操作工、厨房助手。

RSI：纺织工、编织工、农业学校教师、某些职业课程教师(如艺术、商业、技术、工艺课程)、雨衣上胶工。

REC：抄水表员、保姆、实验室动物饲养员、动物管理员。

REI：轮船船长、航海领航员、大副、试管实验员。

RES：旅馆服务员、家畜饲养员、渔民、渔网修补工、水手长、收割机操作工、搬运行李工人、公园服务员、救生员、登山导游、火车工程技术员、建筑工人、铺轨工人。

RCI：测量员、勘测员、仪表操作者、农业工程技术、化学工程技师、民用工程技师、石油工程技师、资料室管理员、探矿工、煅烧工、烧窑工、矿工、保养工、磨床工、取样工、样品检验员、纺纱工、炮手、漂洗工、电焊工、锯木工、刨床工、制帽工、手工缝纫工、油漆工、染色工、按摩工、木匠、农民、建筑工人、电影放映员、勘测员助手。

RCS：公共汽车驾驶员、一等水手、游泳池服务员、裁缝、建筑工人、石匠、烟囱修建工、混凝土工、电话修理工、爆炸手、邮递员、矿工、裱糊工人、纺纱工。

RCE：打井工、吊车驾驶员、农场工人、邮件分类员、铲车司机、拖拉机司机。

IAS：普通经济学家、农场经济学家、财政经济学家、国际贸易经济学家、实验心理学家、工程心理学家、心理学家、哲学家、内科医生、数学家。

IAR：人类学家、天文学家、化学家、物理学家、医学病理学家、动物标本剥制者、化石修复者、艺术品管理者。

ISE：营养学家、饮食顾问、火灾检查员、邮政服务检查员。

ISC：侦查员、电视播音室修理员、电视修理服务员、验尸室人员、编目录者、医学实验室技师、调查研究者。

ISR：水生生物学者，昆虫学者、微生物学家、配镜师、矫正视力者、细菌学家、牙科医生、骨科医生。

ISA：实验心理学家、普通心理学家、发展心理学家、教育心理学家、社会心理学家、临床心理学家、目标学家、皮肤病学家、精神病学家、妇产科医师、眼科医生、五官科医生、医学实验室技术专家、民航医务人员、护士。

IES：细菌学家、生理学家、化学专家、地质专家、地理物理学专家、纺织技术专家、医院药剂师、工业药剂师、药房营业员。

IEC：档案保管员、保险统计员。

ICR：质量检验技术员、地质学技师、工程师、法官、图书馆技术辅导员、计算机操作员、医院听诊员、家禽检查员。

IRA：地理学家、地质学家、声学物理学家、矿物学家、古生物学家、石油学家、地震学家、声学物理学家、原子和分子物理学家、电学和磁学物理学家、气象学家、设计审核员、人口统计学家、数学统计学家、外科医生、城市规划家、气象员。

IRS：流体物理学家、物理海洋学家、等离子体物理学家、农业科学家、动物学家、食品科学家、园艺学家、植物学家、细菌学家、解剖学家、动物病理学家、作物病理学家、药物学家、生物化学家、生物物理学家、细胞生物学家、临床化学家、遗传学家、分子生物学家、质量控制工程师、地理学家、兽医、放射性治疗技师。

IRE：化验员、化学工程师、纺织工程师、食品技师、渔业技术专家、材料和测试工程师、电气工程师、土木工程师、航空工程师、行政官员、冶金专家、原子核工程师、陶瓷工程师、地质工程师、电力工程师、口腔科医生、牙科医生。

IRC：飞机领航员、飞行员、物理实验室技师、文献检查员、农业技术专家、动植物技术专家、生物技师、油管检查员、工商业规划者、矿藏安全检查员、纺织品检验员、照相机修理者、工程技术员、编计算程序者、工具设计者、仪器维修工。

CRI：簿记员、会计、计时员、铸造机操作工、打字员、按键操作工、复印机操作工。

CRS：仓库保管员、档案管理员、缝纫工、讲述员、收款人。

CRE：标价员、实验室工作者、广告管理员、自动打字机操作员、电动机装配工、缝纫机操作工。

CIS：记账员、顾客服务员、报刊发行员、土地测量员、保险公司职员、会计师、估价员、邮政检查员、外贸检查员。

CIE：打字员、统计员、支票记录员、订货员、校对员、办公室工作人员。

CIR：校对员、工程职员、海底电报员、检修计划员、发扳员。

CSE：接待员、通讯员、电话接线员、卖票员、旅馆服务员、私人职员、商学教师、旅游办事员。

CSR：货运代理商、铁路职员、交通检查员、办公室通信员、簿记员、出纳员、银行财务职员。

CSA：秘书、图书管理员、办公室办事员。

CER：邮递员、数据处理员、办公室办事员。

CEI：推销员、经济分析家。

CES：银行会计、记账员、法人秘书、速记员、法院报告人。

ECI：银行行长、审计员、信用管理员、地产管理员、商业管理员。

ECS：信用办事员、保险人员、各类进货员、海关服务经理、售货员，购买员、会计。

ERI：建筑物管理员、工业工程师、农场管理员、护士长、农业经营管理人员。

ERS：仓库管理员、房屋管理员、货栈监督管理员。

ERC：邮政局局长、渔船船长、机械操作领班、木工领班、瓦工领班、驾驶员领班。

EIR：科学、技术和有关周期出版物的管理员。

EIC：专利代理人、鉴定人、运输服务检查员、安全检查员、废品收购人员。

EIS：警官、侦查员、交通检验员、安全咨询员、合同管理者、商人。

EAS：法官、律师、公证人。

EAR：展览室管理员、舞台管理员、播音员、驯兽员。

ESC：理发师、裁判员、政府行政管理员、财政管理员、工程管理员、职业病防治、售货员、商业经理、办公室主任、人事负责人、调度员。

ESR：家具售货员、书店售货员、公共汽车的驾驶员、日用品售货员、护士长、自然科学和工程的行政领导。

ESI：博物馆管理员、图书馆管理员、古迹管理员、饮食业经理、地区安全服务管理员、技术服务咨询者、超级市场管理员、零售商品店店员、批发商、出租汽车服务站调度员。

ESA：博物馆馆长、报刊管理员、音乐器材售货员、广告商售画营业员、导游、(轮船或班机上的)事务长、飞机上的服务员、船员、法官、律师。

ASE：戏剧导演、舞蹈教师、广告撰稿人、报刊、专栏作者、记者、演员、英语翻译。

ASI：音乐教师、乐器教师、美术教师、管弦乐指挥、合唱队指挥、歌星、演奏家、哲学家、作家、广告经理、时装模特。

AER：新闻摄影师、电视摄影师、艺术指导、录音指导、丑角演员、魔术师、木偶戏演员、骑士、跳水员。

AEI：音乐指挥、舞台指导、电影导演。

AES：流行歌手、舞蹈演员、电影导演、广播节目主持人、舞蹈教师、口技表演者、喜剧演员、模特。

AIS：画家、剧作家、编辑、评论家、时装艺术大师、新闻摄影师、男演员、文学作者。

AIE：花匠、皮衣设计师、工业产品设计师、剪影艺术家、复制雕刻品大师。

AIR：建筑师、画家、摄影师、绘图员、环境美化工、雕刻家、包装设计师、陶器设计师、绣花工、漫画工。

SEC：社会活动家、退伍军人服务官员、工商会事务代表、教育咨询者、宿舍管理员、旅馆经理、饮食服务管理员。

SER：体育教练、游泳指导。

SEI：大学校长、学院院长、医院行政管理员、历史学家、家政经济学家、职业学校教师、资料员。

SEA：娱乐活动管理员、国外服务办事员、社会服务助理、一般咨询者、宗教教育工作者。

SCE：部长助理、福利机构职员、生产协调人、环境卫生管理人员、戏院经理、餐馆经理、售票员。

SRI：外科医师助手、医院服务员。

SRE：体育教师、职业病治疗者、体育教练、专业运动员、房管员、儿童家庭教师、警察、引导员、传达员、保姆。

SRC：护理员、护理助理、医院勤杂工、理发师、学校儿童服务人员。

SIA：社会学家、心理咨询者、学校心理学家、政治科学家、大学或学院的系主任、大学或学院的教育学教师、大学农业教师、大学工程和建筑课程的教师、大学法律教师、大学数学、医学、物理、社会科学和生命科学的教师、研究生助教、成人教育教师。

SIE：营养学家、饮食学家、海关检查员、安全检查员、税务稽查员、校长。

SIC：描图员、兽医助手、诊所助理、体检检查员、监督缓刑犯的工作者、娱乐指导者、咨询人员、社会科学教师。

SIR：理疗员、救护队工作人员、手足病医生、职业病治疗助手。

(七) 兴趣探索练习

回答下面的问题，并将答案写下来。

我的白日梦：请列举出三种你曾经非常感兴趣的职业，这些工作中的哪些特征吸引着你？

_____

_____

_____

你喜欢谈论什么话题？试问自己：如果孤立无援的你被放逐到一个荒无人烟的岛上，与你同行的是一个只知道某个专业的人士，那么你希望它是什么？

_____

_____

你喜欢阅读什么类型的杂志？读哪方面的杂志，你能真正感兴趣？如果你正在书店里浏览，你倾向于停留在书店的哪类书架前？真正令你着迷的是哪方面的书籍？

_____

你喜欢浏览什么网站或网站的什么版块？这些网站或网址版块属于哪个专业？哪些网站真正令你着迷？

_____

如果你正在看电视，你会选择哪类节目？节目中的什么吸引着你？

_____

你真正感兴趣的是哪个科目？为什么喜欢它(们)？

_____

如果你要写一本书，不是你的自传也不是别人的传记，你会写哪方面的书籍？

_____

我们生活中都有过一些时刻，我们因为专注于工作，可能忘记了休息时间。如果这种事情发生在你身上，会是什么工作让你如此全神贯注，废寝忘食？

_____

_____

以上问题让你从中看到了哪些共同点？如何给这些共同点生命？如何滋养它(们)？

_____

_____

(八) 基斯的多元智力量表

指导语：

下列49道题给出了5个选项及对应的分值，请选出最适合你情况选项并打分。在答题过程中认真思考你的知识、想法、喜好、行为和经历。根据自己的第一感觉快速做出选择。无所谓对与错、好与坏，无所谓答案是否受人欢迎。请尽可能做到心脑统一。把注意力集中在真实的自己，不要关注别人认为你"应该"是怎么样的。

填写选择：很少1，偶尔2，有时3，经常4，总是5。

(1) 我很注重词语表面和隐含的意义。

(2) 我喜欢很多种音乐。

(3) 当人们有数学问题的时候就喜欢求助于我。

(4) 在我的脑海中，能看到整齐、简洁和清晰的图像。

(5) 我的身体很协调。

(6) 我知道我为什么这么想，为什么这么做。

(7) 我理解别人的情绪、性格、价值观和意图。

(8) 我对自己口头和书面的表达能力很有信心。

(9) 我了解音乐的基础知识，如旋律、和弦和音调。

(10) 当有问题的时候，我用逻辑分析的方法一步一步地寻找答案。

(11) 我的方向感很好。

(12) 我控制物体的技能很好，如剪刀、球类、锤子、解剖刀、油漆刷、毛衣针、钳子等。

(13) 我凭自己的理解做出明智的抉择。

(14) 我有能力说服别人相信我，或者按我的意志行动。

(15) 我的语法很正确。

(16) 我喜欢做音乐。

(17) 我在接受事实、理由和原则时总心存疑虑。

(18) 我擅长玩拼图游戏，善于阅读指导语、图形和蓝图。

(19) 我擅长肢体活动，如跳舞、运动和做游戏。

(20) 我理解自身情感的能力有助于我应对特殊环境。

(21) 我喜欢类似教育、心理治疗、心理咨询等能帮助别人的职业，或从政。

(22) 我有能力用口头表达或书面文字的形式说服他人。

(23) 我喜欢表演音乐类的节目，如为观众歌唱或演奏。

(24) 我想要对物理问题进行科学的解释。

(25) 我能准确、快速地查看地图。

(26) 我能用手熟练地工作，如电工、裁缝、钳管工、机械工、木匠、装配员等。

(27) 在各种的环境中，我能意识到感觉、情绪和想法的复杂性。

(28) 我能起到很好的中介作用，帮助他人或团队解决其问题。

(29) 我对声音、节奏、音调和词语的长度很敏感，特别是诗词中的词语。

(30) 我的乐感很好。

(31) 我希望成为化学家、工程师、物理学家、天文学家或数学家。

(32) 我能把空间用图形的形式表现出来，如绘画、油漆、雕塑、制图或绘制地图。

(33) 我在运动的时候感到能释放压力或者感到很充实。

(34) 内心世界是我唯一的力量源泉。

(35) 我能体会到他人的动机和意图，尽管他们有意掩饰。

(36) 我喜欢读大量的书籍。

(37) 我对音调很敏感。

(38) 我对数字很敏感。

(39) 我喜欢按部就班的学习方式，因为这样可以使我单独体会所学的东西。

(40) 我身体的反应十分敏捷。

(41) 我对自己的见解很自信，不会轻易被别人说服。

(42) 我在团队中很适应也很自信。

(43) 我把写作当成一种重要的交流方式。

(44) 无论从理智上还是从感情上，我都很容易受到音乐的影响。

(45) 我喜欢有明确的"是"或"否"答案的问题。

(46) 我能准确地估计出距离和其他尺度。

(47) 在投球、射箭、射击或打高尔夫球时，我能瞄得很准。

(48) 我能对自己的感情、想法、态度和情绪负责。

(49) 我的社交圈子很大。

统计指导语：

表3-1中的数字就是上面的题号。把上面每道题得的分数填在相应的格子中，然后相加，将总分填在表格中，这就是你7种智力的得分。最后是对分析的解释。

表3-1　基斯的多元智力量表

	语言词汇	音乐旋律	逻辑数学	空间视觉	身体运动	自我交流	人际交流
	1	2	3	4	5	6	7
	8	9	10	11	12	13	14
	15	16	17	18	19	20	21
	22	23	24	25	26	27	28
	29	30	31	32	33	34	35
	36	37	38	39	40	41	42
	43	44	45	46	47	48	49
总分							

在某种程度上，每个人都拥有这7种类型的智力，而且都能有所发展。我们是这几种智力的统一体，但是，每种智力的高低程度不同，每个人智力优势也不同。以下是对低分、高分和中等分数的解释。

分数7～15(3)偏好的程度和(或)能力如下。

低等：你尽量想避免它，如果你需要这样做时，你会感到很不舒服。偏好程度占第三位(3)。这种智力可能不是你感兴趣的。在绝大多数情况下，当你参与需要较多地运用这种智力的活动时，你会缺乏信心，会停下来然后离开。你在这方面的能力相对较弱。如果没有人逼迫或督促你，你很难得到这方面专业的技能，而且要付出很多努力，包括这种智力在内的所有智力都可能改善你的生活。

分数16～26(2)偏好的程度和(或)能力如下。

中等：你想接受它。这样做你会感到比较舒服和轻松。偏好程度占第二位(2)。你可能运用也可能不运用这种智力。虽然你接受它，但没有必要把它作为你的职业。从另一方面来说，你也不会拒绝使用它。这可能是因为你没有提高这方面的能力，或因为你在这方面的能力就是中等水平。你整体的能力可能也是中等水平。你可能成为这方面的专家，但需要相当的努力。

分数 27 ~ 35(1)偏好的程度和(或)能力如下。

高等：你喜欢它，经常游刃有余地运用它。偏好程度占首位(1)。你喜欢运用这种智力，运用它是一种乐趣，既让你感到兴奋，又让你觉得有挑战性，也许还有一些梦幻般的感觉。你偏好这种类型的智力，如果有机会，你通常会选择它，所有人都知道你对它的偏好。如果你有机会使它得到提高，你的能力可能会达到相当高的水平。你很有可能成为这方面的专家，在这方面的才能会得到充分发挥。和以上两种能力水平相比，你需要付出的努力会相对少一些。

(九) 加德纳多元智能量表

答题说明：

对下面的量表内的80种行为描述给出了5个选项，请按照题目描述勾选出最合适你的选项。

完全不符选1，小部分符合选2，部分符合选3，大致符合选4，完全符合选5。

行为描述	你的表现				
	1	2	3	4	5
1. 词汇丰富，表达能力超出一般。					
2. 喜欢思考、讨论科技或数学方面的问题。					
3. 喜欢用图表来解释说明。					
4. 肢体动作协调，姿态优雅。					
5. 很喜欢关注和谈论音乐方面的话题。					
6. 到户外活动时，能够细心地观察自然景物，喜好发问、思考。					
7. 经常参加集体活动。					
8. 非常了解自己的优点和缺点。					
9. 能准确记得自己读过的文章或听过的话。					
10. 计算能力优异，数字感良好。					
11. 空间目测能力良好。					
12. 说话时，善于使用肢体和手势来表达意见及情感。					
13. 很会唱歌、哼曲子或打拍子等。					
14. 对大自然有浓厚的兴趣。					
15. 朋友很多。					
16. 会自觉地朝自己的目标努力，不需要外部的奖惩或约束来督促。					
17. 表达生动有趣，善于描述事情、讲故事等。					
18. 对运用数字、符号、公式等很擅长，抽象思考能力强。					
19. 绘图能力优异，作品充满艺趣。					
20. 能运用多种多样的动作来表现一个事物。					
21. 能随手运用生活中的器材来表现音乐。					
22. 关注与大自然有关的书籍或影视作品。					

(续表)

行为描述	你的表现				
	1	2	3	4	5
23. 善于体察别人的情感。					
24. 能够反思和改进自己的做事方式。					
25. 阅读面很广，阅读理解能力很强。					
26. 能用符号、代号、概念等表达或简化复杂的描述。					
27. 擅长使用图像记忆、思考或表达。					
28. 运动感觉很好，偏爱在活动中学习。					
29. 能用音乐来美化生活。					
30. 关心、参与垃圾分类与废物处理事务。					
31. 很了解别人对你的看法。					
32. 独立性很强，不依赖他人。					
33. 对词句理解精确，能灵活运用成语和名人名言。					
34. 善于归纳，善于通过推理得出结论。					
35. 喜欢绘图、造型或者场景布置。					
36. 善于运用肢体动作生动地模仿人、动物等。					
37. 听觉很敏锐，能清晰记得自己听过的语音、响声、曲调等。					
38. 很会饲养小动物或种植花草树木。					
39. 能积极参与团体讨论。					
40. 善于自我激励，不需要别人督促自己。					
41. 说理能力良好，擅长辩论或演说。					
42. 擅长推理，逻辑性很强。					
43. 擅长美术作品鉴赏，对于色彩、图形、光线的感觉十分敏锐。					
44. 能很快学会操作工具、使用机器等。					
45. 乐感、节奏感很好，能很快学会一首歌曲或乐曲。					
46. 尊重自然界的生命，很喜欢欣赏自然景物。					
47. 能主动关心别人，善于为他人排忧解难。					
48. 能理性地看待别人对自己的批评。					
49. 说话、写作能够把握重点，有条理。					
50. 善于发现、分析问题，总能找出问题的症结。					
51. 能很快理解图表、地图、示意图等。					
52. 能很快学会骑车、游泳、球类运动等新技能。					
53. 唱歌或演奏乐器的能力很强。					
54. 很了解名山、大川、古镇等，通晓各地风土人情。					
55. 同伴总是很尊重你，人们觉得与你合作很愉快。					
56. 在亲属、同学、朋友等人群中，你很清楚自己的地位与角色。					
57. 喜好写作，善于用文字表情达意。					

(续表)

行为描述	你的表现				
	1	2	3	4	5
58. 思维方式灵活，能用多种方法解题。					
59. 方位感很强，在陌生的地方能很快找到方向。					
60. 能很快学会跳舞，表演能力出色。					
61. 能够改编乐曲或歌曲。					
62. 喜欢以大自然为主题的电影、音乐、摄影、美术或文学作品。					
63. 很善于与别人合作。					
64. 遇到不同的或陌生的场合，能很快知道自己该怎么做。					
65. 对方言、外语等语言学得快而好。					
66. 解决数理难题的能力很强。					
67. 很会玩拼图、迷宫、积木等。					
68. 体育运动能力很强，是个优秀的运动员。					
69. 音乐鉴赏能力佳，对乐曲、歌曲有独到见解。					
70. 关心和参与保护野生动物、植物、生态环境及其他自然资源。					
71. 当与别人意见不同时，能有效地沟通、协商。					
72. 即使面对团体压力，也能坚持自己正确的意见。					
73. 常常自豪地谈论或展示自己的作文或文艺作品。					
74. 喜欢深入地探究各种问题。					
75. 常常对自己到过的地理场景记忆犹新。					
76. 善于制作、拆装玩具、航模等。					
77. 有演出机会时，常常为大家演唱或演奏乐器。					
78. 喜好登山、远足、攀岩、露营、漂流等活动。					
79. 经常被推选为团队的带头人。					
80. 很清楚自己的个性和追求。					

计分方法：

对于每一项行为描述，你选择了几，这一项就得几分。

请把你在每一项的得分填入表3-2中对应序号的右边，最后把每一列的分数加起来，就是你在这一列所对应的智能类型方面的得分。

表3-2　加德纳多元智能计分表

智能类型	言语 —语言	逻辑 —数理	视觉 —空间	身体 —动觉	音乐 —节奏	自然 —观察	人际 —沟通	内省 —自知
序号 与 分数	1:	2:	3:	4:	5:	6:	7:	8:
	9:	10:	11:	12:	13:	14:	15:	16:
	17:	18:	19:	20:	21:	22:	23:	24:
	25:	26:	27:	28:	29:	30:	31:	32:
	33:	34:	35:	36:	37:	38:	39:	40:

(续表)

智能类型	言语 —语言	逻辑 —数理	视觉 —空间	身体 —动觉	音乐 —节奏	自然 —观察	人际 —沟通	内省 —自知
序号 与 分数	41:	42:	43:	44:	45:	46:	47:	48:
	49:	50:	51:	52:	53:	54:	55:	56:
	57:	58:	59:	60:	61:	62:	63:	64:
	65:	66:	67:	68:	69:	70:	71:	72:
	73:	74:	75:	76:	77:	78:	79:	80:
总分								

(十) 职业倾向自我探索SDS量表

【量表使用说明】本量表旨在帮助你探索可能从事的职业。如果你已经考虑好了一个职业，测验的结果可能会支持你的想法或者对其他的可能性提出建议。如果你还没有确定未来的职业，本量表也可能会帮你圈定出一小部分职业以做进一步考虑。大多数人发现填答本量表既有帮助又充满乐趣。如果你仔细遵循每一页的引导，你应该拥有同样的体验。不必匆忙，仔细地完成本测验题目将有更多的收获。请用铅笔填写，以便修改。(本测评工具引用自原著者/ John L. Holland, PhD.，中文译者/ 金蕾莅， PhD.)

第一部分　职业白日梦

请列举你已经思考过的未来可能从事的职业，也列举出你曾空想过的职业或者那些你与其他人考虑过的职业。尝试着思考白日梦背后的故事。将你最近思考的职业写在第一行，然后用倒叙的方式，由近及远，把考虑过的工作依次写在横线上。

职业

1. _____
2. _____
3. _____
4. _____
5. _____
6. _____
7. _____
8. _____

第二部分　偏好选择

下面列举了各种活动，请就这些活动判断你的偏好。L代表"喜欢"，D代表"不喜欢"或者"无所谓"。请在相应的○里打√。

R	L	D
修理或组装电子产品	○	○
修理自行车	○	○
修理或组装机械产品	○	○
用木头做东西	○	○
参加技术教育或手工制作课程	○	○

参加机械制图课程　　　　　　　　　　　　　○　　　　　　○
参加木工技术课程　　　　　　　　　　　　　○　　　　　　○
参加自动化机械课程　　　　　　　　　　　　○　　　　　　○
与杰出的机械师或者技术人员一起工作　　　　○　　　　　　○
在室外工作　　　　　　　　　　　　　　　　○　　　　　　○
操作自动化机器或者设备　　　　　　　　　　○　　　　　　○

L的总数（　　　）

I　　　　　　　　　　　　　　　　　　　　　L　　　　　　D
阅读科学书籍和杂志　　　　　　　　　　　　○　　　　　　○
在研究室或实验室工作　　　　　　　　　　　○　　　　　　○
从事一项科学项目　　　　　　　　　　　　　○　　　　　　○
研究一个科学理论　　　　　　　　　　　　　○　　　　　　○
从事与化工品有关的工作　　　　　　　　　　○　　　　　　○
应用数学解决实际问题　　　　　　　　　　　○　　　　　　○
上物理课　　　　　　　　　　　　　　　　　○　　　　　　○
上化学课　　　　　　　　　　　　　　　　　○　　　　　　○
上数学课　　　　　　　　　　　　　　　　　○　　　　　　○
上生物课　　　　　　　　　　　　　　　　　○　　　　　　○
研究学术或者技术问题　　　　　　　　　　　○　　　　　　○

L的总数（　　　）

A　　　　　　　　　　　　　　　　　　　　　L　　　　　　D
素描/制图/绘画　　　　　　　　　　　　　　○　　　　　　○
设计家具，服装或者海报　　　　　　　　　　○　　　　　　○
在乐队/管弦乐队/其他乐团中演奏　　　　　　○　　　　　　○
练习乐器　　　　　　　　　　　　　　　　　○　　　　　　○
创造肖像或者拍照　　　　　　　　　　　　　○　　　　　　○
写小说或者戏剧　　　　　　　　　　　　　　○　　　　　　○
上艺术课　　　　　　　　　　　　　　　　　○　　　　　　○
编曲或者谱曲(不限曲种)　　　　　　　　　　○　　　　　　○
与有天赋的艺术家、作家或者雕塑家一起工作　○　　　　　　○
为他人表演(跳舞、唱歌、小品等)　　　　　　○　　　　　　○
阅读艺术、文学或者音乐类文章　　　　　　　○　　　　　　○

L的总数（　　　）

S　　　　　　　　　　　　　　　　　　　　　L　　　　　　D
会见重要的教育家或者咨询师　　　　　　　　○　　　　　　○
阅读社会学文章和书籍　　　　　　　　　　　○　　　　　　○
为慈善团体工作　　　　　　　　　　　　　　○　　　　　　○
帮助他人解决他们的个人问题　　　　　　　　○　　　　　　○
研究青少年的犯罪问题　　　　　　　　　　　○　　　　　　○
阅读心理学文章或者书籍　　　　　　　　　　○　　　　　　○
上人类关系课程　　　　　　　　　　　　　　○　　　　　　○
在高中教书　　　　　　　　　　　　　　　　○　　　　　　○
照看有精神疾病的病人的活动　　　　　　　　○　　　　　　○
给成年人讲课　　　　　　　　　　　　　　　○　　　　　　○
从事志愿者的工作　　　　　　　　　　　　　○　　　　　　○

L的总数（　　　）

E	L	D
学习商业成功的策略	○	○
创业	○	○
参加销售会议	○	○
参加行政管理或领导力的短期课程	○	○
担任任何组织的负责人	○	○
监督管理其他人的工作	○	○
会晤重要的执行长官或者领导	○	○
领导一个团队实现某个目标	○	○
参加政治竞选	○	○
担任某一组织或者企业的顾问	○	○
阅读商业杂志或文章	○	○

L的总数（   ）

C	L	D
填写收入报税表	○	○
在交易或记账时进行加、减、乘、除的计算	○	○
使用办公设备	○	○
坚持做详细的开支记录	○	○
建立记录系统(如记录钱，人员，原材料等)	○	○
上会计课	○	○
上商业数学课	○	○
建立生活用品或商品的清单	○	○
检查文案或者产品中的错误或瑕疵	○	○
更新记录或文档	○	○
在办公室内工作	○	○

L的总数（   ）

第三部分　能力选择

Y代表你完全能做或者能做得很好的活动，N代表从来没做过，或者做得很差的活动。请在相应的○里打√。

R	Y	N
我能使用电锯、车床或磨砂机等木工工具	○	○
我能画有比例要求的图纸	○	○
我能给汽车加油或者换轮胎	○	○
我能使用电钻、磨床或缝纫机等电动工具	○	○
我能给家具或木制品刷漆	○	○
我能修理简单的电器用品	○	○
我能修理家具	○	○
我能使用很多手工工具	○	○
我能简单地修理水管	○	○
我能制造简单的木工作品	○	○
我能粉刷房间	○	○

Y的总数（   ）

I	Y	N
我能使用代数解决数学问题	○	○
我能执行一项科学实验或者调查	○	○
我明白放射性元素的半衰期	○	○

	Y	N
我能使用对数表	○	○
我能使用计算机研究一个科学问题	○	○
我能描述白细胞的功能	○	○
我能解释简单的化学方程式	○	○
我明白为什么人造卫星不会坠落到地球上	○	○
我能写一篇科学报告	○	○
我明白宇宙大爆炸理论	○	○
我明白DNA在遗传中的作用	○	○

Y的总数（　　）

A	Y	N
我能演奏乐器	○	○
我能参加二部或四部合唱	○	○
我能独唱	○	○
我能演戏	○	○
我能朗诵	○	○
我能画画(油画或水彩)或雕塑	○	○
我能创作或者编曲	○	○
我能设计衣服、海报或者家具	○	○
我会写很不错的故事或诗	○	○
我能写一篇演讲稿	○	○
我能拍摄很吸引人的照片	○	○

Y的总数（　　）

S	Y	N
我发现与不同类型的人交谈很容易	○	○
我擅长向其他人解释或说明一些事情	○	○
我能做一个有亲和力的组织者	○	○
人们常向我诉说他们的困扰	○	○
我能很轻松地教小孩子	○	○
我能很轻松地教成年人	○	○
我擅长帮助感到不安或者困扰的人们	○	○
我对社会关系有很好的理解	○	○
我擅长教别人	○	○
我擅长使别人感到轻松	○	○
相比物和观念，我更擅长与人打交道	○	○

Y的总数（　　）

E	Y	N
我知道如何成为一个成功的领导	○	○
我是一个优秀的公共演说者	○	○
我能组织某个销售活动	○	○
我能组织其他人的工作	○	○
我是一个有抱负而且意志坚定的人	○	○
我擅长让别人按照我的方式做事	○	○
我有很好的推销能力	○	○
我有很强的辩论能力	○	○
我非常有说服力	○	○
我有很不错的规划技能	○	○
我具有某些领导力	○	○

Y的总数（　　）

C	Y	N
我能将函件或其他文件分门别类管理	○	○
我能从事办公室工作	○	○
我能使用自动化的办公设备(如打印机、复印机、计算机等)	○	○
我能很快地完成大量的文案工作	○	○
我能使用简单的数据处理设备	○	○
我能进行收支记录	○	○
我能准确地记录付款和销售额	○	○
我能使用计算机输入信息	○	○
我能撰写商业信函	○	○
我能完成一些常规的办公室工作	○	○
我是一个细心而且有条理的人	○	○

Y的总数（   ）

第四部分 职业选择

这是你关于很多工作态度和情感的清单。如果某个职业你很感兴趣或者很受吸引，则在相应的Y下面的○上画√；如果你不喜欢或者没兴趣，则在N下面的○上画√。

R	Y	N
飞机机械师	○	○
汽车机械师	○	○
木工技师	○	○
汽车司机	○	○
测量工程师	○	○
建筑工地现场监理员	○	○
无线电机械师	○	○
交通机车(如火车)工程师	○	○
机械技术员	○	○
电器技术员	○	○
农业技术员	○	○
飞机驾驶员	○	○
电子技术员	○	○
焊接技术员	○	○

R类Y的总数（   ）

I	Y	N
气象学科研人员	○	○
生物学科研人员	○	○
天文学科研人员	○	○
医学科研人员	○	○
人类学科研人员	○	○
化学科研人员	○	○
独立的研究科学家	○	○
科学书籍的作家	○	○
地质学科研人员	○	○
植物学科研人员	○	○
科研技术人员	○	○
物理学科研人员	○	○
社会科学研究人员	○	○
环境分析学者	○	○

I类Y的总数（   ）

A	Y	N
诗人	○	○
音乐家	○	○
小说家	○	○
演员	○	○
自由职业作家	○	○
编曲家	○	○
新闻学家/记者	○	○
艺术家	○	○
歌唱家	○	○
作曲家	○	○
雕刻家	○	○
剧作家	○	○
漫画家	○	○
娱乐节目的艺人	○	○

A类Y的总数（　　）

S	Y	N
职业咨询师	○	○
社会学者	○	○
高中教师	○	○
物质依赖(如对酒精、药物等依赖)治疗师	○	○
青少年犯罪专家	○	○
语言治疗师	○	○
婚姻咨询师	○	○
临床心理学家	○	○
人文社会课教师	○	○
私人咨询师	○	○
青少年野营主管	○	○
社会工作者	○	○
残障人康复咨询师	○	○
儿童乐园主管	○	○

S类Y的总数（　　）

E	Y	N
采购员	○	○
广告宣传主管	○	○
工厂管理者	○	○
商业贸易主管	○	○
晚会或仪式主持人	○	○
销售人员	○	○
房地产销售员	○	○
百货商场经理	○	○
销售经理	○	○
公共关系主管	○	○
电视台经理	○	○
小企业主	○	○
法官	○	○
机场经理	○	○

E 类 Y 的总数（　　）

C	Y	N
账目记录员	○	○
预算规划员	○	○
注册会计师	○	○
金融信用调查员	○	○
银行出纳员	○	○
税务专家	○	○
物品管理员	○	○
计算机操作员	○	○
金融分析员	○	○
成本估算员	○	○
工资结算员	○	○
银行督察员	○	○
会计职员	○	○
审计职员	○	○

C类Y的总数（　　）

第五部分　自我评估

下面列出6种能力，请与自己的同龄人比较一下，对自己的实际情况进行评估。在最适合自己的等级数字上划圈，尽量避免对每项能力的打分相同。

自我评估(1)

	机械操作能力	科学研究能力	艺术创作能力	教授讲解能力	商业推销能力	事务管理能力
高	7	7	7	7	7	7
	6	6	6	6	6	6
	5	5	5	5	5	5
中	4	4	4	4	4	4
	3	3	3	3	3	3
	2	2	2	2	2	2
低	1	1	1	1	1	1
	R	I	A	S	E	C

自我评估(2)

	动手能力	数学能力	音乐能力	理解他人能力	管理能力	行政能力
高	7	7	7	7	7	7
	6	6	6	6	6	6
	5	5	5	5	5	5
中	4	4	4	4	4	4
	3	3	3	3	3	3
	2	2	2	2	2	2
低	1	1	1	1	1	1
	R	I	A	S	E	C

组织你的填答

将活动、能力、职业和自我评估各个分项中6个领域(R，I，A，S，E，C)中L的总数和Y的总数分别填在如下对应的横线上。

偏好选择　——　——　——　——　——　——
　　　　　　R　　I　　A　　S　　E　　C

能力选择　——　——　——　——　——　——
　　　　　　R　　I　　A　　S　　E　　C

职业选择　——　——　——　——　——　——
　　　　　　R　　I　　A　　S　　E　　C

自我评估 (1)　——　——　——　——　——　——
　　　　　　　R　　I　　A　　S　　E　　C

自我评估 (2)　——　——　——　——　——　——
　　　　　　　R　　I　　A　　S　　E　　C

综合得分　　——　——　——　——　——　——
(将各项纵向　R　　I　　A　　S　　E　　C
相加)

　　　　　第一位　　　　　第二位　　　　　第三位

综合职业码
(从综合得分
中选出三个
得分高的，由
高到低排列，
记录字母)

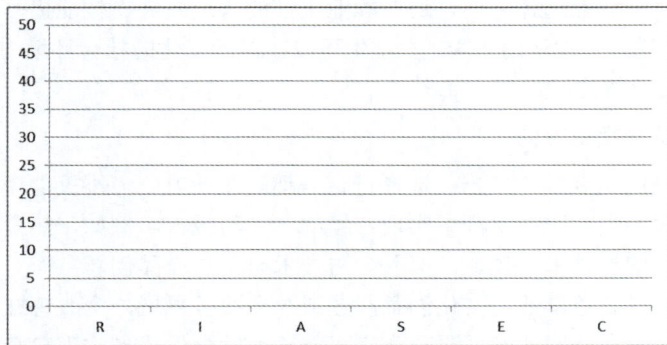

六、通关要领

(一) 结合社会需求，将兴趣融入国家发展大局

党的二十大提出的科技强国、绿色发展、乡村振兴战略等方向为兴趣探索提供了清晰的指引，展现了国家发展的重点领域，也为新时代大学生指明了职业发展的方向。兴趣的发现和培养，不仅要立足个人的喜好，还应融入国家发展的大局。

对于拥有创新精神和技术潜力的学生，可以将目光投向人工智能、区块链、新能源等前沿科技领域。这些领域不仅代表了未来的发展趋势，还承载着推动经济增长和提升国际竞争力的重任。例如，通过深入学习机器学习算法、智能制造技术，学生可以成为科技创新的中坚力量。而对于热爱公益、关注社会福祉的学生，则可以选择乡村振兴、教育均衡发展、社会服务等方向。这些领域的探索既能实现个人兴趣的延展，又能为促进城乡融合、解决社会问题贡献智慧与热忱。将兴趣与社会需求结合，不仅能让职业选择更有意义，还能够激励大学生不断向高水平发展目标迈进。这种结合能够将个人发展和社会责任融为一体，使兴趣成为推动社会进步的内生动力。无论是致力于技术攻关还是参与公益行动，学生都可以通过兴趣实现从"热爱"到"贡献"的转化，在国家战略需要的领域中书写自己的精彩人生篇章。

(二) 保持开放心态：兴趣的动态调整

工业 5.0 战略提出"开放心态"和"韧性"的核心理念，强调在快速变化的社会背景下，个人需要不断调整兴趣方向，以适应技术更新和产业变革带来的机遇与挑战。在此背景下，兴趣探索应摒弃固化思维，主动接纳新领域的可能性，保持动态调整的灵活性。

兴趣并非一成不变，而是随着知识积累、技术进步和社会需求的变化不断演化。例如，随着人工智能的普及、绿色经济的崛起，传统行业正在经历深刻变革。从事传统制造行业的学生可能发现，新兴技术如物联网、智能控制已经成为该行业的核心竞争力。这时，学生可以通过拓展兴趣领域，积极学习数字化转型相关的技能和知识，从而在新技术浪潮中找到适合自己的职业发展点。此外，兴趣的动态调整还意味着敢于突破既定舒适圈，尝试探索那些暂时陌生却潜力巨大的领域。例如，对于一名原本专注于传统临床医学方向的医学生，可以将兴趣延展至医疗人工智能和数字健康领域，探索智能诊断系统、可穿戴医疗设备等新兴方向，成为推动医疗科技创新与实践转型的桥梁。通过不断调整兴趣，医学生不仅能够保持对学习与科研的热情，还能更敏锐地抓住医疗行业技术变革带来的新机遇，为未来医疗模式的创新和优化贡献力量。

(三) 兴趣探索的应用：赋能职业发展与社会价值

兴趣探索不仅是生涯规划的起点，更是贯穿职业发展的每个阶段的核心动力。在现代社会中，兴趣不仅决定了个体的职业选择方向，还在职业生涯的长远发展、技能提升和社会贡献中发挥着持续驱动的作用。通过合理运用兴趣，大学生可以在不断变化的社会环境中保持职业竞争力，实现个人成长与社会价值的统一。

1. 兴趣为职业选择指引方向

兴趣是职业选择的重要参考依据。选择符合兴趣的职业方向，不仅能激发学习和工作的内在动力，还能帮助大学生在职业生涯中实现持续的专注与投入。例如，热爱技术的学生可以将目光投向人工智能、信息技术等领域，深入参与技术研发与产品创新；而对人文社会有浓厚兴趣的学生，则可以投身公益事业、文化创意产业或社会服务领域，为改善社会福祉贡献自己的智慧与力量。兴趣的存在让职业发展更有意义，能够帮助学生找到实现自身价值与职业成就的契合点。

2. 兴趣推动技能学习与能力提升

兴趣能够激励个体主动学习和掌握新技能，是职业竞争力提升的重要推动力。例如，对科技领域有浓厚兴趣的学生，可能会主动学习编程、算法设计等技术，并通过参与开源项目或在线课程来增强专业实力；对绿色经济关注的学生，则可能深入研究可持续发展相关技术和政策，参与绿色技术开发与推广。兴趣的驱动让学习过程更加高效，也让个体在职业领域内更加自信和从容。

3. 兴趣赋能终身学习与持续发展

在当今快速变化的社会环境中，兴趣为终身学习奠定了坚实基础。兴趣能够激发个体对新知识的好奇心和探索欲望，帮助他们在工作中不断突破自我。例如，人工智能和生物科技等前沿领域的快速发展，要求从业者时刻关注行业动态。对于这些领域有兴趣的个体，会更主动地追踪技术革新，参加专业论坛和行业活动，从而始终保持职业竞争力。兴趣不仅帮助个人适应快速变化的社会环境，还能让其在职业发展中走得更远、更稳。

4. 兴趣助力社会价值的实现

兴趣不仅服务于个人成长，还可以转化为推动社会进步的强大动力。通过将个人兴趣与社会需求相结合，大学生可以在实现职业成功的同时，为社会发展做出积极贡献。例如，对绿色技术领域有兴趣的学生，可以通过研发清洁能源技术或改良环境监测设备来减少污染，助力生态文明建设；对国际事务有兴趣的学生，则可以参与跨文化交流项目或国际合作组织，推动不同国家与文化之间的理解与合作。兴趣的应用让个人发展与社会责任实现了有机融合，为社会创造更多的价值。

(四) 未来展望：兴趣探索与全面发展的融合

新时代的生涯规划对兴趣探索提出了更高的要求。在全面发展的教育背景下，兴趣探索不再局限于个人偏好的满足，而是被赋予了更多的社会意义。一方面，学校需要为学生提供更丰富的兴趣培养资源。例如，通过跨学科课程设计、选课走班等方式，让学生有更多机会接触不同领域，进而发现自己的兴趣点。另一方面，大学生需要主动将兴趣探索与国际视野结合，关注全球化背景下的社会热点问题，如人类命运共同体的构建，为中国在国际舞台上发声贡献力量。未来的职业规划不仅是为了个人成功，更需要承担社会责任。将兴趣融入国家重大任务(如乡村振兴、科技攻关等)，大学生可以成为推动社会进步的核心力量。

兴趣探索是生涯规划的关键起点，也是个人与社会发展的桥梁。通过科学的兴趣探索方法，大学生可以更好地认清自我、匹配社会需求，并在职业发展中实现个人价值与社会责任的统一。在党的二十大精神和工业5.0战略指引下，我们应以开放的心态和创新的精神，将兴趣探索贯穿于生涯规划的全过程，努力成为新时代全面发展的社会主义建设者和接班人。

七、晋级成功

写下收获，取得下一关闯关资格。

任务二 剖析性格·洞察自我

一、关卡名称：寻迹真我之旅

(一) 性格

性格(personality)一词来源于希腊语，意思是雕刻的痕迹。这个概念强调个人的典型行为表现和由外部条件决定的行为。从心理学的角度看，性格是一个人对客观现实的稳定态度，以及与之相适应的习惯化的行为方式，也就是说性格包含人的态度和行为方式两方面，这两方面紧密联系，形成具有独特性、相对性、稳定性和一致性的性格特征。个体的偶然表现不能认为是他的性格，只有经常性、习惯性的表现，才能认为是他的性格。"江山易改，本性难移"就说明了这种稳定性。但性格也不是一成不变的，"近朱者赤，近墨者黑"就说明性格是可以塑造的。

性格作为个人鲜明而稳定的心理特征，是由多方面特征有机结合而形成的。各种性格特征的不同组合造成了性格类型的差异。每个人在其成长经历中可能受到生理、遗传、家庭教养、学习经验等因素的影响，从而形成自己的独特个性，在不同情境中表现出特定的气质。正如世界上没有完全相同的两片叶子一样，世界上也没有两个性格完全相同的人。了解性格，一方面有助于做出与自己性格相适应的职业选择，另一方面可以帮助我们更好地与他人沟通合作，促进职业发展。

我们身边的同学有的活泼开朗、有的深沉内敛，有的踏实认真、有的粗心马虎，有的自由散漫、有的循规蹈矩，有的乐于助人、有的却自私自利。这些经常性的表现及特点就是通常说的性格。

(二) 性格与职业

性格与职业的匹配是每个人在职业选择过程当中必须考虑的因素。每种职业除了对人有能力上的要求，还要求有相匹配的性格。当性格与职业相匹配时，个体会感到顺心顺意。反之，个体会体验到不顺畅，甚至厌恶，从而影响自己在工作中的表现。比如说，一个性格开朗、活泼好动的人从事出纳、仓库管理员等工作会觉得压抑、乏味，从而无法专注于工作；而一个性格内向、沉默寡言的人从事推销、公关等工作，会力不从心。

性格作为个人鲜明而稳定的心理特征，是由多方面的因素共同作用而成的。每个人在其成长经历中，可能受到生理、遗传、家庭教养、文化、学习经验等因素的影响，各种性格特征的不同组合带来了性格类型的差异。不同性格类型的个体在不同的情境中会表现出特定的行为方式，进而影响他们的职业发展。

人的性格千差万别，或热情外向，或羞怯内向，或沉着冷静，或火暴急躁。职业心理学的研究表明，不同的职业有不同的性格要求。虽然每个人的性格都不能100%地适合某项职业，但可以根据自己的职业倾向来培养、发展相应的职业性格。对企业而言，不同的性格特征决定了每个员工的工作岗位和工作业绩；对个人而言，不同的性格特征决定着自己的事业能否成功。

性格是个人对现实的稳定态度和与之相适应的习惯化的行为方式中表现出来的个性心理特征。从广义上讲，性格是人的自然追求和精神欲求的追求体系，是行为方式、心理方式、情感方式的总和，集中反映了一个人的心理面貌。在求职中，性格是构成相识和吸引的重要因素，与职业选择的关系极为密切，既彼此制约，又相互促进。

性格是个性中具有核心意义的成分，几乎涉及人的心理过程及个性特征的各个方面。性格对个人职业选择有直接影响。不同性格的人适合不同职业，不同的职业需要不同性格特征的人来从事。

二、闯关意义

我们每个人都有自己独特的个性。每个人的心理特征不同，看待问题、处理问题的风格、方式也不同。有的人热情爽朗，有的人老成稳重；有的人细致入微，有的人大大咧咧；有的人风风火火，有的人多疑谨慎。世界上没有一无是处的性格，性格可能使人处理某些事情时感到坐立不安，但在处理另一些事情时却觉得有如神助、信手拈来。性格对职业生涯规划有重要的影响，有以下几个原因。

1. 性格是个体人格中具有核心意义的部分

性格几乎涉及一个人的心理过程及个性特征的各个方面，与职业息息相关。它能使一个人更加偏爱一种环境。由于性格的不同，每个人在对不同环境的认知过程中，也表现出不同的风格。性格的特征不同，其行为习惯就不同，而行为习惯的差异，决定了职业或岗位的选择。不同的性格选择了与之匹配的职业或岗位后，才能更好地发挥自己的独特性。例如，从事财会工作，需要个体独立性强，能够当机立断，具有怀疑精神，并且聪慧、富有才识，还需要具有敏感性和恒心；从事编辑工作，最好敏感、富于幻想，做事细致认真。只有自己的职业岗位选择与自己的性格符合，一个人的潜力才会源源不断地被挖掘。从事与自己的性格不匹配的工作，个人的才能发展就会受到阻碍，会让你觉得整个工作状态都很"不对劲"。使一个人在某种职业中获得成功的性格，可能会让你在另一个职业中大受挫折。因此在职业选择中，应尽可能考虑自己的个性特征与职业要求是否相适应，从而在工作中满足个人的独特欲望，发挥个人特有的能力，并利用个人资本，在工作中体验到更多的快乐。

2. 在职业发展中，性格比能力更重要

用人单位在员工选择上逐渐认识到性格适合比能力强更重要。其原因是，如果一个人能力不足，可以通过培训提高，一年不行就两年，甚至三年，最后总可以培训出来。但一个人的性格与职业或岗位不吻合，要改变起来可就困难多了。因此，公司在招聘新员工时会将性格的测验放在首位，当性格与职业或岗位吻合时，才对其能力进行测验考察。如果性格与职业或岗位不吻合，即使有再高的学历、再强的能力，也不予录用。

3. 性格无所谓好坏，关键看是否放对了地方

每类性格都有与之相适应的职业范围。职业心理学的研究表明，不同的职业需要具有不同性格的从业者，例如，敏感型的人精神饱满，好动不好静，办事喜欢速战速决，但行为常有盲目性，有时情绪不稳定。这类人的职业范围包括运动员、行政人员及一般性职业。情感型的人，感情丰富，喜怒哀乐溢于言表，不喜欢单调生活，爱刺激，爱感情用事，对新事物很有兴趣。这类人适合的职业包括演员、导游、活动家、护理人员等。思考型的人善于推理，逻辑思维发达，有比较成熟的观点，生活、工作有规律，时间观念强，重视调查研究的精确性，但有时思想僵化，缺乏灵活性。这类人适合的职业包括工程师、教师、财务人员和数据处理人员等。想象型的人想象力丰富，憧憬未来，喜欢思考问题，有时行为刻板，不易合群。这类人适合的职业包括科学工作者、技术研究人员、艺术工作者和作家等。

职业是大学生步入社会后的首要课题，它既是个人实现梦想的舞台，也是社会发展的重要推手。清晰理解职业的本质，对于大学生而言是开启职业世界探索之旅的第一步，也是迈向成功职业生涯的坚实基础。

三、闯关武器

(1) 卡特尔的16种人格特质理论。

(2) 大五人格因素模型。

(3) DISC个性测验。

(4) 迈尔斯布里格斯类型(MBTI)性格测评工具。

四、解读密码

(一) 性格的含义

据《辞海》(第七版)解释，性格主要指人的稳定态度和习惯化的行为方式的个性心理特征。它是个性的核心部分，最能表现个别差异，具有复杂的结构。

性格是一个人对现实的稳定的态度，以及与这种态度相应的习惯化的行为方式中表现出来的人格特征。性格一经形成便比较稳定，但是并非一成不变，而是具有可塑性的。性格不同于气质，更多体现了人格的社会属性。个体之间人格差异的核心是性格的差异。

从心理学的角度看，性格是一个人对客观现实的稳定态度，以及与之相适应的习惯化的行为方式。也就是说，性格包含人的态度和行为方式两个方面，这两方面紧密联系，形成具有独特性、相对性、稳定性和一致性的性格特征。人对现实的态度表明了一个人追求什么、拒绝什么，而一个人的行为方式表明了一个人如何追求他所要得到的东西，如何拒绝他所要避免的东西。一般来说，人对现实稳定的态度和习惯了的行为方式是统一的，人对现实稳定的态度决定着他的行为方式，而习惯了的行为方式又体现出了他对现实的态度。

性格是在社会生活中逐渐形成的，是一个日积月累的过程，具有稳定性和独特性。性格常常表现为一种经常的、习惯性的行为，是一种对外界事物自然而然的本能反应行为。罗曼·罗兰说："每个人都有他隐藏的精华，和任何别人的精华不同，它使人具有自己的气味。"性格就是这种隐藏的精华，它使人具备人格特质，这种人格特质促使个人在生活中，对他人、对事、对自己、对外在环境表现出一致的对应方式。

观察日常生活中的人群，可以发现千差万别的性格特征。

(1) 性格的态度特征：有的人诚实、正直、谦逊，而有的人自私、虚伪、骄傲；有的人勤奋、认真、创新，而有的人懒惰、自卑、墨守成规。

(2) 性格的意志特征：有的人自制、果断、勇敢，而有的人冲动、盲目、怯懦；有的人顽强、严谨、坚持，而有的人优柔寡断、虎头蛇尾、轻率马虎。

(3) 性格的情绪特征：有的人情绪体验深刻，易被情绪支配，控制力较弱，对工作影响较大；有的人情绪体验微弱，意志力、控制力强，不易被情绪所左右，情绪对工作影响较小。有的人情绪稳定持久，情绪起伏波动较小，就是在成功和失败的重点事件面前也较稳定；有的人则患"冷热病"，易激动，情绪不稳，在成功面前忘乎所以，在失败面前又可能垂头丧气。有的人经常处于精神饱满、心情欢愉之中，朝气蓬勃、乐观向上；有的人则经常抑郁低沉、无精打采、悲观失望。

(4) 性格的意识(理智)特征：在感情注意力方面，有主动观察型与被动观察型，有分析型与概括型；在想象力方面，有主动想象型与被动想象型，有狭窄型与广阔型，有创造型与模仿型，同时也有冷静的现实主义者和脱离实际的幻想家的区别；等等。

性格中的意志特征与职业的选择有密切的关系，缺乏坚强意志的人常常不能顺利地选择职业，今后也难以胜任工作，往往一事无成或成就平平。由于意志薄弱，一遇挫折、困难就产生退缩、畏难情绪，因而失去许多成功的机会。缺乏坚忍性的人无法从事要求耐力很强的工作，如科研人员、外科医生等；而缺乏自制、任性、怯懦的人也不适宜做管理和社会工作。

(二) 性格的分类

在心理学的发展历史中，关于人格的"特质论"还是"类型论"的争论一直未有停歇，类型论认为，依据不同的人格类型可以对人进行分类，且这些人格类型相互之间是不同且不连续的，所以能够被明确地区分，且不同类型人格的群体存在明确的差异，如外向的人在生活中不会表现出内向的特征，而是稳定地表现出与人交往的意愿。而特质论认为，人与人之间的差异是更为精细的，每个人都具有同类特质，只是其程度与等级存在差异，即人们会在特质的维度上占据不同的位置，而不是单纯地表现出二元对立，所以一个人可以依据外在场景的要求，展现出不同的性格特征，而非单纯且稳定地表现出内向或外向，也可以在一生中对自己的某些特征进行多次的相互转化。

1. 卡特尔的16种人格特质理论

卡特尔(RaymondB. Cattell)的16种人格因素量表是人格特质论的代表性测量工具之一，卡特尔认为人们表面所表现出来的行为，虽然存在一定的相似性，但是其内在的原因则可能不尽相同，这便是根源特质，即外在行为下最根源的原因，这构成了人格的基石。由此卡特尔提出16种相互独立的根源特质，编制出卡特尔16种人格因素量表(见表6-1)。16种人格因素的概念，以及其不同程度下的表现类型如表格所示。每个人的身上都会具备这16种特质，只是其程度存在差异，16种特质的集合便可帮助人们描绘出属于自己的人格面板。

表 3-3　卡特尔 16 种人格因素

人格因素	因素含义	低分特征	高分特征
乐群性	对与人合作的偏好	孤独冷漠	外向乐群
聪慧性	智力与学习理解能力	浅薄迟钝	博雅聪慧
稳定性	情绪稳定程度	激动不定	沉着稳定
恃强性	在团队中的领导或服从倾向	谦逊顺从	独立支配
兴奋性	性格的内向或外向	严肃寡言	轻松活泼
有恒性	理想、目标与责任感	权宜敷衍	坚守尽责
敢为性	对交际与冒险的偏好	畏怯退缩	刚毅敢为
敏感性	对待事务时的情感倾向	理智现实	感性敏感
怀疑性	对于外界的信任倾向	随和信赖	固执多疑
幻想性	行事时的思维倾向	现实合规	幻想不羁
世故性	对人际规则的态度	坦率天真	精明世故
忧虑性	对自我能力与外在规律的态度	沉着自信	忧虑自卑
试验性	对于常规或权威规则的态度	保守服从	自由激进
独立性	对外界舆论与价值评判的看法	从众依赖	自立果断
自律性	对自己的调节和控制能力	矛盾冲突	自律严谨
紧张性	遭遇事件时的情感倾向	心平气和	困惑紧张

2. 大五人格因素模型

在卡特尔研究的基础上，1949年，菲斯克(Fiske)发现了稳定的五个因素，包括自信的自我表达、社会适应性、从众、情绪控制和智力。这五个因素奠定了现代五因子模型的基础。与菲斯克的发现相似，塔佩斯和克里斯塔对卡特尔的样本数据进行再分析，发现了显著而稳定的5个因素(急迫性、亲和性、可靠性、情绪稳定性和文化)，这就是初始的大五人格理论框架的提出。

大五人格理论(openness、conscientiousness、extraversion、agreeableness、neuroticism，OCEAN)也被称为人格的海洋，是目前最主要的人格理论，它从外向性、宜人性、谨慎性、神经质和开放性五个方面描述一个人的人格。

(1) 外向性或外倾性(extraversion)。外向性即个体对外部世界的积极投入。好交际对不好交际，爱娱乐对严肃，感情丰富对含蓄；表现出热情、社交、果断、活跃、冒险、乐观等特点。显著标志是外向者乐于和人相处，充满活力，常常怀有积极的情绪体验。内向者往往安静、抑制、谨慎，对外部世界不太感兴趣。内向者喜欢独处，内向者的独立和谨慎有时会被错认为不友好或傲慢。

(2) 宜人性或随和性(agreeableness)。宜人性反映了个体在合作与社会和谐性方面的差异。热心对无情，信赖对怀疑，乐于助人对不合作，包括信任、利他、直率、谦虚等品质。

宜人的个体重视和他人的和谐相处，因此他们体贴友好、大方、乐于助人，愿意谦让。不宜人的个体更加关注自己的利益，他们一般不关心他人，有时候怀疑他人的动机。不宜人的个体非常理性，很适合科学、工程、军事等此类要求客观决策的情境。

(3) 谨慎性或尽责性(conscientiousness)。谨慎性指控制、管理和调节自身冲动的方式。有序对无序，谨慎细心对粗心大意，自律对意志薄弱，包括胜任、公正、条理、尽职、成就、自律、谨慎、克制等特点。

冲动并不一定就是坏事，有时候环境要求我们能够快速决策。冲动的个体常被认为是快乐的、有趣的、很好的玩伴。但是冲动的行为常常会给自己带来麻烦，虽然会给个体带来暂时的满足，但容易产生长期的不良后果，如攻击他人、吸食毒品等。冲动的个体一般不会获得很大的成就。

谨慎的人容易避免麻烦，能够获得更大的成功。人们一般认为谨慎的人更加聪明和可靠，但是谨慎的人可能是一个完美主义者或者是一个工作狂。极端谨慎的个体让人觉得单调、乏味、缺少生气。

(4) 神经质或情绪稳定性(neuroticism)。神经质指个体体验消极情绪的倾向。烦恼对平静，不安全感对安全感，自怜对自我满意，包括焦虑、敌对、压抑、自我意识、冲动、脆弱等特质。神经质维度得分高的人更容易体验到诸如愤怒、焦虑、抑郁等消极的情绪。他们对外界刺激反应比一般人强烈，对情绪的调节能力比较差，经常处于一种不良的情绪状态下。并且这些人思维、决策，以及有效应对外部压力的能力比较差。相反，神经质维度得分低的人较少烦恼，较少情绪化，比较平静，但这并不表明他们经常会有积极的情绪体验，积极情绪体验的频繁程度是外向性的主要内容。

(5) 开放性(openness)。开放性描述一个人的认知风格。富于想象对务实，寻求变化对遵守惯例，自主对顺从，包括想象、审美、情感丰富、求异、创造、智慧等特征。开放性得分高的人富有想象力和创造力，好奇，欣赏艺术，对美的事物比较敏感。开放性的人偏爱抽象思维，兴趣广泛。封闭性的人讲求实际，偏爱常规，比较传统和保守。开放性的人适合教授等职业，封闭性的人适合警察、销售、服务性职业等。

大五人格理论为理解和描述个体性格特质提供了有力的框架，为各个领域的应用提供了重要的理论基础，已被广泛应用于心理学、人力资源管理、心理健康评估、个人发展等领域。在人力资源管理领域，大五人格理论被用于选拔人才、评估员工适配度、领导风格预测等方面。在心理健康评估中，大五人格理论被用于评估个体的心理健康状况，指导心理干预和治疗。在个人发展领域，大五人格理论被用于帮助个体了解自己的性格特点，指导个人成长和职业发展规划。

3. DISC性格模型

DISC性格测试是人格类型论的代表测评方式之一，由马斯顿(William Moulton Marston)提出，将人的性格特点划分为四个维度，包括支配型(dominance)、影响型(influence)、稳定型(steadiness)和分析型(compliance)，如图3-5所示。支配性衡量人们在处理事务时的思维模式，高支配性得分的人常表现出果断直接的行为，以目标为导向，为自己制定较高的标准，且乐于去指导和带领他人；高影响力衡量处理人际关系以及影响他人的方式，高影响力类型的人会表现出开朗和充满活力的生活态度，关注时尚和享乐，乐于与人交往且发觉他人潜在的优点；稳定性衡量人们在处理事务时的情感与态度模式，稳定性高的人群做事往往谨慎或委婉，在人际交往中愿意做一个倾听者，希望帮助他人解决问题或促成友好合作；分析性衡量一个人对待规则与程序的方式，高分析性的人会表现出细致、严谨的行事方式，重视数据、事实或品质，并为潜在的风险提前做出规划，能够发现别人容易忽略的微小细节。根据四种特质最终的得分占比，可以得到一个人的主导特质，或者是两种优势特质的组合类型。

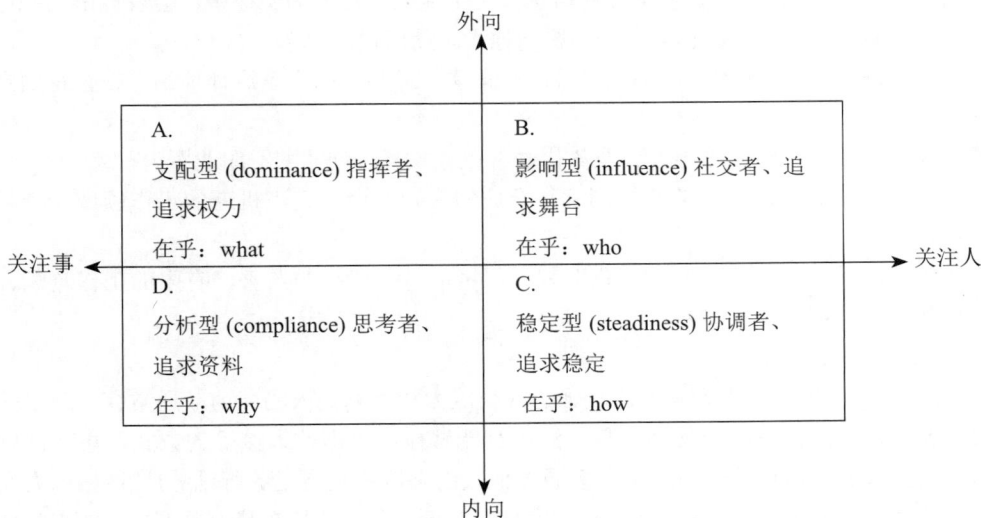

图 3-5　DISC 性格特点

关注特质的人格量表主要帮助人们全方位地认识自己，而关注类别的人格量表可以帮助人们快速形成对自己的人物画像，依据自己的心理特征、行为风格和互动方式，筛选适合自己的最佳从业方向，理解自己在不同职业方向中的优势与劣势，以及职场环境中可能遇到的激励性与阻碍性的因素。下面，我们详细介绍DISC性格测试所得出的不同性格类型与职业选择的关系。需要注意的是，性格除了稳定性，还具备变化性和成长性，进行职业性格测试是寻求个人职业发展、探索在职业中人际关系的重要开端，并不是为了通过贴标签限制自己的发展方向。

1) DISC中D型性格的人

D型性格的人其核心特点为具备比较强的行动力、掌控力和决断力，通常会表现出自信和果决的态度，在传递信息时会使用直接而简洁的方式，思考问题与组织行动时直指目标要求，做出决定后便会很快实施行动。D型性格的人在面对竞争时会表现出兴奋感和满足感，愿意为自己制定更高的目标，乐于感受生活中的新鲜事物，并不断地超越过去的自己。在人际交往上，D型性格的人会表现出比较强的领导和支配意愿，沟通时常主动表达自己的看法，且时常为他人的问题出谋划策。

D型性格人的优势如下。

(1) 精力充沛，目的明确，能够高效率、有条理地处理事情，也能够同时应对很多不同类型的挑战，能够在忙碌的职场中稳居自己的位置。

(2) 勇于创新和突破，发掘别人没有发现的机遇，并提出自己的见解，在未知领域获得成就的概率大幅提升。

(3) 行事果断且不怕犯错，选择自己的道路后会保持自信乐观的心态，不会被困难轻易打倒。

(4) 行事有着极强的目的性，不会为一时的情绪所困，极少陷入无意义的精神内耗。

D型性格人的劣势如下。

(1) 强调人的主观能动性，在面对他人给出的"不行"回答时，会本能地责怪他人不够积极和努力。

(2) 希望事务掌控在自己手中，且行事追求效率和结果，在面对烦琐或者是不确定性较大的事务时，会表现出烦躁与愤怒情绪。

(3) 相信自己所拥有的能力和掌握的信息都优于他人，在人际交往中，会表现出固执己见、好为人师和不愿认错等问题，也会因为不愿向他人求助而错失机会。

(4) 对于传统的升迁模式往往不够认可，不喜欢一成不变的人事测评体系，在重视固定规则的职业中容易适应不良。

感兴趣的工作：律师、领导人、业务代表、业务主管、创业家、职业军人。

职场中的激励因素：弹性的考核制度、开放的晋升通道、充满机遇的工作领域、指导他人的机会。

职场中的阻碍因素：受限制的工作职权、严密的外界管控与监督、有限的工作资源、沟通困难的同事。

2) DISC中I型性格的人

I型性格的人其核心特点为具备比较强的社交能力和鼓舞他人的能力，通常会表现出热情和友善的态度，在传递信息时会使用幽默、活泼且能够被绝大多数人接受的方式，思考问题与组织行动时更多考虑人际形象塑造要求，会通过他人的态度规划自己的行动。I型性格的人在面对新鲜事物时会表现出较高的热情，喜欢快节奏地接触新事物，并且在其中看重自己的直觉感受，较少纠结于细节。在人际交往上，I型性格的人会表现出比较强的亲和力和积极性，擅长活跃和带动气氛，成为群体中的焦点。

I型性格人的优势如下。

(1) 有较强的社交能力，对人际关系有着天然的敏锐觉察力，能够收获较好的人缘，在职场中获得更多的资源。

(2) 具备人格魅力和人际感染力，善于带动气氛向着自己设定的方向发展，能够很好地调节职场中的负面氛围。

(3) 善于倾听和鼓舞他人，收获他人的信任，在以人际交往为主的职业中具备优势。

(4) 喜爱抛头露面或成为他人关注的焦点，乐于展示自己的想法和优势，为自己争取到更多的职业资源。

I型性格人的劣势如下。

(1) 对人际关系的重视多于工作本身，容易为了促使他人的和睦相处而耗费自己过多的精力。

(2) 不喜欢独处，在社交机会较少的职业中容易感到孤独与无助。

(3) 重视他人的评价，需要他人的肯定，容易受到外界评价的干扰和牵制。

(4) 喜爱依赖直觉，喜欢新鲜事物，追求自由与刺激，对短期内缺乏变化的工作容易产生退缩念头。

感兴趣的工作：人事管理、营销推广、教师、康养护理、演员、记者、律师、公关。

职场中的激励因素：和睦的工作环境、丰富的人际交往资源、及时的人际评价反馈、多元化的工作内容。

职场中的阻碍因素：不友好或有攻击性的同事、严苛沉闷的工作环境、重复且琐碎的工作内容。

3) DISC中S型性格的人

S型性格的人其核心特点为性格稳定、含蓄和友善，通常会表现出从容和谦逊的态度，在传递信息时会使用礼貌与耐心的方式，思考问题与组织行动时更多考虑群体的要求，会依据他人的诉求规划自己的行动。S型性格的人喜欢规律、稳定的工作和生活方式，不争强好胜，做事之前希望制订详细且可行的计划，不喜欢充满变化的行业和工作环境，也不喜欢紧迫突发的工作要求。在人际交往上，S型性格的人会表现出比较强的同情心和倾听意愿，看重人与人之间的情感与血脉关系，会尽力调和群体中的矛盾冲突，不愿成为群体中的焦点，更希望成为群体中的奉献者和支持者。

S型性格人的优势如下。

(1) 具备较强的稳定性，在接纳自己的工作后，能够安定地从事自己的职业。

(2) 有较强的人际支持和安抚能力，在与他人相处时，能让他人感受到更小的压力，从而获得较好的人际关系。

(3) 在团队中表现出良好的支持作用，同时增加团队的黏性，顾全大局，在重视团队发展的职业中能够展现自己的优势。

(4) 为人谦逊低调，处事温和耐心，在他人眼里营造出有风度、有内涵的形象，有利于获得上级的信任。

S型性格人的劣势如下。

(1) 缺乏对环境变化的适应能力，当工作环境或要求发生变化时，会产生迷茫和恐惧的情绪。

(2) 为人含蓄害羞、谦逊内敛，倾向于退居幕后成为支持者，导致所接受的回报与付出不匹配。

(3) 顾及他人的感受、不愿见到人际冲突与矛盾、希望获得所有人都满意的结果，容易导致优柔寡断、畏首畏尾。

(4) 对他人的情绪有较高的感知和理解能力，容易受他人创伤与负面情绪的感染，从而导致自己受困于他人的痛苦之中。

感兴趣的工作：教师、辅导员、公务员、秘书、行政人员、咨询顾问、助理。

职场中的激励因素：职权明确的工作环境、稳定合理的工作保障、和谐互助的工作团队、需求明确且稳定的工作要求。

职场中的阻碍因素：同事间的误解与冲突、充满竞争和敌意的工作环境、不合理的工作保障和福利、变化且极具挑战性的工作要求。

4) DISC中C型性格的人

C型性格的人其核心特点为性格严谨和自律，通常会表现出内敛和谨慎的态度，在传递信息时会使用系统性和有条理的方式，思考问题与组织行动时更多考虑事物的底层逻辑与规律，会依据现实的情况规划自己的行动。C型性格的人严于律己，希望按照合乎逻辑的程序与章程处理事件，有自己特定的行事规则，重视细节之间的联系与含义。在人际交往上，C型性格的人喜欢维持符合自己习惯的社交方式，不喜欢与不熟悉的人过多应酬，在交往中也不会轻易表达自己的看法，相比热闹且多变的社交环境，C型性格的人更偏好于在熟悉的环境中阅读书籍或做其他自己常规习惯的活动，善于独处。

C型性格人的优势如下。

(1) 主动进行自我管理与自我审视，能够及时改变自己的不恰当行为，坚持做对自己有益的事，从而在职场中获得更多的自我提升。

(2) 善于分析问题，找出其内在的关联与逻辑，对于事物有比较好的理解和预测能力，在职场中能够发挥自己思维严谨、条理分明的行事优势。

(3) 具备全局观念，同时也注重细节，从而比他人有更好的系统性分析能力，在重视客观数据与事实的职业领域中能够获得较好的适应性。

(4) 善于独处，并且能够在独处中自觉提升自我，提出新的问题且不会轻易放弃，在其他人觉得枯燥的领域能够做到悉心钻研。

C型性格人的劣势如下。

(1) 大部分时候能够听从命令，但是在自己所认为正确的方向，很容易表现出固执己见的特征，坚持做自认为是正确的事。

(2) 重视事物之间的既定逻辑，对于外在多变的环境以及难以形成固定逻辑的人际关系，则表现出较差的适应能力。

(3) 习惯使用自己认可且习惯的方式处理问题，面对新鲜事物和挑战性的问题时，需要较长的时间去适应。

(4) 关注逻辑链条中的每一个细节，在他人眼中容易形成吹毛求疵、完美主义、批判性过重的形象。

感兴趣的工作：科学研究员、作家、艺术家、程序员、编辑、证券从业人员、机械工程员。

职场中的激励因素：追求精细的工作要求、系统化的工作流程、重视客观逻辑的工作环境、明确的工作反馈和奖励机制。职场中的阻碍因素：充满不确定性的工作要求、过多的职场社交活动。

4. 迈尔斯布里格斯类型(MBTI)性格测评工具

1942年，迈尔斯-布里格斯人格类型指标(Myers-Briggs Type Indicator，MBTI)诞生。经过七十余年的努力，MBTI已成为世界上应用最广泛的人格测评工具，仅美国每年就有超过百万人参加MBTI的培训和使用。现在，MBTI及其性格理论已经被翻译成十多种世界主要语言，被广泛用于自我探索、人才选拔、团队建设、管理培训、职业发展、恋爱与婚姻咨询、职业咨询、教育咨询及多元文化培训等方面。

MBTI衡量的是个人的类型偏好(preference)，或称作倾向。所谓偏好，是一种天生的倾向性，是一种特定的行为和思考方式。这些偏好并无优劣之分，却形成了人与人之间的不同。它们各自识别了一些人类正常和有价值的行为，也可能成为误解和偏见的来源。MBTI用四维度偏好二分法来评估一个人的类型偏好，每个维度偏好二分法均由两极组成，具体如图3-6所示。

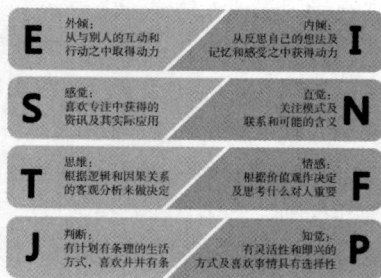

图3-6　MBTI四维模型

在MBTI测评结果中，一个人在每个维度上只能是一种偏好，如一个人是内倾的就不可能是外倾的，是知觉型的就不会是判断型的。但是，这并不代表一个人是内倾的就没有丝毫外倾的特征，这就好像右利手的人不代表他的左手是完全没有用处的，有很多时候需要左右手配合。性格也是如此，一个人如果是内倾，就意味着在绝大多数情况下其自然反应是内倾的，但是也有外倾的时候。在特别的情境下，甚至可能主要表现为外倾。所以，测评结果的类型所指并不是"非此即彼"，而是"主要"表现。

MBTI包括四个维度，显示了人与人之间的差异。

(1) 精神能量指向分为外倾(E)和内倾(I)。该维度用以表示个体心理能量的获得途径和与外界相互作用的程度，即个体的注意较多地指向外部的客观环境还是内部的概念建构和思想观念。内外倾是人的力比多的倾向，是人们获得及发泄心理能量的方向以及个体与外界相互作用的程度。也就是人们把注意力集中在何处，从哪里获得动力，内部还是外部。外倾型态度表现为主体的注意力和精力指向于客体，即在外部世界中获得支持并依赖于外在环境中发生的信息，这是一种从主体到客体的兴趣向外的转移。外倾型个体需要通过经历来了解世界，所以他们更喜欢大量的活动，并偏好于通过谈话的方式来思考，在语言的交流中对信息予以加工。而内倾型态度表现为主体的注意力和精力指向于内部的精神世界，其心理能量通过内部的思想、情绪等而获得。内倾型个体在内部世界中获得支持并看重发生的事件的概念、意义等，因此他们的许多活动是精神性的，他们倾向于在头脑内安静地思考以加工信息。外倾型个体经常先行动后思考，而内倾型个体经常耽于思考而缺乏行动。

(2) 信息获取方式分为感觉(S)和直觉(N)，该维度又称为非理性维度或知觉维度，表示个体在收集信息时注意的指向，即认识世界的方式。人们获取信息的方式以及在收集信息时注意力的指向，是指倾向于通过各种感官去注意现实的、直接的、实际的、可观察的事件还是对事件将来的各种可能性和事件背后隐含的意义及符号和理论感兴趣。感觉型的个体倾向于接受能够衡量或有证据的任何事物，关注真实而有形的事件。他们相信感官能告诉他们关于外界的准确信息，也相信自己的经验。他们注重现在，关心某一刻发生的所有的事情。而直觉型的个体自然地去辨认和寻找一切事物的含义，他们重视想象力，更注重将来，愿意努力改变事物而不是维持它们的现状。直觉型的个体看到一个环境就想知道它的含义和结果可能如何。感觉型的个体被视为较具有实际意识，而直觉型个体被视为较有改革意识。感觉—直觉维度在问题解决过程中有重要作用。

(3) 决策方式分为思维(T)和情感(F)，即人们判断事物、做决定或下结论的方式方法。所以，该维度又称为理性维度或判断维度。该维度用于表示个体在做决定时采用什么系统，即做决定和下结论的方法，是客观的逻辑推理还是主观的情感和价值。情感型的个体期望自己的情感与他人保持一致，他们做决定的基石是何者对他们自己和他人是重要的；其理性判断的依据是个人的价值观。而思维型的个体通过对情境做的客观的、非个人的逻辑分析来做决定，他们注重因果关系并寻求事实的客观尺度，因此较少受个人感情的影响。

(4) 生活态度取向分为判断(J)和知觉(P)，是指个体完成任务而采取的行动方式，个体喜好的生活方式。因此，该维度用以描述个体的生活方式，即倾向于是以一种较固定的方式生活(或做决定)，还是以一种更自然的方式生活(或收集信息)。这一维度是一种态度维度。虽然个体能够使用直觉和判断，但是这两者不能够同时被运用。多数个体会自然地发现采用某种生活方式时总是比另一种更加轻松，因此总是在和外部世界打交道时采用这种生活态度。判断型个体倾向于以一种有序的、有计划的方式对其生活加以控制，他们期望看到问题被解决，习惯并喜欢做决定。而知觉型个体偏好于知觉经验，他们不断地收集信息以使其生活保持弹性和自然。他们努力使事件保持开放性，让其自然变化，以便出现更好的事件。

为了方便理解，前面将MBTI的各个维度做了单独的介绍，但这并不等于可以从单个维度去理解人。人的性格非常复杂，每个维度都会彼此影响。因此将四个维度结合起来，是正确理解一个人的方法。在MBTI中，四个维度中的两极正好组合成16种人格类型，这16种性格类型及其特点如表3-4所示。

表3-4 16种MBTI类型性格及其特征

性格类型	ISTJ	ISFJ	INFJ	INTJ
特征	性格沉静且认真，做事时始终贯彻如一，凭借求真务实的态度赢得信任。极为看重事实，做决策合理恰当，一旦确定事务，便坚定且有条理地完成，不易受外界干扰。坚守传统价值观，忠诚可靠	为人沉静友善，责任感强烈，谦逊值得依赖。对于认定的事，会不辞辛劳且准确无误地推进。内心细腻忠诚，时刻记挂在意之人的点滴，努力营造和谐有序的工作与生活环境	热衷于探索意念及人际关系背后的意义，对事物内在联系洞察力强。具备强大的洞察力，能理解人们行动的动力。坚守自身价值观念，为大众最佳利益，果断且有条理地践行理念	拥有极具创意的头脑，行动力强劲，能快速掌握事物发展规律，想出长远发展方向。做出承诺后，便有条理地开展工作直至成功，对自己和他人要求颇高，工作中自主性强
性格类型	ISTP	ISFP	INFP	INTP
特征	宽容且富有弹性，是冷静的观察者。问题出现时，迅速行动寻找解决方案。善于分析，能从资料中找到问题核心，注重事件因果，以理性原则组织事务，重视效率	性格沉静友善，情感细腻仁慈，欣赏当下发生的一切，享受个人空间。做事能把握时机，忠于自己的感受，不喜纷争冲突，不强迫他人接受自己的观点	理想主义者，忠于内心价值观，注重精神世界。能将外在观察与内在价值相结合，好奇心旺盛，很快洞察事情可能性。不仅理解他人，还协助他人发展潜能，适应力强且包容	对感兴趣的事物，执着探索合理解释，喜爱抽象理念和思考。思维活跃，性格沉静有弹性，适应力强。在感兴趣领域，专注深入解决问题，也乐于接受新批评分析
性格类型	ESTP	ESFP	ENFP	ENTP
特征	为人有弹性，能容忍不同观点，讲求实际。对理论缺乏耐心，面对问题积极行动解决。喜欢主动社交，通过实践达到最佳学习效果	性格外向友善，包容力强，热爱生活，享受物质乐趣。喜欢与人共事，让工作充满趣味，灵活性和适应性佳，乐于结交新朋友，接受新环境	热情且心怀善意，想象力丰富，认为生活充满各种可能性。能快速找出事件和资料的关联，依照模式做事，渴望得到他人肯定，乐于欣赏他人	思维敏捷机灵，能激励他人，警觉性高，勇于发言。面对变化随机应变，善于引出概念并发展策略，逻辑分析能力强，能灵活处理新事物
性格类型	ESTJ	ESFJ	ENFJ	ENTJ
特征	讲求实际，注重现实和事实，果断且能快速做出可行决定。具备优秀的组织能力，能安排计划，让团队高效完成工作。注重工作细节，有清晰标准，期望他人遵循	有爱心、合作性强，渴望和谐环境，有决心营造。喜欢与人共事，做事准确准时，忠诚可靠，留意他人需求并尽力满足，期望得到赞赏	为人温情且具同理心，反应敏捷，责任感强，高度关注他人情绪和需求。能帮助他人发挥潜能，积极协助他人成长，面对评价能快速回应，社交活跃，有领导才能	坦率果断，乐于担当领导者。能轻易发现低效问题并改进，擅长制订长远计划，目标广泛，知识渊博且能传授给他人，展现出强大的领导力

知道自己的MBTI类型，可以帮助了解自己的职业倾向。有研究数据表明，S与N、T与F两种维度的组合(ST、SF、NF、NT)与职业的选择更为相关。MBTI与职业的关系如图3-7所示。

在图3-7中，将16种MBTI人格类型归纳为四种，其中NT和NF都习惯用直觉来解读这个世界，但是NT更喜欢用客观分析来做出判断，而NF更在意主观感受且力求和谐。SJ和SP都习惯用感觉来观察生活，SJ喜欢井然有序、规范化的世界，而SP追求留有余地、宽松自由的生活方式。

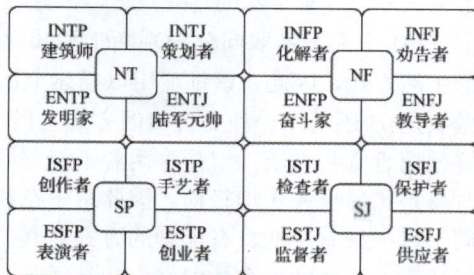

图3-7 MBTI与职业的关系

SP：感觉＋知觉＝经验主义者

经验主义者关注五官带给他们的信息，而且相信那些可以测量和证明的东西；同时喜欢面对各种各样的可能性，喜欢自由随意的生活方式，是反应灵敏和自发主动的一种人。经验主义者有冒险精神，反应灵敏，在任何要求技巧性强的领域中游刃有余，他们常常被认为是喜欢活在危险边缘寻找刺激的人，是四种类型中最富冒险精神的。他们最可贵的地方在于足智多谋、令人兴奋，而且很有趣。他们为行动、冲动和享受现在而活着，一想到某件事情就有立即去做的冲动，而且喜欢一气呵成，但又不喜欢太长时间做同一件事情。

经验主义者喜欢可以提供自由、变化和行动的工作，喜欢那些能够有及时效果的工作，他们以能够巧妙而成功地完成工作为乐。由于他们喜欢充满乐趣地生活，无论做什么必须让他们感到高度的乐趣，这样才能令他们感到满意。60%左右SP偏好的人喜欢艺术、娱乐、体育和文学，他们被称赞为天才的艺术家。

SP(感觉+知觉)——经验主义者

代表人物：李小龙

李小龙是SP类型的典型代表，他的一生充满了冒险精神和自由追求。他曾说："不要祈求生活轻松，祈求自己更坚强。"他不仅是一位武术家，还将中国功夫哲学融入电影，开创了独特的功夫电影风格。他的作品《猛龙过江》《精武门》等影响深远。李小龙喜欢突破传统，追求自由和自我表达，这与SP类型的特质高度契合。他曾在采访中提到："武术不仅是身体的训练，更是心灵的修炼。"这种对即时体验和感官刺激的追求，正是SP类型的核心特点。

其他SP类型名人：成龙、汤姆·克鲁斯、安吉丽娜·朱莉。

SJ：感觉＋判断＝传统主义者

传统主义者相信事实、已证实的数据、过去的经验和五官所带给他们的信息，喜欢有结构、有条理的世界，喜欢做决定，是一种既现实又有明确目标的人。

传统主义者是四种类型中最传统的一类。他们有着很强的责任心与事业心，他们忠诚、按时完成任务，重视法律、秩序、安全、得体、规则和本分，他们被一种服务于社会需要的强烈动机所驱使。他们尊重权威、等级制度和权力，而且一般具有保守的价值观。他们很有责任感，而且经常努力做正确的事情，这使他们可以信赖和依靠。

传统主义者需要有归属感，需要服务于别人，需要做正确的事情。他们注重安稳、秩序、合作、前后一致和可靠，而且严肃认真，工作努力。他们在工作中对自己要求十分严格，而且希望别人也是如此。

他们充当着保护者、管理员、稳压器、监护人的角色。50%左右SJ偏爱的人被政府部门及军事部门的职务所吸引，并且显现出卓越成就。例如，在美国执政过的41位总统中有20位是SJ偏爱的人。

代表人物：曾国藩

曾国藩是SJ类型的代表，他以务实、可靠和谨慎著称。他组建湘军，镇压太平天国运动，在政治、军事、文化等方面都有着深远影响，展现了他对结构和秩序的追求。曾国藩一生强调修身律己，注重细节和长期规划，这与SJ类型的特质高度一致。他所著的《曾国藩家书》，记录了他对家族成员的教诲、对自己每日行事的思考等，体现了他严谨的态度，这种态度也帮助他在晚清复杂的政治环境中取得了巨大成功。

其他SJ类型名人：巴菲特、特蕾莎修女。

NF：直觉＋情感＝理想主义者

理想主义者感兴趣的是事物的意义、关系和可能性，并基于其个人的价值观念做出决定。他们做人的原则是：真实地面对自己。

理想主义者是四种类型中精神上最具哲理性的人，乐于接受新的思想，善于容纳他人。他们善于言辩、充满活力、有感染力，能影响他人的价值观并鼓舞其激情。他们非常崇尚人与人之间和各种关系中的真实和正直，容易将别人理想化。

对理想主义者而言，一份好工作应该是对他们个人很有意义的工作，而不是简单的常规工作或只是一种谋生手段。他们喜欢民主、能够激励各种层次的人高度参与的组织，会被那些促进人性价值的组织或那些允许他们帮助别人完成工作的职业所吸引。他们帮助别人成长和进步，具有煽动性，被称为传播者和催化剂。约有一半的人在教育界、文学界、宗教界、咨询界，以及心理学、文学、美术和音乐等行业显示着他们的非凡成就。

代表人物：陶行知

陶行知是NF类型的典型代表，他对教育的无私奉献和对社会变革的强烈渴望令人敬仰。他曾说："捧着一颗心来，不带半根草去。"陶行知提出"生活即教育""社会即学校""教学做合一"等极富前瞻性与人文关怀的教育理念，全身心投入教育实践，创办晓庄学校、山海工学团等教育机构，致力于培养具有创新精神和实践能力、能服务社会的人才。他不仅关注教育本身，更注重教育与生活、社会的紧密联系，这种对教育意义和可能性的不懈追求，以及对他人成长和社会进步的无私奉献，正是NF类型的核心特质。

其他NF类型名人：甘地、乔布斯。

NT：直觉＋思维＝概念主义者

概念主义者自信、有智慧、富有想象力，他们的原则是所有的事情都要做到最好。他们天生好奇，喜欢梦想，有独创性、创造力、洞察力、有兴趣获得新知识，有极强的分析问题、解决问题的能力，能够看到同一问题的多个不同方面，习惯于全面地思考问题和一分为二地看待问题，从而对真实或假设的问题构思出解决方案。

概念主义者是四种类型中最独立的一种人。他们工作原则性强、标准高，对自己和对别人的要求都很严格。他们不会被别人的冷遇和批评干扰，喜欢以自己的方式做事。他们是独立的、理性的、有能力的人。

概念主义者喜欢能提供自由、变化和需要有较高的智力才能完成的工作。他们喜欢看到自己的想法能够得到实施，喜欢与有能力的上司、下属、同事共事。许多概念主义者推崇权力，易于被有权力的人和权力地位所吸引。

人们称NT是思想家、科学家的摇篮，大多数NT类型的人喜欢物理、研究、管理、电脑、法律、金融、工程等理论性和技术性强的工作。

代表人物：任正非是NT类型的代表，他以强大的逻辑思维和战略规划能力著称。他曾说："没有伤痕累累的经历，哪来皮糙肉厚的人生。"任正非领导华为从一家名不见经传的小公司发展成为全球通信领域的领军企业，在5G技术研发、通信设备制造等方面取得了巨大突破，展现了他在复杂的商业环境和激烈的市场竞争中迅速找到解决方案的能力。他对通信技术发展趋势的洞察力和对企业管理的深刻理解，使他成为中国企业界的杰出人物。任正非的思维方式和对目标的执着追求，正是NT类型的典型表现。

其他NT类型名人：比尔·盖茨、爱因斯坦。

知道了这四种基本类型之后，就可以发现同一基本类型的人有什么共同的特质，而不同基本类型的人之间有什么显著的差异。当然，16种MBTI类型各有其职业倾向，如表3-5所示。其中，职业倾向的描述都是从大的类别描述的，从中理解自己的职业倾向时，请不要陷入类别名称的描述，而更重要的是要看到这一类别工作的特点。因为在现实的工作世界中，工作岗位名称千变万化，即使相同名称的职位也可能因不同公司而要求各异，所以只有知晓适合自己性格类型的工作特点才能灵活地运用这一理论帮助自己选择工作。

表 3-5　16 种 MBTI 类型的职业倾向

MBTI类型	ISTJ	ISFJ	INFJ	INTJ
可从事的职业	○ 管理者 ○ 行政管理 ○ 执法者 ○ 会计 或者其他能够让他们可以利用自己的经验和对细节的注意完成任务的职业	○ 教育 ○ 健康护理(包括生理、心理) ○ 宗教服务 或者其他能够让他们运用自己的经验亲力亲为帮助别人的职业，这种帮助是协助或辅助性的	○ 咨询服务(包括个人、社会、心理等) ○ 教学、教导 ○ 艺术 或者其他能够促进他们情感、智力或精神发展的职业	○ 科学或技术领域 ○ 计算机 ○ 法律 或者其他能够让他们运用智力创造和技术知识去构思、分析和完成任务的职业

MBTI类型	ISTP	ISFP	INFP	INTP
可从事的职业	○ 熟练工种 ○ 技术领域 ○ 农业 ○ 执法者 ○ 军人 或者其他能够操作、分析数据的职业	○ 健康护理(包括生理、心理) ○ 商业 ○ 执法者 或者其他能够让他们运用友善、专注细节的相关服务的职业	○ 咨询服务(包括个人、社会、心理等) ○ 写作 ○ 艺术 或者其他能够让他们运用创造和集中于他们的价值观的职业	○ 科学或技术领域 或者其他能够让他们基于自己的专业技术知识独立、客观分析问题的职业

MBTI类型	ESTP	ESFP	ENFP	ENTP
可从事的职业	○ 市场 ○ 熟练工种 ○ 商业 ○ 执法者 ○ 应用技术 或者其他能够让他们利用行动关注必要细节的职业	○ 健康护理(包括心理、生理) ○ 教学、教导 ○ 教练 ○ 儿童保育 ○ 熟练工种 或者其他能够让他们利用外向的天性和热情去帮助那些有实际需要的人们的职业	○ 咨询服务(包括个人、社会、心理等) ○ 教学、教导 ○ 宗教 ○ 艺术 或者其他能够让他们利用创造和交流去帮助促进他人成长的职业	○ 科学 ○ 管理者 ○ 技术 ○ 艺术 或者其他能够让他们有机会不断承担新挑战的工作

MBTI类型	ESTJ	ESFJ	ENFJ	ENTJ
可从事的职业	○ 管理者 ○ 行政管理 ○ 执法者 或者其他能够让他们运用对事实的逻辑和组织完成任务的职业	○ 健康护理(包括心理、生理) ○ 教育 ○ 宗教 或者其他能够让他们运用个人关怀为他人提供服务的职业	○ 宗教 ○ 艺术 ○ 教学、教导 或者其他能够让他们帮助别人在情感、智力和精神上成长的职业	○ 管理者 ○ 领导者 或者其他能够让他们运用实际分析、战略计划和组织完成任务的职业

　　大学生的性格还在不断形成与发展中，在进行自我探索时，不能简单地贴标签。性格类型的划分只是一个参考，不能将之绝对化。因此，对自己性格的了解，不要局限于某一种性格测评，特别是当你的MBTI类型有些描述与你不符时，可以借助多个测评或其他的方法来分析自己。

　　每个人将来或者现在从事的职业也不是都会完全符合自己的性格特点，可能会受到现实因素的制约。是不是从事与自己的职业性格倾向不相符的工作就不能获得成功呢？其实除去个人职业价值观、职业技能、职业兴趣的影响，个人后天的主观努力也是至关重要的。

有的同学会觉得自己的性格类型适合的职业倾向怎么不如别人的好啊？其实职业类型只有不同，没有好坏，更没有对错。每个类型都是独特的，都有适合自己发挥的环境。认识自己的性格类型，是为了让自己更好地了解自己，更清晰地了解自己的行为特点，根据自己的特点学习、解决问题；同时理解自己和周围同学、朋友的区别，接受这种不同。世界上没有人的性格百分之百地适合某种职业的需求，也没有百分之百不适合某种职业的性格，懂得利用自己性格的长处，整合周围的资源，才是学习职业性格的目的。

认识到性格的差异性，了解自己和周围人的区别，对于以后走入职场、进入工作世界的帮助是毋庸置疑的。认识性格的差异性，对于工作情境下的团队建设、解决矛盾冲突、解决问题、管理时间、缓解压力等也是至关重要的。

总之，我们了解职业性格的目的是看清自己行为、做事的特点。MBTI的使命不是告诉你最适合哪个工作，而是告诉你哪种工作特性适合你的职业性格，通常是提供工作组群，帮助你挖掘出个性全面因素，指导你将这些因素运用到新的工作和新的环境中，这样你的职业适应性就增强了。

五、执行任务

(一) 我是怎样的人

首先按下面的格式写出10句"我是怎样的人"，要求尽量选择一些反映个人风格的语句，避免出现类似"我是一个男生"这样的句子。

我是一个＿＿＿＿＿＿＿＿＿＿＿＿＿＿＿＿的人。
我是一个＿＿＿＿＿＿＿＿＿＿＿＿＿＿＿＿的人。
我是一个＿＿＿＿＿＿＿＿＿＿＿＿＿＿＿＿的人。
我是一个＿＿＿＿＿＿＿＿＿＿＿＿＿＿＿＿的人。
我是一个＿＿＿＿＿＿＿＿＿＿＿＿＿＿＿＿的人。
我是一个＿＿＿＿＿＿＿＿＿＿＿＿＿＿＿＿的人。
我是一个＿＿＿＿＿＿＿＿＿＿＿＿＿＿＿＿的人。
我是一个＿＿＿＿＿＿＿＿＿＿＿＿＿＿＿＿的人。
我是一个＿＿＿＿＿＿＿＿＿＿＿＿＿＿＿＿的人。
我是一个＿＿＿＿＿＿＿＿＿＿＿＿＿＿＿＿的人。
请将陈述的10项内容进行下列归属。
身体状况(属于你的体貌特征)编号＿＿＿＿＿＿＿＿＿＿＿＿＿＿＿＿。
情绪状况(你常持有的情绪情感)编号＿＿＿＿＿＿＿＿＿＿＿＿＿＿。
才智状况(你的智力能力情况)编号＿＿＿＿＿＿＿＿＿＿＿＿＿＿。
社会关系状况(与他人的关系等)编号＿＿＿＿＿＿＿＿＿＿＿＿＿。
其他方面编号如下。
假如我是一种动物，我希望是＿＿＿＿＿，因为＿＿＿＿＿＿＿＿＿＿＿＿＿＿。
假如我是一位演员，我希望是＿＿＿＿＿，因为＿＿＿＿＿＿＿＿＿＿＿＿＿＿。
如果举行假面舞会，我愿意扮作＿＿＿＿＿，因为＿＿＿＿＿＿＿＿＿＿＿＿＿。
评估一下对自己的陈述是积极的还是消极的。在列出的每句话的后面画(+)或(-)。加号"表达了对自己肯定满意的态度"，减号则相反，表示"对自己不满意否定的态度"。看看减号与加号的数量是多少。如果加号多于减号说明自我接纳状况良好。相反，则表示不能很好地接纳自己，自尊程度较低，这时需要内省一番，寻找问题的根源。

(二) 大五人格测验

指导语： 大五人格测试是在实践中经过反复验证的心理量表，是20世纪90年代以来全世界应用最广的人格测验，在信度和效度方面经得起考验，能够揭示出个体间、职业间的差异性和区别性。本量表为简洁版大五人格测试，相比较完整版而言更加容易测试，可以帮助您更好地了解自己，更好把握未来，测试预计用时8分钟。

请仔细阅读以下问题，每个问题从非常不符合到非常符合有5种选择。

(1) 我不是一个容易忧虑的人。

(2) 我喜欢周围有很多朋友。

(3) 我很喜欢沉浸于幻想和白日梦中，去探索、发展其中所有可能实现的东西。

(4) 我尽量对每一个遇到的人彬彬有礼，非常客气。

(5) 我让自己的物品经常保持整洁干净。

(6) 有时候我感到愤怒，充满怨恨。

(7) 我很容易笑。

(8) 我喜欢培养和发展新的爱好。

(9) 有时候，我会采用威胁或奉承等不同手段，去说服别人按我的意愿去做事。

(10) 我比较擅长为自己安排好做事进度，以便按时完成任务。

(11) 当面对极大的压力时，有时我会感到好像就要垮了似的。

(12) 我喜欢那些可以单独做事，不被别人打扰的工作。

(13) 我对大自然和艺术中蕴含的美十分着迷。

(14) 有些人觉得我有些自我中心，不太考虑别人的感受。

(15) 许多时候，事到临头了，我才发现自己还没做好准备。

(16) 我很少感觉孤独和忧郁。

(17) 我很喜欢与别人聊天。

(18) 我认为让学生接触有争议的学说或言论只会混淆和误导他们的思想。

(19) 如果有人挑起争端，我随时准备好反击。

(20) 我会尽量认真地完成一切分派给我的任务。

(21) 我经常感到紧张而心神不定。

(22) 我喜欢置身于激烈的活动之中。

(23) 我对诗词基本上没有什么感觉。

(24) 我觉得自己比大多数的人都优秀。

(25) 我有一些明确的目标，并能以有条不紊的方式朝它迈进。

(26) 有时我感到自己完全一文不值。

(27) 我通常回避人多的场合。

(28) 对我来说，让头脑无拘无束地想象是一件困难的事情。

(29) 受到别人粗暴无礼地对待后，我会尽量原谅他们，让自己忘记这件事。

(30) 开始着手学习或工作之前，我会浪费很多时间。

(31) 我很少感到恐惧或焦虑。

(32) 我常常感到自己精力旺盛，好像充满能量。

(33) 我很少留意自己在不同环境下的情绪或感觉变化。

(34) 我相信人性是善良的。

(35) 我努力做事以达到自己的目标。

(36) 别人对待我的方式常使我感到愤怒。

(37) 我是一个乐天开朗的人。

(38) 我经常体验到许多不同的感受或情绪。

(39) 很多人觉得我对人有些冷淡，经常和别人保持一定距离。

(40) 一旦做出承诺，我通常会贯彻到底。

(41) 很多时候，当事情不顺利时，我会感到泄气，想要放弃。

(42) 我不太喜欢和人聊天，很少从中获得太多乐趣。

(43) 阅读一首诗或欣赏一件艺术品时，我有时会感到非常兴奋或喜悦。

(44) 我是一个固执倔强的人。

(45) 有时候，我并不是那么可靠和值得信赖。

(46) 我很少感觉忧伤或沮丧。

(47) 我的生活节奏很快。

(48) 我对思考宇宙规律或人类生存状况没有什么兴趣。

(49) 我尽量对他人做到体贴周到。

(50) 我做事情总是善始善终，是一个很有做事能力的人。

(51) 我经常感觉无助，希望有人能帮助我解决问题。

(52) 我是一个十分积极活跃的人。

(53) 我对许多事物都很好奇，充满求知欲。

(54) 如果我不喜欢某一个人，我会让他知道。

(55) 我好像总不能把事情安排得井井有条。

(56) 有时我会感到十分羞愧，以至于只想躲起来，不见任何人。

(57) 我宁愿自己独自做事，而不是领导、指挥别人。

(58) 我喜欢研究理论和抽象的问题。

(59) 如果必要的话，我会利用别人来达到自己的目的。

(60) 对于每件事，我都力求做到最好。

计分标准如下。

非常不符合=1分；不太符合=2分；不确定=3分；比较符合=4分；非常符合=5分。反向题的分数反向计分。

神经质(neuroticism)量表：1、6、11、16、21、26、31、36、41、46、51、56。其中，1、16、31、46为反向计分。

外向性(extraversion)量表：2、7、12、17、22、27、32、37、42、47、52、57。其中，12、27、42、57为反向计分。

开放性(openness)量表：3、8、13、18、23、28、33、38、43、48、53、58。其中，18、23、28、33、48为反向计分。

宜人性(agreeablenessFacets)量表：4、9、14、19、24、29、34、39、44、49、54、59。其中，9、14、19、24、39、44、54、59为反向计分。

尽责性(conscientiousness)量表：5、10、15、20、25、30、35、40、45、50、55、60。其中，15、30、45、55为反向计分。

解释及评判标准如下。

○　神经质指个体体验消极情绪的倾向，20.4分以下为典型低分，38.8分以上为典型高分。

神经质维度得分高的人更容易体验到诸如愤怒、焦虑、抑郁等消极的情绪。他们对外界刺激反应比一般人强烈，对情绪的调节能力比较差，经常处于一种不良的情绪状态下，并且这些人的思维、决策以及有效应对外部压力的能力比较差。

神经质维度得分低的人较少烦恼，较少情绪化，比较平静，但这并不表明他们经常会有积极的情绪体验，积极情绪体验的频繁程度是外向性的主要内容。

○　外向性代表了在外界投入的能量。26分以下为典型低分，42分以上为典型高分。

高外向的人喜欢与人接触，充满活力，经常感受到积极的情绪。他们热情，喜欢运动，喜欢刺激冒险。在一个群体当中，他们非常健谈，自信，喜欢引起别人的注意。

低外向的人比较安静，谨慎，不喜欢与外界过多接触。他们不喜欢与人接触不能被解释为害羞或者抑郁，这仅仅是因为比起高外向的人，他们不需要那么多的刺激，因此喜欢一个人独处。低外向人的这种特点有时会被人误认为是傲慢或者不友好，其实一旦和他接触你经常会发现他是一个非常和善的人。

○　开放性描述一个人的认知风格。开放性：32分以下为典型低分，47分以上为典型高分。

开放性得分高的人富有想象力和创造力，好奇，欣赏艺术，对美的事物比较敏感。开放性的人偏爱抽象思维，兴趣广泛。开放性的人适合教授等职业。

开放性得分低(即封闭性)的人讲求实际，偏爱常规，比较传统和保守。封闭性的人适合警察、销售、服务型职业等。

○　宜人性代表了"爱"，对合作和人际和谐是否看重。30分以下为典型低分，48分以上为典型高分。

宜人性高的人是善解人意的、友好的、慷慨大方的、乐于助人的，愿意为了别人放弃自己的利益。宜人性高的人对人性持乐观的态度，相信人性本善。

宜人性低的人则把自己的利益放在别人的利益之上。本质上，他们不关心别人的利益，因此也不乐意去帮助别人。有时候，他们对别人是非常多疑的，怀疑别人的动机。对于某些职位来说，太高的宜人性是没有必要的，尤其是需要强硬和客观判断的场合，如科学家、评论家和士兵。

○　尽责性指我们控制、管理和调节自身冲动的方式。36分以下为典型低分，44分以上为典型高分。

高尽责性的人容易避免麻烦，能够获得更大的成功。人们一般认为高尽责的人更加聪明和可靠，但是高尽责的人可能是一个完美主义者或者是一个工作狂。极端尽责的个体让人觉得单调、乏味、缺少生气。

低尽责性的人常被认为是快乐的、有趣的、很好的玩伴。但是冲动的行为常常会给自己带来麻烦，虽然会给个体带来暂时的满足，但容易产生长期的不良后果，如攻击他人、吸食毒品等。低尽责性的个体一般不会获得很大的成就。冲动并不一定就是坏事，有时候环境要求我们能够快速决策。

(三) MBTI性格探索

下面开始认识自我性格的旅途吧。

(1) 能量获得途径：外倾(E)还是内倾(I)？

你更喜欢将自己的注意力集中于何处？你从何处获得活力？内倾和外倾的含义如表3-6所示。

表 3-6　能量倾向的特征区分

外倾 (extroversion，E)	内倾 (introversion，I)
注意力和能量主要指向外部世界的人和事，从与人交往和行动中得到活力	注意力和能量集中于自己的内心世界，从对思想、回忆和情感的反思中得到活力
(1) 关注外部环境 (2) 喜欢用谈话的方式进行沟通 (3) 通过谈话形成自己的意见 (4) 用实际操作或讨论的方式能学得最好 (5) 兴趣广泛 (6) 好与人交往，善于表达 (7) 先行动后思考 (8) 在工作和人际关系中都很积极主动	(1) 关注自己的内心世界 (2) 更愿意用书面方式沟通 (3) 通过思考形成自己的意见 (4) 用思考、在头脑中"练习"的方式学得最好 (5) 兴趣专注 (6) 宁静而显得内向 (7) 先思考后行动 (8) 当情境或时间对他们具有重要意义时会采取主动沟通方式

外倾者的主要表现如下。

"平日里要是有人突然问我对某人或某事的看法，我可能会回答得非常宽泛，甚至不会回答。因为在我脑中确实没有对该事的任何想法。我的观点往往是在交谈中形成的。"

"我总是精力充沛，并随时准备帮助任何一个遇到麻烦的人。我喜欢结交朋友，我不喜欢独自工作，喜欢和朋友们待在一起。"

"我喜欢有人气的生活，即使和一群人在一起说话我也乐意。所以在生活中，一般情况下我不会独自出去逛街购物，除非有些东西我很急用。"

内倾者的主要表现如下。

"我从来就不爱主动地表现、交往、参加特别多的活动。虽然与知心朋友在一起会是另一番景象，但那是另一回事。喜欢小范围、知心地交流本身也是内倾型的表现。"

"在多数情况下，我更关注自己的内心想法和感受，我可以沉浸在自己的世界里大半天，对周围的世界毫无感觉。但这并不表示我忽略别人。我也会站在别人的立场上来考虑事情，也在乎他们的喜怒哀乐，并容易受他们的影响。如果你在路上遇见我，你总会看见一张似乎永远那么平静、毫无表情的脸。"

能量倾向测试如下。

请根据你的第一反应，选择你最舒服的日常表现。

1. A 热情洋溢　　　　　　B 含蓄内敛
2. A 乐于主动表达　　　　B 沟通相对被动
3. A 更爱热闹　　　　　　B 更爱安静
4. A 边听边说边想　　　　B 先听后想，想好了再说
5. A 交友广泛　　　　　　B 朋友不多

(2) 注意力的指向：感觉(S)还是直觉(N)？

你如何获取信息？感觉和直觉是我们获取信息的两种方式。感觉型的人倾向于用五官来获取精确的信息。直觉型的人则习惯于通过所谓的第六感来获取信息，他们更注重事情的含义、象征意义和潜在意义，具体解释见表 3-7。

表 3-7　注意力指向的特征区分

感觉 (sensing，S)	直觉 (intuition，N)
用自己的五官来获取信息。喜欢收集实实在在的、确实已出现的信息。对于周围发生的事件观察入微，特别关注现实	通过想象、无意识等超越感觉的方式来获取信息。喜欢看整个事件的全貌，关注事实之间的关联。想要抓住事件的模式，特别善于看到新的可能

(续表)

感觉 (sensing，S)	直觉 (intuition，N)
(1) 着眼于当前的实际情况	(1) 着眼于未来的可能
(2) 现实、具体	(2) 富于想象力和创造性
(3) 关注真实的，实际存在的事物	(3) 关注数据所代表的模式和意义
(4) 观察敏锐，并能记住细节	(4) 当细节与某一模式相关时才能够记得
(5) 经过仔细周详的推理一步步得出结论	(5) 靠直觉很快得出结论
(6) 通过实际运用来理解抽象的思维和理论	(6) 希望在应用理论之前先能对之进行澄清
(7) 相信自己的经验	(7) 相信自己的灵感

(3) 决策判断方式：思维(T)还是情感(F)？

如何做出决策？思维和情感的含义如表3-8所示。

表 3-8　决策判断方式的特征区分

思维 (thinking，T)	情感 (feeling，F)
通过分析某一行动或选择的逻辑后果来做出决定。会将自己从情境中分离出来，对事件的正反两方面进行客观地分析。从分析和确认事件中的错误并解决问题中获得活力。目标是要找到一个能应用于所有相似情境的标准或原则	喜欢考虑对自己和他人来说什么是重要的，会在头脑中将自己放在情境所牵涉的所有人的位置上并试图理解别人的感受。然后在此基础上根据自己的价值判断做出决定。从对他人表示赞赏和支持中获得活力。目标是创造和谐的氛围，把每一个人都当作一个独特的个体来对待
(1) 行为冷静，公事公办	(1) 行为温和，注重社交细节
(2) 关注事情的客观公平	(2) 关注个人感受与价值观
(3) 很少赞扬别人	(3) 习惯赞美别人
(4) 言语平实、生硬	(4) 言语友善、委婉
(5) 坚定、自信	(5) 犹豫、情绪化
(6) 遵照客观逻辑推理	(6) 倾向主观想法与道德评判
(7) 人际关系不敏感	(7) 尽量避免争论和矛盾

决策判断方式测试如下。

你该如何决策？

某所军校规定，学员被发现吸烟三次就要勒令退学。假如你是这所军校主管学生工作的老师，有一名学生已经两次被发现抽烟，你和他认真地谈了一次话，警告他如果再有第三次将被开除。现在，这名学生在即将毕业的时候第三次吸烟被抓。你会怎么办？为什么？

给大家2分钟时间，思考并在纸上写出自己的决定和想法，然后进行交流、分享。

几种典型的回答如下。

A. "开除他。我已经和他谈过了事情的严重性，但他一犯再犯，制度就是制度，一定要开除，否则再出现类似的事情就没法管了，这样做对其他学生也是一种公平。"

B. "我会再找他谈谈，问问他再次抽烟的原因是什么。鉴于他马上就毕业了，这时候开除他有点可惜，对前途的影响比较大，所以我会和他谈谈问题的严重性，并告诫他以后类似的事情不要再犯，但是最后还是决定不开除他。"

C. "开除他。虽然他马上就毕业了，现在开除他对他影响很大，但是如果这次不给他教训，让他有了侥幸心理，下次他遇到类似的事情还可能会犯错，这容易让他养成对自己行为不负责任的习惯，不利于他的成长，所以宁可痛一时，强于痛一辈子。但在开除之前我会好好和他谈谈这里面的原因，希望他能够吸取教训。"

分析：A和C的结果相同，但思考的角度却有很大区别。A的回答更看重制度，追求制度上的公平；C的回答则是从人成长和价值角度出发。B的回答更多的是从对学生产生的影响出发来考虑问题的。

虽然结果不尽相同，但不难看出，A通常是思维型人的回答，B和C是情感型人的回答。

(4) 行动方式：判断(J)还是知觉(P)？

你如何与外部世界打交道？判断和知觉的含义如表3-9所示。

表3-9 行为方式的特征区分

判断 (judging，J)	知觉 (perceiving，P)
喜欢将事情管理得井井有条，过一种有计划的、井然有序的生活。喜欢做出决定，完成后继续下面的工作。生活通常会比较有规划、有秩序，喜欢把事情敲定下来。照计划和日程安排办事对他们来说很重要，从完成任务中获得能量	喜欢以一种灵活、自发的方式生活，更愿意去体验和理解生活而不是去控制它。详细的计划或最后的决定会使他们感到被束缚。愿意对新的信息和选择保持开放。善于调节自己适应当前场合的需要，并从中获得能量
(1) 有计划的 (2) 喜欢组织管理自己的生活 (3) 按部就班 (4) 爱制订短期和长期计划 (5) 喜欢把事情落实敲定 (6) 力图避免最后一分钟才做决定或完成任务的压力	(1) 自发的 (2) 灵活 (3) 随意 (4) 开放 (5) 适应、改变方向 (6) 不喜欢把事情确定下来，以留有改变的可能性 (7) 最后一分钟的压力会使感到精力充沛

行为方式测试如下。

你会去吗？

假设现在是周五下午，你在本周日上午要参加大学英语四级考试。这是你最后一次机会参加这个考试，而你感觉自己有不少东西还没准备好，因此打算在今晚和周六好好复习一下。但是，你忽然接到电话，一个好朋友从外地来了。你们已经好久没见面了，他邀请你今晚去看他，他周六早上就要离开。你会去吗？为什么？

给大家2分钟的时间，思考并把你的想法写在纸上，然后分享、讨论。

两种典型的回答如下。

A. "当然去，好朋友难得一见当然重要了。英语考试周六还可以有一天复习时间，这种考试临时抱佛脚的复习也不见得有多大用处。"

B. "不会去。即使复习好了也不会去，因为那样就找不到考试的感觉了。朋友虽然很重要，但以后肯定还有机会，可是考试就最后一次机会了。"

分析：A是知觉型人的答案，他们喜欢在体验中生活，同时身处在不同事件中；B是判断型人的答案，他们不喜欢意外的变化，集中精力、按部就班地处理好一件事让他们感觉良好。

在完成了以上MBTI四个维度的练习后，你是否已经能初步判断出自己在每个维度上的偏好？你可以再次对照表3-6到表3-9中对每个偏好的解释，然后在下面的横线上写下自己的MBTI类型。

我的MBTI类型(在下画线上打√)

精神能量倾向：外倾_____内倾_____

信息获取方式：感觉_____直觉_____

决策方式：   思维_____情感_____

生活态度：   判断_____知觉_____

根据自己的MBTI类型，可以在表3-10中找到适合自己的职业倾向。

　　知道了这四种基本类型之后，就可以发现同一基本类型的人有什么共同的特质，而不同基本类型的人之间有什么显著的差异。MBTI性格理论的16种性格类型及匹配职业，具体如表3-10所示。

表3-10　MBTI性格理论的16种性格类型及匹配职业

类型	性格特征	职业倾向
ISTJ 内倾感觉思考判断型	一丝不苟，认真负责，明智豁达，讲求实际，务实，专注	会计师、财务核查员、工程师、财务经理、警察、技师等
ISFJ 内倾感觉情感判断型	忠心耿耿，一心一意，富有同情心，喜欢助人为乐	健康工作者、图书馆员、服务性工作者、教师等
INFJ 内倾直觉情感判断型	极富创意，感情强烈，原则性强，品德良好，善于独立创造性思考	艺术工作者、神职人员、音乐家、心理医生、教师、作家等
INTJ 内倾直觉思考判断型	追求完美，自主独立，看重个人能力，逻辑性强，有判断力，对人对己要求严格，喜欢我行我素	电脑分析师、工程师、法官、律师、工程人员、科学家等
ISTP 内倾感觉思考知觉型	实用务实，喜欢行动，长于分析，敏于观察，好奇心强	手工艺者、建筑工作者、机械工作者、保全服务工作者、统计人员等
ISFP 内倾感觉情感知觉型	温柔、体贴、敏感，有耐心，能屈能伸，随和，无意控制他人	健康护理、商业、执法者、建筑工作者、户外工作者、油漆工
INFP 内倾直觉情感知觉型	敏感，理想化，忠心耿耿，有强烈的荣誉感，通常很灵活，有包容心	艺术工作者、娱乐工作者、编辑、心理学家、社会工作者、作家等
INTP 内倾直觉思考知觉型	善于解决抽象问题，经纶满腹，睿智，外表恬静、内心专注，目光挑剔，独立性极高	艺术工作者、电脑分析师、工程师、科学家、作家等
ESTP 外倾感觉思考知觉型	无忧无虑，活泼、随和，喜欢安于现状，不愿从长计议，心胸豁达，包容心强	财务核查员、工匠、行销人员、警察、销售职员、服务性工作者等
ESFP 外倾感觉情感知觉型	生性爱玩、充满活力，适应性强，平易随和	采矿工程师、秘书、督导等
ENFP 外倾直觉情感知觉型	热情奔放，满脑子新观念，乐观、率性，充满自信和创造性	演员、神职人员、咨询师、记者、音乐家、公关人员等
ENTP 外倾直觉思考知觉型	激动、健谈，聪明，有创业心，爱钻研，机敏善变，适应能力强	演员、记者、摄影师、销售人员等
ESTJ 外倾感觉思考判断型	办事能力强，喜欢出风头，责任心强，诚心诚意，忠于职守	督导、行政人员、财务管理人员、推销人员等
ESFJ 外倾感觉情感判断型	喜欢合作，注重人际关系，态度认真，遇事果断，通常表达意见坚决	美容师、健康工作者、办公人员、秘书、教师等

　　职业倾向都从大的类别描述，大家可以从表3-10中了解自己的职业倾向，不要陷入类别名称的描述，更重要的是应该看到这一类别工作的特点。

(三) 探索自己性格适合的职业

1. 根据MBTI性格类型考虑职业

　　根据自己的MBTI性格类型偏好，从表3-10的16种性格类型所匹配的职业中挑出自己感兴趣的职业，至少要10种。写出选择每种职业的理由，并思考为什么会这样排序。

职业	选择职业的理由
(1) _____	_____
(2) _____	_____
(3) _____	_____
(4) _____	_____
(5) _____	_____
(6) _____	_____
(7) _____	_____
(8) _____	_____
(9) _____	_____
(10) _____	_____

2.用实例验证自己的职业选择

E-I维度：外倾型还是内倾型。

请同学们在小组中分享自己大多数情况下是内倾型还是外倾型的实例，并完成下面的题目。

(1) 内倾型的人的特征是什么？

_____

_____

(2) 内倾型的人可能选择的职业有哪些？

_____

_____

(3) 外倾型的人的特征是什么？

_____

_____

(4) 外倾型的人可能选择的职业有哪些？

_____

_____

(5) 请外倾型的同学和内倾型的同学，互相说一说对对方的印象是什么？相处的时候需要对方做什么？自己应该注意什么？能从对方身上学习些什么？

S-N维度：感觉型还是直觉型。

假如你去参加一个重要的活动，前面摆放着一盘精美的糕点，但又无法吃。

(1) 你对这盘糕点的描述是什么？

_____

_____

(2) 感觉型的人的特征是什么？

_____

_____

(3) 感觉型的人可能选择的职业有哪些？

_____

_____

(4) 直觉型的人的特征是什么？

_____

_____

(5) 直觉型的人可能选择的职业有哪些？

_____

_____

(6) 如果你是感觉型的人，将与直觉型的人共事，你给自己的提醒是什么？给对方的建议是什么？

_____

_____

T-F维度：思考型还是情感型。

学校规定学生旷课累计超过50个学时就要给予开除学籍处分。假如你是辅导员老师，有一名学生已经因为旷课被记了过。现在在记过处分未解除前，这个学生再次旷课累计32个学时，现在按规定应该给学生留校察看或者开除处分了。

(1) 你会怎么处理这件事？为什么？

_____

_____

(2) 你的决定是什么？

_____

_____

(3) 思考型的人的特征是什么？

_____

_____

(4) 思考型的人可能选择的职业有哪些？

_____

_____

(5) 情感型的人的特征是什么？

_____

_____

(6) 情感型的人可能选择的职业有哪些？

_____

_____

(7) 如果你是思考型的人，若与情感型的人共事，你会给自己的提醒是什么？给对方的建议是什么？

_____

_____

六、通关要领

"人的性格是否可以改变"这一问题始终备受关注。事实上，我们有必要对性格与品格这两个概念进行清晰地区分。通常来讲，人的个性包含性格与品格两个维度，性格具有相对的稳定性，难以从根本上发生改变，而品格则能够通过后天的修养实现转变。

性格作为个体在长期生活中形成的较为稳定的心理特征和行为方式，它受到遗传、成长环境、早期经历等多种因素的综合影响，犹如一座坚固的大厦，根基稳固，结构相对稳定。例如，一个人从小在严谨、规律的家庭环境中成长，可能会形成沉稳、细致的性格特点，这种性格特点会在其生活的诸多方面得以体现，并且在成年后也较难发生根本性的变化。

然而，品格则是个体在道德、伦理、价值观等方面所展现出的特质，它具有更强的可塑性。品格涵盖了一个人是否诚实、是否乐于助人、对金钱的态度等多个方面。古往今来，无论是在国内还是国外，但凡立下远大志向的人，无一不将品格修养视为重中之重。在我国传统文化中，"修身"被视为实现"齐家、治国、平天下"的基础，足见品格修养的重要性。例如，古代的仁人志士，像诸葛亮，一生忠诚于蜀汉，为兴复汉室鞠躬尽瘁，死而后已，其忠诚、敬业的品格成为千古佳话；近代的革命先烈们，秉持着为人民谋幸福、为民族谋复兴的坚定信念，不惜牺牲自我，展现出无私奉献、英勇无畏的高尚品格。这些都充分彰显了良好品格修养对于个人成长与成就事业的重要意义。

从另一个角度来看，我们不难发现，成就大事者的性格呈现出丰富多样的特点。不同的职业对性格有着不同的要求，每种性格类型都并非绝对的优劣，而是兼具优缺点，关键在于如何在合适的情境中发挥其优势。例如，外交工作可能更需要外向、善于沟通的性格，以便在国际舞台上与各国代表进行有效的交流与合作；而科研工作则可能更适合性格沉稳、善于独立思考的人，他们能够在实验室中专注于研究，不受外界过多干扰。这就清晰地表明，与其花费大量精力去试图改变性格，不如将重点放在完善自身品格修养上。通过提升品格修养，我们能够更好地适应不同的职业环境，以积极的态度和正确的价值观面对工作中的各种挑战。

多数人的性格属于混合型，前文对性格的剖析旨在为职业选择提供一般性的指导。在实际的职业选择过程中，我们应当依据个人的性格特征与具体的职业要求，有针对性地进行抉择。性格形成于社会实践，既具有稳定性又具备可塑性，并且会受到外界环境的显著影响，其中既包含个人的主观调节，也涉及客观环境的作用。当置身于新的社会环境时，人们往往会调整自身的性格特征以适应环境；同样，面对外界的刺激，人们也会改变性格，进而调整行为方式。由此可见，性格与职业生涯之间并非绝对对应的关系，而是具有一定的弹性。

内向性格的人或许在社交活跃度上不及外向者，但在工作中具备诸多独特的优势。

(1) 专注倾听，博采众长。内向的人在人群中往往表现得格外安静，尤其在与众多人相处时更为突出。此时，他们并非无所作为，而是在专注地倾听。他们能够置身于一群相互交谈的人中间，同时捕捉不同的谈话内容。例如，在团队讨论会议中，内向者会认真倾听每一位成员的发言，汇聚各方观点，为团队决策提供全面的信息支持。这种专注倾听的能力，体现了对他人的尊重，有助于博采众长，为团队的发展贡献智慧。

(2) 深思熟虑，稳健前行。内向的人天生谨慎，面对事情不会贸然行动，尤其是在面对具有一定风险的事情时，他们会尽可能提前做好准备，力求避免不良后果。比如在项目策划阶段，内向者会充分考虑各种可能出现的问题，并提前制定应对方案。这种深思熟虑、谋定后动的特质，能够有效降低工作中的风险，确保任务的顺利推进，展现出高度的敬业精神。

(3) 敏锐观察，借鉴经验。内向的人不仅善于倾听，还对所处环境及周边发生的事情格外留意。他们凭借敏锐的观察力，能够从他人的成败中汲取经验教训。以职场新人小李为例，他性格内向，但善于观察同事们的工作方式，学习他人的优点，避免重复他人的错误，从而快速提升自己的工作能力。

(4) 自知之明，言行有度。内向的人往往具有较强的自知之明，在意他人对自己的看法，渴望被认真对待，因此会时常反思自己的行为表现。他们行事谨慎，会避免参与那些可能让自己或团队陷入尴尬境地的事情。这种对自身行为的严格要求，有助于维护良好的职场形象与团队氛围。

(5) 斟字酌句，精准表达。内向的人通常不会轻易参与公开讨论，若被迫参与，可能会略显紧张。但这并非因为他们不善言辞，而是因为他们在倾听的同时，始终在思考如何表达。一旦有机会发言，他们会字斟句酌，力求句句切中重点。在书面报告或重要发言中，内向者往往能够以精准的语言表达自己的观点，提高沟通效率。

(6) 敏感细腻，共情他人。内向的人敏感的特质，在工作场景中能够发挥积极作用。他们能够深入感知他人的需求，设身处地为他人着想。例如，在团队合作中，内向者能够敏锐地察觉到同事的压力和困难，并及时给予关心和帮助，增强团队的凝聚力。

(7) 深度思考，创新突破。内向的人相较于外向者更倾向于自省，常常花费大量时间进行深度思考。这种深度思考的习惯，使他们更具创造力。比如我国著名科学家屠呦呦，性格内向的她在青蒿素的研究过程中，通过长时间的独立思考和反复试验，最终取得了重大突破，为全球疟疾防治做出了巨大贡献。

(8) 独立自主，高效执行。内向的人能够独立且勤奋地工作，享受独自攻克难题的过程。在工作中，他们能够全身心投入，高效完成任务。就像软件开发工程师小王，他性格内向，喜欢独自钻研技术难题，在开发一款重要软件时，凭借独立工作的能力，出色地完成了核心模块的开发任务。

(9) 值得信赖，坚守承诺。内向的人更加自省，行事谨慎，不太会宣扬他人的秘密。他们对待承诺认真负责，值得信赖。在工作中，同事们往往愿意将重要且私密的任务交给内向者，因为他们知道内向者会严守机密，确保任务的顺利进行。

(10) 精心准备，出色沟通。虽然内向的人可能不擅长即兴表达，但他们在面对重要沟通任务时，会花费大量时间精心准备。例如，学者小张在一次重要学术会议上，尽管性格内向，但通过充分准备，他的演讲逻辑清晰、内容丰富，赢得了与会者的高度认可。这表明，只要充分准备，内向者也能在沟通交流方面取得出色成就。

七、晋级成功

写下收获，取得下一关闯关资格。

任务三　内外兼修·能力为王

一、关卡名称：亮出能力优势

了解自己的长项，才能锚定人生的发展航向；提升自己的能力优势，才能成就自己的事业。个人应尽早发现自己的优势能力，聚焦对自身能力的认知与开发。通过系统的能力评估和提升计划，明确自身的能力优势与不足，制定针对性的能力提升策略，为未来的职业发展奠定坚实基础。

无论是大学入学选择心仪的社团，还是大学毕业选择心仪的offer，都是双向选择，学生社团和用人单位都首先打出招募公告和招聘简章，在上面明确具体要求。举例如下。

西安某高校招聘就业中心学生助理
招募岗位：
(1) 市场宣传部学生助理。
(2) 就业指导部学生助理。
(3) 综合办公室学生助理。
工作要求：
(1) 汉语言文学、新闻学、计算机科学与技术专业优先。
(2) 工作态度端正，认真负责，能够合理安排学习与工作时间，要求每周工作时间不少于两天。
(3) 具备良好的人际沟通能力、组织协调能力、熟练操作办公软件。有相关学生组织、社团经验，以及有摄影、摄像、图片编辑、稿件撰写等特长的同学优先。

我们不难发现，能力是简历和面试所使用的语言，如果要获得某个岗位，通常是需要撰写简历或自荐信，去竞聘和应聘，在简历中就需要用数据和事例证明自己拥有这方面的能力，需要列举自己在以往的哪些平台上，用业绩证明了自己。因此，能力往往和活动联系在一起。

我们鼓励同学们从大一开始就进行简历的撰写，通过简历的撰写发现自己的能力优势，同时察觉自己的能力局限和短板，从而更有针对性地根据自己的职业愿景提升能力、强化优势。好的简历是金字塔型的结构，求职目标在塔尖(职业目标)，其次是达成目标的能力优势，包括专业知识(你学过什么)、技能实践(你会做什么)、个人品格(你是怎样的一个人)。金字塔的最下端是论证材料。所以，重点即金字塔的中间三层(能力三要素)，都与个人的能力有关，但事实往往是当同学他的优势能力有哪些时，大家并不能够清楚地回答。因此，我们每个人都需要梳理自己的能力优势，明确"人无我有、人有我优、人优我特"的能力，并形成系统的认识。

二、闯关意义

在大学生职业生涯规划和就业择业中，能力是核心竞争力。

(一) 明确能力优势：了解自己的核心能力，找到适合的职业方向

1. 能力优势的识别

每个人的能力结构都是独特的，明确自身优势是职业规划的起点。通过科学的测评工具和自我反思，同学们可以识别自己的核心能力。例如，逻辑思维强的人适合从事数据分析、编程等工作，而沟通能力突出的人则更适合销售、公关等职业。

2. 职业方向的匹配

能力优势与职业方向的匹配是职业成功的关键。例如，擅长创新思维的学生可以选择创业或研发岗位，而注重细节和执行力强的学生则适合项目管理或行政工作。通过实习、实践和职业访谈，学生可以进一步验证自己的能力与职业的契合度。

3. 案例启示

某体育教育专业的高同学，通过平常的积累和实践，同时参加了首届全国职业规划大赛，发现自己擅长教育教学、创新创造，最终定位自己的职业目标为——做一名最会玩儿的小学体育老师，在实现自己职业目标的过程中，参加大学生创新创业项目《以体"育"心——趣味运动项目对中小学生心理健康水平提升效果的研究》，创新研发《体育游戏成果册》，内含22个体育趣味游戏项目等。高同学还未毕业，就已经接到3家小学体育老师的offer，这一案例表明，明确能力优势并找到匹配的职业方向，能够显著提升职业发展的起点。

(二) 发现能力短板：识别需要提升的能力领域，制订针对性地提升计划

1. 能力短板的识别

在职业规划中，发现短板与发挥优势同样重要。通过自我评估、他人反馈和职场需求分析，同学们可以识别需要提升的能力领域。例如，技术型学生可能缺乏沟通能力，而文科生可能需要补充数据分析技能。

2. 针对性地提升计划

针对能力短板，制订具体的提升计划是关键。例如，沟通能力不足的学生可以通过参加演讲比赛、加入辩论社等方式锻炼表达能力；技术能力不足的学生则可以通过在线课程、项目实践等方式补足技能缺口。

(三) 增强就业竞争力：通过能力提升，满足职场需求，提高就业成功率

1. 职场需求的变化

随着科技发展和产业升级，职场对人才的能力要求不断变化。例如，数字化时代对数据分析、编程等技能的需求显著增加，而全球化则对跨文化沟通能力提出了更高要求。同学们需要紧跟职场趋势，动态调整能力结构。

2. 能力提升的路径

通过课程学习、实习实践、证书考取等多种途径，学生可以提升职场所需的核心能力。例如，参加行业认证考试(如CPA、CFA)可以增强专业能力，而参与跨学科项目则可以培养综合能力。又如，饺子(本名杨宇)作为《哪吒之魔童降世》的导演，其个人能力体系完美诠释了当代动画行业对复合型人才的需求，他不仅具备传统动画人的艺术功底，更通过编程能力突破了技术瓶颈，最终打造出中国动画电影的现象级作品。其成功绝非偶然，其能力结构映射出中国动画产业升级的核心需求——用技术解决艺术问题，用艺术验证技术价值。在AI绘画、实时渲染等技术冲击传统动画的今天，"手绘+编程"的复合能力更具战略意义。

(四) 实现可持续发展：在职业生涯中不断优化能力结构，适应未来职业变化

1. 职业变化的挑战

未来职业环境充满不确定性，人工智能、自动化等技术可能颠覆传统职业。同学们需要具备终身学习的能力，不断优化能力结构，以应对职业变化带来的挑战。

2. 能力优化的策略

通过持续学习、跨界合作和职业复盘，学生可以保持能力结构的动态平衡。例如，定期参加行业论坛、阅读前沿文献可以帮助学生了解行业趋势，而职业复盘则可以总结经验教训，明确下一步提升方向。

综上，能力是职业生涯的核心竞争力，而明确优势、发现短板、提升竞争力和实现可持续发展是职业规划的关键步骤。通过系统化的能力探索与提升，大学生不仅能够在就业市场中脱颖而出，还能在职业生涯中实现长期发展与自我价值。未来属于那些能够不断学习、适应变化并持续优化能力结构的人。

三、闯关武器

(1) 职业能力评估表。

(2) 能力分区沙盘。

(3) 能力分类探索表。

(4) STAR成就故事模型。

(5) "武林大战"能力棋盘格。

(6) 能力连连看。

四、解读密码

(一) 能力的分类

当一个人的能力和工作的要求相匹配时，最容易发挥自己的潜能，且能获得成就感。相反，当一个人去做自己能力范围以外的事情时，会感到焦虑、无助和挫败。而当一个人的能力超出工作要求太多时，又容易产生倦怠情绪。因此，在选择职业时，我们同样要寻求个人能力与职业要求的适配。清楚能力的分类和相关理论知识。

能力按照其获得的方式(先天具备与后天培养)，可以分为"能力倾向"和"技能"两大类。

能力倾向即天赋，技能则是经过后天学习和练习培养而形成的能力。辛迪·梵和理查德·鲍尔斯(Sidndy Fine&Richard Bolles)将技能分为三种类型：①知识技能；②自我管理技能；③可迁移技能(或称为通用技能)。这正好对应了前面提到的简历金字塔结构中专业知识(你学过什么)、个人品格(你是怎样的一个人)、技能实践(你会做什么)。

1. 知识技能

知识技能是指那些通过教育或者培训才能获得的特别的知识或能力，也就是个人所学习的科目、所懂得的知识。而知识技能也并非只有通过正式的专业教育才能获得，除了学校学习的课程，课外培训、讲座、沙龙、研讨会、自学、资格认证考试等方式也可以帮助个人获得该能力。

在求职过程中，如用人单位的招聘简章中提到：汉语言文学专业、新闻学专业等，便是对求职者知识技能的要求。知识技能通常用名词表示。

2. 自我管理技能

自我管理技能经常被看作个性品质而非技能，因为它们通常被用来描述或说明人具有某些特征，也就是说，一个人是如何使用自己的专业知识，以一种什么样的态度从事工作，甚至比工作内容本身更为重要。它是一种品质和态度，是个人最具价值的资产。

在求职过程中，如用人单位的招聘简章中提到：工作态度端正、认真负责等，便是对求职者自我管理技能的要求。自我管理技能通常用形容词表示。

3. 可迁移技能

可迁移技能就是一个人能做的事情。是个人最能持续运用和最能依靠的技能。作为当代大学生来讲，有的人在"学会"和"能做"之间是有一定距离的，与上面的知识技能相比，可迁移技能是一种输出的过程，比如教学、分析、设计等。

在求职过程中，如用人单位的招聘简章中提到：沟通、协调、组织、策划等，这便是对求职者可迁移技能的要求，所以可迁移技能通常用动词表示。

(二) 有关能力的理论背景

在能力探索与提升的过程中，相关的理论背景和专业知识包括如下方面。

(1) 多元智能理论。霍华德·加德纳(Howard Gardner)于1983年在《智能的结构》(Frames of Mind)一书中提出多元智能理论，颠覆了传统智力观。该理论认为，人类的智力并非单一维度的能力(如IQ测试所衡量的逻辑和语言能力)，而是由多种相对独立的智能(如语言智能、逻辑数学智能、空间智能等)组成，这些智能在不同个体中以独特的方式组合，形成多样化的认知潜能。

加德纳最初提出七种智能，后扩展为八种，具体为：语言智能(脱口秀演员通过精准措辞引发观众共鸣)、逻辑数学智能(程序员用算法解决复杂问题)、空间智能(建筑艺术家通过立体主义重构空间视角)、音乐智能(音乐家贝多芬在失聪后通过内在听觉创作交响乐)、身体动觉智能(我国京剧演员通过程式化动作传递情感)、人际智能(心理咨询师通过共情能力帮助来访者，企业家通过团队管理实现目标)、内省智能(通过自我对话提升心智成熟度，通过复盘反思调整未来行动计划)、自然探索智能(达尔文通过观察物种差异提出进化论)。

加德纳的理论打破了"智力=成绩"的狭隘观念，为教育公平、职业发展和社会包容提供了新视角，它提醒我们：每个人都是天才，关键在于发现并激活其独特的智能组合；社会进步需要多元能力的协作，而非单一标准的竞争。

正如加德纳所言："教育的终极目标不是标准化，而是帮助个体找到自己的光芒。"多元智能理论不仅是心理学的重要突破，更是对人类潜能解放的深刻呼唤。多元智能测评量表见本章附录。

(2) 能力冰山模型。能力胜任冰山模型是心理学和管理学中用于分析个体能力结构的经典理论，由美国心理学家戴维·麦克利兰(Davida McClelland)提出。它将人的能力分为"冰山以上"的显性部分和"冰山以下"的隐性部分，强调隐性特质对长期绩效的关键作用。具体为显性能力(如知识技能)和隐性能力(如态度价值观、自我概念、个性品质、动机内驱力)，强调隐性能力对职业发展的深远影响。

显性能力决定岗位适配度、隐性特质决定发展天花板。个人职业精进需要像鹰捕鱼——既要磨炼表层技能(锋利的爪)，更要培养俯冲的决断力(隐性本能)，如图3-8所示。

(3) 胜任特征蛛网模型：作为一种多维能力可视化评估体系，该模型的理论根基是基于现代胜任力理论(Competency Theory)与可视化评估技术融合的创新框架，其核心逻辑源于心理学中的"多元智力理论"(Gardner, 1983)及管理学中的"动态能力观"(Teece, 1997)。也可以说它是冰山模型的可视化延伸：将戴维·麦克利兰(Davida McClelland)隐性素质(如亲和力、韧性)与显性技能(如专业技能)纳入同一评估界面。该模型通过构建"十维能力矩阵"，将个体显性技能与隐性素质系统化整合，形成可量化、可对比的动态能力图谱，突破传统单一维度评估的局限性，实现人才能力的全景透视。

其模型结构为：以蜘蛛网(雷达图)为呈现载体，设定十大核心能力轴，每轴代表一项关键胜任力。

(1) 临场应变反应能力(适应性轴)。

(2) 沟通能力与语言表达(交互轴)。

(3) 计划规划与目标管理(战略轴)。

(4) 团队合作与协作能力(协同轴)。

(5) 理解能力与学习能力(认知轴)。

(6) 专业技能与知识储备(专业轴)。

(7) 分析判断与逻辑思维(理性轴)。

(8) 关注细节与数据敏感度(精准轴)。

(9) 亲和力与影响力(人际轴)。

(10) 责任承担与抗压能力(韧性轴)。

胜任特征蛛网模型通过科学解构复杂能力要素，将抽象素质转化为可操作的评估坐标，为个体能力进化与组织人才战略提供了兼具学术严谨性与实践穿透力的管理工具。其价值正如德鲁克所言："无法度量，则无法管理"。此模型在某种程度上是对人力资本价值度量的范式革新。

大学生或者职场新人通过轮廓对比目标岗位理想模型(如产品经理需"理性轴""交互轴"双高)，针对性提升原型设计(专业轴)与需求沟通能力(人际轴)，如图3-9所示。

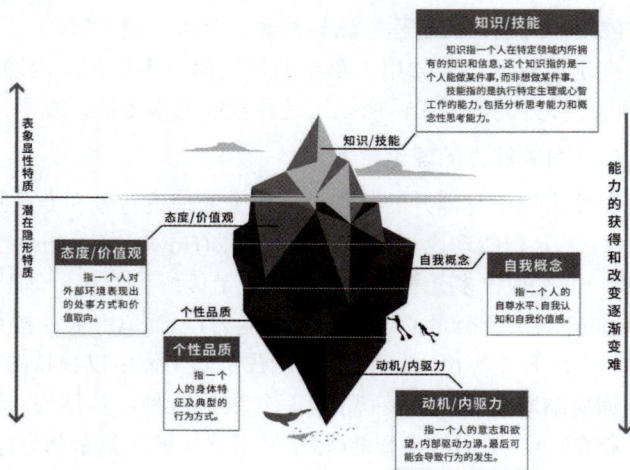

图3-8　能力胜任特征——冰山模型

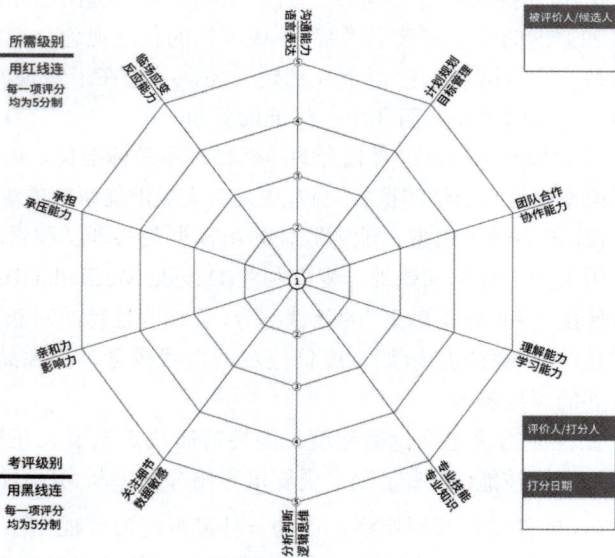

图3-9　能力胜任特征——蛛网模型

五、执行任务

(一) 职业能力评估表

通过分析自身能力和目标职位的匹配性，发现能力优势，察觉能力局限。同学们需要按照指导语将下表填写完整。

指导语：首先，你要明确你的理想职业目标是什么？心仪的岗位是什么？查阅相关资料，了解该岗位所需的职业能力有哪些，将凝练整理后的关键词填写在"工作所需要具备的能力"列，其次，深度思考针对这个岗位的能力要求，自己是否具备这些能力，具备的请打钩。最后，总结分享，通过职业能力评估表的填写，你清楚地看到自己各方面的能力与职业目标岗位要求之间的匹配程度，自己需要继续发挥哪些能力优势，自己还需要着重提升的能力有哪些？通过什么渠道提升这方面的能力。具体见表3-11。

职业目标：_____

表 3-11　职业能力评估表

工作所需要具备的能力	自己所具备的能力	总结分享

(二) 能力分区沙盘

通过"能力分区沙盘"可视化个人能力图谱，该活动需要用到"能力卡牌+沙盘"的互动模式，通过卡牌在不同区域的摆放识别自己的核心优势能力、发现自己的成长方向、制订行动计划。

活动工具如下。

(1) 能力卡牌：包含50～80张常见的职业能力卡片，内容可包含以下词条，另准备一些空白卡，供同学们填写卡牌中不包含的内容，如授权、临场发挥、情绪管理、评估、人际沟通、艺术特长、计算机运用、写作、提取概念、指导指点、艺术特长、客户服务、多语言、多任务管理、处理模糊问题、监控推进、团队合作、咨询与顾问、分析、审美能力、计划与组织、分析、持续记录、谈判协商、时间管理、提取概念、监控推进、写作、创意、预算、事务管理、编辑与校对、领导力、处理数字、资料收集、情绪管理、评价与检查、归类、表演与演说、归纳总结、执行、客户服务、临场发挥、机械使用、视觉化表达、预见、观察、决策、销售、快速适应。

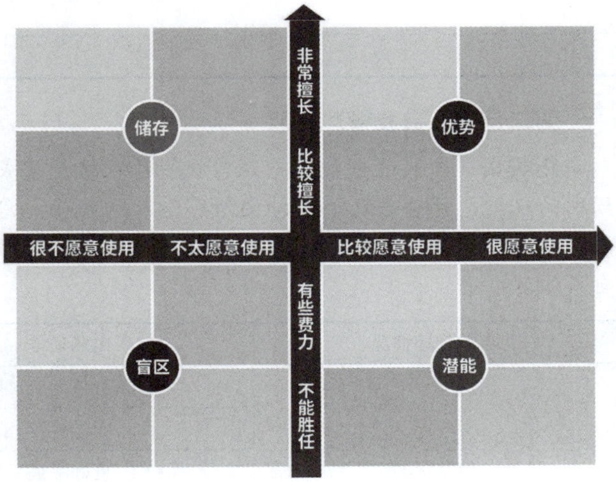

(2) 能力识别沙盘：将沙盘布分为以下四个区域进行能力的识别，如图3-10所示。

图 3-10　能力识别沙盘

活动流程如下。

(1) 卡牌筛选：请同学们从能力卡牌中筛选出与自身相关的20～30项能力，剔除无关项。

(2) 构建图谱：将这些能力卡牌依次放在自己认为的四个区域，分别是优势区、储存区、潜能区、盲区。而在每个区都又有四个小区，能够更加精确所具备能力的程度。

(3) 小组互评：同学们轮流展示，其他成员观察补充，在相互赋能中，更加明确自己的优势能力，在彼此建议中，更加清晰自己的未来努力方向。

(4) 制定计划：选择1～2项核心能力优势设计深耕路径，再选择1～2项短板，设定提升计划。

通过以上活动的推演，帮助同学们跳出文字测评的局限，在动态调整中完成从"认知自我"到"设计未来"的思维跃迁。

(三) 能力分类探索表

第一部分：知识技能

指导语：专业能力是指与特定的职业或者某种类型的工作相关的能力。通过教育、培训和工作经验和其他生活经验所获得。一般通过名词体现，如某门外语、乐理知识、机械设计等。通过回想曾经上过的或者正在上的学校课程、曾经参加过的培训、工作坊、沙龙、研讨会、志愿服务过程等方式进行提取。

序号	专业知识技能	获取来源	排序
1			
2			
3			
4			
5			
6			
7			
8			
9			
10			

第二部分：自我管理技能

指导语：自我管理能力是经常被看作人格特质或个人品质，这些特征帮助人们更好地适应周围的环境，调整自己，维持生活，与人相处等。需要专门学习及日常积累。一般用形容词、副词体现，例如：责任心、善于合作、严谨细致、踏实认真等。通过勾选形容词，评估常见的自我管理水平。

自我管理情况	内涵词条	是否符合（符合请打√）
健康状况	身体健康	
	容光焕发	
	良好睡眠	
	定期健身	
	平和放松	

(续表)

自我管理情况	内涵词条	是否符合（符合请打√）
健康状况	规律饮食	
	休闲充分	
	身强体壮	
	生龙活虎	
时间管理	日程精控	
	张弛有度	
	井井有条	
	独立勤奋	
	循序渐进	
	目标清晰	
	较高效率	
	分秒必争	
	充实充沛	
情绪管理	积极阳光	
	从容不迫	
	喜怒不形	
	平和稳定	
	沉着冷静	
	友善友好	
	愉悦满足	
	正念常驻	
工作状态	投入	
	坚持	
	专业	
	精通	
	平静	
	专注	
	耐心	
	热爱	
	高效	
	进取	
自我激励	积极乐观	
	自力更生	
	奋发图强	
	镇定自若	
	富有勇气	

(续表)

自我管理情况	内涵词条	是否符合（符合请打√）
自我激励	坚定励志	
	坚忍不拔	
	有希望感	
	自我赋能	
	自律自强	

第三部分：可迁移技能

指导语：可迁移技能是从生活和工作的方方面面获得，可广泛运用于工作或生活不同方面的能力。一般用动词体现，例如，对人的管理和教导，对事物的操作、控制，对数据的分析、整理等。通过对常见的可迁移技能的水平进行评估。

可迁移技能	具体内容	比较擅长（符合请打√）	有待提高（符合请打√）	完全没有（符合请打√）
组织管理	计划与目标设定			
	组织协调			
	资源配置			
	决策			
	沟通			
	激励			
组织管理	团队建设			
	问题解决			
	应变与创新			
	监控与评估			
	领导力			
	战略思维			
人际关系	沟通表达			
	倾听理解			
	人际交往主动性			
	同理心			
	情绪管理			
	社交礼仪			
	建立关系			
	维持关系			
	冲突解决			
	合作			
	适应性			
	人际洞察			

（续表）

可迁移技能	具体内容	比较擅长（符合请打√）	有待提高（符合请打√）	完全没有（符合请打√）
学习	深知方法与策略			
	保持好奇和开放			
	享受新知与探索			
	虚心请教与反思			
	善用数据和资源			
	愿意接受新知识			
	快速吸收新理念			
	不断反馈与调整			
沟通表达	善于倾听			
	公开演讲			
	撰写文稿			
	让别人接受自己的观点			
	领会他人的语义			
	精确表达自己的观点			
	表达感染力强			
	同理心与理解力			
	非语言沟通			
问题解决	问题识别与分析			
	信息收集与整合			
	持续学习与反思			
	有效解决问题			
	考虑问题的不同维度			
	提出创造性意见建议			
	抗压			
	关注细节和整体			

　　指导语：完成以上列表后，找出1～2个特别想提高的内容，寻找在这方面特别擅长的同学进行讨论，了解他们提升该能力的途径和方法，制订自己的能力提升计划。

（四）STAR成就故事模型

　　STAR成就故事模型是一种用于描述和分析个人成就故事的工具，由情境(situation)、任务(task)、行动(action)、结果(result)四个要素组成，如图3-11所示，以下是具体介绍。

　　情境(situation)：指事情发生的背景、环境和具体情况，包括时间、地点、相关人物等，用以清晰界定成就事件的起点和前提条件。

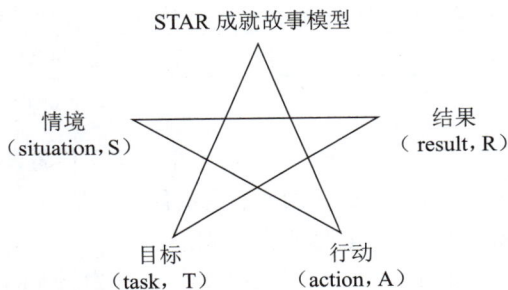

图 3-11　STAR 成就故事模型

任务(task)：明确在特定情境下需要完成的目标或任务，即要解决的问题或要达成的结果，它是故事的核心指向。

行动(action)：重点描述为完成任务所采取的具体行动，包括思路、方法、步骤以及遇到困难时的应对措施等，体现个人的能力和努力。

结果(result)：阐述行动所带来的最终成果，如达成的目标、取得的成绩、产生的积极影响等，用以直观展示个人成就。

STAR成就故事模型可帮助个人梳理和展示自己的能力与成就，在求职面试、个人述职等场景有重要作用，也有助于面试官等全面了解候选人的过往表现和能力水平。

指导语：请同学们运用STAR成就故事模型分析自己的成就事件，思考自己成功克服困难和挑战的过往经历，是由哪些因素造就的，是因为我们自己做了哪些具体的事情，直接影响了事件的结果。

情境 (situation，S)	
目标 (task，T)	
行动 (action，A)	
结果 (result，R)	

(五) "武林大战"能力棋盘格

该活动以团体辅导的形式进行，参与者需要先被分组，在自己的组内，通过"武林大战"能力棋盘格，感受竞争，讲述自己的成就事件、聆听别人的成就事件，通过棋子在不同棋盘格中的摆放识别自己的优势能力，并且评估出自己在所在小组团队成员中能力的高低。该活动需要用到"彩色棋子+棋盘格"。

(1) 彩色棋子。棋子的颜色按照每组人数来确定，参与者每人领取同一颜色的棋子5～8粒(棋子的个数代表个人拥有的优势能力)。

(2) 棋盘格(如图3-12所示)。棋盘格每个小组一个，放在小组团队成员中间，方便所有人看。活动流程如下。

能力大类	创新思维	沟通交流	领导力	专业技术	自我管理	态度品质	计划执行
能力条目1	归纳总结	理解他人	引领影响	学习成长	情绪管理	认真负责	制订计划
能力条目2	信息处理	赞美鼓励	知人善任	合作竞争	适应能力	持之以恒	资源共享
能力条目3	信息收集	换位思考	全局意识	影响他人	反思自省	空杯开放	目标明确
能力条目4	求新求异	沟通谈判	指导支持	主动创造	回顾复盘	挑战自我	规则制定
能力条目5	敏感快捷	言语表达	组织协调	研究探索	自我认知	及时沟通	条例清晰
能力条目6	查漏补缺	搭建平台	思路清晰	未来考虑	行为状态	谦虚严谨	高效快捷

图 3-12　棋盘格

(1) 诸侯争霸。参与者手中的棋子代表自己拥有的核心能力，观察棋盘格，将手中的能力棋子分别放入自己认为所拥有的能力方格中，同一个格子不限人数上限。人越多，接下来的战况越激烈。不一定把棋子全部使用完。

(2) 独霸一方。单独占领一个能力城池的"武林高手"，需讲成就事件证明，其他人举手表决，超过1/2的人同意，则该成员独霸一方。未通过，重新举例，2次机会，否则撤出方格。

(3) 高手对决。同一能力城池有不止一个武林高手的，需要进行高手对决，分别说出自己能够代表该能力的事件，所有人进行投票，票多者获胜(自己也拥有投票权)。

(4) 终极挑战。所有高手可以拿手中剩余的棋子，对任何一个格子的"高手"发起挑战，讲证明自己能力的成就事件，其他组员投票，超过原高手，即挑战成功。

活动旨在营造沉浸式体验的氛围，激发同学们参与的热情，如图3-13所示。

图3-13　"武林大战"能力棋盘格活动现场

(六) 能力连连看

活动流程如下。

(1) 每人准备一张A3大小的纸，在纸张的任意位置画下一个圆，中间写上自己的名字。

(2) 在写有自己名字的圆圈周围画下大小不一、距离不同的圆圈，并在圆圈中写下自己拥有的能力。圆圈的大小代表个人某项能力的强弱，圆圈越大，代表该项能力越强。这些圆圈与自己名字的距离代表提升这项能力途径的难易程度。距离越远，代表个人需要提升该项能力需要获得资源或方法的难度越大。

(3) 连线。自己已经拥有的优势能力用实粗线连接，需要进一步提升和强化的能力用实细线连接，需要弥补不足的能力用虚线连接，需要借助他人的支持和资源才能提升的能力用波浪线连接。

(4) 在这些能力中，挑选1～2项，写下自己的能力提升计划。

_____

_____

_____

_____

六、通关要领

能力探索作为职业规划的核心环节，长期以来存在"技能工具论"的倾向，即过度关注个体能力与岗位要求的机械匹配，而忽视能力培育的价值导向。新时代思政教育要求我们必须突破这种局限，将"为人民服务"的根本宗旨深度融入能力认知体系，推动同学们构建"个人能力坐标系—社会发展坐标系—国家战略坐标系"三位一体的价值认知框架。

黄文秀在北京师范大学取得硕士学位后，主动将管理学专业能力转化为百坭村的精准扶贫实践，创新设计"驻村工作队+党员能人+贫困户"的脱贫路径，正是将个体能力坐标系精准锚定在社会需求坐标中的典范。

西安培华学院2020届临床医学专业毕业生吕尚彬，从学生到战士，一心只想报效祖国，2016年选择入伍，在入伍期间多次荣获"优秀个人""优秀义务兵"等称号，用实际行动表达青年学子对祖国的热爱，2020年7月毕业，他到陕西省吴堡县岔上樊家圪陀村，成为一名乡村医生，"要成为一个对社会有用的人"成为他的座右铭，他用实际行动践行"医者仁心"的崇高理念。如今的吕尚彬因工作能力强、工作业绩突出，被提拔为岔上镇卫生院副院长，他说："只有不断学习，才能为乡村医疗做更大的贡献。"

133

这些新时代好青年群体潜藏磅礴力量与沉甸甸的责任担当，奏响了属于当代青年的奋斗华章。

同学们在能力探索中要回答好"为谁培养能力""怎样用好能力"的根本性问题，最终实现职业发展从"谋生手段"到"人生意义"的认知跃迁。同时，通过本关卡的探索，同学们能够全面了解自身能力，制订科学的能力提升计划，为未来的职业发展奠定坚实基础，同时实现个人价值与社会价值的统一。

七、晋级成功

写下收获，取得下一关闯关资格。

_____

_____

_____

_____

_____

_____

_____

_____

_____

_____

_____

_____

_____

_____

_____

_____

_____

_____

_____

_____

_____

_____

_____

_____

_____

附录：多元智能量表项目

(一) 语言智能(linguistic intelligence)

项目	
L01	我喜欢看书
L02	我很容易明白别人的指示、谈话内容及其言外之意
L03	我从收音机或录音带比电视或电影可获取更多的资讯
L04	我喜欢文字游戏，如填字游戏、猜谜语、快速拼字等
L05	我喜欢用"绕口令"娱乐自己，也娱乐别人
L06	在学校，语文、历史对我来说比数学、科学容易
L07	我在谈话时常引用看来或听来的资讯
L08	我与人交流时，细心聆听，善用言语
L09	我善于记人名、地点、日期或琐事细节
L10	我能看图说故事，用丰富词汇编写故事
L11	我会朗读课文和听讲故事
L12	我能用说话表达想法、情绪和需求
L13	我能运用所学的字、词和句式写作
L14	我喜爱讨论、辩论等应用语言文字的活动
L15	我善于讲故事和笑话或编写难以置信的故事

言语/语言智力指的是人对语言的掌握和灵活运用的能力，表现为个人能顺利而有效地利用语言描述事件、表达思想并与他人交流。诗人拥有真正的语言能力，演说家、律师等是语言能力高的人。

建议： 参加国际交流类课程中日语、韩语、国外考察、国外研修、夏令营、冬令营等课程模块的学习，还可以积极参与关于校园生活的辩论、写诗歌、编短剧或讲故事、文学作品鉴赏、课堂问题的讨论、时事评论、参观关于文学创作的展示、创作广播节目等系列活动。

通过课程和活动，学生对语言结构会有初步的了解，不仅可以更好地融入校园文化，还可以加强言语表达与言语沟通能力，进而促进语言智能的发展。

(二) 逻辑数学智能(logical-mathematical intelligence)

项目	
LM01	在看或听故事时，我通常会按故事的情节猜想结局，而且猜中率很高
LM02	我对科学的新发展很有兴趣
LM03	我比较容易相信经过科学研究或有数据的事情(例如，天气报告，经测试的实验报告)
LM04	我喜欢把事物进行分配、分类、分等
LM05	我喜欢寻找事物的规律、形式及逻辑顺序
LM06	我喜欢棋类或其他运用数学策略的游戏
LM07	我喜欢提出假设性问题，或思索如何进行某项试验(例如，假如每星期给我的玫瑰花多浇一倍水会怎样)
LM08	我相信事物都会有合理的解释

(续表)

项目	
LM09	我懂得估算或进行快速心算
LM10	我喜欢利用计算机、电脑解题和参加计算游戏
LM11	我喜欢侦探推理、数学家和科学家的发明故事
LM12	我喜欢数学课，参与数学和科学活动
LM13	我喜欢提问，探究事情发生的原因
LM14	我喜欢有计划地做事(例如，在考试或测验前，我会计划如何温习)
LM15	我喜欢将事物统计用表列出

逻辑数学智能指的是对逻辑结构关系的理解、推理、思维表达能力，主要表现为个人对事物间各种关系如类比、对比、因果和逻辑等关系的敏感以及通过数理进行运算和逻辑推理等。科学家、数学家或逻辑学家就是这类智力高的人。

建议：参加科技创新类课程中的科技创新竞赛、小发明、小制作等课程模块和学科竞赛类课程中的数学奥赛、化学奥赛、物理奥赛、计算机奥赛、生物奥赛等课程模块的学习。

通过以上课程的学习及科学的培养和指导，学生可以掌握解决问题的基本原理、设计思路、解题方法、操作步骤，初步具备对自然科学的缜密思维能力，进而促进逻辑数学智能的发展。

(三) 空间智能(spatial intelligence)

项目	
S01	对我来说，阅读地图、图表比阅读文字容易
S02	我画图画得很好
S03	我喜欢制作有趣的立体模型
S04	我阅读是更多从图画而不是从文字中获取讯息
S05	我一般能在陌生的地方找到路
S06	我喜爱随手图画
S07	我喜爱玩拼图、走迷宫、堆积木或砌模型等想象游戏
S08	我喜爱阅读地图，观看设计图及含图像作品
S09	我喜爱想象，容易想入非非
S10	我对色彩很敏感(例如，很容易分辨不同深浅程度的红色。)
S11	我能很轻松地想象一个事物的景象
S12	我喜欢看电影和其他视觉艺术表演
S13	我喜欢手工、美术、劳作、视觉艺术课
S14	我会选择材料、用具，按照自己意念进行设计创作
S15	我喜欢用比喻来解说事情

空间智能指的是对色彩、形状、空间位置等要素的准确感受和表达的能力，表现为个人对线条、形状、结构、色彩和空间关系的敏感，以及通过图形将它们表现出来的能力。

工程师、航海家、水手、外科医生、雕塑家、建筑设计师、画家等一般具有高度发达的空间智能。

　　建议：参加美术书法类课程中的写生、版画、作品展览、精品欣赏、美术设计、古玩鉴赏等课程模块的学习。学生还可以积极参与设计海报、公告板或黑板报；艺术欣赏；泥塑、陶艺、雕刻；图解、画、建造艺术品等活动。

　　通过以上课程和活动，学生可以在创作与活动中感受美、领悟美、体验美的同时掌握作图、作画、手工雕塑、书法体临摹等方法与技能，提高对线条、形状、结构、色彩和空间关系的敏感度，进而促进空间智能的发展。

(四) 音乐智能(musical intelligence)

项目	
M01	我会弹奏一种或多种乐器
M02	我喜爱随意哼唱、不自觉用手脚轻打节拍
M03	我喜爱吹口哨、唱歌、唱游活动
M04	我喜爱听音乐
M05	我有好听的歌喉
M06	我讲话时很有节奏感
M07	我能辨别音乐走调
M08	我能随音乐的节奏，用动作来表达
M09	我参加乐队、合唱团
M10	我发现有时在走路时，脑海里会出现某个电视节目的音乐或其他的旋律
M11	我知道很多歌曲或乐曲的旋律
M12	有音乐伴着来做事，心情愉快，我会更专注、更快地完成
M13	如果听过一首曲子一遍到两遍，我一般能很准确地把它唱出来
M14	我会自己作词、谱曲以抒发情感
M15	我会倾听乐曲的内涵，领受音乐的意境(例如，我会知道乐曲是表达快乐、悲伤或大自然的和谐等)

　　音乐智能指的是个人感受、辨别、记忆、表达音乐的能力，表现为个人对节奏、音调、音色和旋律的敏感，以及通过作曲、演奏、歌唱等形式来表达自己的思想或情感。作曲家、歌唱家、演奏家等人一般具有较高的音乐智能。

　　建议：学习戏曲影视类课程中的京剧、话剧等课程模块，以及音乐舞蹈类课程中的民族舞、现代舞、器乐、声乐等课程模块；参加歌舞活动；学习古典音乐、打击乐器；为音乐作品写新的结尾；运用音乐来表现生活；乐曲分类；谱曲等系列活动。

　　通过以上学习，学生可以在发展学生音乐智能的同时，了解或掌握戏曲影视艺术和音乐舞蹈的基本知识、历史发展、审美鉴赏方法、演唱技能技巧、表演理论与实践等。这样不仅可以提高学生对音乐舞蹈的兴趣，还可以提升学生的审美和创造美的能力，促进学生综合素质的发展。

(五) 身体动觉智能(bodily-kinesthetic intelligence)

项目	
BK01	在玩运用身体动作猜电影名称或歌曲名称的游戏时，我很容易将这些名称用动作表达出来
BK02	我与人谈话时，常用手势或其他形式的身体语言
BK03	我听见音乐时，就会摇摆身体或跳舞
BK04	我会亲自练习一项新的技能，而不只是看说明或描述的录像带

(续表)

项目	
BK05	我擅长一种或多种体育运动
BK06	我善于模仿他人的动作、言谈举止
BK07	我喜欢摔跤、拍打朋友、跑进课室、翻跳椅子的动作
BK08	我喜爱体育活动和身体动作游戏
BK09	我喜爱通过身体感觉(例如，用手触摸)进行学习
BK10	我喜爱动手完成细致的手工艺作品(例如，缝纫、编织、雕刻、木工或做模型)
BK11	我喜爱拆解和组装物件
BK12	我喜爱惊险娱乐的活动或身体刺激游戏
BK13	我善于协调各部分身体动作(例如，跳舞、演戏、体操)
BK14	我较难长时间坐着不动
BK15	我记得最清楚的事物是做过的，而不是说过或看过的

身体动觉智能指的是人的身体的协调、平衡能力和运动的力量、速度、灵活性等，表现为用身体表达思想、情感的能力和动手的能力，拥有较高身体动觉智能的是从事体操或表演艺术的人。

建议：参加体育运动类课程中的田径、篮球、足球、乒乓球、网球、羽毛球、健美操、航模、跆拳道等课程模块的学习。

通过体育运动类课程的学习，学生可以在发展身体动觉智能的同时，产生运动的兴趣和爱好，增强体质，掌握和应用基本的体育与健康知识和运动技能，学会通过体育活动等方法调控情绪，形成克服困难的坚强意志品质和积极进取、乐观开朗的生活态度。

(六) 人际智能(interpersonal intelligence)

项目	
I01	我喜欢团体运动(例如，羽毛球、排球、篮球或足球)而不喜欢个人运动(例如，游泳、跑步)
I02	当有问题时，我愿意找别人帮助
I03	我至少有三个亲密的朋友
I04	我喜欢教一个人或一群人如何做某件事
I05	我懂得关心、体谅和帮助别人
I06	我在人群中感到很不舒服，而不愿个人独处
I07	我乐意接纳别人的意见
I08	我会倾听别人的说话，懂得互动，沟通良好
I09	我乐意与人分工合作，喜爱角色扮演和集体游戏
I10	我守秩序、学会等待、接受轮候
I11	我喜欢与他人交往，有很多朋友，在社交聚会中显现领导才能
I12	我具有团队精神，既尽职又努力奉献
I13	我容易结交新朋友
I14	我是消息灵通人士
I15	我了解别人的喜怒，会由别人的脸色及当时的情形，知道别人的心情，并正确、迅速地应对

人际智能指的是对他人的表情、说话、手势动作的敏感程度，以及对此作用有效反应的能力，表现为个人觉察、体验他人的情绪、情感并作为适当的反应。对于教师、临床医生、推销员或政治家来说，这种智力尤为重要。

建议：参加国际交流类课程中的国外考察、国外研修、夏令营、冬令营等课程模块，以及社会文化类中的社交礼仪等课程模块。

通过以上课程的学习，学生可以了解异国的文化传统、风俗民情、生活习惯、社交礼仪，加深对异国民族的认识，不断提升自身的人文素养；理解世界的多元化，学会尊重他人，学会共处与合作，掌握一定的国际礼仪知识，具备初步的跨文化交际技能，进而促进人际智能的发展。

(七) 内省智能(intrapersonal intelligence)

项目	
J01	我能恰当表达自己的感受和想法
J02	我能客观评价自己，知道自己的优缺点
J03	我诚实、坦白、勤于反省、勇于认错
J04	我是活泼开朗的
J05	我明事理、拥有自尊、懂得自律
J06	我能集中注意力、按时完成工作
J07	我喜欢独立工作、游戏和学习
J08	我善于计划和分配日常生活时间
J09	我能控制自己的情绪，不随意发脾气
J10	我能够面对挫折
J11	我经常思考自己的重要人生目标
J12	我会检讨自己做事成功或失败的经验，使下次做事更为顺利
J13	我认为自己意志坚强或性格独立
J14	我喜欢记录个人生活事件
J15	我有自知之明及据此做出适当行为的能力

内省智能指的是个体认识、洞察和反省自身的能力，表现为个人能较好的意识和评价自己的动机、情绪、个性等，并且有意识地运用这些信息去调适自己生活的能力。这种智能在哲学家、小说家律师等人身上有比较突出的表现。

建议：参加社会文化类课程中的国学、名著鉴赏、心理讲座等课程模块的学习。还可以制定并追求一个目标；描述自己对某事件感受；解释你关于生活的感悟；描述个人价值；分析学习失败的原因；设计达到目标的方案；获得别人的反馈；反思生活的意义。

通过此类课程的学习，学生在发展学生内省智能的同时，能够感受中国古老文明的魅力，并对其有自己的独特见解；了解科学知识和社会文明内在的联系，认识事物变化发展的规律和学习研究问题的方法；并且能对自己的学习进行反思和评价，形成正确的人生观、价值观和世界观。

(八) 自然观察者智能(naturalist intelligence)

项目	
N01	我对植物、动物、自然生态环境有好奇心、保护意识和关怀之情
N02	我对自然界事物具有敏锐的感觉(例如，声音、色彩、气味、香味等)

(续表)

项目	
N03	我很快熟悉生物和自然景物的名称、特征、分类方法和与其有关的资料
N04	我会留意自然环境和生活环境的变化，特别是突变和不寻常现象
N05	我喜爱收集标本、饲养动物、种植花草树木，参加园艺或野外活动
N06	我喜爱阅览以自然景象和动植物为主题的节目、图书和展示
N07	我喜欢使用仪器来探究自然世界(例如，使用望远镜、放大镜、显微镜等)
N08	我能够有系统地记录所收集的标本和将发现分门别类
N09	我善待自然界(例如，垂钓、烹饪)，乐于分享自己探索自然万物的经验
N10	我喜欢看云，并看出有不同的形状、高度、明暗度等
N11	我喜欢到公园、植物园、水族馆参观考察
N12	我对自然景物有很大兴趣
N13	我会蹲在地上看蚂蚁走路，一看就花上半个小时，目的是观察蚂蚁的生活动态而不想踩死它
N14	春天来临时，我是朋友中第一个注意到花苞或嫩芽的人
N15	在往返学校的路上，我喜欢观察周围的景物，并且注意其不同的变化

自然观察者智能指的是人们辨别生物(植物和动物)以及对自然世界(云朵、石头等形状)的其他特征敏感的能力。这种智能在过去人类进化过程中显然是很有价值的，如狩猎、采集和种植等，同时这种智能在植物学家和厨师身上有明显的体现。

建议： 参加科技创新类课程中的开放实验室，学习社会文化类课程的海洋与文化、旅游景观等课程模块；记录观察日志；比较气候现象；创制一种分类方法；了解动植物的生活习性；描述物种的特征；参加一个户外田野式旅行；园艺选修。

通过以上课程和活动，学生在发展自然观察者智能的同时，培养自身的发散思维、创新意识、创造能力，初步具备主动发现问题、探究问题、解决问题的能力。

评分标准：

每个题目均设置四个选项：不同意(A)，0分；少许同意(B)，2分；颇为同意(C)，4分；同意(D)，6分。

等级标准如下。

水平4：69～90分。

水平3：46～68分。

水平2：23～45分。

水平1：0～22分。

1. 语言智能

水平4： 能运用所学的字、词和句式写作；认为语文、历史比数学、科学更容易学习；较为容易明白别人的指示、谈话内容及其言外之意；与人交流时，较为细心聆听，善用言语；亦较为善记人名、地点、日期或琐事细节。

水平3： 较为容易明白别人的指示、谈话内容及其言外之意；亦较能用说话表达想法、情绪和需求；与人交流时，较为细心聆听，善用言语；而且较为善记人名、地点、日期或琐事细节；略会看图说故事，偶尔用丰富词汇编写故事。

水平2： 略会看图说故事，偶尔用丰富词汇编写故事，有时会朗读课文和听故事；稍微会用说话表达想法、情绪和需求；在谈话中有时会引用看来或听来的资讯；偶尔会善记人名、地点、日期或琐事细节；略微喜爱讨论、辩论等应用语言文字的活动。

水平1： 不喜爱讨论、辩论等应用语言文字的活动；不喜欢文字游戏，如填字游戏、猜谜语、快速拼字等；少许或不喜欢用"绕口令""栋笃笑"娱乐自己及别人；很少会朗读课文和听故事；不善于讲故事和笑话或编写难以置信的故事；也不善记人名、地点、日期或琐事细节。

2. 逻辑数学智能

水平4： 很相信事物都有合理的解释；喜欢有计划地做事；较为喜欢提问，探究事情发生的原因；也较为喜欢提出假设性的问题，或思索如何进行某项试验；喜欢数学课，参与数学和科学活动；喜欢寻找事物的规律、形式和逻辑顺序；较懂得估算或进行快速心算。

水平3： 较为喜欢提问，探究事情发生的原因；也会喜欢把事物进行分配、分类、分等；相信事物都会有合理的解释；比较容易相信经过科学研究或有数据的事情；略微懂得估算或进行快速心算；又较为喜欢有计划地做事。

水平2： 略微喜欢寻找事物的规律、形式及逻辑顺序；稍微喜欢把事物进行分配、分类、分等；亦稍微喜欢有计划地做事；又略微喜欢侦探推理、数学家和科学家的发明故事；少许喜欢利用计算机、电脑解题和参加计算游戏；再看或听故事时，有时会按故事的情节猜想结局，偶尔猜中。

水平1： 不喜爱棋类或其他运用数学策略的游戏；不懂得估算或进行快速心算；稍微相信事物都有合理的解释；少许或不喜欢把事物进行分配、分类、分等，及寻找事物的规律、形式及逻辑顺序。

3. 空间智能

水平4： 喜欢手工、美术、劳作、视觉艺术课、看电影和其他视觉艺术表演；喜欢玩拼图、走迷宫、堆积木或砌模型等想象游戏；也较喜欢用比喻来解说事情；对色彩很敏感；亦较会选择材料、用具，按自己意念进行设计创作。

水平3： 喜欢手工、美术、劳作、视觉艺术课、看电影和其他视觉艺术表演；尚能轻松地想象一个事物的景象；较会选择材料、用具，按自己意念进程、进行设计创作；亦较喜欢用比喻解说事情。

水平2： 对色彩有少许敏感；偶尔能很轻松地想象一个事物的景象；稍会选择材料、用具，按自己意念进行设计创作；少许喜欢用比喻解说事情；少许或不喜欢随手涂画、阅读地图、观看设计图及含图像作品；较喜欢看电影和其他视觉艺术表演。

水平1： 认为自己画图画得不好，不喜欢随手涂画，亦不喜欢阅读地图，观看设计图及含图像作品；不会选择材料、用具，按自己意念进行设计创作；不感到阅读地图、图表比文字容易。

4. 身体动觉智能

水平4： 喜爱惊险娱乐及体育的活动或身体刺激动作游戏；喜爱动手完成细致的手工艺作品；善于协调各部位身体动作及较难长时间坐着不动，并擅长一种或多种体育活动。

水平3： 喜爱惊险娱乐及体育的活动或身体刺激动作游戏；在玩运用身体动作猜电影名称或歌曲名称的游戏时，稍微容易将这些名称用动作表现出来；较为善于协调各部分身体动作；亦稍微善于模仿他人的动作、言谈举止。

水平2： 在玩运用身体动作猜电影名称或歌曲名称的游戏时，少许容易将这些名称用动作表达出来；少许或不喜爱通过身体感觉(如用手触摸)进行学习；少许或不善于模仿他人的动作、言谈举止；偶尔会亲自练习一项新的技能，而不只是看说明或描述的录像带；稍微喜爱拆解和组装物件。

水平1：不喜欢摔跤、拍打朋友、跑进教室、翻跳椅子的动作；也不喜爱体育运动活动和身体动作游戏；不善于模仿他人的动作、言谈举止；与他人谈话时，偶尔用手势或其他形式的身体语言；少许或不喜爱拆解和组装物件；稍微善于协调各部分身体动作。

5. 音乐智能

水平4：喜爱听音乐，有音乐伴着来做事心情愉快，会更专注、更快地完成；会倾听乐曲和内涵，领受音乐的意境；发现有时在走路时，脑海里会出现某个电视节目的音乐或其他旋律；喜爱吹口哨、唱歌、唱游活动，并且知道很多歌曲和乐曲的旋律。

水平3：喜爱听音乐，有音乐伴着来做事心情愉快，较为专注、较快完成；如果听过一首曲子一遍到两遍，有时能很准确地把它唱出来；较喜爱吹口哨、唱歌、唱游活动；有时能辨别音乐走调；亦偶尔能随音乐的节奏，用动作来表达。

水平2：喜爱听音乐，有音乐伴着来做事心情愉快，较为专注、较快地完成；不会弹奏任何乐器；讲话时偶尔有节奏感；偶尔能随音乐的节奏，用动作来表达；少许或不能辨别音乐走调；如果听过一首曲子一遍到两遍，少许或不能准确地把它唱出来；少许或不感到自己有好听的歌喉。

水平1：不觉得自己有好听的歌喉；不会弹奏任何乐器；讲话时不是很有节奏感；没有参加乐队、合唱团；不喜爱吹口哨、唱歌、唱游活动；不会自己作词、谱曲以抒发情感。

6. 人际智能

水平4：至少有三个亲密朋友，并容易结交新朋友；在人群中感到很舒服，而不愿意个人独处；当有问题时，愿意找别人帮助，并乐意接纳别人的意见；了解别人的喜怒，会由别人的脸色及当时的情形，知道别人的心情，并正确、迅速地应对。

水平3：当有问题时，较愿意找别人帮助，亦较乐意接纳别人的意见；较会倾听别人的说话，懂得互助，沟通良好，比较懂得关心、体谅和帮助别人；较具有团队精神，尚能尽职及努力奉献，并且较容易结交新朋友。

水平2：较乐意接纳别人的意见及倾听别人的说话，略懂得互助、关心、体谅和帮助别人，沟通良好，稍微容易结交新朋友；偶尔是消息灵通人士；少许或不喜欢教一个人或一群人如何做某件事。

水平1：略懂得关心、体谅和帮助别人；稍会倾听别人的说话，略懂得互助，偶尔沟通良好；少许能够了解别人的喜怒，偶尔由别人的脸色及当时的情形，知道别人的心情，并正确、迅速地应对；少许或不喜欢教一个人或一群人如何做某件事；少许或不喜爱角色扮演、集体游戏及与人分工合作。

7. 内省智能

水平4：活泼开朗；经常思考自己重要的人生目标，并会检讨自己做事成功或失败的经验，使下次做事更为顺利；有时善于计划和分配日常生活时间；认为自己意志较为坚强或性格独立；亦认为自己诚实、坦白、勤于反省、勇于认错及能够面对挫折。

水平3：认为自己较为诚实、坦白、勤于反省、勇于认错、明事理、拥有自尊、懂得自律；也认为自己意志较为坚强或性格独立；尚会检讨自己做事成功或失败的经验，使下次做事更为顺利；亦有自知之明及据此做出适当行为的能力；偶尔善于计划和分配日常生活时间。

水平2：稍能恰当表达自己的感受和想法；偶尔善于计划和分配日常生活时间；有时能集中注意力、按时完成工作；认为自己稍明事理、拥有自尊、懂得自律、意志坚强或性格独立。

水平1：少许或不喜欢记录个人生活事件；少许或不善于计划和分配日常生活时间；略为能够面对挫折；认为自己稍微诚实、坦白、勤于反省、勇于认错；有时思考自己重要的人生目标；偶尔会检讨自己做事成功或失败的经验，是下次做事更为顺利，少许或不能集中注意力、按时完成工作。

8. 自然观察者智能

水平4：对自然景物有很大兴趣；喜爱收集标本、饲养动物、种植花草树木，参加园艺或野外活动；亦喜欢到公园、植物园、水族馆参观考察；善待自然世界(如垂钓、烹饪)，乐于分享自己探索自然万物的经验；对自然事物具有敏锐的感觉；在往返学校的路途上，喜欢观察周围的景物，并且注意其不同的变化。

水平3：较为喜欢看云，并有时看出不同形状、高度、明暗度等；对自然景物较有兴趣；对自然界事物有较敏锐的感觉；对植物、动物、自然生态环境较有好奇心、保护意识和关怀之情；较喜欢使用仪器来探究自然世界；也较善待自然世界(如垂钓、烹饪)，较乐于分享自己探索自然万物的经验。

水平2：对自然景物稍有兴趣；略微喜爱阅览以自然景象和动植物为主题的节目、图书和展示；稍微喜欢到公园、植物园、水族馆参观考察；偶尔会很快熟悉生物的自然景物的名称、特征、分类方法和与其有关的资料；少许或不喜欢收集标本、饲养动物、种植花草树木，参加园艺或野外活动；少许或不能够有系统地记录所收藏的标本和将新发现分门别类。

水平1：春天来临时，不是朋友中第一个注意到花苞或嫩芽的人；不喜爱收集标本、饲养动物、种植花草树木、参加园艺或野外活动；不能够有系统地记录所收藏的标本和将新发现分门别类；不喜欢阅览以自然景象和动植物为主题的节目、图书和展示；不会为观察蚂蚁的生活动态，而花半个小时蹲在地上看蚂蚁走路。

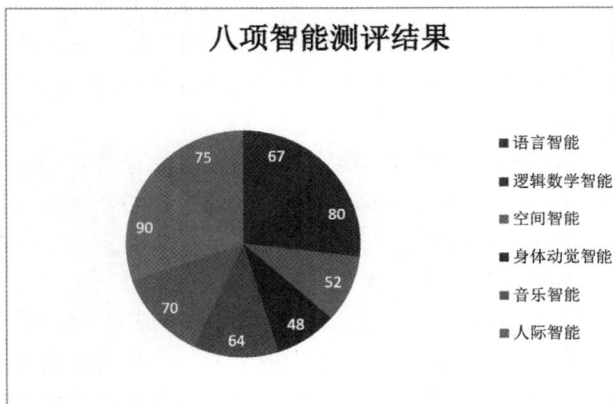

八项智能测评结果

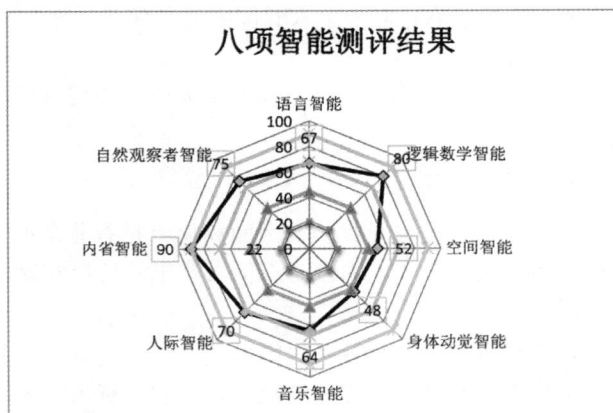

八项智能测评结果

任务四　价值溯源·澄明寻真

一、关卡名称：澄清自我价值

追求是由价值观所决定的，而职业中的追求就是由职业价值观来决定的。价值观在个人职业生涯中起着决定性的作用。它是一种内心尺度，支配着人的行为、态度、信念等，为人自认为的正当行为提供充足的理由。

(一) 价值观

1. 价值观简介

价值观是基于人的一定的思维感官之上而做出的认知、理解、判断或抉择，也就是人认定事物、辨别是非的一种思维或取向，从而体现出人、事、物一定的价值或作用。

2. 价值观特点

价值观具有稳定性和持久性、历史性和选择性、主观性的特点。价值观对动机有导向的作用，同时反映人们的认知和需求状况。对于价值观较著名的研究包括奥尔波特等人的价值观研究、M. 莫里斯的生活方式问卷、M. 罗克奇的价值观调查表等。

1) 稳定性和持久性

价值观具有相对的稳定性和持久性。在特定的时间、地点、条件下，人们的价值观总是相对稳定和持久的。例如，对某种人或事物的好坏总有某种看法和评价，在条件不变的情况下这种看法也不会改变。

2) 历史性和选择性

在不同时代、不同社会生活环境中形成的价值观是不同的。一个人的价值观是从出生开始，在家庭和社会的影响下，逐步形成的。一个人所处社会的生产方式及其经济地位，对其价值观的形成有决定性的影响。当然，报刊、电视和广播等宣传的观点以及父母、老师、朋友和公众名人的观点与行为，对一个人的价值观也有不可忽视的影响。

3) 主观性

用以区分好与坏的标准是根据个人内心的尺度进行衡量和评价的，这些标准都可以称为价值观。

3. 价值观作用

价值观对人们自身行为的定向和调节起着非常重要的作用。价值观决定人的自我认识，它直接影响和决定一个人的理想、信念、生活目标和追求方向。价值观的作用大致体现在以下两个方面。

1) 价值观对动机有导向的作用

价值观有时是一种需要的缺乏。人们的行为动机受价值观的支配和制约，价值观对动机模式有重要影响。在同样的客观条件下，具有不同价值观的人，其动机模式不同，产生的行为也不相同。动机的目标方向受价值观的支配，只有那些经过价值判断被认为是可取的动机，才能转换为行为的动机，并以此为目标引导人们的行为。

2) 价值观反映人们的认知和需求状况

价值观是人们对客观世界及行为结果的评价和看法，是我们在生活和工作中所看重的原则、标准和品质，因此，它从某个方面反映了人们的人生观和世界观，反映了人的主观认知世界。它指向我们一生中最重要的东西，所以它也是一套自我激励机制。

(二) 职业价值观

1. 职业价值观简介

职业价值观是指人生目标和人生态度在职业选择方面的具体表现，也就是一个人对职业的认识和态度，以及他对职业目标的追求和向往，是个体对某种工作结果重要性的看法，对于通过工作所获得回报内容的期望。职业价值观测评会有助于职业决策和提高工作满意度。

理想、信念、世界观对职业的影响，集中体现在职业价值观上。

由于个人的身心条件、年龄阅历、教育状况、家庭影响、兴趣爱好等方面的不同，人们对各种职业有着不同的主观评价。从社会层面来讲，由于社会分工的发展和生产力水平的相对落后，各种职业在劳动性质和内容上，劳动难度和强度上，劳动条件和待遇上，以及所有制形式和稳定性等诸多问题上，都存在差别。再加上传统的思想观念等的影响，各类职业在人们心目中的声望地位便也有好坏高低之分。这些评价都形成了人的职业价值观，并影响着人们对就业方向和具体职业岗位的选择。

每种职业都有各自的特性，不同的人对职业意义有不同的认识，对职业好坏有不同的评价和取向，这就是职业价值观。职业价值观决定了人们的职业期望，影响着人们对职业方向和职业目标的选择，决定着人们就业后的工作态度和劳动绩效水平，从而决定了人们的职业发展情况。哪个职业好？哪个岗位适合自己？从事某一项具体工作的目的是什么？这些问题都是职业价值观的具体表现。

2. 职业价值观分类

根据不同的划分标准，人们对职业价值观的种类划分也不同。美国心理学家洛特克在其所著《人类价值观的本质》一书中，提出13种价值观：成就感、审美追求、挑战、健康、收入与财富、独立性、爱、家庭与人际关系、道德感、欢乐、权利、安全感、自我成长和社会交往。我国学者阚雅玲将职业价值观分为如下12类。

(1) 收入与财富。工作能够明显有效地改变自己的财务状况，因此可以将薪酬作为选择工作的重要依据。工作的目的或动力主要来源于对收入和财富的追求，并以此提高生活质量，显示自己的身份和地位。

(2) 兴趣特长。将自己的兴趣和特长作为选择职业最重要的因素，能够扬长避短、趋利避害、择我所爱、爱我所选，可以从工作中得到乐趣、得到成就感。在很多时候，会拒绝做自己不喜欢、不擅长的工作。

(3) 权力地位。有较高的权力欲望，希望能够影响或控制他人，使他人照着自己的意思去行动；认为有较高的权力地位会受到他人尊重，从中可以得到较强的成就感和满足感。

(4) 自由独立。工作有弹性，不想受太多的约束，可以充分掌握自己的时间和行动，自由度高，不想与太多人发生工作关系，既不想制人也不想受制于人。

(5) 自我成长。工作能够给予受培训和锻炼的机会，使自己的经验与阅历能够在一定的时间内得以丰富和提高。

(6) 自我实现。工作能够提供平台和机会，使自己的专业和能力得以全面运用和施展，实现自身价值。

(7) 人际关系。将工作单位的人际关系看得非常重要，渴望能够在一个和谐、友好甚至被关爱的环境工作。

(8) 身心健康。工作能够免于危险、过度劳累，免于焦虑、紧张和恐惧，使自己的身心健康不受影响。

(9) 环境舒适。工作环境舒适宜人。

(10) 工作稳定。工作相对稳定，不必担心经常出现裁员和辞退现象，免于经常奔波找工作。

(11) 社会需要。能够根据组织和社会的需要响应某一号召，为集体和社会做出贡献。

(12) 追求新意。希望工作的内容经常变换，使工作和生活显得丰富多彩，不单调枯燥。

3. 职业价值观所对应的职业类型

1) 自由型(非工资工作者型)

特点：不受别人指使，凭自己的能力拥有自己的小"城堡"，不愿受人干涉，想充分施展本领。

相应职业类型：室内装饰专家、图书管理专家、摄影师、音乐教师、作家、演员、记者、诗人、作曲家、编剧、雕刻家、漫画家等。

2) 经济型(经理型)

特点：他们断然认为世界上的各种关系都建立在金钱的基础上，包括人与人之间的关系，甚至父母与子女之间的爱也带有金钱的烙印。这种类型的人确信，金钱可以买到世界上所有的幸福。

相应职业类型：各种职业中都有这种类型的人，商人为甚。

3) 支配型(独断专行型)

特点：相当于组织的一把手，飞扬跋扈，无视他人的想法，为所欲为，且视此为无比快乐。

相应职业类型：进货员、商品批发员、旅馆经理、饭店经理、广告宣传员、调度员、律师、政治家、零售商等。

4) 小康型

特点：追求虚荣，优越感也很强。很渴望能有社会地位和名誉，希望常常受到众人尊敬。欲望得不到满足时，由于过于强烈的自我意识，有时反而很自卑。

相应职业类型：记账员、会计、银行出纳、法庭速记员、成本估算员、税务员、核算员、打字员、办公室职员、统计员、计算机操作员等。

5) 自我实现型

特点：不关心平常的幸福，一心一意想发挥个性，追求真理。不考虑收入、地位及他人对自己的看法，尽力挖掘自己的潜力，施展自己的本领，并视此为有意义的生活。

相应职业类型：气象学者、生物学者、天文学家、药剂师、动物学者、化学家、科学报刊编辑、地质学家、植物学者、物理学者、数学家、实验员、科研人员等。

6) 志愿型

特点：富于同情心，把他人的痛苦视为自己的痛苦，不愿干表面上哗众取宠的事，把默默地帮助不幸的人视为无比快乐。

相应职业类型：社会学者、导游、福利机构工作者、咨询人员、社会工作者、社会科学教师、护士等。

7) 技术型

特点：性格沉稳，做事组织严密，井井有条，并且对未来充满平常心。

相应职业类型：木匠、农民、工程师、飞机机械师、野生动物专家、自动化技师、机械工、电工、火车司机、公共汽车司机、机械制图员等。

8) 合作型

特点：人际关系较好，认为朋友是最大的财富。

相应职业类型：公关人员、推销人员、秘书等。

9) 享受型

特点：喜欢安逸的生活，不愿从事任何挑战性的工作。

相应职业类型：无固定职业类型。

二、闯关意义

(一) 价值观澄清锚定生涯航向

人们探索自我价值观的过程，本质上是为职业生涯构建精神坐标的觉醒之旅。当个体开始系统梳理那些潜意识的价值信念时，便如同为人生航船点亮了灯塔——它能帮助我们在纷繁的职业选择中识别出真正共鸣的方向。比如看重"利他价值观"的人，往往会在教育、医疗、志愿服务等领域拥有持久的职业满足度，这种自我价值的体现与职业所需特性的契合度，远比盲目跟风、追求热门更能带来深层次的幸福感。在选择实习时，大学生可以把实习当成价值假设的验证场。例如，对传媒行业感兴趣且重视"自由表达"的小王，在选择实习单位时，放弃了一家流程严格、稿件内容限制较多的传统媒体，而是选择了一家新兴的自媒体平台，在那里他能更自由地发挥创意、表达观点，验证自己对传媒行业"自由表达"价值的追求是否契合。因此，个人的重要价值观为职业决策提供了内在一致性框架，当面临职场转折点时，清晰的价值观就如同一个内置的指南针，帮助人们梳理和评估各种影响因素，找到合适的方向。这种价值观锚定效应，使得职业发展不再随波逐流，而是向着意义感持续深化的主动航行。

(二) 价值观觉醒赋能个人成长

价值观的觉醒是为个人成长注入源源不断的能量，推动我们在人生旅途中不断蜕变，绽放属于我们自己的光彩。持续的价值反思如同思维的磨刀石，不仅能提升元认知能力，更能帮助当代大学生建立起稳定的自我认同。不再是用"社会期待我做什么"来决策人生，而是学会用"我希望成为什么样的人"来促进行动。这种价值观觉醒直接转化为行动力：当面对职业倦怠时，个人价值观能转化为心理韧性。因为做与自己价值观相符的事情能够激发热情和动力，让人在困难中坚持，如热爱"艺术"的人会不顾困难坚持创作，在追求中不断提升艺术造诣；当遭遇文化冲突时，价值整合能力会成为破局的关键。价值观觉醒的人能够理解他人的差异，尊重他人价值观，在差异中求同存异，从不同观点中学习，丰富自己的成长视角。当面临职业选择时，重视"平衡"的人，会拒绝高压力低生活质量的工作，选择能兼顾工作与生活的岗位。职场当中的失意者，其困境往往源于价值观系统的失序。而当代青年大学生尽早进行价值观探索，恰似为心灵预装了"意义识别器"，让人能在喧嚣职场中守护内心的澄明。

(三) 价值观驱动明确生涯路径

当价值观认知融入大学生生涯规划时，发展路径的设计将呈现出独特的生命力。这种规划并非一成不变的路线图，而是充满弹性的价值实践方案。

例如，有些大学生把"智力激发、创造发明"作为核心价值观，那么在大学期间，他们可能不满足于常规课程学习，而是积极参与各类科研项目、学术竞赛。比如对药物科学感兴趣的小李，在大一就加入了学校的科研团队，跟着导师研究相关课题。在这个过程中，他不仅学到了专业知识，还发现了自己对科研的热爱。毕业后，他选择继续深造，攻读博士学位，立志在药学领域做出更多成果，不断探索未知领域，始终沿着"智力激发、创造发明"的价值主线前行。

再如，重视"利他助人"的小张，大学期间就积极投身于各种志愿者活动，从社区服务到大型赛事的志愿服务，都有他的身影。因为秉持这一价值观，他在选择专业时，毅然选择了社会工作专业，希望系统学习专业知识，为社会贡献更大力量。毕业后，他进入公益组织工作，运用所学为弱势群体争取权益、提供帮助，将"利他助人"的价值观贯彻到职业生涯的每一步。

这种以价值观为基石的规划模式，既能让大学生在职业选择时守住底线，比如拒绝参与一些弄虚作假的商业项目，又能开拓出创新路径。热爱"多元变化"的大学生，利用假期去国外交流学习，不仅拓宽了国际视野，还构建起国际人脉网络，为未来从事跨文化交流相关职业打下基础，最终实现"职业发展"与"生命成长"的共振。

三、闯关武器

(1) 一分钟价值。
(2) 价值拍卖会。
(3) 品鉴大餐——职业价值观探索。
(4) 价值观探索活动之临界思考。
(5) 拓展价值观体系。
(6) 人生价值清单。
(7) 十三项重要工作价值观。
(8) 我喜欢的生活方式。

四、解读密码

(一) 职业锚

1. 职业锚简介

职业锚理论产生于美国麻省理工学院斯隆商学院、美国著名的职业指导专家埃德加·施恩(Edgar H. Schein)教授领导的专门研究小组，是在研究小组对该学院毕业生的职业生涯研究中演绎成的。斯隆管理学院的44名MBA毕业生，自愿组成一个小组接受施恩教授长达12年的职业生涯研究，包括面谈、跟踪调查、公司调查、人才测评、问卷等多种方式，最终分析总结出了职业锚(又称职业定位)理论。

所谓职业锚，又称职业系留点。锚是使船只停泊定位用的铁质器具。职业锚实际就是人们选择和发展自己的职业时所围绕的中心，当一个人不得不对职业做出选择的时候，他无论如何都不会放弃自己人生中的那些至关重要的东西或价值观，是自我意向的一个习得部分。个人进入早期工作情境后，职业锚由习得的实际工作经验所决定，并与其经验中自省的动机、价值观、才干相符合，是能够获得自我满足和补偿的一种稳定的职业定位。职业锚强调个人能力、动机和价值观三方面的相互作用与整合。职业锚是个人同工作环境互动作用的产物，在实际工作中是不断调整的。

2. 职业锚类型介绍

职业锚以员工习得的工作经验为基础，产生于早期职业生涯，员工的工作经验进一步丰富发展了职业锚。1978年，施恩教授提出的职业锚理论包括五种类型：自主型职业锚、创业型职业锚、管理能力型职业锚、技术职能型职业锚、挑战型职业锚。

由于人们逐渐发现了职业锚的研究价值，因此越来越多的人加入了研究的行列。在20世纪90年代，又发现了三种类型的职业锚：安全稳定型职业锚、生活型职业锚、服务型职业锚。施恩教授将职业锚增加到八种类型,并推出了职业锚测试量表(见附录中的表3-17)。

技术/职能型(technical functional competence):技术/职能型的人,追求在技术/职能领域的成长和技能的不断提高,以及应用这种技术/职能的机会。他们对自己的认可来自他们的专业水平,他们喜欢面对来自专业领域的挑战。他们通常不喜欢从事一般的管理工作,因为这意味着他们将放弃在技术/职能领域的成就。

管理型(general managerial competence):管理型的人追求并致力于工作晋升,倾心于全面管理,可以独自负责一部分,可以跨部门整合其他人的努力成果,他们想去承担整体的责任,并将公司的成功与否看成自己的工作。具体的技术或者职能工作仅仅被看作通向更高、更全面管理层的必经之路。

自主/独立型(autonomy independence):自主/独立型的人希望随心所欲安排自己的工作方式、工作习惯和生活方式,追求能施展个人能力的工作环境,最大限度地摆脱组织的限制和制约。他们愿意放弃提升或工作发展的机会,也不愿意放弃自由与独立

安全/稳定型(security stability):安全/稳定型的人追求工作中的安全与稳定感。他们可以预测将来的成功从而感到放松。他们关心财务安全,如退休金和退休计划。稳定感包括诚信、忠诚、完成老板交代的工作。尽管有时他们可以达到一个高的职位,但他们并不关心具体的职位和具体的工作内容。

创造/创业型(entrepreneurial creativity):创造/创业型的人希望使用自己的能力去创建属于自己的公司或创建完全属于自己的产品(或服务),而且愿意去冒风险,并克服面临的障碍。他们想向世界证明公司是他们靠自己的努力创建的。他们可能正在别人的公司工作,但同时他们在学习并评估将来的机会。一旦他们感觉时机到了,他们便会走出去创建自己的事业。

服务/奉献型(service dedication to a cause):服务/奉献型的人一直以来追求的都是他们认可的核心价值,例如,帮助他人,改善人们的安全,通过新的产品消除疾病。他们一直追寻这种机会,即使这意味着变换公司,他们也不会接受不允许他们实现这种价值的工作变换或工作提升。

挑战型(pure challenge):挑战型的人喜欢解决看上去无法解决的问题,战胜强硬的对手,克服无法克服的困难障碍等。对他们而言,参加工作的原因就是工作允许他们去战胜各种不可能。新奇、变化和困难是他们的终极目标。如果事情非常容易,它马上变得非常令人厌烦。

生活型(lifestyle):生活型的人喜欢平衡个人、家庭和职业的需要。他们希望将生活的各个主要方面整合为一个整体。正因为如此,他们需要一个能够提供足够的弹性让他们实现这一目标的职业环境。他们甚至可以牺牲他们职业的一些方面,如放弃职位的提升。在他们看来,成功的定义比职业成功更广泛。他们认为自己在如何生活、在哪里居住、如何处理家庭事务,以及在组织中的发展道路这些方面是与众不同的。

3. 职业锚功能介绍

1) 使组织获得正确的反馈

职业锚是员工经过搜索,所确定的长期职业贡献区或职业定位。这一搜索定位过程,遵循员工的需要、动机和价值观进行。因此,职业锚清楚地反映出员工的职业追求与抱负。

2) 为员工设置可行有效的职业渠道

职业锚准确地反映员工职业需要及其所追求的职业工作环境,以及员工的价值观和抱负。透过职业锚,组织获得员工正确信息的反馈,这样,组织才可能有针对性地对员工职业发展设置可行的、有效的、顺畅的职业渠道。

3) 增长员工工作经验

职业锚是员工职业工作的定位,能使员工在长期从事某项职业中增长工作经验,同时,员

工的职业技能也能不断增强,直接产生提高工作效率或劳动生产率的明显效益。

4) 为员工做好奠定中后期工作的基础

之所以说职业锚是中后期职业工作的基础,是因为职业锚是员工在通过工作经验的积累后产生的,它反映了该员工价值观和被发现的才干。员工抛锚于某一种职业工作的过程,就是自我认知的过程,就是把职业工作与自我价值观相结合的过程,开始决定成年期的主要生活和职业选择。

(二) 马斯洛需求层次理论

1. 马斯洛需求层次理论简介

马斯洛需求层次理论由美国心理学家亚伯拉罕·马斯洛(Abraham Maslow)于1943年提出,被誉为理解人类动机与行为的经典框架。该理论认为人类需求呈现阶梯式递进结构,如同一座五层金字塔,如图3-14所示,从底层到顶层依次为"生存需求、安全需求、爱与归属需求、尊重需求、自我实现需求",后期马斯洛进一步补充了"自我超越需求"作为最高层。当底层基础需求得到满足后,高阶精神需求会转化为指导行为的核心价值追求。后期研究者发现,个体在实现"自我实现需求"阶段时,会自发将内在成长渴望外化为价值判断标准,形成"需求满足→价值重构→行为驱动"的闭环系统。这一转化机制解释了为何经济保障充足的职场人更易追求工作意义感,而生存压力较大的群体则优先关注职业稳定性。

图3-14 马斯洛需求层次理论图

这一理论不仅解释了个体行为背后的驱动力,更为生涯规划提供了重要启示。人们最基础的生理需求(如吃饱穿暖)得到满足后,我们会自然追求安全感(如稳定的工作或住所);接着渴望人际关系中的归属感(如友情、爱情);随后希望获得他人的尊重(如成就、地位);最终的目标是实现个人潜能(如追求理想、创造力),甚至超越自我、服务他人。例如,刚毕业的大学生可能优先追求薪资(生理/安全需求),而工作稳定后会转向"职场成就感"或"工作意义"(尊重/自我实现)。

马斯洛需求理论如同一面镜子,帮助人们看清自己行为背后的深层动机,也为平衡"生存"与"理想"提供了科学路径。它提醒我们:真正的成长,是沿着需求阶梯一步步向上攀登,最终活出自己认同的生命状态。

2. 马斯洛需求层次与生涯行动的对照

大学生在成长过程中,其需求层次如同不断升级的操作系统,驱动着价值观的迭代与生涯路径的选择。通过马斯洛需求理论观察校园场景,可以清晰捕捉到这样的轨迹:当生理需求裹挟着生存焦虑时,学生可能陷入透支健康的价值循环;当安全需求主导决策时,考公、考研往往成为逃避风险的避风港;而当归属、尊重需求得到满足后,价值观会自然向更高层级跃迁,催生出对生命意义的深度追寻。表3-12中展现的五个需求层次对应着典型的校园困境与突破路径——从熬夜打工到平衡发展,从盲目求稳到能力筑基,从群体盲从到自我觉醒,这套转化机制如同内置的成长导航仪,指引着每个年轻人在现实生存与理想追求间找到动态平衡点。

例如,某高校师范专业毕业生的价值追求三阶段。

(1) 大一和大二(安全需求):执着考编,认为教师就是铁饭碗。

(2) 大三支教(归属需求)：被支教的山区孩子们的求知欲所深受触动，价值观中增加了"利他助人"。

(3) 大四择业(自我实现)：放弃城市里重点中学的录用通知，加入乡村教师支持计划。

这位师范生的蜕变之路，显示出当教育公平的价值观照亮职业选择时，编制内的安稳反而成了束缚翅膀的绳索，这种需求层级的跃迁，正是生涯教育最该守护的成长光芒。

表 3-12　马斯洛需求层次与生涯行动对照表

需求层级	大学生典型表现	生涯规划干预策略	价值观转化方向
生存需求	助学贷款焦虑/熬夜打工做兼职影响学业	提供勤工助学信息，优化时间管理训练	从生存优先转向可持续发展
安全需求	逃避就业压力，盲目考公、考研(求稳定)	开展职业锚测评，解析(伪稳定)风险	从风险规避转向能力建设
归属需求	无目标参与诸多社团组织，导致学生角色和学生干部角色失衡	通过自身能力优势、兴趣维度、价值观澄清三个维度进行评估	从群体认同转向自我认同
尊重需求	学科竞赛获奖后产生专业优越感，处处表现出自负的状态，唯自我优秀论	引入跨专业、跨领域项目制学习或竞赛，打破认知局限	从外部认可转向内在标准
自我实现	创业团队追求社会价值与商业平衡	对接社会企业导师，搭建价值实践的平台	从个人成就转向利他贡献

五、执行任务

(一) 一分钟价值

(1) 对一分钟的时间，进行头脑风暴。在纸上写出在一分钟的时间内可做的事情。

(2) 当所有成员写完后，每个小组选派一名成员代表进行分享，向其他团队成员介绍自己组员在一分钟内可以做的事情。通过头脑风暴，学生会发现，原来一分钟可以做这么多事情。

启发学生利用碎片化的时间进行时间管理。

(二) 价值观拍卖会

(1) 每个团队成员拥有1000元原始资本，全部资金汇总后以小组为单位进行拍卖，每次加价100元。每个小组挑选出一名竞拍员，只有指定的竞拍员举牌才有效。

(2) 有如下价值观词条(指导老师也可以根据需要自行增删)：归属感，物质保障(如高收入)，稳定，创造性，多样性和变化性，乐趣，自由独立(时间，工作任务)，被认可，受尊重，能帮助他人，能发挥自己的才能，成就感，成功，名誉地位，有学习/发展/成长的机会，权力，有益于社会，挑战性，符合自己的道德观，工作环境，工作与生活平衡，家庭，朋友，健康，信仰，自由……

(3) 每个团队成员先独立完成以下表单。

所列举的价值观当中，我所看重的五个分别是：

A. ＿＿＿＿＿，因为＿＿＿＿＿＿＿＿＿＿；

B. ＿＿＿＿＿，因为＿＿＿＿＿＿＿＿＿＿；

C. ＿＿＿＿＿，因为＿＿＿＿＿＿＿＿＿＿；

D. ＿＿＿＿＿，因为＿＿＿＿＿＿＿＿＿＿；

E. ＿＿＿＿＿，因为＿＿＿＿＿＿＿＿＿＿。

(4) 小组集体讨论，用自己小组的决策方式选出的本组想要购买的价值观先后顺序分别是：

A. ＿＿＿＿＿＿＿＿；

B. _____；

C. _____。

(5) 拍卖结束后教师引导成员进行本环节分享。

① 竞争会影响初衷吗？从想要什么到我想赢是怎样一个过程？

② 成长过程中会有很多改变，迫于竞争会有屈服的时候吗？悦纳自己的同时是否偏离了自己的初衷？

③ 如何看待生涯中人的灵活性是一种智慧？

④ 你所在的小组有没有买到最想要的？你们执行的是什么拍卖策略？与自己日常习惯的行为方式有哪些相同之处？如果能达到最优化效果，你会怎么做？

⑤ 你所在的小组是怎么进行想要的价值观的购买排序的？如果碰到有组员并不认为那是他所要的，你们小组是怎么处理的呢？小组集体商议出来的结果中，哪些是我支持要买的，因为什么？哪些是我不支持要买的，因为什么？

⑥ 组员决定想买的价值观并不是我喜欢的，我的做法或看法是：

A. 没关系啦，以大局为重，就牺牲自己吧。

B. 不管别人怎么说，我会坚持不把我手上的钱捐出去，因为那不是我真正想要的啊！而我有选择的权利。

C. 我会把我想买的告诉组员，并希望他们能体谅我，甚至帮我把它买下来。

⑦ 这个活动让我学到了什么？

(6) 教师引导同学们进行如下思考。

① 生涯选择需要如何评估？

② 团体中共同的价值观是怎么产生的，是妥协、争取，还是让步？

③ 团体中的竞争是否表现得更极端和充分？

④ 你是否因为竞争忘了自己的初心？

⑤ 小组集体商议的哪些策略是发展性的，哪些策略是伤害性的？

⑥ 每个人有没有得到自己最想要的东西？为什么？经验和问题是什么？我们在生活当中，又是怎样对待自己认为很重要的东西的？有没有投入更多，还是被其他东西诱惑？这对你的学习生涯有什么启发？

⑦ 你得到了几项商品？手里有没有剩下钱？对于这样的状态你自己如何反思？这对你的学习生活有什么启发吗？

⑧ 是否关注到那些与我们价值观不同的人？你对他们怎么看？如果你的价值观和大多数人不同，你对自己怎么看？这些看法会怎样影响你？未来，你会如何面对这样的影响？

(三) 品鉴大餐——职业价值观探索

(1) 旋转寿司(每个人只能"吃五种寿司"，即选5种价值观)。

PPT上依次呈现不同的15项重要的职业价值观，内容包括：利他助人、美的追求、创造发明、智力激发、独立自主、成就感、声望地位、管理权力、经济报酬、安全稳定、工作环境、上司关系、同事关系、多样变化、生活方式。

同学们全体起立，当第一条职业价值观出现时，同学们需要马上思考是不是自己看中的价值观，如果是，就坐下来在同种颜色的名片纸上写下该价值观。写完后起立，再呈现第二条职业价值观，以此类推。

旋转寿司环节结束后，同学们讨论，是否吃到了自己想吃的寿司。是否刚开始着急，很快吃了五种寿司后，却发现后面上的才是自己最想吃的，也有同学们刚开始纠结，一直等着看后面的寿司，直到最后，可能都没有吃够五种。回头想要别的，已经没有机会了。

(2) 海鲜大餐(每个人仍旧只能选吃五种，即5种价值观)。

PPT上同时出现刚才那15项重要的职业价值观，内容包括：利他助人、美的追求、创造发明、智力激发、独立自主、成就感、声望地位、管理权力、经济报酬、安全稳定、工作环境、上司关系、同事关系、多样变化、生活方式。

同学们需要仔细观察，仔细掂量获得和失去这个价值观的感受，最终挑选对自己来说最重要的5个。同学们对照海鲜大餐这个环节挑选出来的5条和刚才旋转寿司环节的5条，看看它们之间有什么不同，在这个过程中有哪些思考和感受。

海鲜大餐环节的价值观更加趋于真实和具体，慎重思考后，引导同学们更加聚焦自己的真实价值观。

(3) 价值观澄清。

请同学们拿起海鲜大餐中最终确定的5条价值观。

如果生活发生变故，工作无法满足你全部的价值观，你不得不删除其中一个，你会删除哪个？请将这一项丢弃。

生活再次改变，你不得不再删除其中一个，你会删除哪个？请将这一项丢弃。

现实很骨感，也许你已经觉得痛苦了，但还需要你再删除一个，你会删除哪个？请将这一项丢弃。

此时，你只剩下两个对你来说非常重要的价值观了，可是人生大都渴望轰轰烈烈，但生活永远也摆脱不了平凡与琐碎，你还需要再删除一个，你会删除哪个？请将这一项丢弃。(剩一项)

最后，你捏在手里的，是不是你无论如何都不愿意放弃的？

在此过程中，可将手中剩余的价值观与别人丢弃的价值观进行交换。交换时需要拿手中的两条以上价值观交换别人的一条，因此体现想要就要付出代价，同学们需要认真思考是否真的在意和看重。

(四) 价值观探索活动之临界思考

完成以下22个句子。

(1) 假如我有一亿美元，我会＿＿＿＿＿＿，因为＿＿＿＿＿＿。

(2) 我曾经听过或读过的最好观念是＿＿＿＿＿，因为＿＿＿＿＿。

(3) 我想改变世界的一件事物是＿＿＿＿＿＿，因为＿＿＿＿＿。

(4) 我一生中最想要的是＿＿＿＿＿＿，因为＿＿＿＿＿＿。

(5) 我做得最好时是当我＿＿＿＿＿＿，因为＿＿＿＿＿＿。

(6) 我最关注的是＿＿＿＿＿＿，因为＿＿＿＿＿。

(7) 我最常幻想的是＿＿＿＿＿＿，因为＿＿＿＿＿＿。

(8) 我想我父母最希望我＿＿＿＿＿＿，因为＿＿＿＿＿。

(9) 我一生中最大的快乐是＿＿＿＿＿＿，因为＿＿＿＿＿。

(10) 我是＿＿＿＿＿＿的人，我期望我是＿＿＿＿＿＿的人。

(11) 对我了解的人认为我是＿＿＿＿＿＿＿＿＿＿＿。

(12) 我相信＿＿＿＿＿＿，因为＿＿＿＿＿＿。

(13) 假如我只有24小时生命，我会＿＿＿＿＿＿＿＿＿＿＿。

(14) 我最喜爱的音乐类型是＿＿＿＿＿＿，因为＿＿＿＿＿。

(15) 最能和我一起工作的人是＿＿＿＿＿＿，因为＿＿＿＿＿。

(16) 我的工作必须给我＿＿＿＿＿＿，因为＿＿＿＿＿。

(17) 我给子女的忠告会是_____，因为_____。

(18) 最好的电视节目是_____，因为_____。

(19) 我暗地里希望_____，因为_____。

(20) 在学校里我做得最好时是当_____，因为_____。

(21) 假如在大火中我只能保存一样物件，将会是_____，因为_____。

(22) 假如我能改变自己一样东西，那将会是_____，因为_____。

思考：

(1) 以上反映了什么共同主旨？_____。

(2) 从中看到以前没看到的什么？_____。

(3) 这对你未来的职业生涯有什么启发？_____。

(4) 你会做些什么和以前不同的努力？_____。

(五) 拓展价值观体系

经过十年的成长，我期望自己成为_____的人。

这样的人具有的行为习惯是_____。

他们与人发生矛盾时的处理方式是_____。

他们遇到挫折时会怎么应对？_____。

他们期待获得什么样的事业和成就？_____。

你想到的"十年后的自我"的特征：_____。

(六) 人生价值清单

(1) 在表3-13中，根据重要程度给每一选项打分。

(2) 选出这一生对你来说最重要的三个选项，并说出这样选择的原因。

(3) 假如只能留下一个最重要的选项，那是什么？为什么？

(4) 当你面临人生的重大决策时，这些选项是如何影响你的？

表3-13　人生价值清单

选 项	重要程度				
	1	2	3	4	5
1. 有一个幸福美满的家庭					
2. 赚大钱					
3. 健康而长寿					
4. 持续学习					
5. 有一些知心朋友					
6. 从事自己感兴趣又可发挥专长的工作					
7. 有一栋舒适又漂亮的房子					
8. 成为国家公职人员					
9. 有充裕的金钱与休闲时间					
10. 拥有完美的爱情					
11. 和喜欢的人长久相伴					
12. 拥有自己的公司					
13. 到处旅游，体验不同的生活方式					

（续表）

选 项	重要程度				
	1	2	3	4	5
14. 成立慈善机构，服务他人					
15. 享受结交新朋友的乐趣					
16. 工作富有挑战性和创造性					
17. 成为名人					
18. 随心所欲地布置自己的环境					
19. 无拘无束地生活					
20. 具有一定的社会声望					

（七）十三项重要工作价值观

美国心理学家米尔顿·罗克奇(Milton Rokeach)在《人类价值观的本质》(*The Nature of Human Values*)一书中提出了13种价值观。

(1) 成就感：提升社会地位，得到他人和社会认同；对工作的完成和挑战成功感到满足。

(2) 美感的追求：能有机会多方面欣赏周围的人、事、物，或任何自己觉得重要且有意义的事物。

(3) 挑战：能有机会运用聪明才智来解决困难。舍弃传统的方法，而选择创新的方法处理事物。

(4) 健康(包括身体和心理)：工作能够免于焦虑、紧张和恐惧；希望能够心平气和地处理事务。

(5) 收入与财富：工作能够明显、有效地改变自己的财政状况；希望能够得到金钱能买到的东西。

(6) 独立性：在工作中能有弹性，可以充分掌握自己的时间和行动，自由度高。

(7) 爱、家庭、人际关系：关心他人，与别人分享，协助别人解决问题；体贴、关爱，对周围的人慷慨。

(8) 道德观：与组织的目标、价值观和工作使命能够不相冲突，紧密结合。

(9) 欢乐：享受生命，结交朋友，与别人共处，一同享受美好时光。

(10) 权力：能够影响或控制别人，使他人照着自己的意思去行动。

(11) 安全感：能够满足基本的需求，有安全感，远离突如其来的变动。

(12) 自我成长：能够追求知性方面的刺激，寻求更圆满的人生，对智慧、知识与人生的体会有所提升。

(13) 协助他人：体会到自己的付出对团体是有帮助的，别人因为你的行动而受惠许多。

请完成下表。

(1) 未来五年，即从_____年至_____年，对你来说，最重要的五个工作价值观依次是什么？
_____、_____、_____、_____、_____。

(2) 你所选择的五个工作价值观是你一直都重视的吗？如果曾经有改变，是在什么时候？

(3) 工作价值观的改变是否曾经影响过你的生活方式？

(4) 上述13项工作价值观，有哪些是你的家人认为重要而你却不认同的？有哪些价值观是你和他们共同拥有的？

(5) 你理想的生活状态与你的工作价值观之间有什么关系？

(6) 你是否怀疑或者否认过自己的工作价值观？这对你有什么影响？

(7) 你觉得影响你工作价值观形成的主要经历有哪些？(某些人、某些事、某些话等)

(8) 你当下的行为与你的工作价值观是保持一致的吗？如何让你的工作价值观发挥更好的作用？

(八) 我喜欢的生活方式

想象一下，十年后，假如能够拥有理想的生活状态，请仔细考虑下列各个项目，并依照它对你的重要程度在表3-14中打分。

表3-14　我喜欢的生活方式

项目	重要程度 (1～10分)	项目	重要程度 (1～10分)
居住在繁华的都市		能自由支配自己的时间	
居住在宁静的乡村		每天按时上下班	
居住在文化水平较高的社区		有充裕的闲暇时间做自己感兴趣的事情	
居住在小孩上学方便的地方		坚持运动、强身健体	
定居在某个地方		工作之余参加社会活动	
担任管理职务		参与和宗教有关的活动	
吸收新知识，充实自己		每天有固定的时间和家人相处	
贡献自己所能，服务社会		和家人共享假期	
生活富有挑战性、创造性		积极参与社区活动	
有较高的社会声望		经常旅行，拓宽视野	
拥有宽广、舒适的生活空间		和父母生活在一起，承欢膝下	
工作稳定，有保障		和妻子(丈夫)、孩子生活在一起	
拥有较高的经济收入		有时间辅导孩子的作业	
有高效率的工作伙伴		有密切交往的好朋友	
能自由支配金钱		每个月有固定的存款	

(1) 你最看重的三个项目是什么？为什么它们对你如此重要？
①_____
②_____
③_____

(2) 根据刚才的填写情况，请描述十年后你最期待的三个生活画面。
①_____
②_____
③_____

(3) 为了实现理想的生活状态，你需要满足哪些条件？

(4) 为了满足这些条件，你有哪些具体的行动计划？

(5) 当下，你觉得对你最重要的是什么？

(6) 反向反转：

你最不能接受的工作/生活状态，是什么样的？

我们把刚才的这些描述反过来，看看"不能"的背后是什么？

①不能_____，而要_____。

②不能_____，而要_____。

③不能_____，而要_____。

(九) 舌尖上的需求密码

指导语：同学们，今天我们将通过"舌尖上的密码"主题活动探索马斯洛需求理论。请以小组为单位完成表3-15，选出你认为的真正的美味。表中列举了5项内容，请在其中选择一项你认为的美味佳肴，在后面打对勾。其次，你认为什么是幸福？幸福要具备哪些要素？请把你认为的填写在表格中。最后，你认为什么是好工作？离家近？成长快？发展好？感兴趣……请填在表格当中。

表 3-15　舌尖上的需求密码

什么是真正的美味(请打√)	什么是幸福(请填写)	什么是好的工作(请填写)
慈善晚宴/定制的膳食		
星级酒店的自助餐/悠闲下午茶		
咖啡蛋糕/烤肉啤酒		
绿色食品/无污染海鲜		
皮薄馅大的包子/大碗油泼面		

通过美食的棱镜折射出人性的需求光谱，见表3-16。皮薄馅大的包子(生理需求)与慈善晚宴(自我实现)形成鲜明对照，印证了需求层次由物质向精神的升华规律。星级下午茶满足尊重需求(环境仪式感)。

表 3-16　美食选项和马斯洛需求层次论对照表

美食选项	马斯洛需求层次论
慈善晚宴/定制的膳食	价值升华
星级酒店的自助餐/悠闲下午茶	身份认同
咖啡蛋糕/烤肉啤酒	社交联结
绿色食品/无污染海鲜	健康保障
皮薄馅大的包子/大碗油泼面	维持生存

通过自己填写的表格内容，和同学们讨论，自己眼中的美食、幸福、好的工作都有什么？和别人有什么异同？由此来思考在生活和学习中，你最看重什么？

(1)_____

(2)_____

(3)_____

六、通关要领

职业价值观探索本质上是对劳动意义的重构过程，指向青年世界观、人生观、价值观的塑造。职业活动绝非简单的谋生手段，而是个体参与社会关系再生产、实现自我解放的重要途径。当前大学生面临的"慢就业""逃避式考研"等现象，实质是职业价值判断体系与社会发展需求错位的表征，因此当代大学生应该构建"个人职业理想－社会价值坐标－国家战略方向"的三维认知框架。个人的生涯发展路径和职业目标不是找一份养家糊口的工作，也不仅仅局限于发挥所长的职业，而要更多地考虑期待的生活方式和朝向的一个理想志向。

　　职业价值观探索是青年确立人生意义的启蒙仪式，更是思想政治教育"培根铸魂"的关键切口。当同学们意识到选择教师职业关乎"阻断贫困代际传递"的社会使命，从事环境工程专业连接着"生态文明建设"的国家战略时，在乡村振兴战略背景下，引导学生理解"乡村规划师"职业，需超越岗位薪资、工作环境等表层维度，深入剖析其承载的"城乡融合发展""传统村落文化保护"等政治内涵。大家的职业决策超越了功利计算，升华为对"我将无我，不负人民"精神境界的自觉追求。这种将职业选择置于国家治理现代化进程中的思考方式，这种把个人奋斗融入时代洪流中的价值观的内化过程，正是大学生思想教育实现"入脑入心入行"的生动诠释。

七、晋级成功

　　写下收获，取得下一关闯关资格。

_____

_____

_____

_____

_____

_____

_____

_____

_____

_____

_____

_____

_____

_____

_____

_____

_____

附录：职业锚测试表单

　　对于下面给出的40个问题描述，请根据你的实际情况，从1～6中选择一个数字。数字越大，表示这种描述越符合你的实际情况，如"我梦想成为公司的总裁"，你可以做出如下选择。

　　选"1"代表这种描述完全不符合你的想法。

　　选"2"或"3"代表你"偶尔"(或"有时")这么想。

　　选"4"或"5"代表你"经常"(或"频繁")这么想。

　　选"6"代表这种描述完全符合你的想法。

　　现在，请根据表3-17开始答题，在每一个问题右侧的六个选项中选出最符合你自身情况的答案，用圆圈画出该选项。

表 3-17　职业锚测试表单

序号	问题描述	选项					
		①从不	②偶尔	③有时	④经常	⑤频繁	⑥总是
1	我希望做我擅长的事，这样我的专业建议就会不断得到采纳	1	2	3	4	5	6
2	当我整合并整理其他人的工作时，我非常有成就感	1	2	3	4	5	6
3	我希望我的工作能够按自己的方式、自己的计划开展	1	2	3	4	5	6
4	对我而言，安全与稳定比自由和自主更加重要	1	2	3	4	5	6
5	我一直在寻找可以让我创立自己事业(公司)的创意(点子)	1	2	3	4	5	6
6	我认为只有对社会做出真正贡献的职业才算是成功的职业	1	2	3	4	5	6
7	在工作中，我希望解决那些有挑战性的问题，并且胜出	1	2	3	4	5	6
8	我宁愿离开公司，也不愿从事需要个人和家庭做出一定牺牲的工作	1	2	3	4	5	6
9	将我的技术和专业水平发展到一个更具有竞争力的层次是成功职业的必要条件	1	2	3	4	5	6
10	我希望能够管理一个大的公司(组织)，我的决策将会影响许多人	1	2	3	4	5	6
11	如果职业允许自由地决定自己的工作内容、计划、过程时，我会非常满意	1	2	3	4	5	6
12	如果工作的结果使我丧失了自己在组织中的安全稳定感，我宁愿离开这个工作岗位	1	2	3	4	5	6
13	对我而言，创办自己的公司比在其他公司中争取一个高的管理位置更有意义	1	2	3	4	5	6
14	我的职业满足来自我可以用自己的才能去为他人提供服务	1	2	3	4	5	6
15	我认为职业的成就感来自克服自己面临的非常有挑战性的困难	1	2	3	4	5	6
16	我希望我的职业能够兼顾个人、家庭和工作的需要	1	2	3	4	5	6
17	对我而言，在我喜欢的专业领域内成为资深专家比做总经理更具有吸引力	1	2	3	4	5	6
18	只有在我成为公司的总经理后，我才认为我的职业人生是成功的	1	2	3	4	5	6
19	成功的职业应该允许我有完全的自主与自由	1	2	3	4	5	6
20	我愿意在能给我安全感、稳定感的公司中工作	1	2	3	4	5	6
21	当通过自己的努力或想法完成工作时，我的工作成就感最强	1	2	3	4	5	6
22	对我而言，利用自己的才能使这个世界变得更适合生活或居住，比争取一个高的管理职位更重要	1	2	3	4	5	6
23	当我解决了看上去不可能解决的问题，或者在必输无疑的竞赛中胜出时，我会非常有成就感	1	2	3	4	5	6
24	我认为只有很好地平衡个人、家庭、职业三者的关系，生活才能算是成功的	1	2	3	4	5	6
25	我宁愿离开公司，也不愿频繁接受那些不属于我专业领域的工作	1	2	3	4	5	6
26	对我而言，做一个全面管理者比在我喜欢的专业领域内成为资深专家更有吸引力	1	2	3	4	5	6
27	对我而言，用我自己的方式不受约束地完成工作，比安全、稳定更加重要	1	2	3	4	5	6
28	只有当我的收入和工作有保障时，我才会对工作感到满意	1	2	3	4	5	6
29	在我的职业生涯中，如果我能成功地创造或实现完全属于自己的产品或点子，我会感到非常成功	1	2	3	4	5	6

(续表)

序号	问题描述	选项					
		①从不	②偶尔	③有时	④经常	⑤频繁	⑥总是
30	我希望从事对人类和社会真正有贡献的工作	1	2	3	4	5	6
31	我希望工作中有很多的机会，可以不断挑战我解决问题的能力(或竞争力)	1	2	3	4	5	6
32	能很好地平衡个人生活与工作，比获得一个高的管理职位更重要	1	2	3	4	5	6
33	如果在工作中能经常用到我特别的技巧和才能，我会感到特别满意	1	2	3	4	5	6
34	我宁愿离开公司，也不愿意接受让我离开全面管理的工作	1	2	3	4	5	6
35	我宁愿离开公司，也不愿意接受约束我自由和自主控制权的工作	1	2	3	4	5	6
36	我希望有一份让我有安全感和稳定感的工作	1	2	3	4	5	6
37	我梦想着创建属于自己的事业	1	2	3	4	5	6
38	如果工作限制了我为他人提供帮助或服务，我宁愿离开公司	1	2	3	4	5	6
39	解决那些几乎无法解决的难题，比获得一个高的管理职位更有意义	1	2	3	4	5	6
40	我一直在寻找一份能最小化事业和家庭之间冲突的工作	1	2	3	4	5	6

【测试计分说明】

(1) 现在重新看一下你给分较高的描述，从中挑出与你日常想法最为吻合的3个，在原来评分的基础上，将这三个题目的得分再各加上4分(例如，原来得分为5分，则调整后的得分为9分)，然后就可以开始评分。

(2) 按照"列"进行分数累加，得到一个总分，将每列的总分除以5得到平均分，将其填入表3-18中。

表3-18　职业锚测试计分表

	TF 技术/职能型	GM 管理型	AU 自主/独立型	SE 安全/稳定型	EC 创造/创业型	SV 服务/奉献型	CH 挑战型	LS 生活型
分数	1(　)	2(　)	3(　)	4(　)	5(　)	6(　)	7(　)	8(　)
	9(　)	10(　)	11(　)	12(　)	13(　)	14(　)	15(　)	16(　)
	17(　)	18(　)	19(　)	20(　)	21(　)	22(　)	23(　)	24(　)
	25(　)	26(　)	27(　)	28(　)	29(　)	30(　)	31(　)	32(　)
	33(　)	34(　)	35(　)	36(　)	37(　)	38(　)	39(　)	40(　)
总分								
平均分 (5)								

【测试结果统计】

最终的平均分就是你的自我评价的结果，最高分所在列代表最符合你"真实自我"的职业锚。具体说明参考表3-19。

表 3-19　职业锚测试统计表

职业锚	总分	平均分	说明
TF			**技术/职能型职业锚** 这种定位的人会发现自己对某一特定工作很擅长并且很热衷。真正让他们感到自豪的是他们所具备的专业才能。 他们倾向于一种"专家式"的生活，一般不喜欢成为全面的管理人员，因为这将意味着他们放弃在技术/职能领域的成就。但他们愿意成为一名职能经理，因为职能经理可以更好地帮助他们在专业领域上发展
GM			**管理型职业锚** 这种定位的人对管理本身具有很大的兴趣，具有成为管理人员的强烈愿望，并将此看成职业进步的标准。 他们有提升到全面管理职位上所需要的相关能力，并希望自己的职位不断得到提升，这样他们可以承担更大的责任，并能够做出影响成功或失败的决策
AU			**自主/独立型职业锚** 这种定位的人追求自主和独立，不愿意接受别人的约束，也不愿受程序、工作时间、着装方式，以及在任何组织中都不可避免的标准规范的制约。无论什么样的工作，他们都希望能用自己的方式、工作习惯、时间进度和自己的标准来完成
SE			**安全/稳定型职业锚** 安全与稳定是这种类型的人选择职业最基本、最重要的需求。他们需要"把握自己的发展"，只有在职业的发展可以预测、可以达到或实现的时候，他们才会真正感觉放松
EC			**创造/创业型职业锚** 这种定位的人，最重要的是建立或设计某种完全属于自己的东西；建立或投资新的公司；收购其他公司，并按照自己的意愿进行改造。创造并不仅仅是发明家或艺术家所做的事，创业者也需要创造的激情和动力。 他们有强烈的冲动向别人证明：通过自己的努力能够创建新的企业、产品或服务，并使之发展下去。当在经济上获得成功后，赚钱便成为他们衡量成功的标准
SV			**服务/奉献型职业锚** 这种定位的人希望职业能够体现个人价值观，他们关注工作带来的价值，而不在意是否能发挥自己的才能或能力。他们的职业决策通常基于能否让世界变得更加美好
CH			**挑战型职业锚** 这种定位的人认为他们可以征服任何事情或任何人，并将成功定义为"克服不可能克服的障碍，解决不可能解决的挑战，或战胜非常强硬的对手"。随着自己的进步，他们喜欢寻找越来越强硬的"挑战"，希望在工作中面临越来越艰巨的任务
LS			**生活型职业锚** 这种定位的人喜欢允许他们平衡个人的需要、家庭的需要和职业的需要的工作环境。他们希望将生活的各个主要方面整合为一个整体。正因为如此，他们需要一个能够提供足够的弹性让他们实现这一目标的职业环境。甚至可以牺牲他们职业的一些方面，如提升带来的职业转换。他们将成功定义得比职业成功更广泛。他们认为自己在如何生活、在哪里居住、如何处理家庭事务，以及在组织中的发展道路这些方面是与众不同的

计划决策关

任务一　洞察未来 · 决策生涯

一、关卡名称：解锁决策密码

决策(decision-making)是一种选择行为，是指个体将相关数据或信息加以组织和整理后，在许多可能的备选方案或项目中，经过主观评估、选择、确定、承诺并付诸实践的一个循环发展过程。

职业决策是一个复杂的认知过程，通过此过程，决策者组织有关自我和职业环境的信息，仔细考虑各种可供选择的职业前景，做出职业行为的公开承诺。

职业生涯决策是个人根据各种条件，并经过一系列活动以后，进行的目标决定，以及为实现目标而制定优选的个人行动方案。由此得知，职业决策是一个过程，而不单单是一种结果。

二、闯关意义

职业生涯决策对于个人的成长和发展具有不可忽视的重要意义。它不仅能够帮助规划者更好地明确职业方向与目标、提升就业竞争力、实现自我价值与职业满意度，还能够促进社会资源的合理配置。具体来说，进行职业生涯决策的意义如下。

(一) 明确职业方向与目标

1. 避免盲目性

职业生涯决策能帮助规划者客观定位自我，认清自己的兴趣爱好、能力及价值观，进而确定职业方向和具体目标，避免在求职和职业发展中盲目跟风或随意选择，减少因职业变动产生的成本。

2. 增强可操作性

明确的职业目标为职业规划提供了具体的方向，使规划者能够制定出更具针对性和可操作性的职业发展规划，分阶段、有步骤地实现职业理想。

(二) 提升就业竞争力

1. 资源配置最优化

规划者经过职业生涯决策，确定了职业方向，可以追求自己的职业理想，集中资源和精力进行有针对性地学习和技能提升。当规划者将自己的精力及掌握的资源进行明确的规划和分配时，他能够更好地提升就业竞争力，不但可以让自身的某些能力得到发展，而且能够增强自身一些较为薄弱的能力。

2. 打造差异化优势

通过职业生涯决策，分析规划者自身特点和市场需求，塑造独特的就业竞争力，在就业市场中脱颖而出。

(三) 实现自我价值与职业满意度

1. 价值观契合

当职业选择与个人价值观契合时，规划者在工作中更容易得到满足和成就感，实现自我价值。例如，一个有服务精神、乐于助人的人，会因从事护士、志愿者、教师等职业服务他人而获得满足。

2. 提升工作满意度

合适的职业决策能让规划者在工作中提高工作效率、发挥自身优势，获得更多的认可和回报，从而提升工作满意度和幸福感，减少职业倦怠和工作压力。

(四) 促进社会资源的合理配置

1. 提高人力资源效率

每个人做出相对合适的职业生涯决策，能使人力资源得到更有效利用，让规划者在适合的岗位上发挥最大价值，提高整个社会的生产效率和经济效益。

2. 推动行业发展

规划者根据市场需求和自身优势进行职业选择，不仅能发挥所长，还能朝社会需求大的领域流动，促进产业结构的优化和升级，推动行业的创新和发展，不断注入新活力。

三、闯关武器

(1) 决策风格自测表。

(2) 生决策平衡单。

(3) SWOT分析表。

(4) 非理性观念转化单。

四、解读密码

在你的人生中，会面临很多重大的决策，如上大学之前的文理分科、报考学校和专业，毕业之后的选择行业、选择职业、选择工作城市、选择工作环境、选择婚姻、选择生活模式等。除此之外，每天也会有很多小的决策，如选择交通工具、选择服装打扮、选择一日三餐等。在做些决定时，你通常采用什么样的决策风格进行选择。

(一) 斯科特(Scott)和布鲁斯(Bruce)决策风格

请根据以下情景进行选择，思考你是哪种决策风格。

路边有一片桃园，假如你可以进入桃园摘桃子，但只许前进不许后退，只能摘一次，要摘一个最大的，你会怎么办？

A. 对视野范围内的桃子进行比较，形成一个大概的标准，再根据这个标准选择最大的桃子。

B. "我感觉这个大！"凭第一感觉摘一个。

C. "去问看桃园的人，让他告诉我什么样的桃最大"，或者问有经验的人什么样的桃最大。

D. 先别管了，走到最后再摘吧。

E. 稍微比较，迅速摘一个。

1995年，美国职业生涯专家斯科特(Scott)和布鲁斯(Bruce)把决策风格分为五种类型：理智型、直觉型、依赖型、回避型和自发型。上面的情景选择中，选项A，倾向于理智型；选项B，倾向于直觉型；选项C，倾向于依赖型：选项D，倾向于回避型；选项E，倾向于自发型。

1. 理智型决策风格

理智型决策者倾向于使用逻辑和分析来做出决策，他们注重事实，能评估决策的长期影响。他们通常会收集大量的信息，对各种选项进行详细的评估，并基于事实和数据进行决策。这种决策风格强调客观性和准确性，决策者会尽量避免个人情感和偏好的影响。理智型决策者通常能够制定出合理且可行的决策方案，并在实施过程中保持冷静和理性。这种决策方式备受推崇，强调信息的全面收集、深思熟虑和冷静分析。然而，理智型并非完美，过度依赖逻辑可能导致对他人观点的忽视。

2. 直觉型决策风格

与理智型决策风格相比，直觉型决策者则更多地依赖自己的直觉和感觉来做出决策。他们通常对问题有敏锐的洞察力，能够快速捕捉到问题的本质，并基于自己的经验和直觉做出判断。这种决策风格强调灵活性和创新性，决策者能够迅速适应变化的环境，并抓住机遇。然而，直觉型决策在一定程度上缺乏理性分析，可能导致决策错误，也可能受到个人主观性和经验局限性的影响，导致决策结果的不确定性。

3. 依赖型决策风格

依赖型决策者倾向于寻求他人的意见和帮助来做出决策。他们通常会向家人、朋友或专家咨询，并综合考虑多方面的建议来制定决策方案。这种决策风格强调团队合作和沟通，决策者能够充分利用他人的专业知识和经验，提高决策的质量和可行性。然而，过度依赖他人建议，虽然可得到积极反馈，但也可因盲目依赖引发问题，导致决策者缺乏自主性和独立思考能力。

4. 回避型决策风格

回避型决策者往往倾向于避免做出决策，或者将决策推迟到最后一刻。他们可能对决策的结果感到焦虑或不安，担心决策错误后要承担的结果和责任。这种决策风格容易导致决策的拖延和延误，甚至可能错过最佳的决策时机。回避型决策者需要学会面对和克服决策带来的压力和不确定性，以提高自己的决策能力。回避型决策者往往拖延决策，容易产生焦虑，他们往往缺乏目标和规划，易被忽视。这类决策者需要认识到拖延的危害，提高决策意识和动机。

5. 自发型决策风格

自发型决策者以渴望即刻、尽快完成决策为特征。他们通常对问题有独特的见解和想法，能够迅速做出决策并付诸行动。这种决策风格强调自主性和创新性，决策者能够充分发挥自己的想象力和创造力，实现个人目标和愿景。自发型的决策者往往不能容忍决策的不确定性以及由此带来的焦虑情绪。然而，自发型决策也可能导致决策过于冲动和缺乏考虑，增加决策的风险和不确定性。因为自发型决策者追求快速决策，这就可能忽视长远考虑，会给人果断或过于冲动的感觉。他们需要学会平衡即时冲动与深思熟虑，以避免过于果断或冲动的决策。

以上每种决策风格都有其独特的优点和局限性，决策者需要根据自己的实际情况和决策环境选择合适的决策风格，以提高决策的质量和效果。

(二) 丁克里奇的生涯决策风格理论

1968年，学者丁克里奇通过访谈研究，归纳出人们在进行职业生涯决策时的风格类别。这八大决策风格分别是：冲动型、痛苦挣扎型、宿命型、顺从型、拖延型、直觉型、瘫痪型和计划型。

1. 冲动型

这种风格的人倾向于迅速做出决策，不进行过多的思考和评估，往往基于第一想法做出决定。这些人遇到第一个选择就紧紧抓住不放，不再考虑其他的选择或进一步收集信息。他们的想法是：先决定，以后再考虑。

2. 痛苦挣扎型

痛苦挣扎型也称为烦恼型，它与冲动型相反，在做决策时，这类型的决策者会花很多的时间和精力来收集信息，反复比较，但仍然顾虑重重，难以做出决定。决策者过度收集信息后，依旧表现出"我就是拿不定主意"。出现这种情况，收集再多的信息进行分析比较也无济于事。出现这种情况的主要原因是害怕承担选错的结果。

3. 宿命型

这种风格的人对自己的情况未知，对外部环境相对了解，相信命运，依赖命运或外部环境进行决策，而非个人选择。这种类型的人经常会说"该怎么地就怎么地吧"或"我这个人永远也不会走运"之类的话。这样的人容易成为环境的"受害者"，怨天尤人。当一个人将自己生活的主导权交给外界环境时，这个人就会表现得无力和无助。

4. 顺从型

这种风格的人倾向于遵循他人的意见和建议进行决策。这种类型的人自己想做决定，但是无法自己坚持己见，常会顺从其他人的决定。他们经常会说："他们觉得好，我就觉得好。"大学生中的从众现象就是在做决策时，听从别人的意见，大家这么做了，我也这么做。这样即使选错，也是大家一起错。这从某个方面讲，也是害怕承担自己选错的结果。与别人一样只是一种虚假的安全感，他们并没有认真思考该选择是否适合自己。

5. 拖延型

这种风格的决策者往往无法立即做出决策，在做决策时习惯将对问题的思考和行动都往后推迟，"急什么，明天再说"是他们经常说的话。这种类型的人知道问题所在，但是经常迟迟不做决定，或者到最后一刻才做决定。拖延型的人心中会抱有这样的希望：也许事情过几天就自动解决了。然而，问题并不会自动解决，有时候甚至会越拖越严重。因为没准备好找工作就决定考研的学生，如果现在不知道该怎么找工作，那么读完研究生也未必就能知道。

6. 直觉型

这种风格的人基于直觉和感觉进行决策，而不是依赖逻辑和理性分析。这种类型的人根据感觉做决定，大多数情况下只考虑自己想要的，不在乎外在的因素。他们通常说不出什么理由，仅仅是因为"感觉还不错，就这么决定了"而做决策。直觉在人们对环境情况无法获得充分信息时会比较有效，但有时候人们的判断可能会因先入为主的偏见而产生较大的误差。

7. 瘫痪型

这种类型的人无法做出任何决策，处于完全无行动的状态。这些人可能在理性上接受了应当自己做决定的观念，接受做决策的责任，但是感觉过于焦虑而不能对决策做出有建设性的工作，无法开始决策的过程。他们知道自己应该开始了，可在内心深处总笼罩着"一想到这事就害怕"的阴影。事实上，他们无法真正为决策和决策的后果承担责任，而这种害怕承担责任的心理可能又源于家庭在其成长过程中长期不当的养育方式。

8. 计划型

这种类型的人做决定时倾听自己内在的声音，也考虑外在的环境要求，他们积极主动地面对问题、解决问题，以做出适当的决策。很显然，这是一种科学的决策风格

上述八种决策风格可以根据对"自己"和"环境"认知的多少，将决策类型做出划分，如图4-1所示。

项目		自己	
		未知	已知
环境	未知	困惑和麻木性决策 (痛苦挣扎型、拖延型、瘫痪型)	直觉性决策 (冲动型、直觉型)
	已知	依赖性决策 (顺从型、宿命型)	信息性决策 (计划型)

图 4-1　决策类型图

如果你对外部环境未知，但对自己的情况比较了解，这时进行的决策就属于直觉型或冲动型决策，例如，同学们在选择吃一顿午餐或者买一件新衣服时，采用这样的决策风格完全是可以的。因为这类选择即使错了，也不会给你的生活带来严重的不可挽回的后果，有时还可能会带给你一定惊喜。但是，当你在做重大决策时，就不能选择这样的决策风格，因为对外部环境的未知，往往会导致风险增大，使得结果不令人满意，甚至让你后悔。

(三) 决策中的风险

1. 决策中的风险

决策风险是指在决策活动中，由于主、客体等多种不确定因素的存在，而导致决策活动不能达到预期目的的可能性及其后果。如何降低决策风险，减少决策失误，一直以来都是人们所关注的问题。同样在生涯决策中，也存在一定风险，既不能因为怕承担风险而迟迟不去做决定，也不能因为总会有风险而草率地做决定。

总的来说，常见决策有以下三种类型。

(1) 确定无疑的决策。选择前获得足够的信息，对所有的选择及其结果都非常清楚、明晰。例如，你在一家公司实习了一年，对公司的工作内容及各项规章制度都非常了解，表现出色，你也很满意公司的环境和发展前景。结束实习后，你的上司很欣赏你，希望你将来毕业后来公司工作。这对于你来说也是一个确定无疑的决策。

(2) 有一定风险的决策。根据选项了解到一定的信息，选择的结果并不能完全确定，但可以在一定程度上知道可能会有的结果，做出的选择有一定的风险。例如，你学的是汉语言文学专

业，这个专业有很多培养的方向，如基础教育与研究、编辑出版、媒体与新闻、广告策划与文案、文化宣传与翻译等，虽然了解了这些培养方向的具体内容、发展路径等，在某种程度上知道选择的结果，但并不能完全确定。

(3) 不确定的决策。对于有哪些选择，各种选择会产生什么结果，几乎完全不清楚。例如，你想出国留学，但是对于去哪个国家、申请什么学校完全没有概念，对于未来的工作也不能判定。

生活中的大多数决策都属于第二种有一定风险的决策，也就是说能获得一定的信息，但不是所有，做决策时存在一定的风险。当我们面临第三种决策时，不要着急做选择，而是要尽可能地先搜集信息，把它变成第二种决策，然后再做决策。例如，高考填报志愿，要了解自己的分数可以报考哪些大学和专业，了解往年的录取分数和相关信息，当你了解更多的信息后，可以降低决策的风险。

从决策的分类中我们可以看到，大部分的决策都不可能让我们了解到全部信息，都有需要预测的部分，所以都具有不确定性和风险。因此，做决策就意味着要承担风险，要承担后果，为自己的选择负责任。

(四) 影响职业决策的因素

职业决策是一个复杂的过程，受到多种因素的影响。这些因素可以分为内部因素和外部因素两大类。以下是影响职业决策的主要因素。

1. 内部因素

(1) 兴趣与爱好。个人对某些职业或领域的兴趣是职业决策的重要驱动力。兴趣可以激发工作热情，提高职业满意度。例如，喜欢表达沟通的学生可能更适合做育人、销售、公关等职业。喜欢动手操作的学生适合做软件、数据分析、建筑等职业。

(2) 能力与技能。个人的知识、技能和能力直接影响职业选择。能力与职业要求的匹配度是职业成功的关键。例如，擅长创作、有创新能力的学生适合从事文艺创作、表演、写作等相关工作。擅长计算机编程的学生可能更适合从事软件开发或数据分析工作。

(3) 性格与特质。性格特质会影响个人对不同职业的适应性和偏好。例如，外向型性格的学生可能更适合从事对人的沟通交流的职业，而内向型性格的学生更适合做对物的具体工作。

(4) 价值观。个人的价值观会影响职业选择。比如向往挑战性、体现自我价值、重视社会贡献等价值观都会影响职业目标的确定。例如，向往有挑战性工作的学生更愿意从事营销、管理等职业，而不愿从事常规性、重复性的工作，如行政、会计、教师等职业。

(5) 职业目标。个人的短期和长期职业目标会影响职业决策。目标明确的人更容易做出符合自身发展规划的选择。例如，希望改善物质生活、提高生活水平的学生可能更倾向于选择高薪行业。

(6) 心理健康与情绪状态。心理健康状况和情绪状态会影响职业决策的理性程度。焦虑、压力等情绪可能导致决策偏差。例如，过度焦虑、抗压能力较差的学生可能无法担任有挑战性的工作，选择保守性的职业更适合他们的职业发展。

2. 外部因素

(1) 家庭背景与期望。家庭的经济状况、文化背景和期望会对职业决策产生重要影响。例如，家庭经济情况不好的学生可能更倾向于选择高薪职业。

(2) 教育背景。一个人的学历、专业知识和技能储备会影响职业选择的范围和方向。例如，学习计算机科学的学生可能更倾向于选择IT行业。

(3) 经济环境

宏观经济环境，如经济周期、行业发展趋势等，会影响就业机会和薪资水平。例如，在经济衰退期，很多学生可能更愿意选择稳定性较高的职业，如考取公务员、事业单位等。

(4) 行业与职业前景。行业的发展前景、职业的晋升空间和薪资水平是职业决策的重要考量因素。例如，人工智能、大数据等新兴行业可能吸引更多求职者。

(5) 社会文化与环境。社会文化、地域环境和政策导向会影响职业选择。例如，某些地区可能更注重传统行业，而另一些地区可能更支持创新创业。

(6) 人际关系与网络。个人的社交网络、教师建议和同行影响会对职业决策产生重要影响。例如，通过学校老师或朋友的推荐，能够拓宽就业渠道，可能更容易获得某些就业机会。

(7) 工作与生活平衡。个人对工作与生活平衡的需求会影响职业选择。例如，注重家庭生活的人可能更倾向于选择工作时间灵活的职业。

(8) 技术进步与自动化。技术进步和自动化趋势会影响某些职业的需求和前景。例如，自动化可能导致某些传统职业的消失，同时创造新的职业机会。

3. 其他因素

(1) 偶然事件与机遇。偶然事件，如实习机会、偶然结识的行业专家、兼职的教师等，可能对职业决策产生重要影响。例如，一次偶然的实习经历可能让个人对某个行业产生浓厚兴趣。

(2) 个人经历与经验。过去的职业经历、实习经验和个人成长经历会影响职业决策。例如，有过创业经历的人可能更倾向于选择自主创业，也可能创业失败的人会选择求职就业避免承担更大的风险。

(3) 社会责任感。个人对社会责任感的认知会影响职业选择，尤其是对公益、环保等领域的关注。例如，关注环境保护的学生可能更倾向于选择绿色能源行业，关心公益事业，乐于助人的学生会选择志愿者、社区工作等行业。

总之，职业决策是一个多维度的过程，受到内部因素(如兴趣、能力、价值观等)和外部因素(如家庭、经济环境、行业前景等)的共同影响。了解这些因素有助于学生们做出更科学、理性的职业决策，同时也能更好地应对职业发展中的挑战和机遇。

五、执行任务

(一) 初探你的决策风格

写一写：你知道你的决策风格吗？

丽丽从小开朗外向，做事有主见，在做重大选择时通常会进行调研，搜集资料，甚至实地考察。高考填报志愿时，除了上网查找高校资料，还会打电话直接咨询感兴趣的高校，想要报考的当地高校她会亲自去学校参观了解，尽可能在填报志愿前了解更多信息。所以，她在搜集信息进行对比了解后，选择了K大的会计学专业。而她的好朋友潇潇在填报志愿时因为自己从小喜欢写作，就报考了汉语言文学专业，并没有详细地搜集资料，了解相关信息。在上大学之后，潇潇和好朋友聊天，说到如果可以重新填报志愿，她会了解更多的信息后再做决定。

那么，回忆一下你过往的人生经历，有没有发生一些重要事件需要你进行决策，请回忆三个你所经历的重要选择，并按要求完成表4-1"决策风格自测表"。

表 4-1　决策风格自测表

重要事件	所有的选择	做出的选择	如何做决策	效果评价

讨论：1. 如何描述自己在上述三件事中的决策风格？

2. 它们有共同之处吗？以前曾意识到过自己的决策风格是呈现一贯性的吗？

3. 通过以上三件事，总结并描述自己的决策风格。

(二) "5W" 法

在职业生涯规划与决策中，"5W" 法是一种简单易行的方法，它能帮助你深入了解自己，明确自己的职业目标，并探索个人能力和周围环境资源的支持。具体来说，用 5 个 "W" 解决职业生涯规划的 5 个具体问题，分别如下。

(1) 你是谁(Who are you)

这个问题要求个人对自己的基本情况进行全面反思，包括年龄、性别、个性、能力、教育背景、家庭状况、社会资源以及自身的优缺点。

(2) 你想干什么(What do you want)

这个问题旨在探索个人的职业需求、价值观和兴趣，以明确自己在职业上的期望和追求。

(3) 你能干什么(What can you do)

在这个问题下，个人需要识别自己的技能和能力，包括已经掌握的技能和通过潜能开发可能达到的能力，同时也要认识到自己无法做到的事情。

(4) 支持或允许你干什么(What can support you)

这个问题考虑的是个人所处的环境，主要是指周围环境资源的支持，这种支持将有助于你的自我发展。包括社会环境、家庭背景、工作条件等，以及这些因素如何影响个人的职业选择和发展。

(5) 你最终的职业目标是什么(What can you be in the end)

在前四个问题的基础上，个人可以综合分析各种有利和不利的条件，设定一个现实而理想的最终职业目标。

通过以上五个问题的深入思考和回答，个人可以更清晰地规划职业道路，设定短期和长期目标，并制订相应的行动计划。

下面是张震同学用 "5W" 法进行决策的案例。

张震是我国某政法大学经济法专业的学生，大学即将毕业，是否出国留学成为目前需要做的决定，他在老师的帮助下使用 "5W" 法对自己的职业生涯进行梳理。经过整理 5 个问题的答案如下。

Who are you?

我国某 985 政法大学经济法专业的大四毕业生，成绩专业前三，多次获得奖学金，优秀学生干部等，是校辩论社主席。英语成绩很好，特别是口语流利。性格开朗外向，积极向上。语言表达能力、人际交往能力、组织协调能力都很优秀，在大学期间还曾在律师事务所实习。对未来的生活充满期待，希望做一份专业对口并能体现自我价值的工作。父母均是公务员，家庭氛围很好，只有张震一个孩子，对孩子的学习和想做的事都很支持。

What do you want?

做一名律师或一名高校教师。为了有更好的发展，希望去一线城市工作。每天开着自己的汽车去上班，有自己舒适的住房，和家人生活在一起。在父母有生之年能够多尽一点孝心，有可能的话把他们接到自己所在的城市和自己生活在一起。如果当律师，想与人合伙开事务所，自己当老板，或者做律所合伙人，总之并不是当一名普通的律师就可以了。如果去高校当老师，想成为专业能力强的法律学者或博士生导师，评上高级职称，桃李满天下。

What can you do?

雅思、托福成绩达到出国水平，法学专业成绩优秀，在导师的带领下参与了一些和专业有关的实习实践。语言表达能力强、学习能力和适应力都很好。

What can support you?

自己所学专业每年都有出国留学的学生，有一个关系很好的学长已经在美国上硕士研究生，能够帮助自己了解当地学校及相关留学政策。家里是普通工薪家庭，没办法提供较高的学费和生活费，但也支持孩子出国深造。考虑考取奖学金出国。

What can you be in the end?

在国内上研究生，费用较低，需要三年时间。出国上研究生，时间比国内学习时间短，但费用较高。如果将来想在一线城市的律所工作，有出国深造的履历更有优势。如果不出国深造，可能需要先在二线城市的律所工作，有一定的工作经验后再跳槽去理想城市的律所可能更容易实现目标。如果进高校肯定还要继续读博士学位。

经过分析，张震同学要想更快地实现职业目标，过上理想的生活，最好是出国留学，但经济方面是最主要的问题。所以，只要解决学费和生活费的问题，张震还是决定出国留学。最后，他决定先通过外语类考试，并努力考取出国留学的奖学金，解决出国的费用问题。

练一练 我的"5W"

(1) Who are you?

优势：_____

_____

不足：_____

_____

(2) What do you want?

_____

_____

(3) What can you do?

_____

_____

(4) What can support you?

支持：_____

_____

_____

限制：_____

_____

_____

(5) What can you be in the end?

_____

_____

(三) 决策平衡单

职业生涯决策是一个人选择职业目标或具体的职业岗位时，对可能的结果做出价值判断的方法。因为这一价值判断涉及个人的人生价值观、职业价值观，以及性格、兴趣、能力等个人因素和职业需求，职业发展等社会职业环境因素，从而每一个人对某一职业方面的价值判断是不同的。因此，职业生涯决策的内容因人而异，它只能是个人在职业选择中权衡利弊，寻求达成最大价值的方法。

进行职业生涯决策有很多种方法，"决策平衡"是一种很常用的工具。

"决策平衡单"(decision-making balance sheet)经常被应用于问题解决模式和职业咨询中，用以协助咨询者有系统地分析每一个可能的选项，判断分别执行各选项的利弊得失，然后依据其在利弊得失上的加权计分排定各个选项的优先顺序，以执行最优先或偏好的选项。

1.决策平衡单主体框架

(1) 自我物质方面的得失(utilitarian gains or losses for self)。

(2) 他人物质方面的得失(utilitarian gains or losses for significant others)。

(3) 自我赞许与否(self-approval or disapproval)。

(4) 社会赞许与否(social approval or disapproval)。

实际应用时，由于认为"自我赞许与否"和"社会赞许与否"仍显得笼统，所以中国台湾生涯辅导专家金树人将最后的两项改为"自我精神方面的得失"与"他人精神方面的得失"，就是从以"自我——他人"及"物质——精神"所构成的四个范围内来考虑的。

平衡单的设计是用来协助决策者做出好的重大决定。它可以帮助决策者具体地分析每一个可能的选择方案，考虑各种方案实施后的利弊得失，最后排定优先顺序，择一而行。

2.具体实施步骤

(1) 列出可能的职业选项：首先需在平衡单中列出有待深入评价的潜在职业选项，最好能够具体到职位，一般三至五个。

(2) 判断各个职业选项的利弊得失：平衡单中提供使用者思考的重要得失，集中于四个方面，分别是：自我物质方面的得失、他人物质方面的得失、个人精神方面的得失、他人精神方面的得失，具体内容可参见生涯决策平衡单明细表(见表4-2)。可以根据自己实际情况选择图中相关因素，也可以添加自己觉得比较重要的其他因素。使用者可依据重要的得失方面，逐一给各个职业选项赋分，并以"+5"至"–5"的十一点量表(+5, +4, +3, +2, +1, 0, –1, –2, –3, –4, –5)，来衡量各个职业选项。

表 4-2　生涯决策平衡单明细表

1. 个人物质方面的得失	
(1) 个人收入	(6) 休闲时间
(2) 未来发展	(7) 生活变化
(3) 升迁的机会	(8) 对健康的影响
(4) 工作环境	(9) 就业机会
(5) 工作的困难	(10) 其他
2. 他人物质方面的得失	
(1) 家庭收入	(3) 与家人相处的时间
(2) 家庭地位	(4) 其他

(续表)

3. 个人精神方面的得失	
(1) 自我价值的实现	(6) 生活方式的改变
(2) 成就感	(7) 发挥所长
(3) 影响或帮助他人	(8) 兴趣的满足
(4) 被认可	(9) 社会地位
(5) 挑战性	(10) 其他

4. 他人精神方面的得失	
(1) 父母	(3) 配偶
(2) 师长	(4) 其他

(3) 相关因素的加权计分：评价各个因素对自己的重要性，并赋予各个因素权重。最重要的为5，最不重要的为1。一般来说，将自己已经挑出的相关因素先赋予1至5的权重，然后给每一项考虑的因素打分，分数在1至5分之间，再乘以权重后计分，公式为：加权分数=分数×权重。

(4) 计算出各个职业选项的得分：使用者须逐一将计算得分按正负填写在各个职业选项"正(+)""负(-)"列中，并计算各个生涯选项的总分。

(5) 排定各个职业选项的优先顺序：最后，依据各职业选项在总分上的高低，排定优先次序。职业选项的优先次序即可作为使用者职业生涯决策的依据。

具体如何使用，可见示例图4-2。

某大学大四学生何某，汉语言文学专业，毕业前对考研升学、初中语文教师、导游这几个职业选择有所犹豫，该校的职业生涯课教师帮助她使用职业生涯决策平衡单进行分析：

考虑因素	权重 1~5 倍	选择一 考研升学		选择二 初中语文教师		选择三 导游	
		加权分数(+)	加权分数(-)	加权分数(+)	加权分数(-)	加权分数(+)	加权分数(-)
个人物质方面的得失							
1. 个人收入	3		-1(-3)	2(+6)		4(+12)	
2. 未来发展	4	5(+20)		4(+16)		2(+8)	
3. 休闲时间	2		-1(-3)	2(+4)		3(+6)	
4. 对健康的影响	2	3(+9)		3(+9)		4(+4)	
5. 生活变化	1	1(+1)		2(+2)		3(+3)	
他人物质方面的得失							
1. 家庭收入	3		-1(-3)	2(+6)		4(+20)	
2. 家庭地位	2	5(+10)		3(+6)			-2(-4)
个人精神方面的得失							
1. 自我价值实现	5	3(+15)		4(+20)		4(+20)	
2. 影响和帮助他人	4		-1(-4)	5(+20)		3(+15)	
3. 挑战性	3	4(+12)		3(+9)		4(+12)	
4. 被认可	3	3(+9)		5(+15)		5(+15)	
5. 发挥所长	5	1(+5)		4(+20)		4(+20)	
6. 兴趣的满足	4	2(+8)		4(+16)		4(+16)	
他人精神方面的得失							
1. 父亲	3	5(+15)		5(+15)		5(+15)	
2. 母亲	3	4(+12)		5(+15)		4(+12)	
3. 师长	1	5(+5)		4(+8)			-3(-3)
总分		108		187		171	

图4-2 何某生涯决策平衡单

由何某的生涯决策平衡单可以看出，她从四个方面考虑的因素主要如下。

个人物质方面的得失：选择某一个生涯选项，在物质方面个人能够得到或失去的东西。她的考虑因素有个人收入、未来发展、休闲时间、对健康的影响、生活变化等。

他人物质方面的得失：选择某一个生涯选项，在物质方面对他人的影响。她的考虑因素是家庭收入、家庭地位等。

个人精神方面的得失：做出一项选择时，个人能够得到或者失去的精神层面的东西。她的考虑因素是：自我价值的实现、影响和帮助他人、挑战性、被认可、发挥所长以及兴趣的满足等。

他人精神方面的得失：个人做出一项选择时，他人(对他有影响的人)在精神方面的得失。她考虑的人有父亲、母亲、师长等。

接下来给选择职业所考虑的各个因素赋予权重，并打出各项的分数。

以"个人物质方面的得失"为例，其中"个人收入"项权重为3，在"考研升学"项目中，打分为–1，乘以权重3后，得分为–3，填写在"加分权重(–)"中，因为升学不仅没有收入，还要缴纳学费和付出生活费用，所以该项为负数。而选择初中语文教师或导游这两个选项，都是有工资收入的，根据待遇的高低进行赋分。

以此类推，将各项分数打完后，计算出三个选项的总分，依次排序。在使用职业生涯决策平衡单时，要注意其目的不仅在于得出最后的排序结果，填写的过程也很重要。因为列举各项考虑因素、给各项考虑项目分配权重以及给各项选择打分的过程，本身就在帮个人厘清思维。这样一个仔细思索和反复推敲的过程，可能比单纯得出一个结果更为重要，更能够帮助个人做出适合自己的决策。

使用过职业生涯决策平衡单后你会发现，职业生涯规划决策平衡单的优点在于它能够帮助个体全面考虑自身在进行职业选择时在意的因素有哪些，并能够辅助个体理解和对比不同职业选择之间的差异。它还可以帮助个体更好地澄清自己在选择职业时的价值观及优先因素，有助于更好地梳理自己的想法，并做出与自己需求相符的决策。同时，该方法还能为个体提供一个更客观和系统的视角，以便更好地预测和解决潜在的问题和挑战。

当然，它也存在一定的局限性。首先，使用者在评估自身考虑的相关因素并进行赋分时存在主观性，从而影响决策的准确性和有效性。其次，该方法无法考虑所有的不确定性和未知因素，使用者在决策过程中仍需根据自身情况进行自我评估和判断。最后，使用者可能需要在决策过程中权衡多个冲突的因素和观点，这可能导致决策的复杂性和困难性增加。因此，该方法仍需在个体自省和主观判断的基础上进行，以克服其中的局限性并做出更明智的决策。

练一练：请同学们根据自我探索后选择的职业目标，填写"决策平衡单"(见表4-3)。

表4-3 决策平衡单

考虑因素	项目	权重 (0～5)	选择一		选择二		选择三	
			加权分数 (+)	加权分数 (–)	加权分数 (+)	加权分数 (–)	加权分数 (+)	加权分数 (–)
个人物质方面得失	1.							
	2.							
	3.							
	4.							
	……							

（续表）

考虑因素	项目	权重(0～5)	选择一		选择二		选择三	
			加权分数(+)	加权分数(−)	加权分数(+)	加权分数(−)	加权分数(+)	加权分数(−)
个人精神方面得失	1.							
	2.							
	……							
他人物质方面得失	1.							
	2.							
	3.							
	4.							
	……							
他人精神方面得失	1.							
	2.							
	……							
得 分								

(四) SWOT分析法

SWOT分析法又称态势分析法，它是由旧金山大学的管理学教授海因茨·韦里克(Heinz Weihrich)于20世纪80年代初提出来的，它广泛应用于战略研究与竞争分析，成为战略管理和竞争情报的重要分析工具。

而SWOT在生涯决策中用于评估个人职业发展的优势(strengths)、劣势(weaknesses)、外部环境的机会(opportunities)和威胁(threats)。通过这种分析，可以帮助个人做出更明智的职业选择和决策。SWOT分析法应用于职业生涯决策，是基于对个体自身的优势和劣势进行分析，以及对职业环境因素和各种可供选择职业的前景进行分析，即综合自身的优势和劣势，认清周围的职业环境和前景，从而做出正确的职业目标选择。

SWOT分析通常包含以下四部分。

优势(strengths)：列出你在职业生涯中具备的积极因素，如技能、经验、教育背景等。

劣势(weaknesses)：识别你在职业发展中的不足，如技能欠缺、缺乏经验等。

机会(opportunities)：分析外部环境中的有利条件，如行业发展趋势、市场需求等。

威胁(threats)：识别可能对职业发展产生负面影响的外部因素，如市场竞争、技术变革等。

以下是一个简化的生涯决策SWOT分析表的示例(见表4-4)。

表4-4 SWOT 分析表

优势：(个体可以控制并可用的内在积极因素)	劣势：(个体可控并努力改善的内在消极因素)
1.专业知识与技能：具备相关领域的专业知识和实践经验	1.实践经验不足：虽然理论知识扎实，但实际工作经验欠缺
2.学习能力：自学能力强，能够迅速掌握新技能	2.公共演讲与表达能力：在大型场合下可能会感到紧张
3.与团队协作能力：在多次小组项目中表现出色，能够协调团队工作	3.职场人际关系的经验有限：处理复杂职场关系的能力有待提升
4.时间管理与自律：有良好的时间管理能力和自律性	4.英语能力：需要提高英语文献阅读和口语交流能力

(续表)

机会: (个体不可控但可利用的外部积极因素) 1. 行业发展趋势:人工智能、大数据、环保、金融科技等行业快速发展,需求量大 2. 社会需求变化:跨学科复合型人才需求增加,提供更多创新和创业机会 3. 全国或当地政策:发布的有利于该专业或岗位的相关政策 4. 高校资源与校友网络:学校提供丰富的学术资源和就业指导服务	威胁: (个体不可控但可以弱化的外部消极因素) 1. 行业竞争激烈:热门行业岗位竞争激烈,需要不断提升核心竞争力 2. 就业市场的不确定性:全球经济形势变化可能影响就业前景 3. 技术更新换代迅速:科技发展快,需要不断学习新技能和工具 4. 对学历要求的提升:岗位对应聘者学历的要求在不断提高

在完成内外因素分析后,可以清楚地看到自己的竞争力和发展机会,能够制定出恰当的生涯目标;同时,还能清晰地认识到自己的不足和外在威胁,从而可以制定出相应的策略,以发挥优势因素,克服劣势因素,利用机会因素、化解危险因素。

生涯案例:SWOT分析。

小婷是某校(非师范类高校)汉语言文学专业的学生,少数民族,家在少数民族地区。在校期间专业成绩优秀,积极参加实践活动、创新创业大赛、三下乡等团学活动,寒暑假在培训机构兼职。一直担任班长、社团干部等,得到了老师和同学的认可,获得校级、国家级奖学金,优秀干部等。小婷性格有些急躁,遇事易冲动,但很有责任心,让人信赖。现在,小婷面临毕业,想找一份与教育相关的工作,最理想的工作是回家乡当一名教师。

请针对上述案例,运用SWOT分析法对小婷同学的自身优势、劣势及周围职业环境的机会、威胁进行分析。看看她适合成为一名语文教师吗?

自身优势:

_____

_____

自身劣势:

_____

_____

外部机会:

_____

_____

外部威胁:

_____

_____

完成小婷同学的SWOT分析后,能否结合自己的实际情况,做一份自己的SWOT分析表(见表4-5),进一步了解自己,明确自己的职业决策目标。

表4-5 SWOT分析表

优势	劣势

(续表)

机会	威胁

(五) CASVE循环

职业生涯决策是一种问题解决活动。生涯决策方法中的CASVE循环分析法，就是一种职业生涯规划决策技术，它可以帮助你提高决策能力。在进行重大决策时，为了降低风险，尽可能充分地考虑决策所涉及的多方面因素，就可以使用此种方法。它由沟通(communication)、分析(analysis)、综合(synthesis)、评估(valuing)、执行(execution)五个步骤构成，CASVE就是这五个词的英文单词首字母。它可以在整个职业生涯问题解决和决策制定过程中为你提供指导，如图4-3所示。

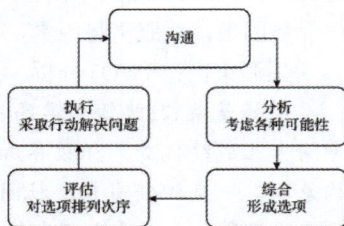

图4-3　CASVE循环

1. 沟通

沟通是进行职业生涯决策的第一阶段。这是发现"职业理想与现实之间存在的差距"的阶段，它包括内部沟通和外部沟通。内部沟通包括情绪信号，如不满、厌烦、焦虑或失望；身体信号，如昏昏欲睡、头疼、疲惫等。比如你在找工作时通过简历筛选进入面试阶段，你会紧张、焦虑、睡不着觉等，这些状态都会提醒你需要进行内部沟通。外部沟通包括家人、同学、朋友、老师对我们职业选择过程的建议和评价，或者是社会媒体对某个专业未来发展的预测等。例如，宿舍同学开始看招聘网站、制作并投递简历，学校要求你们去听就业相关讲座，这就是给你提供了一种外部信息，你需要开始找工作了。这是能意识到自己需要做出选择的阶段，在这个阶段，我们通过各种感官充分接触问题，在内部和外部沟通的情况下，发觉理想与差距的存在，并开始花时间去思考和解决问题。

2. 分析

分析是职业生涯决策过程的第二个阶段。这是深入了解自我和各种选择的阶段。在这一阶段，生涯问题解决者通常会不断探索自我、了解外部世界和家庭需要。通过思考、观察、研究，对一切信息加以分析，应尽可能从各方面了解第一阶段发现理想与现实存在差距的原因，并了解自己有效地做出反应的能力。好的职业生涯决策者会避免用冲动行事来减少在沟通阶段所体验的压力痛苦，因为他们清楚，这样做的结果多是无效的，并可能导致问题的恶化。好的决策者善于分析要解决这个问题需要了解自己哪些方面，了解环境哪些因素，需要做些什么才能解决问题，这个问题产生的原因，以及家庭、老师、朋友将会如何看待我的选择等。

分析阶段还需要把各种因素和相关知识联系起来，例如，把自我需求和职业选择联系起来；把家庭和个人生活的需要融入职业选择。分析阶段是决策过程中最容易出现问题的阶段。许多人倾向于用简单化的方式得出结论，直接跳到行动步骤，而未能真正弄清问题的关键，也未能收集充足的信息。

3. 综合

综合阶段是对之前信息进行处理的阶段。通过全面处理上一阶段提供的信息，从而制定消除差距的行动方案，其核心任务是确定我可以做什么来解决问题。这是一个可以扩大或缩小选择清单的过程。首先，尽可能多地找到消除差距的方法，发散地思考每一种方法，然后，缩减有效方法的数量，通常缩减到3至5个选项，因为这符合我们头脑中最有效的记忆和工作容量。最后可问自己："如果我有这3至5个选项，是否可以解决问题，是否可以消除现实和理想状态的差距？"如果可以，就进入评估阶段，选出最适合的选择；如果还是不能解决问题，就需要重新回到分析阶段，了解更多信息。

4. 评估

评估阶段将从之前确定的3至5个选项中选择一个最适合你的职业，具体做法如下。第一，评估3至5个选项中每一种选择对生涯决策者和他人的影响。例如，如果选择了考公务员或事业单位，这一选择将会给自己、父母、朋友及周围的人带来怎样的影响。每一种选项都要从自己和他人的利弊两个方面进行评估，并综合物质方面和精神方面的因素。第二步是对综合阶段得出的3至5个选项进行排序，能够最好地消除差距的选项排在第一位，次好的排在第二位，以此类推。此时，职业生涯决策者会选出一个最佳选项，并且做出承诺来实施这一选择。

5. 执行

执行阶段是最终进行选择的阶段，把思考转化为行动，制订具体的行动计划。很多人都觉得在执行阶段制订行动计划是令人兴奋和有价值的事情，因为他们终于可以开始采取积极行动解决问题了。

CASVE循环是一个不断重复循环的过程，在执行阶段之后，生涯决策者又回到沟通阶段，以确定已经做出的选择是不是最好的，是否能最有效地消除理想与现实间的职业发展差距。决策者需要根据影响因素的变化，适当调整自己的决策结果。CASVE循环不仅仅对于临毕业的学生有用，刚进校的大一学生，也可以利用该方法，提前了解所选职业需要具备的专业知识、从业资格、从业环境、职业素养等，为将来就业做好准备。

用CASVE循环进行决策的优势如下。第一，系统性：提供清晰的步骤，帮助决策者全面思考问题。第二，灵活性：适用于不同的职业决策场景。第三，实践性：强调行动和执行，确保决策落地。通过CASVE循环，大学生可以更好地应对职业选择中的复杂问题，做出科学、理性的决策。

最后，CASVE循环无论是对解决个人职业规划问题，还是解决团体问题都非常有用。用系统的方法思考这五个步骤，能够提供一个有用的工具，使你成为一个更有效率更科学做决策的人。

职场案例分析如下。

毕业前的选择

张建业是西安某大学大四的学生，金融专业。目前，他面临毕业后的职业选择问题，感觉到很迷茫和焦虑。他喜欢数据分析，但对未来的职业方向不确定。自己在大学期间高数、统计学等学科是他喜欢的科目，从小学习编程，但是没有实际的项目实习经历。他本人向往有挑战性的工作，但他性格比较内向，怕承担不了有挑战且压力大的工作。

目前有三个职业选择：一是进入银行做金融分析，二是进入互联网公司做数据分析师，三是继续深造，然后在高校做老师。

使用CASVE循环分析法对以上案例进行分析，完成下面内容的填写。

1. 沟通

内部沟通：＿＿＿＿＿＿＿＿＿＿＿＿＿＿＿＿＿＿＿＿＿＿＿＿＿＿＿＿＿

＿＿＿＿＿＿＿＿＿＿＿＿＿＿＿＿＿＿＿＿＿＿＿＿＿＿＿＿＿＿＿＿＿＿＿

＿＿＿＿＿＿＿＿＿＿＿＿＿＿＿＿＿＿＿＿＿＿＿＿＿＿＿＿＿＿＿＿＿＿＿

外部沟通：＿＿＿＿＿＿＿＿＿＿＿＿＿＿＿＿＿＿＿＿＿＿＿＿＿＿＿＿＿

＿＿＿＿＿＿＿＿＿＿＿＿＿＿＿＿＿＿＿＿＿＿＿＿＿＿＿＿＿＿＿＿＿＿＿

＿＿＿＿＿＿＿＿＿＿＿＿＿＿＿＿＿＿＿＿＿＿＿＿＿＿＿＿＿＿＿＿＿＿＿

2. 分析

＿＿＿＿＿＿＿＿＿＿＿＿＿＿＿＿＿＿＿＿＿＿＿＿＿＿＿＿＿＿＿＿＿＿＿

＿＿＿＿＿＿＿＿＿＿＿＿＿＿＿＿＿＿＿＿＿＿＿＿＿＿＿＿＿＿＿＿＿＿＿

＿＿＿＿＿＿＿＿＿＿＿＿＿＿＿＿＿＿＿＿＿＿＿＿＿＿＿＿＿＿＿＿＿＿＿

3. 综合

生成选项：＿＿＿＿＿＿＿＿＿＿＿选项一：＿＿＿＿＿＿＿＿＿＿

选项二：＿＿＿＿＿＿＿＿＿＿＿＿＿＿＿＿＿＿＿＿＿＿＿＿＿＿＿＿＿＿

选项三：＿＿＿＿＿＿＿＿＿＿＿＿＿＿＿＿＿＿＿＿＿＿＿＿＿＿＿＿＿＿

4. 评估

选项一：＿＿＿＿＿＿＿＿＿＿＿＿＿＿＿＿＿＿＿＿＿＿＿＿＿＿＿＿＿＿

选项二：＿＿＿＿＿＿＿＿＿＿＿＿＿＿＿＿＿＿＿＿＿＿＿＿＿＿＿＿＿＿

选项三：＿＿＿＿＿＿＿＿＿＿＿＿＿＿＿＿＿＿＿＿＿＿＿＿＿＿＿＿＿＿

5. 执行

制订计划(短期/中期/长期)：＿＿＿＿＿＿＿＿＿＿＿＿＿＿＿＿＿＿＿＿

＿＿＿＿＿＿＿＿＿＿＿＿＿＿＿＿＿＿＿＿＿＿＿＿＿＿＿＿＿＿＿＿＿＿＿

＿＿＿＿＿＿＿＿＿＿＿＿＿＿＿＿＿＿＿＿＿＿＿＿＿＿＿＿＿＿＿＿＿＿＿

行动步骤：＿＿＿＿＿＿＿＿＿＿＿＿＿＿＿＿＿＿＿＿＿＿＿＿＿＿＿＿＿

＿＿＿＿＿＿＿＿＿＿＿＿＿＿＿＿＿＿＿＿＿＿＿＿＿＿＿＿＿＿＿＿＿＿＿

(六) 击破堡垒"非理性观念"

非理性观念指人们以偏概全，在一两次深刻经历的基础上得出的一些刻板印象和先入为主的偏见。例如，认为家庭条件一般的，就不如家庭条件好的学生好找工作；见到过马路碰瓷，就觉得助人为乐会被误解；工作中遭到不公平对待，就认为职场上没有公平可言。

非理性观念的主要特征包括绝对化的要求、过分概括化和糟糕至极。

(1) 绝对化的要求。它们是指个体以自己的意愿为出发点，认为某一事物必定会发生或不会发生的信念。非理性观念通常是与"必须"和"应该"这类词联系在一起，例如，"我必须得到父母的认可"或"我必须做与本专业相关的工作"。这种绝对化的要求通常是不可能实现的，因为客观事物的发展有其自身规律，不可能依个人意志而转移。当某些事物的发生与其对事物的绝对化要求相违背时，个体就会感到难以接受和适应，从而极易陷入情绪困扰之中。

(2) 过分概括化。这是一种以偏概全的不合理的思维方式，就好像只看到一个人的外表就判断他是不是个好人。它是个体对自己或别人不合理的评价，其典型特征是以某一件或某几件事来评价自身或他人的整体价值。例如，一些学生没有找到好的工作，就认为自己"一无是处"或"毫无价值"。这种片面的自我否定往往会导致自责、自罪、自卑自弃的心理，以及焦虑和抑郁等情绪。

(3) 糟糕至极。这是一种对事物的可能后果非常可怕、非常糟糕，甚至是灾难性的预期的非理性观念。例如，一次重要的工作谈判失败后就断言"自己的人生已经失去了意义"，一次考研失败就认为"自己再也没有好的前程了"。对任何一件事情来说都可能有比之更坏的情况发生，因此没有一种事情可以被定义为最糟糕透顶。当人们坚持这样的信念，遇到了他认为糟糕透顶的事情发生时，就会陷入极度的负性情绪体验中。

在求职就业过程中，许多人可能受到一些非理性观念的影响，这些观念可能导致焦虑、决策失误或错失机会。以下是一些常见的非理性观念。

★ "我必须找到完美的工作"

非理性观念：认为存在一份完全符合自己所有期望的工作，包括薪资、环境、兴趣、发展空间等。

现实：完美的工作几乎不存在，每份工作都有其优缺点。重要的是找到符合自己核心需求的工作，并在工作中不断调整和适应。

★ "如果找不到工作，我就是失败的"

非理性观念：将求职结果与个人价值直接挂钩，认为找不到工作意味着自己能力不足或没有价值。

现实：求职是一个复杂的过程，受多种因素影响，如经济环境、行业需求、竞争等。暂时的挫折并不代表个人能力的不足。

★ "我必须一次成功，不能犯错"

非理性观念：认为求职过程中不能有任何失误，否则就会失去所有机会。

现实：求职是一个学习和成长的过程，犯错是正常的。重要的是从错误中吸取教训，逐步提升自己的求职技巧。

★ "我只能从事与专业相关的工作"

非理性观念：认为自己的职业选择必须严格限制在所学专业范围内，否则就是浪费了多年的学习。

现实：许多成功人士的职业道路并不完全与他们的专业相关。跨领域就业可以提供新的机会和视角，关键在于如何将已有技能应用到新领域。

★ "我必须马上找到工作，否则就来不及了"

非理性观念：认为必须尽快找到工作，否则就会落后于他人或失去所有机会。

现实：求职是一个需要时间和耐心的过程，匆忙做出决定可能导致选择不适合的工作。重要的是保持冷静，理性评估每个机会。

★ "只有大公司才能提供好的职业发展"

非理性观念：认为只有在大公司工作才能获得良好的职业发展和高薪。

现实：大公司和小公司各有优劣。小公司可能提供更多的责任和成长机会，而大公司则可能提供更稳定的环境和资源。关键在于找到适合自己的发展路径。

★ "我必须满足所有人的期望"

非理性观念：认为在求职过程中必须满足家人、朋友或社会的期望，否则就会让他们失望。

现实：职业选择是个人的决定，最重要的是符合自己的兴趣、能力和价值观。过度关注他人的期望可能导致选择不适合自己的工作。

★ "如果我失败了，就再也没有机会了"

非理性观念：认为一次求职失败就意味着永远失去机会，职业生涯就此终结。

现实：职业生涯是长期的，失败只是暂时的挫折。许多成功人士都经历过多次失败，关键在于如何从中吸取教训并继续前进。

★"我必须找到一份高薪工作，否则就是失败的"

非理性观念：将薪资待遇作为衡量工作成功与否的唯一标准，认为只有高薪的工作才值得追求。

现实：薪资固然重要，但工作满意度、职业发展机会、工作环境等因素同样重要。选择工作时应综合考虑多个方面。

★"我必须一次性找到终身职业"

非理性观念：认为必须一次性找到一份可以终身从事的工作，否则就是失败的。

现实：现代职业生涯往往是多变的，许多人会在职业生涯中多次转换职业或行业。重要的是保持灵活性和学习能力，适应不断变化的环境。

★"名校毕业才能找到好工作"

非理性观念：认为不是重点大学毕业，就找不到一份好的工作。名校才是好单位招聘的标准。普通院校毕业的学生只能找到一般的工作。

现实：虽然有些企业对应聘者的毕业院校有要求，但这绝对不是所有单位，应聘时求职者的专业水平、职业能力、在岗位上的稳定性等才是大多数用人单位招聘的重要标准。

★"只有在一线大城市工作才有出路"

非理性观念：很多求职者坚持认为只有在大城市工作才有出路，忽视了其他地区的工作机会和职业发展前景。

现实：一线大城市虽然就业机会更多，但是竞争也更加激烈，普通城市找到发挥所长的工作机会，依旧可以锻炼自己，提升专业水平和职业素养。

这些非理性观念不仅影响了求职者的心态和行为，还可能阻碍他们的职业发展。因此，树立正确的就业观和打破非理性信念对于成功求职和职业发展至关重要。

接下来，请将"非理性观念转化单"(见表4-6)中的非理性观念换一种说法，使你的认识更加切合实际，更有利于你的健康发展。

表4-6　非理性观念转化单

序号	非理性观念	积极的观念
1	我必须得到他人的认可	
2	我无法从事任何与我本身能力、专长不合的工作	
3	只有在工作中有卓越的表现，才能体现自我价值	
4	这个行业不适合男生/女生	
5	我所做的工作应该满足我所有的要求	
6	一旦我做出了职业选择，就很难再改了	
7	在我的生涯发展中，我只能做一次决定	
8	我所选择的职业也应该让我的家人、亲友感到满意	
9	只有做到我想做的，我才会感到快乐	
10	除非我能找到最佳的职业，否则我不会感到满意	
11	在选择要从事的工作领域中，我必须成为专家或领导者，才算成功	
12	第一份工作会对人的一生有深远影响，所以一定要找好	
13	工作时不能出错，否则会留下非常糟糕的印象	
14	只有我自己才最清楚我适合什么样的工作，我可以自己做决定	
15	我必须接受家人的建议	

应对非理性观念的方法如下。

(1) 自我反思：识别并挑战自己的非理性观念，问问自己这些观念是否真的合理。

(2) 设定现实目标：设定符合现实的求职目标，避免过度追求完美。

(3) 寻求支持：与朋友、家人或职业顾问讨论你的求职困惑，获得不同的视角和建议。

(4) 保持积极心态：求职过程中难免遇到挫折，保持积极心态，相信自己最终会找到合适的工作。

(七) 设立你的目标

1. 目标设立的重要性

职业生涯目标的设立对于大学生的成长和发展至关重要。它不仅能够帮助大学生明确方向、增强自我认知、促进职业发展和提高工作满意度，还能够对社会产生积极的影响。因此，每个人都应该重视生涯目标的设立，并为之付出努力。生涯目标设立的重要性主要体现在以下几个方面。

(1) 提供方向和动力。目标是人生航行中的灯塔，有了目标，人就可以容易地排除阻碍、勇往直前地向着成功前进。

(2) 增强自我认知。生涯规划过程有助于个人更好地了解自己。通过反思自己的兴趣、价值观和技能，个人可以确定自己真正热爱的工作领域。这有助于避免职业选择中的盲目性，使个人在职业生涯中更加满足和有成就感。

(3) 职业发展。生涯规划不仅关注当前的工作，还关注未来的职业发展。通过评估行业趋势、市场需求和自身能力，个人可以制订出适合自己的职业发展计划。这有助于个人在职业生涯中不断进步，适应不断变化的工作环境。

(4) 提高工作满意度。通过生涯规划，个人可以找到与自己兴趣和能力相匹配的工作，从而提高工作满意度。此外，生涯规划还可以帮助个人在工作与家庭之间找到平衡，从而更好地应对工作和生活中的挑战。

(5) 对社会的影响。生涯规划不仅对个人和职业发展产生积极的影响，还对社会产生深远的影响。当个人能够找到适合自己的工作并取得成功时，他们更容易对社会做出积极的贡献。

2. 目标设立的指导原则

在设立生涯目标时，应遵循SMART原则。SMART原则是有效设定目标的重要原则，具体内容如下。

1) 具体的(specific)

设立目标必须非常具体、清晰，不能模糊笼统。

举例：我要提高英语水平。

【修改后】我要把英语水平提升到专业四级的水平。

2) 可衡量的(measurable)

可衡量性是指目标是可以量化的或者有明确衡量标准的。如果一个目标的进度无法量化，那这个目标就很难管理。有了衡量标准，就可以准确评价你是否达到自己的目标。

举例：我要加强社会实践。

【修改后】我要在这个月参加一个支教社团，并跟着社团去支教一次。

3) 可达到但有挑战性(attainable but challenging)

设立的目标必须是可以达成的，但也不至于定得太低，有一定难度和挑战性。这就要求我们制定出的目标通过努力最终能够被实现，而不是超出我们的能力范围很大，但目标也不能设置过低太容易实现。

举例：让一个零英语基础的人，要在一年内达到英语专业四级水平，那是很难达成的。让一个应届毕业生在一年内成为大公司的经理，那也是不太现实的事情。但如果让你十年认真学习或努力工作，达到英语专业四级或成为大公司的经理，那又缺乏挑战性，可能没有激情再去实现。

4) 相关性(relevant)

设定的目标必须和整体方向、其他目标相关联，如果你设定的是职业目标，你的目标必须和工作岗位、工作职责相关联。

举例：如果你设立了一个拓展线上市场的目标，可你一直在做有关线下客户开发，这就是缺乏相关性，在做无效功能。

5) 时限性(time-based)

目标的时限性就是指目标的完成是有时间节点的。

举例：我要减重十斤。

【修改后】我要在三个月内减重十斤。

与此同时，还有一项原则对目标设立而言至关重要，就是可控性(controllable)。它是指你对影响目标实现的因素具有自我可控性。比如你的目标是"一个月内被某公司录用"，这就违背了可控性，因为能否被录用并不取决于你，所以应将目标变一个说法"一个月内申请三个公司的职位"，这就是可行的。因为申请职位的行为是你自己可以进行的。目标的可控性原则表明，你要对自己的目标负责，并实施行动，而不能将目标的实现的希望放在别人身上。

3. 职业目标的划分

职业目标可以划分为长期目标、中期目标和短期目标。

短期职业目标：通常是指1～2年内想要达成的职业目标。这些目标通常是具体的、可衡量的、可实现的，并且与个人的职业发展计划紧密相关。短期职业目标有助于建立职业发展的基础，并为中期和长期目标的实现提供支持。

中期职业目标：是指时间跨度在3～5年内的职业目标，是连接短期和长期目标的桥梁。中期职业目标通常更为具体和可衡量，既要有挑战性又要有实现的可能。它们通常与个人的职业发展阶段和组织的发展战略相契合，反映了个人的职业定位和价值追求。

长期职业目标：是个人在较长时间内(通常为5～10年)希望达到的职业状态或成就。长期职业目标具有长远性、宏观性和方向性，是个人职业规划的核心，为中期和短期目标提供指导。

以上三个时间段的目标相互关联，共同构成了一个人的职业规划蓝图。通过设定这些目标，个人可以在职业生涯中保持清晰的方向感，并且能够根据实际情况调整和优化自己的职业路径。

练一练：制定一个大学四年的目标，在构思目标时，运用SMART原则进行。

你的四年目标：

_____

要达到这一目标，你的具体行动步骤是：

_____

_____

_____

据此目标，设立每学期的一个短期目标：

_____

_____

_____

六、通关要领

大学生在制定自己的职业规划,进行职业决策时,应在职业选择和发展中树立正确的价值观、社会责任感和职业道德,从而更好地实现个人价值与社会价值的统一。通过思想政治教育的引导,大学生能够更好地应对职业选择中的挑战,做出符合自身发展和社会需求的职业决策,成为有理想、有担当、有作为的新时代青年。

(一) 价值观导向：树立正确的职业观

作为当代大学生,社会主义核心价值观(爱国、敬业、诚信、友善)应是职业选择的重要指导原则。在大学生选择职业时,应优先考虑能够为社会创造价值、服务国家战略需求的行业和岗位,如乡村振兴、科技创新、公共服务等领域。思考如何在自己的岗位上为国家繁荣出力, 不应单纯追求高薪或舒适环境,强调个人生涯发展不能孤立存在,而是注重职业的社会贡献和长远意义。

(二) 社会责任：强化使命感和责任感

大学生在进行职业规划,设定职业目标时,应认识到自身肩负的社会责任和历史使命。在职业选择中关注社会问题,如环境保护、教育公平、医疗健康等,体现对社会责任的担当。鼓励学生选择与国家发展战略相关的职业,如"一带一路"、绿色发展、共同富裕等,积极参与到国家和社会需要的领域。

(三) 职业道德：培养职业操守和诚信意识

职业道德是职业发展的基石,诚信、敬业、公正等品质是职业成功的关键。大学生在进行职业决策中,应树立正确的职业道德观,遵守行业规范,维护职业操守。在求职和工作中,强调诚信的重要性,避免在求职过程中弄虚作假,或在工作中急功近利。

(四) 个人成长：实现个人与社会的双赢

个人成长与社会发展是相辅相成的,个人的成功离不开社会的支持,社会的发展也需要个人的贡献。大学生在职业选择中关注自身能力与社会需求的匹配,选择既能促进个人成长又能推动社会进步的领域。鼓励大学生到基层、艰苦地区或国家急需的行业工作,实现个人价值与社会价值的统一。

(五) 创新创业：激发创造力和担当精神

创新是推动社会进步的重要动力,创业精神是实现个人价值的重要途径。鼓励大学生在职业选择中勇于创新,敢于挑战传统,积极投身于新兴行业或创业领域。学校给予大学生政策、场地、资源等方面的支持,鼓励大学生参与创新创业项目,培养创新思维和创业能力,为国家经济发展注入活力。

(六) 全球化视野：培养国际竞争力

在全球化背景下,大学生应具备国际视野,关注全球问题,积极参与国际竞争与合作。让大学生在职业选择中关注全球化趋势,选择具有国际竞争力的行业或岗位。鼓励大学生提升外语能力、跨文化沟通能力和国际视野,积极参与国际交流与合作

(七) 终身学习：适应职业环境的变化

终身学习是适应社会快速变化的重要能力,也是实现个人持续发展的关键。大学生在职业决策中注重学习和成长,选择能够提供持续学习机会的职业环境。鼓励学生在职业生涯中保持终身学习的态度,不断提升自己的知识和技能,适应职业环境的变化。

(八) 职业幸福感：关注身心健康

心理健康是个人全面发展的重要组成部分,职业幸福感是衡量职业成功的重要标准。大学

生在制定自己的职业生涯规划，进行职业选择时应关注自身的心理健康，选择能够带来成就感和幸福感的职业。学校应帮助学生树立正确的职业观，避免因过度追求物质利益而忽视心理健康。

(九) 集体主义：培养协作精神

团队合作和集体主义精神是思想政治教育的重要内容，强调个人与集体的和谐发展。大学生在职业选择中应注重团队合作，选择能够发挥集体智慧、促进团队协作的职业环境。鼓励大学生在工作中发扬集体主义精神，实现个人与集体的共同进步。

(十) 家国情怀：服务国家战略需求

家国情怀是思政教育的重要内容，强调个人发展与国家命运的紧密联系。应鼓励大学生选择与国家战略需求相关的职业，如国防科技、乡村振兴、绿色发展等领域；引导大学生将个人职业规划与国家发展目标相结合，体现家国情怀和责任担当。

七、晋级成功

写下收获，取得下一关闯关资格。

_____

_____

_____

_____

_____

_____

_____

_____

_____

_____

_____

_____

_____

_____

_____

_____

_____

_____

_____

_____

_____

_____

_____

任务二 生涯导航·逐梦未来

一、关卡名称：绘出美好未来

职业生涯发展报告也是"职业生涯规划书"，是一份旨在帮助个人明确职业方向、规划职业发展路径的重要文档。它通过对个人的兴趣、能力、价值观及外部环境进行全面科学地分析，确立适合个人的职业目标，为个体提供一套科学、系统的生涯规划建议。它对于大学生有目标、有计划地开展学习，为进入职场做准备提供有力指导。

二、闯关意义

职业生涯发展报告是对职业生涯规划的书面化呈现，它将个人如何确定职业目标到具体实施的计划以结构式方式撰写出来，对大学生具有以下意义。

(一) 明确职业目标

职业生涯发展报告通过自我分析和外部世界探索的方式，帮助大学生梳理自己的兴趣、能力、价值观等因素，结合对相关职业的岗位需求、应聘者职业素养、职业发展路径、就业前景等方面合理设定职业发展方向，明确职业目标。

(二) 客观评价自我

撰写职业生涯发展报告时，可以通过各种工具、途径客观评价自我。促进大学生深刻思考自身的优势及劣势，增强自我认知能力，找到自身能力与目标职业的差距，为确定适合自己的职业发展方向、实现自己的职业目标打下基础。

(三) 提升行动力

职业生涯发展报告中包括短期、中期、长期行动计划，将每个阶段的重点目标和行动计划以条目的方式罗列出来，更容易让大学生开展行动，比对每个阶段的行动和任务，帮助大学生有针对性地学习技能、提升大学生的行动力、促进长远发展。

(四) 为求职做准备

职业生涯发展报告中的内容帮助大学生明确目标职业需要的技能和专业知识，有针对性地开展学习、参加实习实践、增强就业竞争力。撰写职业生涯规划书促进大学生主动规划未来，增强责任感和主动性，推动他们不断为求职做好充分准备。

三、闯关武器

(1) PLACE探索职业表单。

(2) 动态调整方案。

(3) 生涯发展报告实例。

四、解读密码

职业生涯规划有助于大学生科学合理地确定职业目标，帮助大学生有计划、有目标地开展学习、实践，引导大学生为自己的进入职场做好充分的准备。在制定自己的职业生涯规划时要符合以下原则。

(一) 职业生涯规划的基本原则

1. 与国家需要相结合

作为当代大学生，个人理想应与国家需要、社会经济发展相结合，树立正确的择业观和就业观。因此，在确定自己的职业目标，开展职业生涯规划时，不能仅仅考虑个人利益，而要将个人与国家利益相结合，积极把握社会人才需求的动向，既要看到眼前的利益，又要考虑长远的发展；既要考虑个人的因素，又要服从社会的需求，这样的职业生涯规划才更有意义。

2. 与所学专业相结合

大学生通过大学期间的专业学习，在自己的专业领域都具备了一定的专业知识和技能，这些都是为将来进入职场做准备的，也是大学生进行职业生涯规划的基本依据。用人单位在进行招聘时，主要也是根据大学生的专业能力展开考核，如果大学生开展职业生涯规划离开了所学专业，那就要增加更多的时间精力去学习其他专业内容，否则没有与应聘岗位匹配的专业能力，就失去了求职竞争力。因此，最好结合所学专业制定自己的职业生涯规划。

3. 与个人兴趣相结合

如果兴趣能发展成自己的职业目标，则能更好地提升大学生在职场的工作效率、工作满意度及职业稳定性。在探索自己的兴趣时，应对自己的兴趣爱好有一个客观的分析。如果没有发觉自己的兴趣所在，可以积极参加实践，适当进行培养。如果已经了解自己的兴趣，可以尝试将兴趣重点培养，提升相应能力。大学生在进行职业生涯规划时若能与个人兴趣相结合，能更充分发挥自己的优势，择己所长，才尽其用。

(二) 生涯发展报告的基本内容及注意事项

生涯发展报告是对职业生涯规划的书面化呈现，除了包含职业生涯规划的主要步骤，还应该按照生涯发展报告的要求，体现科学的规划思路，形成完整的文字性方案。为大学生的职业生涯发展提供操作指引，并可以随时评估与修正。

1. 标题

生涯发展报告的封面应有一个体现目标职业的标题，标题要求有以下三点：第一，该标题应准确清晰地反映出目标职业的具体内容；第二，标题需简洁明了，结构整齐。标题避免复杂冗长的表述，用简洁的语言传达关键信息，一目了然。标题结构应尽量工整，表意凝练集中，概括力强，易于记忆。

注意事项：标题中目标职业应是具体的职业或岗位，表述应正确完整，不要表述为从业方向或用岗位简称表述。例如，目标职业不能简单描述为"公务员"，因为它并不是一个具体的职业或岗位，而是一个广泛的职业群体，包含了众多不同的具体岗位。目标职业也不能表述为教育培训领域，因为教育培训领域包含的岗位有很多，不同的岗位生涯发展报告的内容也会完全不同。

范例：

人民安危，我来守护——一位刑警的誓言

青城脉动，律动规划——一位城市规划师的职业蓝图

让高原之花绽放，做梦想的守护者——海南藏族自治州语文"心"教师

潜心健康守"护"，笃行志在于"士"——急诊科护士

2. 目标起源

在生涯发展报告中撰写职业目标起源是很重要的一个环节，它旨在阐述你如何确定职业目标，帮助你更好地找到确定职业目标的因素。职业目标的起源可能来自你的家庭中有相关职业的人，从小耳濡目染；也可能是榜样的力量，让你向往成为他那样的人；甚至可能是你经历过的一件事，其中的人物职业对你产生了深远影响。总之，挖掘自己的职业目标起源，有助于更深刻地探索自我。

注意事项：职业起源的人物、事件或经历，一定要真实清晰，逻辑连贯有序。描述时避免用华丽空洞的辞藻，用朴实真诚的语言表达，更能体现出你真实的愿景和坚定的决心。

范例：

阳光下锻炼身体，自然里快乐成长，是我从小就憧憬的校园生活。然而每次让我懊恼至极的是我最喜欢的"超会玩儿的"体育老师总是"被生病"，他的体育课我们可以玩到各种游戏，在欢声笑语中学习体育知识并且增强体魄。那时便萌发了未来成为一名体育老师的念头，立志可以天天上有意思的体育课。后来，如我所愿，考取了体育教育的专业。同时，全国教书育人楷模—被誉为"游戏大王"叶海辉老师，深深影响着我。他创新欢乐体育课，光石头剪刀布就有30多种玩法，他的课堂走进山区，走进偏远的地方，让更多孩子融入体育、爱上体育。他们优秀的教学方式影响着我前行。

3. 自我评估

自我评估前应介绍自己的基本情况，如"姓名、学校、专业、年级、政治面貌、担任职务"等，这里强调一定要标注自己所在年级，因为不同年级学生所做的职业规划侧重点有所不同，相关实习实践经历、获奖经历也有不同。

自我评估的内容实际就是从多方面客观了解自我。在职业生涯规划中，通常要从兴趣、性格、能力、价值观、学识水平、情商、潜能等方面进行自我探索，并把相关重要信息罗列出来，对自己的优缺点进行汇总分类，加以分析，为找到适合自己的职业目标做准备。下面介绍自我评估中主要内容的撰写技巧。

1) 职业兴趣

生涯发展报告中，大家可结合自己喜欢的职业兴趣探索适配的职业，也可以根据霍兰德职业兴趣理论进行分析，逐步了解自己的职业兴趣。在撰写生涯发展报告时，不能只简单介绍自己的职业兴趣，要将自己的职业兴趣与可能发展的职业进行分析，将体现职业兴趣中有特色有优势的部分做详细说明，测评结果不是必备项。

范例：

职业兴趣为：具有社会型特点，乐于助人、热情有耐心。善于组织管理，有领导才能。艺术型特点，有创造力，善于表达。该类型喜欢做与人打交道的工作，善于沟通，有亲和力和责任心，以结果为导向，有创新精神。

适合的职业有教育工作者(教师、教育行政人员)，社会工作者。作为教师，艺术特点的存在能够让我在这个岗位中不断创新教学方法和形式，帮助学生快乐学习。

2) 职业能力

自我评估中职业能力探索是核心。职业能力对职业的选择起着筛选作用，是求职择业及事业成功的重要保证。是否具备岗位胜任力，大学生具备的各项能力是判断是否具备目标职业岗位胜任力的重要因素。在撰写生涯发展报告时，不要简单罗列自己具备的各项技能，最好将支撑每项技能的具体实习实践经历、获奖情况或资质证书详细说明。

范例：

1. 基础知识扎实，学习能力强

　　①汉语言文学专业，专业成绩年级排名10/1000。

　　②荣获两次"培华一等奖学金"。

　　③获得校"三好学生""优秀共青团员"等称号。

2. 全面扎实的教师专业技能

　　①全国大学生语言文字能力大赛专业组一等奖。

　　(比赛考查写作＋书法＋普通话表达能力)

3. 较强的汉字书写能力和写作能力

　　①获全国书法大赛一等奖。

　　②书法等级6级。

　　③省级征文大赛二等奖。

4. 沟通与表达能力

　　①曾担任市博物馆志愿者宣讲员。

　　②省级心理演讲赛三等奖。

　　范例中的学生所具备的4项能力均是作为语文教师应该具有的职业技能。除此之外，每项技能都有实例支撑，更能证明这项技能的真实性和实际水平。

　　所以在撰写职业能力时，一定要对标目标职业所需的职业能力和职业素养，逐项对自己的实习实践经历和成果进行梳理总结，这样才更有针对性，可以充分说明自己的能力能够达到目标职业的要求。

　　注意事项：生涯发展报告中的自我评估，包括标准化评估和非标准化评估。标准化评估通常是用一些专业的测评对大学生的职业兴趣、性格、职业价值观等进行评估，同时产生相应的测评结果及分析。这些测评能帮助大学生多方面探索自我，但测评结果可能受到被测者当时状态等因素的影响，存在一定的主观性，所以不要完全依赖测评结果。比如MBTI性格测评，目前在生涯发展报告中使用得越来越少，性格测评不是一成不变的，它也不能全面评估一个人在工作中的表现，一个人在工作中是否成功，更多取决于他的技能、经验、工作态度、价值观等。非标准化评估是大学生根据自己和他人(师长、同学、朋友)对自己的评价，通过日常的交流沟通、以往生活经历的分析等，了解自己的兴趣爱好、人格特质、工作能力、价值观等自身具备的特征，初步确定职业目标群。

　　3) 职业价值观

　　职业价值观相对于职业兴趣、职业能力等方面，对大学生确定自己的职业目标起到更为重要的作用。职业目标能够将个人理想与国家需求、社会发展相结合，体现正确的择业观和就业观，正是职业价值观的体现。所以它也是探索自我中不可缺少的一部分，但职业价值观的具体内容不需要单列在自我评估的部分中。

　　注意事项：撰写生涯发展报告时，对于职业价值观的体现，不一定在自我评估中专门介绍。它的内容可以体现在生涯发展报告的各个环节，作为报告的主线贯穿始终。从目标起源，到职业目标的确立、行动计划、职业发展路径，坚定的纵深线贯彻始终。例如，本节"执行任务"第六项内容"生涯发展报告实例一"中的职业目标为少数民族地区的语文教师，从目标职业的起源"见证过榜样、接受过温暖，所以我也想成为那束光"开始，整个报告从外部环境评估、目标确立、行动计划再到最终的职业目标"成为关注少数民族地区学生心理健康、为汉族与少数民族学生的和谐相处、民族融洽不断努力的教师"无不体现出该学生的职业价值观——为少数民族地区的教育贡献自己的一份力量。

4. 环境评估

环境评估就是职业生涯规划当中的外部世界探索，它分为宏观环境和微观环境。宏观环境包括经济环境、国家政策法规、社会文化环境、技术环境、自然环境等对行业产生的影响，分析环境中的有利因素和不利因素，分析当前面临的机遇与挑战。微观环境包括行业发展现状及发展趋势，企业发展战略和前景，职业发展路径，岗位工作内容、技能要求、薪资待遇等。微观环境中还包括家庭环境和学校环境。从家庭环境出发，了解家庭基本情况、经济状况、家人期望及家庭对自己的影响和帮助；从学校环境出发，清楚学校发展、校园文化、专业前景、培养方向、就业趋势、实习实践等，这部分可以作为实现目标岗位的支撑体系进行分析整理。

1) 具体岗位的探索

在环境评估中可以对具体岗位的工作城市、应聘途径、岗位需求、具体工作内容、职业发展路径等具体内容进行详细探索。对目标职业了解得越详细(见表4-7)，越能进一步确定自己与岗位的适配度，以及与岗位需求之间的差距，为提升自己的相关能力提前做好准备。

范例：

表 4-7　民族地区中学语文教师岗位信息

目标岗位	民族地区中学语文教师
地区	青海省海南藏族自治州
应聘路径	编制内教师招考、国家地方性项目报考、聘任制教师应聘
发展途径	行政方向：年级组长－主任－副校长－校长 教学方向：初级－中级－高级－正高级
岗位需求	汉语言文学方向 本科及以上 善于表达沟通、有亲和力、科研及学习能力、良好的团队合作精神 教师资格证 会藏语等少数民族语言者优先
工作内容	按要求完成教学任务，参加教研活动 对学生开展思想道德教育 注重民族团结教育工作，关注学生心理健康

2) 支持体系的探索

在支持体系中应从国家、学校、家庭三个层面分析对实现自己的目标职业有哪些具体支持的条件和因素。

范例中(见图4-4)对于目标职业为少数民族地区的语文教师而言，该学生从客观实际出发，分析出三个层面对于实现自己的职业目标有哪些支持的因素。每一项内容都对自己成为一名少数民族地区的语文教师提供有力帮助。

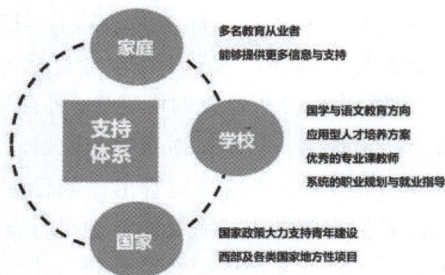

图 4-4　环境评估—支持体系

3) 人物访谈法探索

生涯人物访谈是对某一具体职业进行详细探索的重要工具和方法。当你通过浏览各种媒体、杂志、网络等媒介搜集外部环境信息以实现对各类环境的了解或者通过日常观察对外部环境、特定职业人群状况进行了解后，还是会出现有些具体内容不够清楚，这时最好的办法就是找到从事该岗位的职业人进行访谈，直接了解该岗位的详细信息，有针对性地进行交流。在生涯发展报告中以访谈报告的形式体现。

为了对具体岗位有详细了解，在进行生涯人物访谈时，是可以参考人物访谈的提纲进行的。但在撰写生涯发展报告时，因篇幅有限，应选择有针对性的问题进行呈现。该范例中(见图4-5)因为目标职业是少数民族的语文教师，所以学生访谈时专门对民族地区任教与普通地区任教的区别、民族地区任教需要具备哪些职业素养和技能进行提问。因为西部少数民族地区相对偏远，工作及生活可能会遇到一些困难，访谈时也有针对性地进行提问。这对于想要真实了解实际工作岗具体内容的来访者而言，更能体现出生涯人物访谈的价值。

注意事项：在进行环境评估时，一般会出现抓不住重点，没有针对性的问题，环境评估的分析普遍较弱。家庭环境分析较单一，只从家中是否有相关从业人员的角度去分析，但其实家庭对于你从事该岗位给与的支持力度、家庭氛围、家庭人脉资源等都能成为你达成目标职业的有力支撑条件。学校环境分析也不仅仅是简单介绍学校基本信息或专业就业情况，而是可以从你所学专业相关的教学水平、办学特色、培养方向和师资力量方面，提供实习实践平台和渠道方面，特别是与同类院校相比较存在的强势项目和竞争优势方面进行分析。社会环境分析时描述较笼统，更多地描述为"就业形势严峻，就业竞争压力大，就业率不乐观"等。建议查找国家给与政策制度上的支持、往年该地区岗位需求量的数据来比对和支持。

范例：

图4-5　职业生涯人物访谈报告

5. 确立目标

在评估自我和外部环境的基础上，确立适合自己的职业生涯发展目标，确立目标是职业生涯规划的核心部分。大学生在职业目标确立的过程中，力争做到择己所爱、择己所长、择世所需。该部分需要分析自身的优劣势、外部环境的机遇与威胁，可参考之前章节介绍的SWOT分析。这种方法能进一步梳理针对目标职业自己的差距，为后面的行动计划做好准备。

从如图4-6中能清楚地看出作为目标职业为急救科护士的学生，有针对性地进行自身优劣势分析、外部环境的机会与威胁是什么具体内容。这些内容清晰地罗列出来后，有助于学生日后有计划地开展学习、实践、能力提升等相关具体行动。

注意事项：确立职业目标时，不少学生容易出现前期评估内容与结论目标脱节的情况。

范例：

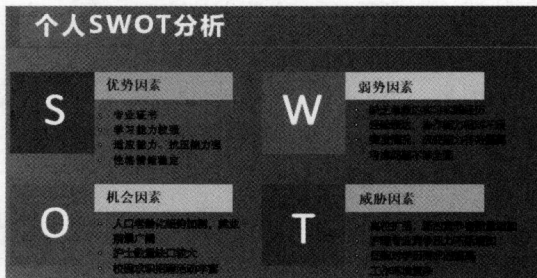

图4-6　SWOT 分析图

即撰写生涯发展报告时，前面的评估结果并未与目标职业相关联，职业目标还是由大学生的主观期望值所决定。在生涯发展报告中，无论其前面的分析论证如何全面完善，他的职业目标都会是最初主观期待的那个，由此导致对内、外部环境分析的结果与最终职业目标不相符合。这样的生涯发展报告只是形式上的结构完整，实际并不具有规划的科学性和严谨性。

6. 行动计划

在确定个人的职业生涯目标后，就要为达成该职业目标订立行动计划。如何行动便成了关键环节，这里所指的行动，是指为了落实目标的具体措施，主要包括学习、实践、参加比赛、考取资质证书、提升学历等方面的措施。按阶段可分为短期计划、中期计划、长期计划。大学生在撰写生涯发展报告时，一般按照短期计划是大学在校期间，中期计划是毕业后5年，长期计划是毕业5年至往后为时间段进行规划。每项内容应结合生涯发展报告中自我评估的职业能力探索及目标确定中自身劣势分析进行，并符合SMART原则。

范例一：

西安培华学院，汉语言文学专业学生，目标职业为少数民族地区初中语文教师，该生进行的行动计划如下。

短期计划(本科在校4年)：
- 保持专业知识年级前20；
- 考取初中语文教师资格证和计算机二级证书；
- 积极参与实习实践活动，例如支教、中小学实习、家教等；
- 提升科研能力，如相关培训及大赛，以赛促学互联网+、大创赛事；
- 提升教师技能基本功，如写作、表达、教学等；
- 进一步了解少数民族文化习俗、学习藏语；
- 学习心理知识，在心理社团实践，参与相关心理活动。

中期计划(毕业后五年内)：
- 参加青南计划或西部计划，积极投身西部乡村教育；
- 继续学习心理相关知识，为学生身心健康，民族学生融合做努力；
- 备考在职研究生，提高学历；
- 参加相关培训，提升教学能力、丰富教学方法；
- 参加各类赛课活动，提升教师水平及技能；
- 评定一级教师职称。

长期目标(毕业5年以后)：
- 级教师职称评定；
- 形成适合少数民族地区的语文教学方式和个人的教学风格；
- 关注少数民族地区学生的心理健康、为汉族与少数民族学生的和谐相处、民族融洽不断努力。

范例二(见图4-7)：

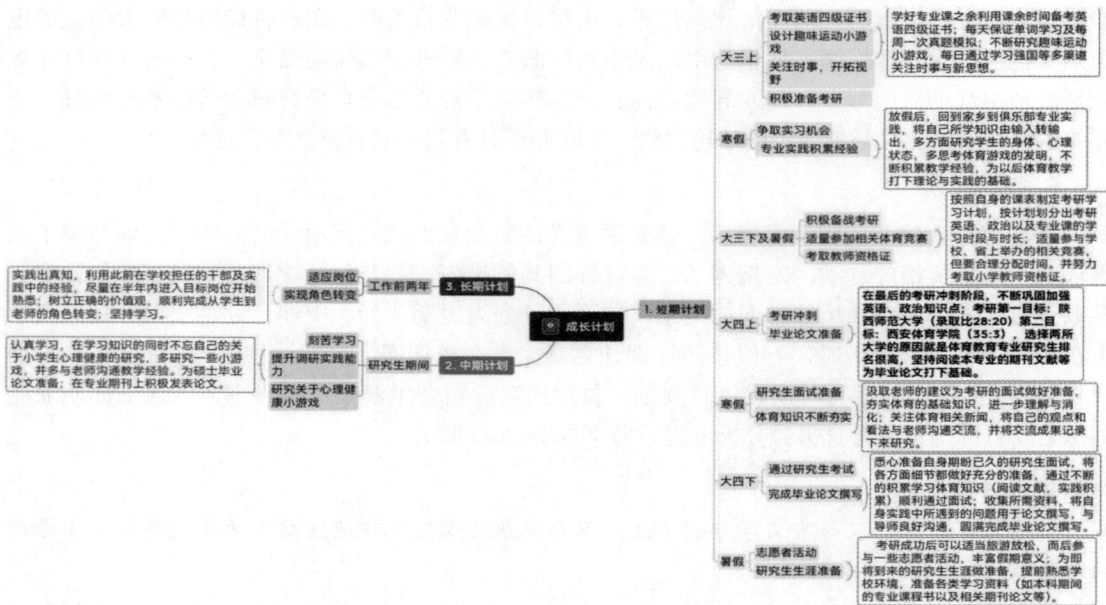

图 4-7　行动计划图

以上两个范例均为三个阶段订立行动计划，但表现形式及体现内容略有不同。范例一按条目罗列，范例二(见图4-7)按思维导图的形式按学期呈现。在实际撰写生涯发展报告时，学生要结合自己的具体情况和目标职业进行设计。内容上三个阶段的时间不一定非要严格划分为在校4年、毕业后5年、毕业5年以后，表现形式可以用条目方式罗列，也可以形成思维导图展示。行动计划要围绕各个时期、不同层次，将学业与职业生涯结合起来，将能力提升与职业发展相互衔接，制定出详尽、科学的方案。

注意事项：行动计划的订立容易出现计划内容与职业发展目标之间缺乏内在联系的问题。开展个人职业生涯规划是以实现个人职业目标为目的的，它应该是一个详细又切实可行的行动方案。目标确立是核心，可实施的计划措施是关键。所以行动计划的内容一定是与实现目标职业相关联并且符合SMART的五项基本原则的，行动计划要具体、可衡量、有关联、有时限、可达成。

7. 评估与调整

在职业生涯规划实施的过程中，会出现做规划时未考虑到的问题与执行时的困难，为保证职业生涯规划的实际效果，在每实施一段时间后，有必要对计划执行的方法做系统的评估与调整。调整的主要内容包括职业目标的重新确立、职业生涯发展路线的选择、各阶段目标的修订、行动计划的变更等。评估与调整要在整个职业生涯规划的过程中对所有环节进行检验，对每个步骤的现实状况与目标之间的差距作出评价，对活动过程进行审视，及时发现问题，找出相应对策，对规划进行调适和完善，必要的调整与修正能够使职业目标更有效率地达成。

评估调整中最核心的部分是要体现动态调整方案，通过对自己职业目标与行动的动态梳理，找到自己各阶段需要完成的目标和具体行动计划，使生涯发展报告落到实处，以行动促发展。动态调整方案的内容包括阶段性目标、提升能力、具体计划、评估调整等。

撰写生涯发展报告时，在这部分应该呈现一个备选职业，当你在撰写生涯发展报告时，你需要考虑如果无法实现目标职业，你还愿意从事的职业是什么。该职业应与目标职业所需要的职业能力相似，否则无法在目标职业无法完成的情况下短时间更换其他职业。

范例：

目标职业为教师，备选职业为培训机构教师、企业培训师等。

目标职业为软件工程师，备选职业为软件测试工程师、技术支持工程师等。

目标职业为律师，备选职业为企业法律顾问、司法调解员、企业合规顾问等。

目标职业为会计师，备选职业为出纳、财务分析专员等。

目标职业为设计师，备选职业为绘图专员、设计助理、平面制作员等。

注意事项：如何根据实际情况对职业规划进行评估并做出适宜的调整是职业生涯规划中非常重要的环节，并且伴随整个行动过程。所以进行阶段性的评估有助于我们及时调整职业生涯规划。短期目标阶段性评估最好每半年做一次评估，中期目标一年做一次，长期目标 3 ～ 5 年评估一次。评估时，要根据实际情况，及时纠正实施过程中出现的偏差。

职业生涯规划是科学的、个性化的，是一个复杂的、持续的过程。职业生涯规划的内容可结合自身实际情况进行适当调整，但基本内容需包括自我评估、环境评估、确立目标、制订行动计划、评估与调整。撰写生涯发展报告时，也可根据大学生的实际情况选择有特色的表现形式。

(三) 生涯发展报告的撰写原则

生涯发展报告的撰写原则是开展职业生涯规划的指导思想和方法基础。要使生涯发展报告发挥其作用，真正帮助大学生开展职业生涯规划，需要遵守以下几点原则。

1. 可行性原则

好的生涯发展报告一定是可执行，能实现的。如果做出来的规划，只是内容上思路清晰，层层推进，但缺乏现实中的可行性，那这份生涯发展报告只能是一份仅供观赏的作品。以目标职业为核心，分析客观，计划落地，可行性强才是一份好的生涯发展报告。

2. 针对性原则

生涯发展报告包含不同的项目，项目之间又相互联系，环环相扣。所有内容紧密围绕职业目标这条主线开展，内容逻辑清晰、组织合理，表达要素之间要有结构性关联，能准确体现职业规划设计的核心和关键。

3. 个性化原则

同样的职业目标，也会有不同的生涯发展规划。在撰写自己的生涯发展报告时，应结合个人特点及优势，发挥潜能，设计出适合自己的个性化职业生涯发展报告。

4. 完整性原则

职业生涯发展报告具有个性化原则，内容要求需适合自己的定位。但前提也要保证整个生涯发展报告结构的完整性，主要包括自我评估、环境评估、目标确定、计划行动、评估与调整等方面。

5. 创新性原则

职业生涯规划因人而异，具有明显的个人特性。虽然结构有固定要求，撰写又有一定的格式，但表现形式可以有所不同。在撰写时，应有一定的创新性，创意新颖，充分体现个性而不落俗套，文如其人，不同设计的表现形式更能体现报告的重点和个人特点，充分展示当代大学生朝气蓬勃的精神风貌。

五、执行任务

(一) 他人眼中的我——360度评估

360度评价是一种有效评价自我的职业发展工具，它通过多人群多视角的反馈，从自己及周围不同层面的人那里收集各种评价信息，帮助个体更加全面、客观地了解自我，识别需改进的方面，促进自身职业生涯发展。大学生可以从家人、老师、同学、朋友等多种人群中了解他们眼中的你是什么样子的，从而更全面地探索自我。

练一练：请找到5种不同类别的人群来评价自己，用360度评估法对自己做一个全方位评估，并将内容记录下来。从反馈的信息中总结出你认同的，还有让你意外的评价。这些令你意外的评价是不是你不曾了解的自己？

1. _____
_____
_____

2. _____
_____
_____

3. _____
_____
_____

4. _____
_____
_____

5. _____
_____
_____

你认同的： _____
_____
_____

你意外的： _____
_____
_____

(二) 探索职业的PLACE法

外部世界探索的PLACE方法是一种系统性的探索策略，旨在帮助人们更有效地探索和了解外部世界。该方法由以下五部分组成。

P(position)：明确探索职位和内容。该职业的主要工作内容、工作职责、职业的完成目标等。

L(location)：选择职业的工作环境和地点。根据探索的具体职业，了解该职业的所在区域、工作环境、室内或室外、是否有工作地点变化、工作时间等。

A(advancement)：探索职业的晋升路径。包括该职业的晋升路径、晋升时间、工作稳定性、工作保障等。

C(condition of employment)：了解职业的雇佣条件。了解该职业的基本薪酬水平、福利待遇、进修机会、加班情况、休假情况等。

E(entry requirement)：了解职业的入职要求。该职业的学历要求、专业资质、培训经历、实习实践、职业能力、岗位素养等。

通过遵循PLACE方法，可以系统地了解和规划外部世界的探索活动，确保探索过程高效且有意义。

练习：请参考表4-8的内容，用PLACE法探索你的目标职业，填写下列表单，尽可能做到具体详细。

范例(见表4-8)：

表4-8　PLACE法探索职业——小学体育教师

职业 P(position)	环境 L(location)	晋升 A(advancement)	雇佣条件 C(condition of employment)	入职要求 E(entry requirement)
"有意思的"小学体育教师。备课、上课、教授体育教学、体育教研、课外体育活动与训练竞赛。引领孩子强身健体，拥有健康的体魄	体育教学设施完整，校园环境良好，到处都是小孩子上学的欢声笑语	学校有外出学习的机会，可以评等级和职称。有"五险一金"，社会保障健全，有各种补贴	月工资4500～5000元(与职称匹配)，节假日有相应的补贴。有优秀的教学成果也可以获得奖金	研究生及以上。体育教育专业。教师资格证、相关专业的证书。拥护中国共产党的领导，遵守国家法律法规，具备教师最基本的素质，有良好的教学品德

按PLACE法填写表单(见表4-9)，完成自己的目标职业探索吧。

表4-9　PLACE探索职业表单

职业 P(position)	环境 L(location)	晋升 A(advancement)	雇佣条件 C(condition of employment)	入职要求 E(entry requirement)

(三) 目标职业的支持体系

在撰写生涯发展报告时，需要分析职业目标的支持体系。一般从国家层面、学校层面、家庭层面这三方面来分析。这种方法可以全面且客观地对职业发展环境进行分析，能有效提升规划的可信度与可行性。下面以目标职业为"心理咨询师"为例，进行支持体系的分析。

范例：

目标职业：心理咨询师

国家层面：

1. 国家政策法规与行业规范为心理咨询师职业发展保驾护航。近年来，相继出台《中华人民共和国精神卫生法》等法规，明确心理咨询行业边界，规范从业者行为。

2. 人力资源社会保障部组织的心理咨询师职业资格考试，虽已取消，但后续政策正推动行业向更专业、规范方向发展。

3. 政府加大对心理健康领域投入，鼓励社会力量参与建设心理咨询服务机构，为从业者创造广阔就业空间。

家庭层面：

1. 父母尊重个人职业选择，理解心理咨询师成长周期长、前期收入不稳定等特点，包括培训、考证等关键阶段提供必要资金支持，在精神和经济上给予鼓励。

2. 家中有亲戚从事该职业，提供学习、考试、实习的帮助，也有利于对该职业的具体工作情况、行业信息等进行了解。

学校层面：

1. 学校心理学专业为省级一流专业，师资力量雄厚。心理学相关专业构建系统课程体系，涵盖普通心理学、变态心理学、咨询心理学等，培养扎实理论功底。

2. 学校提供多种实习实践途径，与心理咨询机构合作，提供实习岗位，让学生积累实操经验。

3. 专业讲座、学术交流活动丰富，拓宽学生视野，提升专业素养。

接下来，请选择一个你的目标职业，再围绕各层面与该职业的关联进行分析。

目标职业：＿＿＿＿＿＿＿＿＿＿＿＿＿＿＿＿＿＿＿

国家层面：

＿＿

＿＿

＿＿

学校层面：

＿＿

＿＿

＿＿

家庭层面：

＿＿

＿＿

＿＿

(四) 短期计划的设定——大一学年的行动计划

生涯发展报告中很重要的一部分就是计划与行动，它是促成你职业目标实现的主要方法和途径。请结合课程所讲内容，设定大学一年级的目标，做一个短期行动计划。之后用SMART原则检查每一项内容是否符合该原则的要求。

大一目标为：＿＿＿＿＿＿＿＿＿＿＿＿＿＿＿＿＿＿

行动计划：＿＿＿＿＿＿＿＿＿＿＿＿＿＿＿＿＿＿＿＿＿＿＿＿＿＿＿＿＿＿＿＿＿＿＿＿＿

＿＿

＿＿

＿＿

＿＿

＿＿

(五) 动态调整方案

撰写生涯发展报告时，应对标目标职业所需要的职业能力，对大学期间的关键目标和行动计划做定期评估并进行动态调整，以保证目标职业的实现。若遇到关键时间点目标未达成，是延长行动计划的时间还是降低目标，都要根据当时情况进行评估和调整。

范例：

某高校汉语言文学专业大三学生该学年的动态调整方案(见表4-10)。

表4-10　初中语文教师动态调整方案

职业目标	入职条件	目标	行　动	评估调整	是否达成
初中语文教师	专业知识	班级前三名	当天完成课堂笔记整理，作业当天完成	每周评估，检查学习成果	
			每天线上打卡英语单词背诵、阅读理解练习	每周评估	
			一个月读一本与专业相关的书籍	每月评估	
	实习实践	争取两项实践项目	加入支教组织去乡村学校实践	半学期评估，加入支教社团，争取支教去乡村小学体验的机会	已加入，争取小学实践机会
			应聘培训机构教师	缺乏教学经验，改为申请助教岗	未达成
	资质证书	普通话证书	使用"普通话考试App"每天练习，不少于1小时	每周评估，二级甲等	已达成
		教师资格证	参加培训班，每天复习做题不少于2小时	每周评估	
	能力素质	表达能力	每学期每门课程都有代表团队分享汇报成果	每学期评估	
			每学期参加一次锻炼表达能力的比赛，如演讲、辩论、说课等	每学期评估	
			参加一个宣讲团	每学期评估	
	……	……			

接下来，请同学们参照范例填写自己的动态调整方案(见表4-11)。

表4-11　动态调整方案

职业目标	入职条件	目标	行　动	评估调整	是否达成
	……	……			

(六) 撰写你的生涯发展报告

下面为首届全国职业生涯规划大赛陕西省省赛获奖学生的生涯发展报告实例。

实例：西安培华学院人文与教育学院汉语言文学专业卜同学的省赛金奖作品。

让高原之花绽放，做梦想的守护者

——海南藏族自治州初中语文"心"教师

在我的家庭中有多名教育工作的从业者，我耳濡目染他们的工作经历。我从小在少数民族地区长大，看到许多性格温和腼腆的同伴在老师的帮助下做出的改变。我的老师曾说过："你们都会走出去看看外面的世界，但请不要忘记这片辉煌与苦难交织的贫瘠土地养育了你。"见证过榜样、接受过温暖，所以我也想成为那束光。

一、青衿之志——职业适配性

(一)"我爱"——职业兴趣

职业兴趣为：具有社会型特点，乐于助人、热情有耐心。善于组织管理，有领导才能。艺术型特点，有创造力，善于表达。该类型喜欢做与人打交道的工作，善于沟通，有亲和力和责任心，以结果为导向，有创新精神。

适合的职业有教育工作者(教师、教育行政人员)，社会工作者。作为教师，艺术特点的存在能够让我在这个岗位中不断创新教学方法和形式，帮助学生快乐学习。

(二)"我能"——职业技能

1.专业知识技能

1) 基础知识扎实学习能力强

(1) 汉语言文学专业，专业成绩年级排名20/905。

(2) 通过加入心理社团，了解相关心理专业知识。

(3) 获得校"三好学生""优秀共青团员"称号。

(4) 荣获两次"培华一等奖学金"。

2) 全面扎实的教师专业技能

(1) 第四届全国大学生语言文字能力大赛专业组一等奖。

(2) 第五届全国大学生语言文字能力大赛专业组二等奖。

(比赛考查写作＋书法＋普通话表达能力)

3) 较强的汉字书写能力和写作能力

(1) 京都中日书法展览评选二等奖。

(2) 书法等级6级。

(3) 草叶杯征文大赛三等奖。

(4) 第二届心理暨生涯规划征文大赛三等奖。

2.可迁移技能

1) 组织管理能力

(1) 汉语言文学2106班班长，组织管理班级活动。

(2) 遇心涯学生互助工作委员会(心理社团)宣传部部长，负责委员会宣传工作。

2) 沟通与表达能力

(1) 曾担任西安培华学院云梯青年宣讲团成员。

(2) 西安培华学院大学生讲思政课三等奖。

3) 团队合作能力

(1) 作为项目负责人获得第十四届挑战杯陕西省大学生课外学术科技作品竞赛省级二等奖。

(2) 2023年大学生创新创业大赛省级立项。

(3) 2022暑期"三下乡"社会实践活动获得校级立项。

3.自我管理技能

(1) 亲和力：性格温和，与人相处融洽，易让人接近获得他人信任。

(2) 有耐心：本人做事或沟通时不急躁，不易放弃，关注他人情绪，更容易达成目标。

二、行远自迩——职业探索

(一) 职业探索——支持体系，见图4-8。

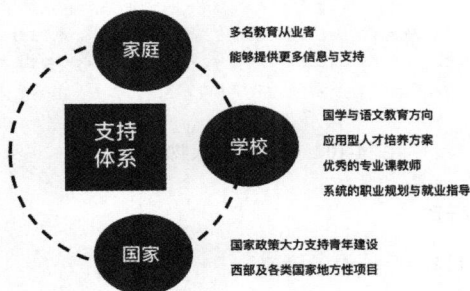

图 4-8　支持体系图

(二) 职业探索——岗位认知，见图4-9。

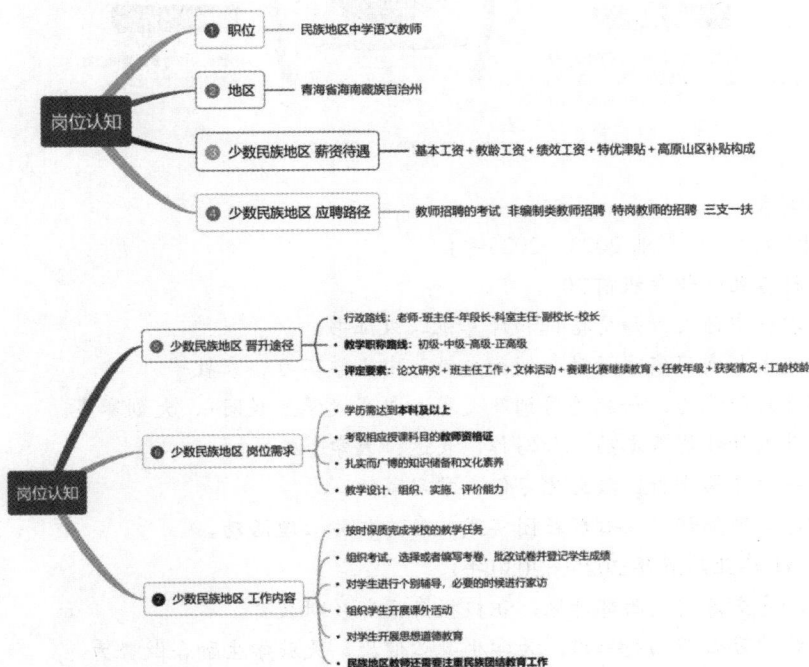

图 4-9　少数民族地区教师岗位认知

(三) 职业探索——人物访谈，见图4-10。

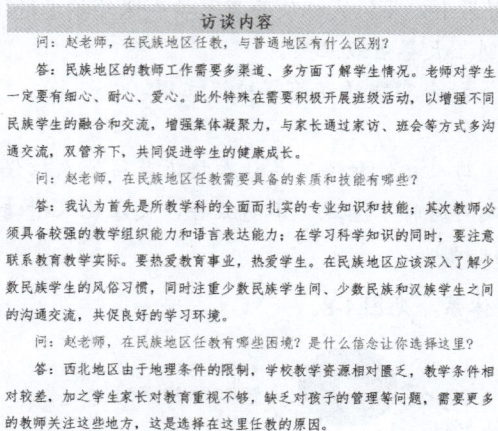

图 4-10　职业生涯人物访谈报告

三、履践致远——决策行动

(一) SWOT分析(见图4-11)

图 4-11　SWOT 分析

(二) 行动计划

1. 短期计划(大三—毕业 2023—2025 年)

- 保持专业知识年级前20。
- 考取初中语文教师资格证和计算机二级证书。
- 积极参与实习实践活动，例如支教、中小学实习、家教等。
- 提升科研能力，如相关培训及大赛，以赛促学互联网+、大创赛事。
- 提升教师技能基本功，如写作、表达、教学等。
- 进一步了解少数民族文化习俗、学习藏语。
- 学习心理知识，在心理社团实践，参与相关心理活动。

2. 中期计划(毕业后五年 2025—2030 年)

- 参加青南计划或西部计划，积极投身西部乡村教育。
- 继续学习心理相关知识，为学生身心健康，民族学生融合做努力。
- 备考在职研究生，提高学历。
- 参加相关培训，提升教学能力、丰富教学方法。
- 参加各类赛课活动，提升教师水平及技能。
- 评定一级教师职称。

3. 长期目标(毕业五年后2030年后)

- 高级教师职称评定。
- 形成适合少数民族地区的语文教学方式和个人的教学风格。
- 关注少数民族地区学生的心理健康、为汉族与少数民族学生的和谐相处、民族融洽不断努力。

四、笃行不怠——行动成果(见图4-12)

实习体验报告

实习岗位	实践1：青海省海南藏族自治州共和县团委 **办公室实习秘书** 实践2：青海省海南藏族自治州共和县中学 **助教老师**
实习时间	2022年8月1日—8月26日　2023年7月15日—7月21日
工作内容	实践1：①了解团委整体工作的运行； ②了解各个中小学团组织的运行； ③负责办公室文件收发。
	实践2：①配合完成学校公众号内容撰写； ②负责期末语文知识汇总、成绩考评工作； ③给学生开展假期安全教育工作。
实习感悟	① 发现自身能力与实际岗位需求仍然有差距，**清楚如何提升和改善，知道实践的重要性。** ② **学习到各类办公技能**，积极对待工作的态度，作为老师会面临除教学之外的各类工作。 ③ 了解了民族地区教师的**工作内容和教学内容**，进一步了解民族地区中小学学情，**了解当地学校发展情况。** 坚定了想要为民族地区，教育事业贡献个人力量的决心。

图 4-12　职业体验报告

五、因时制宜——评估与调整

我的备选职业是培训机构教师。

如果目标职业不能实现，我的备选职业是培训机构教师，它与我的目标职业所需的职业技能相似，能够比较好地胜任该岗位。总体评估与调整将以一年两次的频率进行，以达到最适合自己的职业选择。

对以上作品进行学习后，请同学们完成自己生涯发展报告。请同学们记住，优秀的生涯发展报告一定是适合自己的，不仅要结构完整、逻辑清晰、内容翔实，还应该做到立意有高度、操作可执行、表达有深度、设计要新颖。

六、通关要领

大学生进行职业生涯规划时，除了考虑自身需求，还应该将自己的职业发展与国家、社会发展需要联系起来。

(一) 职业理想与国家发展相联系

大学生在撰写自己的生涯发展报告时，应深刻思考个人职业目标与国家发展战略的内在联系，自己的职业理想应与国家发展相结合。例如，在当前“乡村振兴”战略背景下，投身农业现代化建设、乡村教育、乡村医疗等领域，将个人职业目标设定为助力乡村发展，实现个人价值与社会价值的统一。鼓励摒弃只追求物质回报的短视职业选择，树立为实现中华民族伟大复兴而奋斗的长远职业理想和职业发展路径。

(二) 职业选择彰显社会使命感

大学生在进行职业选择时，应强化对社会的使命感和责任感。例如，在当今国际科技竞争日益激烈的情况下，科技创新尤为重要，大学生投身芯片研发、人工智能技术研究、推动航空航天等核心科技行业发展，就是以实际行动捍卫国家科技主权，将自己所学所练运用在自己的工作岗位，就是为国家科技自立自强贡献力量。当代大学生应认识到，选择这些对国家发展至关重要的行业，是爱国主义情怀在职业生涯发展中的具体体现。

(三) 职业价值观中体现社会责任感

大学生的职业价值观应体现社会责任感。在进行职业生涯规划时，着重强调目标职业并非仅仅是个人获取经济收入的途径，好工作不仅仅是高薪，更要承载重要的社会价值。例如，环保相关专业大学生毕业后从事污水处理、垃圾分类处理、可再生能源开发利用等工作，虽然待遇水平一般，工作环境也较为恶劣，但工作内容直接关系到生态环境的改善和可持续发展，是在解决全球性的环境问题，满足社会对绿色发展的迫切需求，从事这样的工作可以增强大学生的社会责任感。

(四) 职业道德在职业发展中的关键性

职业道德在职业生涯发展中具有关键性作用，不断提升大学生的职业道德和职业素养非常必要。例如，金融行业的从业人员必须秉持敬业奉献精神，维护金融市场秩序，精心服务客户；严守诚实守信原则，杜绝内幕交易、金融诈骗等违法行为；坚守廉洁自律底线，抵制金钱诱惑，确保行业健康发展，维护整个金融行业的形象和声誉。

(五) 奋斗精神引领职业发展

大学生在职业生涯发展中应坚持发扬艰苦奋斗、勇于创新的精神。例如，互联网领域工作者往往面临技术难题、新旧技术更迭快、市场竞争激烈等诸多困难，只有凭借顽强的奋斗、坚韧的毅力，持续学习前沿知识，进行技术和商业模式创新，才能在激烈的市场竞争中脱颖而出，实现职业生涯发展的突破。

七、晋级成功

写下收获，取得下一关闯关资格。

_____

_____

_____

_____

_____

_____

_____

_____

_____

行动执行关

任务一　简历点睛·职场破冰

一、关卡名称：开启职场之门

　　简历(resume)是用于应聘的书面材料，是对个人学历、经历、特长、所获荣誉及其他有关情况所做的精简介绍。简历是有针对性地自我介绍，它向招聘单位证明自己拥有满足该工作的专业知识、职业技能、从业资质和相关职业素养，是一种规范化、逻辑化的书面表达。对求职者来说，简历就是自己的广告和说明书，它是求职的"敲门砖"。好的简历应该是个性化的，能够体现求职者的岗位胜任力和优势能力。

二、闯关意义

　　撰写简历具有多方面的意义，主要体现在以下几个方面。

(一) 梳理与总结

　　撰写简历是一个对自身经历、技能、优势等进行全面梳理和总结的过程。通过这个过程，求职者能更清晰地认识自己的职业发展路径、能力特长，明确自身的职业定位和发展方向。

(二) 求职敲门砖

　　简历是求职者向潜在雇主展示自己的首要工具。在招聘过程中，招聘者通常会先通过简历来筛选符合基本要求的候选人。一份优秀的简历能够在众多求职者中脱颖而出，让招聘者产生进一步了解求职者的兴趣，从而获得面试机会。

(三) 信息传递载体

　　简历能够简洁明了地向雇主传递关键信息，包括工作经历、教育背景、技能水平、成就与奖项等，使雇主在短时间内快速了解求职者的基本情况，评估其是否符合招聘岗位的要求。

(四) 职业形象展示

简历的整体风格、排版设计及内容表述，都能反映出求职者的专业素养、工作态度和个性特点。一份整洁、规范、有亮点的简历有助于树立良好的职业形象，给雇主留下积极的印象。

三、闯关武器

(1) 求职金字塔模型。

(2) 简历自查表。

(3) 自己制作的简历。

四、解读密码

毕业生在制作简历之前需要先了解制作简历的主要思路。

(一) 简历制作的思路

乔布简历的创始人Rick Ma创造性地发明了一种理论——鸭子理论。如果给你一只鸭子的图片，如图5-1所示，你是否能在1秒钟判断出它是不是鸭子。这时候你会看它是否有鸭子的典型特征：扁扁的嘴和扁扁的脚。只凭着"鸭嘴"和"鸭掌"就判断是只鸭子，显得太草率了。我们应该考虑让它叫两声，做个生物学解剖，查查它一年几次褪毛，考察从小的生长环境，会不会飞，会不会孵蛋，最差也去百度一下鸭子的具体特征，再一一对照。这些我们都没有做，就说它是只鸭子，会显得有些草率。

图 5-1　鸭子图片

但在生活中，我们是不是要这样来判断鸭子呢？当然不会。我们判断鸭子，就是看鸭嘴和鸭掌。为了好辨认，我们给鸭子打上了一个标签：鸭嘴、鸭掌。只要有这两样东西，就认为是鸭子。

在企业招聘中，HR在10秒内甚至更短的时间内来判断投递简历的人是否符合岗位需求，也是看关键的"特征"，也就是看简历中有没有和岗位相关的那些关键要素，如"鸭掌""鸭嘴"，如果有这些关键要素，简历就可能进入下一轮。这就是著名的鸭子理论。

所以制作简历的思路，就和鸭子理论一样，简历的内容需针对应聘岗位进行撰写。招聘单位的HR在筛选简历的时候，也会比对应聘岗位，找到简历中所谓的"鸭掌""鸭嘴"。当然，不同的职业领域和岗位，所需要的"鸭嘴"和"鸭掌"是不一样的。因此，简历怎么做，做得好不好，首先要看应聘的是什么岗位，然后根据应聘岗位撰写自己的简历内容。一份优秀的简历需要的就是与应聘岗位相匹配。

因此，针对应聘岗位制作简历的首要标准，就是要做到人职匹配。人职匹配理论是关于人的个性特征与职业性质一致的理论，是现代人才测评的理论基础。所谓人职匹配，是指一个人的能力、性格、兴趣、价值观同所从事职业的工作性质相匹配。人职匹配的基本原理是：不同个体有不同的个性特征，而不同的职业由于其工作性质、工作环境、工作条件、工作方式不同，对工作者的能力、知识、技能、气质、心理素质等有不同的要求。也就是说，简历中求职者的能力、兴趣、性格、价值观等要与应聘岗位的能力需求、岗位特质相匹配。

(二) 简历设计的理念

同学们在制作求职简历时，应了解怎样的简历更容易脱颖而出，高质量的简历应该遵循以下理念。

1. 设计美感

在求职过程中，简历如同求职者的"名片"，而一份设计美观的简历能够产生强烈的视觉冲击，给招聘者留下深刻的第一印象。

首先，美观的简历设计能够吸引招聘者的注意力。在众多简历中，一份布局合理、色彩协调、字体清晰易读的简历能够迅速从众多普通设计的简历中脱颖而出。招聘者每天需要浏览大量简历，如果你的简历在设计上独具匠心，能够让他们眼前一亮，愿意花更多时间去了解你简历的内容，那你就获得比其他求职者更多的机会。其次，美观的设计可以增强信息传达的效果。通过合理的排版，将重要信息突出显示，如职业技能、工作成果、所获荣誉等，能够让招聘者更快速、更准确地获取你的核心价值，提高简历的有效性，赢得面试的机会。

2. 能力为王

招聘单位在发布招聘信息时，都会明确写出岗位职责和岗位要求。这两部分的内容大部分都是招聘单位对求职者职业能力的要求，所以展示应聘者的核心能力是制作简历的重中之重，这包括专业知识技能、自我管理技能、可迁移技能等。因此，应在简历中清晰准确地列举这些技能，让招聘单位能够一目了然地了解你的优势能力所在。用具体事例和成果来支撑所阐述的能力，通过具体的经历和数据，使你的能力更具可信度和说服力。以能力为主的简历能够更有效地展示求职者的价值和潜力，帮助求职者在众多竞争者中脱颖而出。而简单地依靠高学历、重点学校等外在条件去制作简历找工作，是无法获得最后录用的。

3. 人职匹配

简历中体现的职业能力需要与应聘职位的要求紧密结合。因为招聘单位在发布招聘信息的时候，就已经有一个理想中该岗位人选的标准了，招聘时其实就是找到合适的人对号入座。所以研究招聘信息中对职位所需能力的描述，有针对性地在简历中强调与之匹配的个人能力，能够让招聘单位看到求职者与职位的高度契合度，增加获得面试机会的可能性。例如，应聘教师岗位时，应重点突出教学能力、教研能力、教学管理能力等，并阐述相应的实习实践经历。

4. 招聘者立场

撰写简历除了掌握一定的技巧，还需要了解招聘者立场，站在他们的立场思考，这也是撰写高质量简历的立足点。找工作除了是一场求职者能力比拼的过程，更是招聘单位HR按照自己理解的单位招聘标准在挑选应聘者的过程，这其实是一个双向博弈的过程。在这个过程中，招聘者无疑更具有优势地位和更大的话语权。所以面对自己心仪的职位，立足招聘者的立场去直观地、有条理地、有逻辑地、有画面感地、有真实性地制作简历会更容易受到他们的青睐。不思考招聘者立场的简历，会失去很多机会。

(三) 简历的结构

为了让简历更有设计感，个人简历的模板可以在网上下载，但应选择适合自己应聘类型的模板。模板中的项目可根据自己的实际情况进行增减，但是必要的项目一定要体现。

1. 个人基本信息

个人基本信息中一般要写明姓名、性别、出生年月、毕业学校、专业、学历、联系方式、电子邮箱等。

简历中的照片也是重要的一项。照片应清晰、分辨率高，避免模糊或像素化；应展现应聘者专业的形象，让人感觉整洁、大方、得体；应聘者应面带微笑，表情自然，尽量穿着职业装，颜色以黑色、藏蓝色、灰色等素色为主，避免过于花哨的颜色。照片背景颜色可以为蓝、白、红。应根据应聘的职位和行业，选择与之相符的照片风格和形象。女士应妆容淡雅，男士应面容整洁，避免浓妆或奇异的造型。最后，应确保照片是近期拍摄的，能够准确反映应聘者当前的外貌特征。还有以下信息需根据个人情况填写。

(1) 民族——少数民族的同学可以写。

(2) 曾任职务——大学期间担任过班级班委、学生会干部或社团干部的同学可以写。

(3) 身高——如果身高是你的优势则可以写。

(4) 政治面貌——中共党员或中共预备党员可以写。

(5) 特长——有特长的同学不用考虑特长是否与应聘岗位有直接关系，只要有就可以写。

2. 求职意向

求职意向是简历中必不可少的内容。很多毕业生在制作简历时没有写明自己的求职意向，从而导致投递的简历石沉大海。用人单位一般在招聘多个岗位的时候，会将收到的简历按照求职意向进行分类。因此，如果简历没有注明求职意向很可能就被搁置了。

简历中的求职意向一定要使用清晰、准确的职位全称，避免模糊或过于笼统地表述。例如，不要写"市场营销相关岗位"，而是写"市场营销专员"或"市场营销经理"等；不要写"财务方向岗位"，而是写"出纳助理"或者"财务总监"等。

简历中也不要出现多个求职意向，毕业生把多个毫不相关的求职意向一起写在简历中，这会让招聘单位认为你的职业规划不清晰，目标不明确。即使岗位属于同一类别，但具体工作内容还是有较大差别，不利于求职。有的毕业生认为一家公司招聘同一类的岗位，如同时招聘"办公室文员""办公室主任""总经理助理"，若把以上岗位都写上，让招聘单位进行选择，则应聘概率会更高，但这样填写会给招聘单位留下职业规划不清晰的印象，从而导致失去面试机会。

3. 教育背景

一般而言，教育背景是按时间顺序介绍你的教育经历，但教育经历的罗列要采用倒叙的方式，将你的最高学历放在首位，便于招聘单位第一时间了解你的学历状况。例如，你的最高学历是硕士研究生，那就把硕士研究生的学校、专业等情况写在最前面，后面再写本科就读的学校及专业。但如果你本身最高学历就是本科或者专科，就没必要再罗列你高中到小学的教育经历。这时，毕业院校及专业在基本信息中体现即可。

但大学期间攻读了第二学位，或者有其他学习培训经历的，可以写在此项内容里。关于培训经历，切勿将所有曾参加过的培训项目统统列入，这里需要把握两个原则：第一，培训内容和应聘岗位匹配原则，即所参与的培训及通过培训获得的资格证书要与所应聘的岗位紧密相关。否则，罗列再多也无济于事。第二，培训级别和证书层次就高靠前原则，即有的毕业生均通过大学英语四级和大学英语六级的考试，那么只需通过大学英语六级考试即可。有的毕业生将所有培训经历按照时间顺序罗列，这样无法突出重点，建议将本行业含金量高或者认可度高的培训或资格证书列在前面，以此类推。

特别需要说明的是，教育背景中不需要将你大学期间所学的课程全部堆砌在简历上，这样会有主次不分的感觉。如果你的学习成绩在班级或年级排名靠前，可以把班级排名或者GPA加进去，增加招聘单位的好感。

4. 实习实践经历

这是简历的核心部分，它是招聘单位在筛选简历时最关注的一项内容，从中可以判断出毕业生的实际工作能力和岗位适应能力。因此，同学们要具体、详尽地叙述这方面的情况。

1) 实习实践的内容

(1) 单位实习实践。大学期间有在单位实习实践经历的，在简历中要把实习实践的单位名称、时间、岗位、工作内容及业绩或收获写出来。如果实习实践所属的行业以及职位类别与所应聘单位的岗位有一定关联度，那招聘单位会认定你是有相关经验的，这样你就具备了比其他毕业生更大的优势，获得面试的机会也就更多。用人单位从这些经历中可以全面了解求职者的专业水平和工作能力。

(2) 假期兼职。大学生一般没有正式的工作经验，但是可能会有利用假期等课余时间兼职或进行短期实践活动的经历，这些也可以写在实习实践经历中。用文字充分说明在校期间的兼职经历，说明自己通过担任具体的工作、参与的活动所获得的能力和积累的经验。这些能力和经验也同样会让用人单位知道，大学期间除了学习，你还应积极接触社会，锻炼自己各方面的能力，这都是为进入社会所做的准备。

(3) 社团经历。如果以上两部分的经历欠缺，可以将在校期间参加社团、协会、学生会等经历进行介绍。许多用人单位特别是大型企业，对毕业生综合素质的要求不断提高。虽然知道大部分毕业生都没有太大工作经验，但非常看重在校期间的这些社团工作经历。同学们可以充分说明自己参加了什么社团，担任什么职务，做过哪些具体工作、组织了哪些活动，以及具备的特长、获得的成绩和经验等。这些经历可能看上去与应聘岗位没有直接关系，但只要你积极参与，招聘单位就能知道你在社团开展工作时各项能力得到了锻炼，你的组织能力、协调能力、领导能力、沟通表达能力等都在社团等学生组织中得到不同程度的提升，这些经历一样会备受招聘单位的重视。

2) 实习实践经历的撰写技巧

(1) 写明实习实践单位的基本信息，撰写格式应尽量让招聘单位一目了然，例如：

××教育科技有限公司　　2024.3—2034.9　　　销售专员
××市第一小学　　　　　2023.9—2024.1　　　语文教师

(2) 写明自己在实习实践时工作的内容，担任的角色、承担的工作量、业绩或效果等，在这里"做的内容=是否有能力，做的业绩=能力的高低"。例如，你在小学当语文老师，可以说你开展了哪些教学工作，具体内容是什么，教学效果是什么；还可以写指导学生参加了哪些比赛，多少人参加，获得的成绩是什么，等等。

当然，这种撰写方法同样适用于在校期间参加的社团、协会、学生会等工作经历。例如，你可以写自己曾组织古诗词赏析大会，吸引多少同学参加，比以往有什么优势，结果如何，提高了哪些能力等。这些都是用人单位比较关注的内容。

撰写时一定强调你做过的具体工作内容、获得的业绩与达到的效果，而不仅仅是单个条目的罗列，做得多和做得认真、做得好完全是两回事。因此，建议在社会实践和工作经验部分，要将工作内容或工作业绩详细罗列出来，这样才能让用人单位了解你的能力优势。撰写时具体可以采用以下几种方法。

① **妙用数字**。将实习实践时所做的工作数字化、具体化，这样的表达方式更客观，更具说服力。比如对于工作结果说"基本上完成"，就不如说"工作完成了90%"或者具体完成到了哪一步更具说服力。用详细的数字或百分比描写过去完成工作的成就及绩效，会让招聘单位更加直观看到你工作的效果。数据的呈现会让简历更客观、可信度更高，有效避免主观空洞的描述，并起到量化自己成果的作用。例如：

大学期间参加创新创业类大赛6项，获得省级立项4项，其中二等奖2项；在新浪门户、搜狐门户等4家媒体共发表3篇评论。

实习期间运营公司的微信公众号，粉丝数量从×××人增长到了×××人，平均阅读量提升了××%。

② **描述具体工作内容**。如果你的实习实践内容，确实无法用数字来呈现，那就写清楚你具体做了哪些工作，具体内容是什么，这里可以用一些专业术语增加可信度。同一实践经历根据不同的应聘岗位描述的侧重点也应不同。如此一来，招聘单位既能了解你做过什么事情，同时也能了解你与工作岗位匹配的能力与业绩如何。例如：

- 在实习期间，参与了骨科、妇科、儿科、心胸外科等不同科室的病房护理工作，包括协助患者的日常起居，病房环境维护，确保患者的基本生活需求得到满足。(共在8个科室实习)
- 病情观察与记录：定时巡视病房，密切观察患者的病情变化，如生命体征、意识状态、症状等，并准确及时地记录在护理病历中，为医疗团队提供重要的病情信息。(记录规范及时，0差错)
- 医疗操作协助：协助护士和医生进行各类医疗操作，如输液、采血、伤口换药、导尿等，严格遵循无菌操作原则，保障患者安全。(执行此类操作每天近百次，0差错)

(在这种具体描述工作内容的实习实践经历中，如果能再添加一些数据就更好了)

③ **写清具体措施**。在写实习实践内容的时候，除了像上面写具体工作内容，还可以进一步介绍完成这个工作的具体措施。如果你在此项工作中运用了专业技术、软件、其他语言等，就把它写出来，这会让招聘单位看到你的职业能力和价值。这种写清楚具体措施的方法也会增加简历的真实度和可信度。例如：

- 在××小学担任心理实习教师时，主要采用"教练技术、焦点技术、认知疗法等"咨询技术为学生进行咨询，撰写咨询报告23篇，字数累计达到1.2万字。其中通过完成的咨询案例获得省级咨询案例比赛三等奖。
- 在××公司担任实习程序员期间，使用Java搭建爬虫Server平台，进行配置和开发，进行网页改版检测功能的开发。采用Ajax技术实现数据实时更新。采用XBee实现无线传感器网络。

④ **善用第三方评价**。简历中呈现业绩和成果，可通过第三方的视角呈现，这样更具说服力。例如：实习岗位是一家培训机构的教师，可通过学生评教、家长评语、表扬信等反映自身教学能力。

- 在教育科技公司实习期间，因表现优异，最终被评为"优秀实习生"。
- 在培训机构担任语文教师期间，所带班级的语文成绩平均分提高6分，获得家长的一致好评，在家长评教中获得93分，位列教师排名第二。

⑤ **善用专业化词语**。将口语化的描述替换为书面化的语言，优化词语，提升简历的格调和层次。简历中不要使用"你、我、他"等口语化的词语。例如：

- 实习时给单位发传单。

专业化描述为：给陕西一知名饮品公司做市场推广和调研，通过现场活动吸引潜在的客户做产品体验和产品观赏。

○ 根据公司提供的客户信息，打电话给客户推销产品，圆满完成销售任务。

专业化描述为：根据公司市场战略拓展业务，通过电话、邮件等方式向潜在客户推介产品信息。了解并收集客户反馈信息，并对产品和市场情况进行分析，向公司提出有效建议。

⑥ **表现具体技能**。很多同学的简历上都会出现"获得计算机二级证书""熟练使用Word和Excel等办公软件"这样的语句，这样的简历内容几乎会出现在大部分毕业生的简历当中。招聘单位HR在看到这样的内容时不会有任何感觉，也不会认为这是你的技能或优势。所以只简单列出自己有什么证书，并不能代表你具备了相应的职业能力。证书是资格的证明，只能证明你学习过，通过了考试而已。你还需要证明你运用这些技能做过什么，这样就可以证明你具备与证书相关的职业能力，理论知识就变成了实践。所以，写你获得的证书或会用哪些软件时，一定要具体写出你用它做了什么工作。例如：

○ 获得计算机二级证书，能熟练使用PowerPoint。

应聘中小学教师可以写用PowerPoint制作教学课件：制作数学公式推演流程、地球公转自转示意图等。应聘行政文员可以写能制作公司企业文化PPT，招聘会海报和招聘宣讲PPT，招聘流程和任务分工安排PPT等。应聘财务类岗位可以利用PowerPoint和Excel合作制作数据动态可视化图表等。

○ 获得计算机二级证书，能熟练使用Excel。

应聘老师可以写能使用Excel对学生成绩数据进行成绩变化趋势、平均分分析、分数段统计、课程差异系数、试卷难度等统计分析，提升教学时效性。应聘财务类岗位可以写能使用Excel制作资产负债表、损益表、利润分配表、财务状况变动表、工资核算表等财务主要表格，提升工作效率。市场营销类岗位可以写能使用Excel进行客户信息管理、客户需求分析、市场差异分析、销售任务管理等。

○ 参加"互联网+"大赛获省级二等奖。

在团队中负责数据收集与分析：利用问卷星、微信群、现场发放问卷等渠道收集问卷800余份，有效率达到93%。并运用SPSS软件进行主成分分析、列联表分析、方差分析等。

(3) 密切相关往前放，完全无关不要放。关于实习实践的时间顺序可以先写与求职意向最密切相关的。这样可以让招聘单位在短时间内发现你的优势与亮点。

另外，如果你的实习实践经历比较多，那就按照PRI(Position-Relevant Information)原则筛选内容。PRI原则是指那些与招聘职位最相关的信息，也是招聘单位HR筛选应聘者的标准。招聘岗位需要你具备哪些素质和能力，你就应该在简历中呈现什么内容；而招聘岗位不需要的，则应删除。面对自己众多的经历，恰当地删除和保留，才能去粗取精。比如投资银行和咨询公司可能更看重分析问题的能力，而市场销售等岗位将人际沟通能力排在第一位。

在简历筛选时，招聘单位HR会在快速浏览中搜寻这些PRI，如果搜寻失败，就迅速转到下一份简历。判断哪些信息属于PRI的最好的办法，就是站在公司招聘者的角度思考问题。公司最想招聘的是已经具备岗位需求的工作能力，并且一招进来就熟悉工作内容和流程的求职者，或者在这些岗位有很大潜力、所需培训成本较低的求职者。因此，如果你应聘项目经理的职位，那么你过去的项目经历，尤其是你担任项目负责人的经历，就是PRI。如果你应聘的是销售或营销的职位，那么你曾经的销售经历，或者你在大学里修过有关课程，就是PRI。识别出PRI后，你需要据此对你的简历进行细致的修改，逐条检查简历中的每一项内容是否符合PRI原则。例如，你在简历中写出自己掌握了C++、Java等编程工具，如果你应聘的是程序员或者教师等相关职业，那么这条信息就是必不可少的；但如果你应聘的是会计、设计师等，这条信息就不重要。又比如，你的教师资格证对你应聘教育类岗位有用，但如果你应聘的是行政助理、会计、律师等岗位就显得不重要了，因为这些岗位的要求和教师这个岗位的要求是不一样的。

5. 在校经历

如果同学们的社会实习实践经历已经很丰富，撰写内容占了比较大的篇幅，在校经历如果没有特别突出的内容，如担任学生会主席、部长、组织有影响力的大型活动等，此项内容可以忽略。但对于本身校外实习实践经历比较缺乏的同学，此项内容可以按照上面"实习实践经历"的撰写方法和技巧进行撰写。

6. 所获荣誉及证书

大学期间，获得三好学生、优秀团员、优秀学生干部、专项奖学金等荣誉是学习生涯中的闪光点，这类荣誉可以很有说服力地表明你的出类拔萃。而在大学考取的一些从业资格证和相关资质证书，可以更有力地说明你具备和该岗位匹配的从业资格或能力。

这些内容在罗列时应遵循岗位匹配原则和证书等级就高靠前的原则。如果荣誉及证书较多，没必要逐一列出，应视其重要性和应聘岗位的密切性进行筛选。排列顺序也不用按照证书或荣誉获得的日期进行排序，而要把与应聘岗位匹配度高地写在前面，撰写应简明、突出、有序。

为了让招聘单位更加清楚地了解所获荣誉或奖项的含金量，可以使用"唯一法"进行描述。同学们可以自己梳理、总结你所获奖项的唯一性。在各种定语限制下的"班级""学院""校级"等范围内的唯一一个。例如：

- 是全院2024届×××名学生中连续四年获得一等学习奖学金的三人之一，是全院唯一一个连续四年都获得"学习奖和干部奖的学生"的学生。
- 在××大学学生会锻炼三年，是该校学生会唯一任期满三年的女学生干部，是唯一从干事成长为副主席的女学生干部。
- 省级"优秀毕业生"称号(全省××名，全校仅1名)。
- 市级"优秀大学生"称号(全市××名，全校仅3名)。
- 校级"优秀学生干部"称号(获奖比例不足千分之二) 2次。

×××大学×××奖学金(知名奖学金，全院仅2人获得)1次。

除此之外，如果你获得的同类奖项较多，没必要按时间顺序逐条罗列，这样既不能突出重点，更会占用大量篇幅。请运用"归纳法"将奖项进行归类划分再进行描述。例如：

大一：一等奖学金2次，三好学生称号2次，大学生艺术节舞蹈比赛三等奖。

大二：二等奖学金2次，优秀学生干部称号1次，外语合唱比赛三等奖1次，大学生心理征文大赛三等奖。

大三：一等和二等奖学金各1次，三好学生称号1次，优秀学生干部称号1次，优秀团干部1次。

利用归纳法修改后：

大学四年共计获得14次奖励和荣誉称号。其中，学习类6次(一、二等奖学金)，干部类奖励6次(优秀学生、优秀干部、团干部)，文艺类奖励3次(合唱、征文、舞蹈)。

7. 自我评价

此部分应为简历的最后一项，但它不是必备项。如果同学们前几项的内容已经很充实，简历没有更多的空间，自我评价可以不写。但如果前面的内容比较缺乏，需要让招聘单位更深地了解你能胜任该岗位的其他能力，可以按条目撰写此项内容。撰写最多3条即可。写法上要分层来写，每一层完整地表达一个意思，传达一个方面信息，让人了解关于你的某一方面的优点，用简练的短句表达出来，切记不要整段描述。

自我评价的撰写，本身属于主观评价，但要在内容上尽可能注意客观性。不要随意拔高自己、吹嘘得没谱，也不要过于自谦，这样HR看了才会觉得你对自己的认识比较清晰，评价较为客观，是成熟的表现。评价内容应结合应聘岗位展开，比如你的人格特质有哪些是匹配该应聘岗位特质的，例如，应聘教师，看有没有严谨、耐心、有责任心等特质；应聘会计，看有没有细心、认真、踏实等特质。当然，如果想给招聘单位留下深刻的印象，还可以给自己"贴标签"，但标签要匹配应聘岗位。这种方法有个性，更容易让招聘单位的HR记住你。例如：

本人性格稳重，踏实，有责任心。认真学习，成绩优秀，专业知识扎实，实践能力强。遇到困难，勇于面对，积极解决，有很强的应对能力，有担当。诚实守信，乐于帮助别人，任劳任怨，勤奋肯干有很强的团队合作精神。

"贴签发"修改后如下。

(1) 勤奋认真，踏实肯干"老黄牛"。

(2) 专业过硬，遇事不慌"御姐范儿"。

(四) 简历的版面设计

1. 篇幅

简历篇幅的长短首先要看招聘单位有无具体要求。假如单位明确要求提交1页纸简历，那么你就必须按照要求来制作简历，才能获得面试的机会。

1页A4纸简历是招聘单位HR最喜欢的。用1页A4纸把你的求职意向、个人信息、教育背景、工作经历、荣誉奖励和自我评价等内容有效展现出来，能给人简洁精干的感觉。但是也不要为了追求篇幅而丢掉重要的信息，从而降低简历的质量，那样将会得不偿失。

2. 文字设置

简历的排版设计对简历内容的呈现具有重要作用，文字字体、字号、间距如果设置合理，会让招聘单位的HR在阅览时更加清晰，更容易浏览到重点内容。

(1) 字体的设置：为了简历更加美观且易于阅读，简历中的字体最好不要超过两种。一般来说，姓名、标题和正文的字体可以略有不同，但正文中的字体最好不要改变，并且使用标准字体，一般为宋体或楷体。尽量不要用艺术字体和彩色字体。

(2) 字号的设置：由于在一份简历中字体不宜过多，所以为了更好地区分信息的重要程度，可以设置不同的字号。例如，简历中求职者的姓名可以用四号字，模块标题和正文用小四号字或依次用小一号字。每个模块的标题，如教育背景、工作经历、荣誉奖励等可以加粗显示，学校名称、公司名称及部门职位名称，都可以用标准字号加粗，正文可以不做修饰。

需要用人单位一眼就看到的重要信息，可以将字体加粗或者加下画线，引起用人单位的注意。但需要注意的是，简历中加粗的内容不宜过多，否则就达不到加强或者重点关注的作用，也会使简历打印出来不美观。

(3) 间距的设置：有的个人简历内容较多，可通过设置文字间距的方式来将内容控制在一页A4纸内。文字间距包括字间距、行间距和段间距，字间距一般不用调整，尽量选择左对齐，主要是调整行间距和段间距。行间距常用固定值20磅，段间距与行间距尽量保持一致。需要注意的是，如果文字间距过小，简历内容可能会出现难以阅读的问题。所以文字间距要控制在可以清楚阅读内容的程度，而且模块之间的间距最好不要随意调整，必要时可通过设置段前、段后调整段间距。

3. 标点语法

在求职简历中，还要注意标点的使用、拼写和语法等细节。要仔细检查已成文的个人简历，绝对不能出现错别字、语法和标点符号方面的低级错误。因为简历中如果出现这种错误一定会降低你简历的通过率，特别是应聘文员、会计等需要具备细心严谨等特质的岗位，可能会因此失去面试的机会。

4. 留白

留白一般指页边距。页边距大小，可根据简历内容适当调整。页边距通常要对称，特别是左右边距。除非需要左侧装订，左边距大于右边距，否则左右边距一定要对称。

另外，整个简历的最左和最右一定要齐。中间看情况，同一层级的要对齐，例如，所有的学校名称、公司名称、社团名称都要对齐，所有的时间都要对齐，所有的地点都要对齐，所有的项目符号要对齐，等等。

5. 打印纸张

打印简历时应选用纸质较硬、质量好的A4标准复印纸。纸张颜色以白纸打印黑字为最佳，其次为米色和浅黄色。一般情况下，简历用黑白激光打印。有彩色设计的简历，建议彩打。

设计彩色简历，要注意以下几个方面。①颜色对比要协调：一般情况下选择近似色，避开对比色。②颜色要选通用色：选择电脑里的常用颜色或者彩色模板，不用个性化的颜色，避免在你的显示器中好看，在别人的显示器中走样。③颜色不超过三种：以一种主打色，附带一到两种点缀色即可。颜色太多或者主次不当，会使页面显得杂乱无章。

6. 打印格式

打印简历或用E-mail发送简历，应将简历转换成PDF文档。因为Word在不同版本中有格式兼容的问题，可能会导致编辑好的版式改变。而PDF是一种专门用于阅读和打印的文档格式，无论在什么系统打开PDF文档，它都可以保持一致的格式和色彩。

针对简历的版面格式，总结四个数字。①页面，即一页纸的简历。②结构，即两种结构，少用表格、多用板块。③舍弃，即舍弃主修课程、舍弃自荐信、舍弃自我评价。④突出，即突出求职的专一性，突出职业化，突出个性化，突出成果绩效。

关于简历各项目的篇幅比例，给同学们的建议是：个人基本信息5%、教育背景5%(选填)、校外实习、实践经历或校内社团、项目经历占60%～70%，技能证书或荣誉证书等占5%～10%，个人评价5%(选填)，其他5%。

(五) 简历撰写的"四要"

1. 要真实

简历最基本的要求就是内容要真实。简历里呈现的信息是对自己大学生活学习的全面总结和反映，切忌为赢得用人单位的好感而弄虚作假。个别同学会因专业成绩不理想、在校经历不充实或者实习实践经历缺乏而在简历中编造虚假信息，以期提升用人单位给予面试的概率。但当你通过简历筛选进入面试时，虚假的信息就会暴露，用人单位一旦发现简历中存在不真实信息，无论你多优秀，都会一票否决。简历的真实性表现出的是应聘者的诚信品质，任何一家用人单位都不会用品质有问题的人。

2.要简洁

简历就是要用最简洁的话表达出最重要的信息。一般招聘单位的HR在初筛简历时，是用"扫描"的方式浏览，一份简历停留的时间不会超过15秒。简洁凝练，历历在目，是优秀简历的标准。

大部分专业的简历通常控制在一张A4纸上即可，只有某些高级专门人才在特殊情况下，可以准备一页以上的简历来介绍他具备的专业能力和所做的项目经历。即使如此，也应在简历的开头部分进行简洁清楚的资历概述，以方便招聘单位在较短时间内了解应聘者的基本情况。简历的编写要简洁清晰，便于阅读，最好的方式就是按照条目的方式进行编写。同时也要突出个性、与众不同。

3.要客观

在撰写简历时，一定要客观准确，不要为了争取面试机会而夸大描述，或者在描述求职者实际情况时，过多使用主观性评价。例如，"实习期间负责五年级二班的教学工作"。作为实习生，在单位实习，一般用人单位是不会让实习生直接负责某一项重要工作的，所以应确定是"负责"还是"参与"或"协助"。再如，"熟练使用Word、Excel等办公软件""英语听说读写能力良好"。同学们需要客观衡量自己的水平是否能够使用"熟练"或者"良好"这样的词语，若你达不到这个水平，就不要随意使用这样的词语。

个人评价中写有"工作严谨且认真，在社团工作中表现出色"之类的说法苍白无力，难以令招聘者信服，不如直接提供证明同学们资历、能力的事实和数据。例如，"作为队长带领我校大学生心理健康社团获得省级大学生心理知识竞赛一等奖"，这些细节都是简历撰写时"要客观"的体现。

4.要匹配

招聘时，最终录用的人不一定是最优秀的，但一定是最适合招聘单位的，最匹配应聘岗位的。应聘者的各方面能力与岗位匹配，才最可能被录用。因为，撰写简历时绝不能"一份简历走天下"，简历内容一定要针对应聘岗位的要求撰写，而不是做一份完整的自我介绍向各个单位投递，这只会让你的简历石沉大海。

简历要围绕一个求职目标来撰写内容。如果你的求职目标不止一个，那就撰写几份不同的简历，每一份简历匹配相应的岗位需求。换句话说，求职于不同的行业、不同的公司和不同的职位，提交的简历应该是不同的，这就是所谓的匹配。

简历的内容要针对用人单位和职位的需求，所以求职者对招聘单位的基本情况和招聘要求一定要清楚，要根据不同职位的要求在简历呈现与之相匹配的能力或特质，因此要对自己的信息做筛选，相关证书或实践经历不用逐条罗列。例如，你要应聘一所国际学校的老师，那除了一般老师应达到的应聘标准，你还应具有良好的英语口语能力，这就是应聘国际教师的优势。这时，英语六级证书以及英语口语比赛获奖证书就应该在简历中体现。又如果你应聘律所的律师，除了要体现你通过司法考试，若还有在校参加辩论赛的经历或在律所实习的经历，就一定要写出来。这就证明你具备的能力与目标岗位相匹配。比如具有创新力、不守常规、个性强、理想主义等人格特性的人，宜于从事审美性、自我情感表达的艺术创作型的职业。细心踏实、严谨认真、有责任感就与财务类、文职类的职业相匹配。

(六) 简历中的"硬伤"

无法获得面试机会，其原因往往是因为简历中存在一些"硬伤"。如何使招聘单位淡化"硬伤"注意到其中的重要内容，可以针对不同问题进行撰写，使简历更吸引人的同时保持真实性。

1. 成绩不好

因为打分标准不同，成绩的"好"与"不好"本身是一个相对概念。除此之外，不同行业、不同公司对成绩的要求也不一样，所以成绩不够好不代表一定找不到好工作。若成绩不够优秀，可以突出实习实践、社团活动经历以及在实践领域中不断尝试并获得丰富的经验，仍然可以引起用人单位关注。若在较高层次的实践单位实习、在学校组织过有影响力的活动、参加过水平较高的比赛、项目等，一定要体现在简历中，它们会成为你应聘的闪光点。求职者可能会因此获得面试机会。

2. 未通过英语考级

英语等级证书是求职的重要资质证书之一，若未通过考试，可通过其他方式展示英语能力，如参加相关实习、实践、比赛、项目经历等，借此让招聘单位HR推断出求职者具备一定的英语能力。例如，实习中撰写英文报告、用英语与客户沟通、参加英语演讲比赛、英语辩论赛、国外研学项目等，以增强说服力。

3. 不是重点高校

如果毕业学校不是重点高校，可以在简历中展示你参加过学校范围外的学术活动，参加过相关高水平的培训计划等。如果你没有足够高的学历，可体现通常意义上高学历者负责的工作，还可体现你在较高层次的单位实习实践的经历。这样，基本可以避免第一轮就被淘汰，获得面试的机会。

4. 实习实践经历少

毕业生缺乏实习实践经历不利于求职，那么可通过其他途径充分展示你的优势能力，以此说明你具备相关的专业经验或职业素养，如描述自己有丰富的校园社团、协会、学生组织等活动经历，这些都能体现你具备的相关专业水平和与岗位匹配的职业素养，以此冲淡实习实践经历少的劣势，获取面试的机会。

(1) 突出社团活动经历。如果在社团中担任过主席、部长等职务，则代表你具备一定的领导能力；若独立或经由团队合作组织大型文艺汇演、辩论赛、毕业展演等活动，代表你具备组织协调能力、谈判能力、沟通表达能力、团队协作能力或开发市场能力等。这些社团活动经历，可以有效帮助评判你的个人特质与能力。需要注意的是，并不是每项社团经历对求职者都有帮助，也不是每一次的学校活动都有正面的意义，处理这部分内容时要进行整理和筛选。

(2) 突出学习能力。强调你具备较强的学习能力能够有效弥补你所欠缺的实习实践经历，同时辅佐真实、详细的例子作为补充。在简历中陈述你熟悉的专业发展趋势与技术，并且能够运用到工作中。既然你有学习、研究新事物的能力，那你就有能力学习新工作所要求的技术。你还可以有效地陈述你在其他行业的工作能力，尽管看上去与你应聘的工作没有直接关系，但那些工作经验可能也适用于你应聘的工作。

5. 跨专业求职

一般来说，科技类、IT类行业对于专业技术的要求很高，通常要求专业必须对口。而外企中较多职位对专业的要求不是很高，很多行业有逐步放宽专业限制的趋势，比如四大会计师事务所，以前只招经济管理类人才，但现在法律、物理、数学系甚至艺术方向的毕业生都有。国企也有这样的趋势。那么跨专业求职在简历中应重视以下几项内容才更容易通过筛选，获得面试机会。

(1) 突出英语能力。英语能力作为很多单位的硬性要求，在跨专业求职时要能体现较强的英语能力和水平，这对求职非常有帮助。在北京、上海等城市工作，英语四级甚至六级证书都是必备资格证书。另外，中高级口译证书、托福成绩等也是大热门，成为很多企业衡量求职者实际英语能力的标准之一。

(2) 突出辅修专业。大学生专业课程以外的知识和能力也颇为重要。虽然有些职业对专业性要求不强，但如果学生具有一定的相关专业背景，则自然在求职中能更胜一筹。很多单位在招聘时均认为大学开设的辅修专业课程，对跨专业学生求职是很有帮助的。因此，准备跨专业求职的学生有必要尽早规划就业去向，在专业课以外选修或辅修相关课程。

(3) 善于展示自己。在跨专业求职中既然专业优势无存，工作能力、职业素养就成为最重要的考量标准，通常表现为沟通表达能力、组织协调能力、诚实守信、有责任心等。在具备了外语、电脑、辅修专业等综合素质之后，要尽可能在简历和面试中展示自己的这些能力至关重要。性格内向的求职者，有必要加强这方面的锻炼。

(七) 网申技巧

网申就是网络在线申请，指通过公司官方网站的招聘页面，或者第三方招聘网站开设的专门页面投递简历的求职方式。

招聘单位通过该页面收集简历，并对应聘者进行初步筛选。网申通常需要申请者填写一系列信息，这些信息通常先会通过机器筛选后，才会进入人工筛选简历的环节。

网申除了普通发送邮件投递简历的方式，有的网申材料还包括开放式问题的问卷，通过精心设计的提问，招聘单位可以借此衡量申请者的综合素质。这些提问侧重于个人的综合能力和技巧，工作的抗压能力，是否有不利于工作的性格劣势，等等。

1. 典型的网申问题

(1) "请谈谈你毕业后3～5年的职业规划"。

这属于大学生职业生涯规划的问题，这种问题其实是在考察求职者与岗位的稳定性。对于一个即将进入职场的学生而言，有详细的职业规划是非常重要的，而且描述越具体，说明你对未来的职业发展是认真思考过的。只有你了解行业前景、发展趋势、晋升途径等内容后，才能详细回答这个问题。招聘单位之所以这样问是希望挖掘你应聘的深层次动机，看你是否具有稳定性。建议不要直接说成"3年成为主管，5年成为经理"，应该在了解该岗位具体发展的前提下，给出较为合理的规划。

(2) "请描述一件你做的成就故事或者失败事例"或者"你最遗憾的一件事是什么，为什么"。

对于这类问题，招聘单位主要是从你的回答中来判断你处理问题的能力。对于这类问题，描述时有一个技巧，就是运用"STAR"原则。S=situation(情景)，T=target(目标)，A=action(行动)，R=result(结果)。你完成某事或者做出某项决定是在怎样的背景下，当时你具有怎样的资源，面临怎样的问题、事情或者决定最终的目标是什么；你是如何行动的(利用资源、克服困难、解决突发状况等)；最后的结果是什么。如果是失败的事例，还需要分析失败的原因，并总结你得到的经验教训，以后如何改进等方面。除此之外，用撰写成就故事的方法也会让用人单位了解你的优势能力有哪些。

(3) "请描述一下你的性格"。

这类问题考察的就是你的人格特质与岗位的匹配度。你的性格可能有很多方面，但在这里，尽可能阐述和岗位匹配度高的人格特质。比如应聘销售岗，那肯定要把自己性格外向开朗、有亲和力、善于沟通这方面重点介绍。当然一定是你本身就具备这样的性格特质，而不是为了匹配故意这样说。如果没有，那就要想自己的人格特质上有哪些与这个岗位比较契合的，比如你不是外向开朗，善于沟通的，但勇于挑战、坚持不懈、在工作上积极主动，这也是与销售岗位契合的人格特质。

2. 网申技巧

1) 把握申请时间

网申不是越早越好，网申系统刚开放时，网络系统不一定稳定，而且最开始招聘单位也要了解此次应聘者的大致水平，然后确定筛选标准。前几天你可以通过各种渠道向前面已经网申的同学了解情况，留给自己一些时间去准备。当然，也不要在最后几天才去网申。因为招聘单位筛选网申简历，不是等到截止日期才开始筛选，有些招聘单位看到网申筛选通过人数差不多时，后面几天就不再进行筛选了。

建议在网申开放时段的 20% ～ 80% 这段

图 5-2　网申时间图

时间进行网申(见图 5-2)，这段时间称为黄金时间。以网申时间两周为例，差不多第 3 ～ 11 天为宜。具体申报时间可以选择服务器压力不大的时段。当很多人在线申请时，容易出现死机或连不上服务器的情况，所以建议同学们挑选人员相对不密集的时间上网，如午饭、凌晨等。在线网申时应记得填写完一页就及时保存填写的内容，免得做无用功。

2) 关键词突出

网申不是帮招聘单位选择合适的人，而是帮他们筛选掉不合适的人。所以把握求职关键词，才能尽可能地保证你不会被筛选掉。网申的关键词大概有以下几种。

(1) 学历：大学层次。

(2) 学位：博士、硕士、本科、专科。

(3) 成绩：绩点、平均分、排名情况，如GPA3.0/4.0、均分95、专业排名前20%等。

(4) 专业：对与岗位需求不是完全对口的专业，一定要突出自己专业的相关性。

(5) 证书：特定专业证书、从业资格证等，如CPA、CFA、基金/证券从业资格证、教师资格证等。

(6) 外语能力：大学英语四六级；在托福、雅思等英语考试中取得高分也会有优势。

(7) 学生工作：如在学生会、党支部、社团工作经历等。

(8) 奖学金/奖项：

① 按"年份+奖项名称+含金量"顺序填写；

② 奖项名称应规范完整，不要使用简称；

③ 标注得奖比例，体现奖项含金量；

④ 不要填写无关和毫无分量的奖励；

⑤ 奖项可按照级别来排列，重要奖励优先填写；

⑥重复性奖励或同一类奖励可整体描述次数，不用一一列出。

(9) 实习实践经历：

① 每段经历开头先写明公司名称和岗位名称，然后详细描述工作职责和工作成果。成果使用具体的数据和成绩来体现。例如，"在××公司担任××岗位，负责××具体工作，协助团队完成 5 个大型项目，业绩同比增长30%"；

② 跟目标岗位相关的实习经历放在最前面，突出在500强等知名企业、优秀公司的实习经历；

③ 项目经验里，清晰阐述项目名称、项目时间、项目描述。说明自己在项目中承担的角色，如"作为项目负责人，主导了××项目的策划与执行"，并强调项目成果，如"通过该项目，为公司节省成本××万元，提高效率××%"。

识别关键词后，系统会根据关键词打分，以此类推。通过打分，网申系统可以帮招聘单位的HR淘汰掉大部分不符合公司标准的人，然后HR才会去看剩下申请人的简历和各项资料，这时就会用自己的经验去判断这个申请人是否可以获得面试机会。

3) 文档编辑

进行网申时，尽量不要在线填写，因为在线时间太长，若遇到网络不佳时，可能会导致上传失败，再次填写时会没有第一次那么认真，没有进行深思熟虑就填写的信息很容易被淘汰。这也就是为什么很多同学在网上投递简历，却总收不到面试通知的原因。

建议同学们网申时不要着急填写内容，先打开网申页面，浏览网页，将需要回答的问题复制在计算机的Word文档中，然后在文档中认真思考后填写。因为网申包括一些开放式问题，需要在深思熟虑后填写，甚至在填写前还需要查阅一下相关资料和信息，比如了解一下招聘单位的企业文化，企业价值观等，这样再回答开放性问题时就可以投其所好，给出有针对性地回答。当你把所有网申的内容在Word文档中填写完整，并检查正确后，再打开网申页面将相应的内容复制进去即可。这样也会使上传更加顺利。

除此之外，在Word文档中填写，保存时可以显示一些文字语法的错误提醒你改正，尤其是一些不太容易察觉的如拼写之类的小错误，这样就会避免出现细节上的问题。

网申填写的过程一般情况下需要很长时间，有的甚至三四个小时，所以一直在线填写，容易造成信息丢失，就会导致一些同学放弃填报或者填报失败。

4) 注意附件顺序

有些单位要求上传获奖证书、发表的论文，参与项目等附件，请按照单位要求的顺序上传。再将自己准备的补充文件(如毕业证书等)放在最后。千万不要认为只要全部上传即可，如果没有按照顺序，可能会使招聘单位漏看一些重要信息，也会造成应聘者不够认真严谨的印象。

5) 注意细节

不要认为网申细节不重要，只要差不多就可以了。千万不要犯低级错误，注意错别字、语句通顺、标点符号等细节问题。一般大公司都比较注重专业精神，太过随性的"个性"风格往往不易被接受，毕竟求职是一件严肃认真的事。网申虽不见面，但也别因细节问题，失去了宝贵的印象分。

6) 网申照片上传

网申上传照片一般会有证件照和生活照两种。证件照最好着正装，无染发和佩戴首饰，注意单位要求上传照片的底色(红白蓝)。生活照要选择单人照，露出整个人的2/3，露出五官，衣服符合大学生的特点。照片背景干净整洁，适合的场景可以是教室、图书馆、操场等。一定要注意，自拍照、艺术照是不符合生活照要求的。照片是网申的重要部分，如果照片上传不符合要求，可能会让招聘单位认为你不够重视此次网申而淘汰你。照片上传时应注意符合招聘要求的大小、格式等，否则无法上传成功。

7) 内容详尽

填写网申内容与面试简历的内容有所不同，最大的不同在于对版面和字数的限制。面试简历一般来说是一页纸简历，字数在1000字左右。内容在介绍清楚个人基础信息后，重点内容应是实习实践的经历。而网申则需要根据招聘单位提供的模板逐一填写。在履历部分可以把大学期间所有的实习实践经历、社团活动经历、学习成果、资质证书及获奖信息都写下来。

网申第一步机器筛选更多的是通过关键词，所以在网申内容填写时，应尽可能在资料中覆盖一些重要的关键词。当然，你不可能知道每个单位在招聘时这些关键词具体是哪些，所以最好的办法是尽可能把内容写详尽。因为网申的字数要求通常比面试简历要多。尽量将字数写到要求的上限。一般来说，网申填写的模块内容一般会注明300～500字。如果你只写了100多字，很多网申系统会自动判断简历的完整程度不高，如果简历的完整度只有60%，那很可能就要排在100%完成度的简历之后，你通过网申的概率就会很小。

8) 邮件的命名

如果简历是直接E-mail投递到单位的电子邮箱里，在邮箱和附件标题中应注明应聘岗位+姓名+毕业院校，就可以让招聘单位的HR明确知道哪份是你的简历，以及你应聘的岗位，同时便于保存和查找。

五、执行任务

(一) 制作你的产品说明书

大学生求职，其实就是找到心仪的单位和岗位把自己推销出去。如果你已经找到了这样的单位，如何介绍自己，让单位青睐于你呢？这时候求职简历就是介绍自己的关键武器，把简历当作你的产品说明书，用来推销自己，这样就会更清晰地知道该如何撰写简历内容。

接下来我们用写产品说明书的逻辑，对简历内容进行梳理及设计。

1. 产品名称——个人基本信息

"产品名称"就相当于简历中的个人基本信息，打开产品说明书，你最先应该知道的就是产品叫什么，产地是什么地方，各个零部件的名称，等等。所以在写简历时，请最先将自己的基础信息清晰地呈现出来。请大家完成自己的基本信息。

姓名：_____　　性别：_____　　出生年月：_____　　民族：_____

毕业院校：_____　　专业：_____　　学历：_____

政治面貌(选填)：_____　　联系电话：_____

身高(选填)：_____　　曾任职务(选填)：_____

特长(选填)：_____

简历上需要罗列的基本信息如上所示，对于政治面貌、身高等这类选填项，请根据"密码解读"中的内容分情况填写。

2. 产品使用方向——求职意向

"产品使用方向"是在产品说明书中一定要写明的内容，就好比求职简历中必须出现求职意向一样。没有求职意向的简历是不会被用人单位选中的，因为这是用人单位进行筛选的标准。只有知道应聘者想应聘的岗位，才能拿相应的岗位要求和标准来进行判断该求职者是否符合招聘单位的要求。

有些大学生在简历中不表明具体求职意向，是想应聘任何职位时都可以拿来用，这也是目前很多大学生在撰写求职简历中出现的问题，想要"一份简历走天下"。这种简历既没有针对性，也很难展现自我优势，无法将自己的能力对标岗位要求。还有部分大学生在撰写简历时求职意向填写多个职位，这是一种图保险的心理。这两类简历都会被招聘单位认为求职意向不明确，求职者会因此失去面试机会。

因此，撰写简历的最佳方式为一岗一简历，每份简历都要根据招聘简章进行调整，做到突出重点有的放矢，同时求职意向要避免使用概括模糊的词语，应规范填写岗位全称。

请同学们根据自己的专业写出几个与专业对口的具体的岗位。

会计学：_____

汉语言文学：_____

法学：_____

护理学：_____

视觉传达设计：_____

播音与主持艺术：_____

网络与新媒体：_____

计算机科学与技术：_____

体育教育：_____

(　　　)：_____

3. 产品性能——个人能力

"产品性能"应该是我们购买该产品时最主要的原因，这个产品具有的功能是顾客最想知道的，所以在产品说明书中这部分应是最主要的内容，所占篇幅也应该是最大的。那么在求职简历中，代表产品性能的就是你的能力。

在之前的关卡任务中，我们介绍了能力分为先天获得的"天赋"和后天通过学习得到的"技能"。而跟求职密切相关的职业技能分为三类，分别是专业知识技能、自我管理技能和可迁移技能。专业知识技能是理论基础，自我管理技能是态度和品质，可迁移技能是实践经验。以生涯培训师这个职业为例，当前培训师市场的产品主要分三种。一种是讲知识的，也就意味着你掌握的生涯规划方面的理论知识比别人多，包括最新前沿的知识和信息。比如职业生涯规划领域有很多培训师他们擅长讲授各种理论，能让学生们非常清晰地明白生涯规划的基础理论知识；一种是懂技术的，也就意味着他更擅长实践，比如实操运用团体辅导、如何使用生涯工具、卡牌等；还有一种是有态度的，也就意味着他的经历发人深省，他的为人处世可以影响别人。

所以专业知识技能可以在"所获荣誉及证书"中体现，可迁移技能可以在"实习实践经历"或"在校经历"中体现，自我管理技能可以在"自我评价"中体现。

1) 所获荣誉及证书——产品优势

这个部分需要以荣誉或证书的难易度以及与工作岗位的相关性作为标准进行排序，这样不仅可以凸显荣誉及证书的分量，还更容易让招聘单位看到应聘者最重要的信息。

(1) 以上面的要求为标准，请同学们对应聘某医院护士岗的小华同学的信息找出问题并进行排序。

所获荣誉及证书：	5. 省级大学生预防艾滋病知识竞赛二等奖
1. 普通话二级甲等	6. 大学英语四级
2. 商务办公高级证书	7. 大学英语六级
3. 健康管理师	8. 全国大学生知识环保竞赛一等奖
4. 刮痧高级证书	9. 省级护理技能大赛三等奖

按照"密码解读"模块中的技巧，找出小华同学罗列"荣誉及证书"的问题，并进行正确排序。

(2) 请同学们梳理自己所获荣誉及证书，进行撰写和排序。

荣誉：

① _____

② _____

③ _____

证书：

① _____

② _____

③ _____

2) 实习实践经历/在校经历——产品性能

很多同学在简历中会这样描述自己的实习实践经历"2024年在××公司做了一个月的×××工作"。但是切记，你做过什么和你这件事做得好不好是不一样的。如何才能用简练的语句撰写出有效的实习实践经历，这里有两个撰写小技巧。

(1) STAR原则(见图5-3)。

situation(情境)：描述事件或项目的背景，解释为什么需要采取行动。

target(目标)：明确在特定情境下所承担的任务或目标。

action(行动)：详细描述为了完成任务所采取的具体行动和策略。

result(结果)：说明行动后所达到的效果或成果，可以是数据、能力提升或物质成果等。

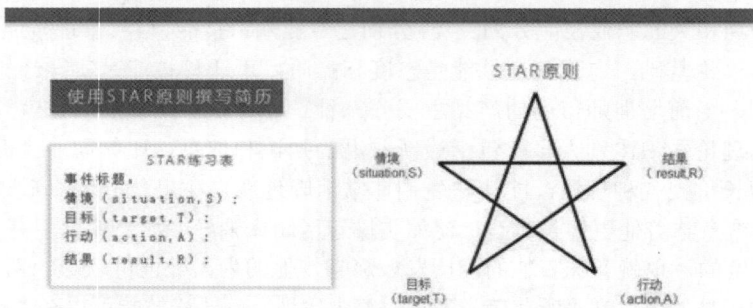

图 5-3　STAR 原则

在描述实习经历时，使用STAR原则可以帮助你更系统地展示自己的能力和成就。请看下面的案例。

案例1：

如果你在一家艺术留学中介公司实习，作为实习生协助处理新媒体公众号的相关工作，你该如何运用STAR原则描述你的实习实践经历？

情境：为增加公司品牌影响力，需要提高公众号的粉丝数量和互动量。

目标：作为内容运营部门的实习生，分配任务为策划和执行吸引粉丝的内容。

行动：查找相关资料，进行市场调研，参与了内容策划会议，制定了一系列内容策略，包括定期发布高质量文章、制作相关留学介绍视频、策划线上线下互动活动等。

结果：通过努力，视频点击率提高了××%，线下召开说明会参与人数近××××人，公众号粉丝数量增加了××%，互动量显著提升，达到了预期的目标。

案例2：

大四学生小冯，会计学专业，在陕西新希望科技有限公司担任会计助理岗实习生，实习结束后，他在简历上将自己的实习经历写成"协助公司会计完成基础性工作，制作和整理原始凭证，负责基础业务的发票报销……"。

对于会计专业实习的同学，这种实习经历很常见，因为作为实习生，单位不会将重要的工作交给你去负责，基本就是一些协助性的基础工作。但这种千篇一律的流水账似的表述是无法吸引招聘单位HR的眼球。如果我们用STAR原则来思考：这份实习你期望实现什么目标，在进行这份工作时你的价值点在哪里，在工作中你发现了什么问题和不足，采用了什么新的方法和流程，你的新方法有没有提高效率，有没有降低出错的频率，你对团队的贡献是什么……这才是招聘单位HR想看到的内容。

修改后的实习实践内容如下。

2024.7.20—2024.8.20　陕西新希望科技有限公司 会计助理

(1) 财务部实习期间，参与公司原始会计凭证的粘贴、整理、分类、录入工作，熟练使用金蝶软件，通过改进数据录入流程使效率提升了20%，任职期间0错误率。

(2) 为简化报销流程，为公司设计记账报销流程表，协助完成公司员工线上线下的培训工作，根据生产部门的财务数据分析结果，提出优化库存的建议，具体实施方法6点，得到了领导的认可。

对于上述实习实践内容，你能看出是如何运用STAR原则进行撰写的吗？请做简要分析。

_____
_____
_____

运用STAR原则撰写实习经历，你可以清晰地展示自己在实习期间的具体工作和取得的成果，让招聘单位对你有一个全面的了解，从而更好地评估你的能力和潜力。

对于STAR原则中"结果result"的部分，尽可能用具体的数字+结果(取得的成绩、达成的效果)这样的客观内容来呈现，这样更具说服力。例如：

(1) (普通描述)协助开展线下抽奖活动，发放调查问卷，并收集现场客户资料。

(数字+结果)协助开展线下抽奖活动，通过前期宣传和当天传单发放吸引近800人参加活动；对新饮品做市场推广和调研，发放调查问卷1000份，有效回收95%，并现场收集客户资料760份，进行分类和归档管理。

(2) (普通描述)根据公司提供的客户信息，打电话给客户推销产品，完成销售任务。

(数字+结果)根据公司市场战略拓展业务，累计向×××位客户进行了产品推介，其中与×××位客户完成销售，累计销售金额达××万元，其中单月最高销售金额为××万元。

(3) (普通描述)收集客户反馈信息并向公司提供有效建议。

(数字+结果)了解并收集客户反馈信息，并对产品和市场情况进行分析，向公司提出×条有效建议，经公司领导研究实施后，显著提升了公司的整体业务能力，业务增长××%，被公司授予"优秀员工"荣誉称号。

总之，在撰写实习实践经历时，绝对不是简单的罗列项目，而是通过这些事件体现你的能力。把你的经历与你应聘的职位相结合，让招聘单位的HR记住你。掌握STAR原则来撰写实习实践经历或在校经历是很好的方法，在描述结果部分的时候注意运用数字+结果的方式。常用的数据表达词汇有"提升了""改善了""增加了""减少了""排名"等，代表结果的词汇有"被评为""超额完成""最佳"等。

练习：

请用STAR原则练习撰写以下实习实践经历或在校实践经历，注意结果部分尽量用数字+结果的方式描述，可分小组进行，选出最优结果。

大二作为辩论队队长参加辩论比赛获得第一名。

_____

_____

疫情封校期间，担任学校的核酸检测志愿者。

_____

_____

在一家互联网公司产品部进行实习，进行一个重大产品迭代项目，针对客户反馈进行产品优化。

_____

_____

在某小学实习期间，作为教练之一带领学校啦啦队获得省级啦啦操比赛一等奖。

_____

_____

在某科技有限公司实习，担任网页设计师/会计助理。

_____

_____

实际上，STAR法则不仅适用于简历实习实践经历的撰写，还同样适合应用在面试问题的回答中，运用STAR法则来回答面试官的问题，会让你的整个回答变得更加清晰和有逻辑。我们经常会看到企业在招聘要求里强调，希望应聘者具备良好的沟通能力、快速学习能力等，那么一般负责招聘的HR就会在面试中对上述能力进行考察。这个时候你运用STAR法则来展开描述，比如在工作中，你参与组织了某一项市场推广活动，需要协调的人员横跨了4个部门及外部的供应商(S)，时间很紧迫，需要尽快给出可行性的书面方案并采购制作所需物料(T)，你确立了各方主要对接人的职责和分工，锁定了项目进度，并通过英文邮件完成跨国沟通(A)，最后活动如期举办，参与人数高于往期平均80%，参与方好评率达95%以上(R)。上述内容描述完成后，就已经证明你拥有良好的沟通能力了。

(2) PAR法则。

与STAR法则相类似的撰写技巧还有一个PAR法则，本质上两个法则是相通的，也是一种在简历和面试中常用的描述方法。它要求在描述工作经历或项目经历时，按照问题(problem)、行动(action)和结果(result)的顺序进行阐述。这种方法的目的是帮助求职者简洁清晰地展示自己的工作能力和成果，从而增加说服力和吸引力。PAR法则的应用场景非常广泛，尤其是在简历撰写和面试准备中。此外，使用专业术语和简洁的语言也能够提升简历的专业性和可读性。

当然，无论是STAR法则还是PAR法则，重点都在行动(action)和结果(result)上，如果你的这项内容有很明确可测量的结果，那就重点写结果，比如你获得了大赛一等奖，优秀实习生等，如果没有这种具体化可测量的结果或者成绩，那就重点把行动描述清楚，让招聘单位看到你具体做过的事情，一样可以展现你的能力。

3) 个人评价——产品优势

个人评价要结合求职意向进行撰写，比如你应聘的是销售类的相关岗位，那你就要突出你的语言表达能力和沟通能力，让招聘单位看到你具备的能力与应聘岗位的相关性，提高简历面试的命中率。

结合自己的求职意向，写一写自己简历中的个人评价。

(1)_____

(2)_____

(3)_____

(二) 勇闯金字塔

制作简历时，按照求职金字塔模型如图5-5，最先确定的内容应该是求职目标(具体应聘的岗位)，因为简历的其他项目内容都是为它服务的，所有内容应作为求职目标岗位的有力支撑，向用人单位证明你具备胜任该岗位的职业能力和职业素养，这样的简历内容才是有效内容，更容易被用人单位看中，从而获得面试机会。

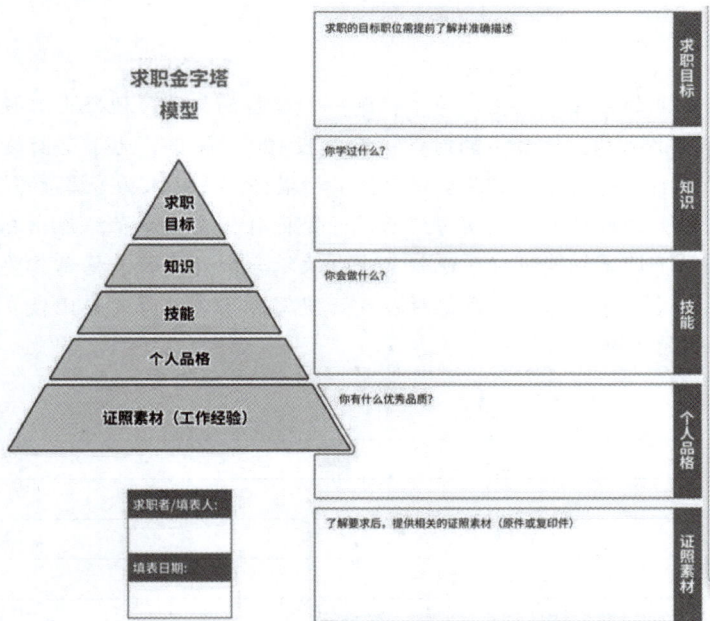

图 5-5　求职金字塔模型

同学们可以按照金字塔中的项目逐层进行填写。

目标职业：_____

你学过什么(专业知识)：

_____

_____

你能做什么(技能)：

_____

_____

你有哪些优秀品质(个人评价)：

_____

_____

_____

证书及荣誉：

_____

_____

_____

(三) 求职漏洞你来判

根据课程讲授的简历制作技巧和要求，同学们应该已经做好了自己的简历，接下来的活动我们将从第三视角来优化简历，给你们的简历把把脉。

任务：先请同学们看看下面的案例，帮他找找在求职准备制作简历的过程中都存在什么样的问题？

案例：

小童是日语专业的应届毕业生。为了找到一份理想的工作，他每天都投简历到很晚，周末更是一分钟都舍不得休息。他最多的时候一天能投100份简历。为了全面展示自己的才能，他准备了10多页的材料，并且把各种获奖证书做成扫描件，发给人力资源主管。

他觉得自己最大的问题是缺乏实习经历，于是他让父亲在单位给他出具了几份翻译工作证明，又从网上购买了计算机等级证。他印象中每次填学校的各种表格都需要填身份证、家庭详细住址、家庭主要关系等内容，于是他也在简历里写上了，觉得这样比较真实可信。然而令他沮丧的是，所有的简历都石沉大海。

存在的问题：

(1)_____

(2)_____

(3)_____

(4)_____

(5)_____

(四) 围绕JD修改简历

JD=Job description，是指职位描述，JD是其缩写。一般在招聘中，最常用到的意思就是岗位介绍和工作职责描述的意思。职位描述又叫职位界定，其成果叫工作说明书(job description)，或工作规范。

JD主要包括工作名称、工作职责、任职条件、工作所要求的技能，工作对个性的要求也可以写在工作说明书中。工作说明书描述的对象是工作本身，而与从事这项工作的人无关。但是对于招聘单位而言，招到能够符合该岗位任职条件、具备胜任该岗位工作技能、完成该岗位工作职责的人，就是招聘时的标准。JD作用中的第一点就是"为招聘、录用员工提供依据"。

JD的作用如下：	
(1)为招聘、录用员工提供依据	(4)为企业制定薪酬政策提供依据
(2)对员工进行目标管理	(5)员工教育与培训的依据
(3)是绩效考核的基本依据	(6)为员工晋升与开发提供依据

"知己知彼，百战不殆。"只有了解招聘单位的想法，才能制作出一份令招聘单位HR心仪的简历，从而获得面试机会。这些"想法"从哪里获取，其实，我们去分析招聘单位发布的JD，就可以看到企业向求职者透露的信息。

围绕JD修改简历可以分为以下几个步骤：明确求职岗位＞仔细阅读招聘单位的JD＞提取JD中的关键词＞有针对性制作/修改简历(匹配过往经历，突出自身优势)。

具体做法如下。

(1) 在确定好自己的求职岗位后，仔细阅读 JD 至少两到三遍，确保没有遗漏重要内容。

(2) 标记重点：使用荧光笔、下画线或其他标记符号，标注出关键的要求、职责、技能、经验等。

(3) 列出要点：将要点逐一罗列在纸上或电子文档中，如职位名称、主要职责、必备技能、学历专业要求、工作经验要求等。

(4) 找关键词：在读一份岗位JD时，最重要的是找到其中的关键词，企业招聘信息中对于职位的职责描述及应聘要求就是关键词最主要的来源，需要注意其中使用的动词，如"负责""策划""执行""管理""协助"等，这些动词后面通常跟着关键的工作内容。

(5) 关注特殊要求：留意诸如"优先考虑""必须具备""熟练掌握"等强调性的表述，这些也要重点关注。比如"必须具备3年以上相关工作经验"的，如果你没有，那么肯定是无法通过简历筛选的；如果是"熟悉×××推广模式的优先"，则说明这些要求你能达到最好，就算没有达到也可以投递简历，公司对这个岗位的定位可能比较灵活，有调整的余地，如果你面试表现好，不会这些内容也可能被录取。

(6) 总结归纳：对罗列的要点进行总结归纳，学会解读招聘信息中出现的必要信息及隐藏在字面信息背后的关键词，区分出硬性要求(如学历、专业、工作年限)和软性要求(如沟通能力、团队协作力，超强的执行力，较强的逻辑思维，调研及分析能力等)。

(7) 对比分析：如果同时在看多个类似职位的JD，可以进行对比分析，找出共性和差异的关键信息。如果在你应聘的招聘信息中没有特别详细的岗位职责及职位要求，那么你可以通过查找其他公司类似职位的招聘信息说明来进行分析。

(8) 对标撰写：完成以上内容后，结合分析出来JD关键词及岗位的硬性要求和软性要求，结合自己的背景和经历，在简历中对标撰写，突出相关的关键词。我们可以通过教育背景、实习实践经历、培训经历及职业技能来体现。英文书写及表达能力可以通过英语证书或者其他英语考试来体现，而Office办公软件则可以在计算机技能中体现。

通过以上方法，同学们可以更有效地从岗位 JD 中提取关键词，紧密围绕招聘 JD 中的要求来展示自己的优势能力和成果，能使制作的简历更有针对性，提高与职位的匹配度。同学们可以根据实际的 JD 内容和自己的情况，按照这个思路来制作或修改简历。接下来看看下面的招聘简章，进行JD关键词分析。

例1：

招聘信息

××实验学校是园区管委会直属的公办学校。学校2009年开办，目前教师129名，其中1名特级教师，2名正高级教师，市、区级及以上骨干教师66人，占比50%以上。现因事业发展需要，面向全国招聘品学兼优的应届毕业生和优秀的在职教师，具体招聘情况如下。

一、招聘岗位

初中数学教师

二、岗位职责

1.按照教学计划和教材内容，进行初中数学课程的授课。

2.批改作业，定期对学生进行测验，以检查学生的学习进度。

---

3. 针对学生的学习问题和困难，提供个性化的辅导和指导。

4. 与家长保持沟通，反馈学生的学习情况，解答家长的疑问。

5. 参与学校的教研活动，与同事共同研讨教学方法和课程改进。

6. 协助学校组织数学竞赛等相关活动，激发学生的学习兴趣。

三、职位要求

1. 数学相关专业本科及以上学历。

2. 具有3年以上初中数学教学经验。

3. 熟悉初中数学教材和考试大纲，教学成绩突出。

4. 具备良好的沟通能力和团队合作精神。

5. 熟练使用多媒体教学工具，具备一定的课件制作能力。

6. 持有初中数学教师资格证，普通话标准。

JD关键词分析如下。

(1) 岗位职责关键词。

　　① "授课"：明确教学的核心任务。

　　② "批改" "测验"：教学过程中的评估环节。

　　③ "辅导指导"：针对个体差异的教学支持。

　　④ "家长沟通"：强调家校合作。

　　⑤ "教研活动"：关注教学研究与提升。

　　⑥ "组织活动"：丰富教学形式，激发兴趣。

(2) 职位要求关键词。

　　① "数学相关专业"：专业背景要求。

　　② "本科及以上学历"：学历层次。

　　③ "3年以上" "教学经验"：工作经验。

　　④ "教材" "考试大纲"：对教学内容的熟悉程度。

　　⑤ "沟通能力" "团队合作"：软技能。

　　⑥ "多媒体" "课件制作"：教学工具和技能。

　　⑦ "教师资格证" "普通话标准"：必备资质。

这里还有一些隐藏的关键词，如"数学相关专业"，这里的相关意味着还可以是信息与计算科学、统计学、金融数学专业、精算学等专业。"本科及以上"意味着硕士、博士也一样可以应聘此岗位。"教研活动"包括现场观摩、分组研讨、同课异构研讨、集体备课、主题式教研活动等，这些也都属于隐藏的信息。

例2：

招聘信息

一、招聘岗位

软件测试工程师

二、岗位职责

1. 编写测试计划和测试用例，执行软件测试工作。

2. 对软件缺陷进行跟踪和管理，确保软件质量。

3. 协助开发团队定位和解决问题，推动软件的优化。

4. 参与软件项目的需求分析，提出合理的测试建议。

5. 对测试结果进行总结和分析，编写测试报告。

三、职位要求

1. 计算机相关专业本科及以上学历。

2. 有2年以上软件测试工作经验，熟悉测试流程和方法。

3. 掌握至少一种自动化测试工具，如 Selenium、Appium 等。

4. 具备良好的逻辑思维能力和问题分析能力。

5. 有较强的责任心和团队合作精神。

JD关键词分析如下。

(1) 岗位职责关键词。

① (后面统一改)"测试计划""测试用例"：测试规划和设计。

② "软件缺陷""软件质量"：质量保障重点。

③ "协助开发""解决问题"：协作与问题解决。

④ "需求分析""测试建议"：参与前期工作。

⑤ "测试结果""测试报告"：总结与汇报。

(2) 职位要求关键词。

① "计算机相关专业"：专业背景。

② "本科及以上学历"：学历层次。

③ "2 年以上""测试流程"：工作经验和流程熟悉度。

④ "自动化测试工具"：技术工具要求。

⑤ "逻辑思维""问题分析""责任心""团队合作"：软技能，能力要求。

任务：同学们请按上述方法，对招聘网站上的招聘信息进行JD关键词分析。

招聘信息

一、招聘职位

新媒体运营专员

二、岗位职责

1. 负责公司官方微博、微信公众号等新媒体平台的日常运营，包括内容策划、撰写、发布及推广。

2. 制定并执行新媒体营销方案，提高品牌知名度和用户活跃度。

3. 监测新媒体平台的数据，分析用户行为和需求，优化运营策略。

4. 与粉丝互动，处理用户反馈，维护良好的用户关系。

5. 协助团队完成其他相关的新媒体工作。

三、任职要求

1. 本科及以上学历，新闻传播、市场营销等相关专业优先。

2. 具有2年以上新媒体运营经验，熟悉新媒体平台的操作和推广规则。

3. 具备优秀的文案撰写能力，能够独立撰写有吸引力的文案。

4. 熟练掌握数据分析工具，能够根据数据进行有效分析和决策。

5. 具有良好的沟通能力和团队协作精神，能够承受一定的工作压力。

JD关键词分析：

_____

_____

_____

_____

任务：请同学们拿出自己之前做好的简历，按照下面要求进行自查，参见表5-1，给你的简历把把脉，然后在小组内相互检查修改。

(1) 首先要仔细检查，杜绝出现错别字、语法和标点符号方面的错误。个人简历最好用 A4 标准复印纸打印，字体采用常用的宋体、楷体，尽量不要用花里胡哨的艺术字体和彩色字。

(2) 个人简历排版要简洁明快，句型越短越好，最好在一页纸内完成，避免排版密集，确保上下左右有足够的留白、足够的行间距，保证视觉效果看起来清晰且舒服，在排版上要采用"金字塔结构"，按内容的重要程序依次往下写，最重要地写在最前面。

(3) 个人简历中必须突出重点，它不是全面进行自我介绍，与应聘岗位无关的内容可以不写，对应聘岗位有意义的经历和经验决不能漏掉。

(4) 要尽量提供个人简历中提到的业务能力、资格证书等的证明材料，附在个人简历之后，切记附复印件，以防原件丢失。

表 5-1　简历自查表

测评题目	选项	
1. 在简历的开头，我清晰地写出了自己的求职岗位，HR一眼就能看到	是	否
2. 在简历中，我只挑选出了与应聘岗位相吻合的经历和能力，而不是罗列了所有经历	是	否
3. 我把与应聘岗位最密切相关的经历/能力放在简历的前面，而不是照搬简历模板填充相应的内容	是	否
4. 在描述每一段经历时，我具体描述了自己都做了哪些事情、取得了哪些成绩/成果，方便 HR 判断我所具备的能力	是	否
5. 在描述经历时，我使用的关键动词比较丰富，而不是只用"参与……参与……"/"完成……完成……"等单一重复的动词(如果不知道什么叫关键动词，请选"否")	是	否
6. 我用数字、相对数字等(如全系 49 人中最高分)来量化我所得的成绩，方便 HR 感受到我的能力和水平	是	否
7. 自我评价部分如果没有事例/数字来证明，我就不写这个部分了	是	否
8. 在 10 秒内，HR 就可以从简历中了解到我针对应聘岗位所具有的能力和优势	是	否
9. 我的联系方式(电话、邮箱)清晰地写在简历的开头，方便 HR 联系到我	是	否
10. 简历完成后，我做了检查，保证没有错字、语法、格式等错误	是	否
11. 我的简历上没有写"简历"或"个人简历"这几个字	是	否
12. 如果简历中一定要放照片，我会放职业照	是	否
13. 我的简历排版(字体、颜色等)简洁、重点突出，没有学校 logo、五颜六色的图标等	是	否
14. 我的简历长度没有超过 1 页	是	否
15. 应聘不同的岗位时，我根据应聘岗位的要求针对性地修改自己的简历	是	否

计分方法：第1～6题和第15题选"是"得2分，选"否"得0分；其他8道题选"是"得1分，选"否"得0分。得分范围0～22分。

0～7分：不合格，难有吸引力。

8～12分：简历需要再完善。

13～18分：较好，可以再做完善。

18～22分：优秀。为了避免主观性。

请同学/老师帮你再做个评价吧！

请总结你简历中最主要的问题有哪些：

_____

_____

_____

六、通关要领

毕业生求职需要注意以下问题，这些问题也是招聘单位考核求职者的重要内容。

(一) 诚信与正直

在进行求职准备的过程中诚信的重要性应该放在首位。无论是简历制作，还是面试问答中如实呈现自己掌握的专业知识、具备的各项技能、实习实践经历、所获荣誉及考取的资质证书，都应该实事求是，不夸大、不造假。培养大学生诚实守信的价值观，让大学生明白诚信是做人的基本准则，也是在职场中建立良好声誉和长期发展的基础。例如，在撰写简历时，务必确保每一项内容都是真实可靠的，因为虚假信息一旦被发现，不仅会失去这次机会，还会损害自己的声誉。

(二) 责任感与担当

大学生在制作简历的过程中应该明白，简历不仅仅是自己求职的工具，更是以后进入职场后对未来工作的标准与承诺。大学生要对自己的表述负责。

在撰写简历的过程中，可以有体现大学生责任感与担当的内容。比如在实习实践的内容中展示对工作的责任感，可以在描述在实习实践或校园社团工作时承担的重要任务及遇到的困难，以及如何克服并完成它们，可以描述个人在其中的贡献。描述在面对挑战或危机时，采取有效措施解决问题，避免了不良后果的发生。积极参与社区环保志愿者活动，组织并参与垃圾清理和环保宣传工作，为改善社区环境贡献自己的力量，体现了对社会的责任担当。

通过以上方式，可以让招聘者在简历中看到你的责任感与担当。这些都是大学生应当具备的担当精神，培养大学生在未来工作中勇于承担责任，为团队和组织做出贡献打下基础。

如果大学生在将来的工作中出现了失误或犯了错误，应该不逃避，及时表明态度。首先，应勇于承认错误，不推诿责任。然后，迅速采取措施尽力弥补损失，同时反思失误原因，总结经验教训，避免今后再犯。作为一名合格的职业人，应该深知责任感与担当是职业道德的基本要求，出现问题积极解决，才能不断提升自己，为单位创造更大价值。

(三) 团队合作精神

简历撰写的内容如何体现团队合作能力，如描述参与团队项目的经历和自己在其中承担的角色与所做的贡献，这些都能体现出毕业生具有集体主义观念，强调个人在团队中的协作和共同发展，为实现共同目标而努力。

教导同学们应该在团队中尊重他人、保守团队机密及共同追求团队目标，体现团队合作中的职业道德。比如在团队项目中，要严格遵守团队的保密规定，积极分享自己的经验和知识，同时也虚心向他人学习，共同为实现团队的成功而努力。

(四) 创新与进取

在求职准备时，可以展现自己创新思维和进取精神，例如，撰写自己在学习或实习实践中提出的创新性想法或主动寻求新的挑战和机会的具体内容，在大学参加创新创业项目、互联网+大赛等项目或比赛中体现创新能力。这些内容都能体现你们开拓创新、积极进取的精神，激励毕业生不断追求进步和突破。

(五) 学习能力与自我提升

鼓励毕业生强调自己的学习能力和不断自我提升的意愿，可以在简历中说明如何通过学习适应新的工作环境和任务。这也是体现毕业生终身学习的理念，培养应聘者持续学习、不断进步的意识和能力。帮助同学们明白应届毕业生缺乏工作经验应该是可以通过终身学习，不断提升自己来弥补这一问题的。

通过将这些思政元素融入求职准备简历制作的环节，不仅可以帮助同学们翔实地撰写简历，帮助你们更好地展示自己的职业素养和适应能力，还能引导大家树立正确的职业观和价值观，为未来的职业生涯奠定坚实的基础。

下面是西安培华学院优秀毕业生案例。他们积极响应国家号召，扎根西部，去祖国最需要的地方工作。在自己的工作岗位上兢兢业业，不怕艰苦，无私奉献，体现了当代大学生高度的社会责任感。

毕业生案例一：

吴玖辉——扎根西藏，逐梦高原的培华青年

吴玖辉，男，汉族，2019年毕业于西安培华学院电子信息工程专业，任职于国家电网西藏自治区林芝市巴宜区供电公司供电服务中心，担任班长。他积极响应国家号召，毕业后义无反顾投身西藏建设，在西藏工作期间，他克服"高原反应"、恶劣的气候环境等重重困难，坚守在自己的岗位上。吴玖辉主要负责变电站及输配电线路运维与检修，他作为班长，以身作则并带领班组人员苦练技术，攻坚克难，切实做好输电线路抵御雨雪冰冻灾害、大风舞动预防、山火隐患排查等工作，保障供电安全，连续三年获得国家电网林芝市巴宜区供电公司"优秀班组长"荣誉称号，获得国家电网林芝市供电公司2021年营销计量专业劳动竞赛一等奖。他发扬不怕吃苦，缺氧不缺精神，比海拔高境界更高的精神，战胜高寒缺氧环境，作为奋战在雪域高原上的电力铁军，默默为西藏基层事业做出应有贡献。

毕业生案例二：

常李刚——忠诚担当，奉献边疆的培华青年

常李刚，男，汉族，中共党员，2018年本科毕业于西安培华学院土木工程专业，中国人民公安大学硕士研究生，现任职于新疆乌鲁木齐铁路公安局。在校期间，热心公益活动，积极参加学校各类志愿服务和社会实践活动，研究生毕业后他积极响应国家号召，扎根边疆，奉献边疆。2022年，面对疫情，作为一名党员青年民警，他主动请缨坚守工作岗位，连续奋战四个月，无一声抱怨。他始终牢记"生命重于泰山，疫情就是命令，防控就是责任"，积极协调对接各相关部门，解决广大旅客群众的各类求助70余件，充分体现了人民警察为人民的担当，彰显了培华学子为党分忧，为国尽责，为民服务的担当，因工作表现突出，2021年、2022年连续两年荣获"优秀公务员"称号。

毕业生案例三：

寇党双——拿起枪能战斗，放下枪能救护

寇党双，女，汉族，2018年毕业于西安培华学院护理学专业，2018年9月入伍到新疆服役，

2020年7月开始担任女兵班班长，入伍四年以来，她始终牢记使命，苦练军事技能，不仅为部队官兵提供了高质量的医疗服务，还带出了一批又一批优秀的边防女兵，受到了全团官兵的一致好评。2020年被部队评为"优秀保障人员""优秀预防心理骨干"等。2021年7月至2022年11月在高原(海拔4300米)执行专项军事任务，2021年11月被部队表彰为"四有"优秀士兵。她的事迹被中国军网宣传报道称之为："拿起枪能战斗，放下枪能救护！新时代全能女兵。"2022年11月退出现役，现已考入空军军医大学。

七、晋级成功

写下收获，取得下一关闯关资格。

_____

_____

_____

_____

_____

_____

_____

_____

_____

_____

_____

_____

_____

_____

_____

_____

_____

_____

_____

_____

_____

_____

_____

_____

_____

_____

_____

_____

_____

任务二　自信开场·面试领航

一、关卡名称：直面职场挑战

面试是通过面谈或线上交流(视频、电话)的形式来考察一个人的工作能力与综合素质，通过面试可以初步判断求职者是否可以融入自己的团队，是一种经过组织者精心策划的招聘活动。面试是指在特定场景下，以面试官对求职者的交谈与观察为主要手段，由表及里测评求职者的知识、能力、经验和综合素质等有关素质的考试活动。面试是单位挑选职工的一种重要方法。面试给单位和求职者提供了进行双向交流的机会，能使单位和求职者之间相互了解，从而双方都可更准确做出聘用与否、受聘与否的决定。

二、闯关意义

面试对于招聘单位和求职者而言是一个双向选择的过程，在这个过程中双方都有需要完成的目标。

对面试考官而言，其作为单位代表，行使单位赋予他的考评、挑选的权力。为了使面试活动成功完成，一般应明确以下目标。

(1) 营造一种融洽的会谈气氛，使求职者能够正常发挥自己的实际水平。

(2) 让求职者更加清楚地了解应聘单位的发展状况、应聘岗位的信息和相应的人力资源政策等。

(3) 了解求职者的专业知识、岗位技能和非智力素质。

(4) 决定求职者是否通过本次面试等。

对求职者而言，虽然在选择环节处于弱势地位，但也有权挑选，他们希望通过面试过程进一步了解用人单位、应聘岗位，最终做出自己的决定。一般来说，求职者应明确以下目标。

(1) 创造一个融洽的会谈气氛，尽量展现出自己的实际水平。

(2) 有充分的时间向面试考官说明自己具备的条件。

(3) 希望被理解、被尊重，并得到公平对待。

(4) 充分地了解自己关心的问题。

(5) 决定是否愿意来该单位工作等。

三、闯关武器

(1) 面试仪容仪表自查表。

(2) 面试结束自查表。

四、解读密码

(一) 面试的种类

面试的种类很多，无论面试官采用何种形式，目的只有一个，就是找到最适合招聘岗位的人，面试的种类有以下几种。

1. 结构化面试

结构化面试是由面试官根据事先准备好的面试提纲，对应聘者进行提问。其目的是更全面、更真实地了解应聘者的情况，观察应聘者的仪表、谈吐和行为，以及沟通信息等。结构化面试通常采用小组形式进行，特别是在公务员录用面试中，为了确保选拔工作的客观公正，国家专门规定必须采用严格的结构化面试形式。相反，非结构化面试则没有既定的模式、框架或程序。招聘单位的面试官可以向应聘者提出问题，也没有固定的答题标准。

2. 群体式面试

群体式面试也称为集体面试，包括一位面试官对多名应聘者、多位面试官对一名应聘者及多位面试官对多位应聘者三种情况。通过提问、对话、团体活动等方式进行优劣比较，从中择优选择的方式。这是目前企业较多采用的方式。除此之外，还有一对一面试，指一名面试官面试一位应聘者。

3. 情景式面试

情景式面试是由面试官设定一个情景，要求应聘者扮演某一角色并进入角色情景中去处理各种事务，以及各种问题和矛盾。考官通过对考生在情景中所表现出来的行为，进行观察和记录，以测评其素质潜能，或看其是否能适应或胜任工作。如提出一项工程计划，请应聘者设法完成，其目的在于考核应聘者处理特别情况或解决客观问题的能力。应聘教师岗位，需要试讲一节课，目的在于考核应聘者的教学综合能力；应聘办公室文员，需要接几个电话、接待一个"来访者"等，看应聘者的处理行政事务的工作能力。这些均属于情景面试。

4. 压力式面试

压力式面试是面试官有意识地对应聘者施加压力，针对某一问题连续发问，刨根问底，直至应聘者无法回答。其目的是看应聘者在突如其来的压力下能否做出恰当的反应，观察其机智程度和应变能力。

5. 综合式面试

综合式面试是面试官通过多种方式综合考察应聘者多方面的能力。例如，用外语同应聘者对话或用外语进行自我介绍等方式以考察其外语水平；让应聘者现场操作计算机以考察其计算机应用水平；甚至让简历中特长是唱歌的应聘者现场演唱一首歌曲，这些都是综合式面试可能会出现的考核方式。

(二) 面试技巧

1. 面试前

1) 自我介绍

自我介绍是面试的必考题，所以提前做好充分准备是非常有必要的。自我介绍表现出彩不仅能给招聘单位的面试官留下好的第一印象，还能缓解刚刚进入面试环节紧张的情绪，让自己逐渐适应面试的节奏。首先，出彩的自我介绍一定是要提前撰写好内容的。其次，自我介绍绝不是简历内容的复述，一定要突出与岗位匹配的特点。最后，自我介绍要尽量口语化，让招聘单位的面试官感受到你是在和他真诚交流，而不是在激情演讲或者没感情地背诵稿子。

关于自我介绍的时长，一般有三种版本，30秒、1分钟和3分钟，30秒和3分钟的自我介绍都来自1分钟版本。

第一种，30秒版本。在面试人员较多时间有限的情况下，招聘单位面试官会要求简短介绍自己。这时，自我介绍除了有个人基本信息，还一定要有闪光点，给招聘单位面试官留下深刻印象非常重要。可以是你扎实的专业水平，可以是你某次组织的有影响力的校园大型活动，也可以是你在实习实践中的优秀表现等。实质上，它就是缩减版的基本信息+闪光点。

第二种，1分钟版本。通常来说，如果招聘单位没有具体要求，同学们就按一分钟准备。在面试官已经看过你的简历，对你有一定了解的前提下，自我介绍也常常采用这个版本。从而把更多的时间留给后续的提问环节。一分钟自我介绍中最重要的是包含实习实践中与应聘岗位最匹配的核心经历，时间只允许展开一个。资质证书及获得荣誉也要挑选最重要的介绍。一分钟版本的自我介绍更像是一个引子，那些没有详尽说明的精彩内容，在后续的环节面试官可能会就此提问。

第三种，3分钟版本。3分钟版本通常可以介绍得比较完整，但不要简单复述你的简历，重点要放在与应聘岗位匹配的能力及经历上，可以在1分钟版本上进行扩充。同学们可以把实习实践经历适当地展开，多讲一些你具体做了什么、做完后的成绩或结果，以及在工作中的收获和反思等。

自我介绍一定要注意语音、语速、语调的控制，表达要自然流畅。同时，在自我介绍时面带微笑，可以与招聘单位的面试官有眼神上的交流和互动。这种方式会让面试官不断关注到你介绍的内容，而不是把自我介绍当作简单的面试流程，而他只在浏览你的简历。

自我介绍容易出现的误区如下。

误区一：简单地重复简历内容，自我介绍太关注细节。

错误举例如下。

尊敬的面试官：

您好！我叫××，是一名来自西安××大学法学专业的学生。在校期间我积极投身社团活动，曾担任学生会外联部副部长，参与各类活动，也曾担任世界大学生运动会、国际马拉松等活动的志愿者。积极参加社会实践，大一开始利用假期做各种兼职，大二在××培训机构兼职做教师，大三开始在××律师事务所做兼职助理，了解律所工作流程及文书整理的工作，大四的时候在××法学院刑庭实习，做相关案卷的整理工作，旁听庭审，学习了很多课本上没有的知识，锻炼了自己各方面的能力。除此之外，我大学期间还多次获得奖学金、被评为优秀学生干部、参加省级互联网+大赛获省级二等奖。

今天，我应聘的岗位是贵公司的法务助理，我认为自己可以胜任这个岗位，希望给我一个机会。以上就是我的自我介绍。

误区二：跳过个人基本信息，自我介绍为求新意内容过于发散，没有实质内容。

错误举例如下。

尊敬的面试官：

早上好！我叫××，来自周恩来总理的故乡江苏省淮安市。我的家乡位于中国南北天然分界线，秦岭淮河一线的末端。所谓一方水土养一方人，我想也是这样的成长环境造就了我的性格，我性格里既有北方人的豪爽刚毅，又有南方人的细腻温润。

今天很荣幸参加贵公司的面试，希望能够和贵公司结缘，成为其中一员，谢谢！

正确的自我介绍结构如下。

(1) 基本信息：虽然简历中有详细的内容，但在自我介绍一开始还是需要进行简单说明。比如生动形象、个性化地介绍自己的姓名：我叫冯赟，我的父亲叫冯斌，斌的宝贝就是赟，而且文武双全；我叫赵丹，赵本山的赵，宋丹丹的丹。这样不仅能够引起面试官的注意，而且可以使面试的氛围变得轻松。

(2) 岗位匹配能力：用关键词介绍实习实践经历，这里重点描述你与应聘岗位匹配的能力与业绩。你的经历可能很多，不可能面面俱到，那些与应聘职位无关的内容，即使你引以为荣也要忍痛舍弃。如果你应聘文员，就不要介绍销售业绩；介绍你自己的业绩，而不是团队业绩，并且业绩要有量化的数字。介绍具体内容时，可以巧妙地埋伏笔。例如，在介绍校外实践成果时，你可以这样描述："在工作中遇到了很多的问题，不过最后成功克服并达成了业务目标。"引导面试官提问"遇到了哪些问题"，然后你就可以进一步阐述细节内容，体现出自己处理问题的能力。

(3) 证书荣誉：重点介绍1～2个与岗位匹配的资质或显著的荣誉；例如，你应聘外企的会计，除了会计从业资格证、会计初级这类资质证书，你的大学英语四级、六级证书也需要说明，其他没有密切关系的不需要介绍，如教师资格证。

(4) 未来愿景：简单说明自己未来想做的或自己的职业规划。在这部分，你可以介绍自己对应聘职位、行业的看法和理想，或者你的职业生涯规划、对未来的工作蓝图等。

2) 招聘单位信息

为了面试时更胸有成竹，让招聘单位看到你想加入该单位的决心。面试前了解招聘单位的企业文化、发展前景，招聘岗位的工作内容及岗位要求等相关信息，对于面试成功也起到很重要的作用。那如何去了解这些信息呢？现在正规企业都建有网站，网站中会给出很多与企业相关的信息，这能够为求职者的准备省下不少力气。除此之外，查阅招聘单位的广告宣传资料、了解单位面向客户的调查问卷、观看新闻媒体的报道等方式，对于了解企业相关信息，增加面试成功率也有很大帮助。具体可以了解以下内容。

(1) 企业的基本情况。如企业的性质、规模、经营范围、组织机构、财务状况、企业创业史、企业优势、企业信誉等情况。

(2) 所处行业的情况。如国内外的行业发展趋势、竞争态势、新知识、新技术等。这些情况有助于你了解工作的大环境，以便应对各种变化。

(3) 企业发展情况。如企业在行业中的地位，企业的营业额、利润、市场份额、企业战略目标等。这些情况可以帮助你对一家企业做出正确的判断，保证以后的良好发展。

(4) 企业文化。如企业的核心价值观、能力要求等。这些情况可以帮助你判断自己是否符合该企业的用人要求。

(5) 岗位要求。在面试前，你还需要了解招聘岗位的性质、工作内容、岗位职责、规范和标准，以及该岗位的素质能力、所需知识和技能等要求；该岗位对员工的工作要求、职责，以及给予员工的报酬、培训等情况；看自己是否具备这些条件，符合这些要求。

(6) 面试信息。了解面试的确切时间及地点、面试的方式、面试的流程、第一面试人的情况等。如果可能的话，还应清楚了解主试者或约谈者的姓名，并且要能正确地读出他们的姓氏。外国人的名字宜事先查出正确的发音，以免在主试者面前闹出笑话。

当然这些信息不一定非要招聘单位在面试中直接问出来你才回答，如果你对这些信息足够了解和清楚，可以在回答适合的问题时渗透相关内容，让招聘单位的HR清楚你对该单位是了解的，你一定提前做了充分的准备工作，他们可以由此得出你非常重视此次面试，这会为你取得良好的印象，为面试成功助力。

3) 面试材料

参加面试要带好个人简历、成绩单及有关证书等面试材料。应聘艺术类、设计类岗位等特殊岗位需展示个人专业水平，可将自己的作品集、设计成品等准备好，将重要的获奖证书、外语、计算机、职业技能等级证书原件也应准备好。如果应聘外资企业，应将个人简历等材料的英文版本带好。即使事前发过求职信和个人简历，也应该在面试时打印相关若干面试材料，以备用人单位查看。应聘者应将这些文件整齐地放在文件袋，以免临场慌乱，给面试官造成不好的第一印象。

4) 仪容仪表

面试的第一印象非常重要，面试官在见到应聘者的最初一两分钟就形成了，即没开始自我介绍就已经形成了第一印象，所以面试的着装是第一印象的主要因素。面试着装是需要提前准备的，可以从穿着打扮和精神面貌两方面入手，给面试官留下良好的第一印象。除非是应聘设计师等一些艺术类的岗位可以自由穿搭展示你的艺术审美水平，大部分的岗位都需要你着正装去面试。穿着打扮要与申请的岗位相适应，穿着牛仔裤、短裤、百褶裙等太休闲或可爱服装的应聘者会给招聘单位面试官留下消极懒散或者不重视面试的印象，所以应聘者在面试前要将自己的仪容仪表准备到位。仪容仪表的具体要求如下。

(1) 头发。整体给人干净利落的印象，不染夸张的颜色。

男性：干净整洁，不宜留过长的发型，尽量做到"前发不过眉，侧发不掩耳，后发不过领"。

女性：清爽利落，不宜有太多的头饰。尽量做到"刘海不遮眼，短发不凌乱，长发要束起"。

(2) 面容。整体干净整洁，妆容自然大方，给人精神的感觉。

男性：面部干净清洁、不蓄胡须，若佩戴眼镜，镜片擦拭干净。

女性：面部干净自然，可化淡妆，不宜浓妆艳抹。首饰不宜夸张或过大。

(3) 着装。在面试中，恰当的着装非常重要，在挑选面试着装时，应做到三符合：与应聘的职业特质相吻合；与自身气质相吻合；与公司企业文化相吻合。避免着装过于学生气或紧身暴露，应给人精神、干练的职场人的形象。

男性：西服以黑色、藏蓝色为主，也可以衬衫搭配西裤；西服内穿长袖衬衫，白色或淡蓝色衬衫最百搭；袜子为深色，不穿丝袜、白袜；皮鞋、皮带的颜色与衣服颜色协调一致，一般以深色为主；根据西服和衬衫的颜色选择领带的颜色，领带的长度至皮带扣处为宜。

女性：可穿款式较多，大方得体最重要。一般以裤装及裙装套装为宜，不一定是深色，着装的色彩主要以冷色调和中间色调为宜，不要过于鲜艳，也可衬衫搭配西裤或者职业裙；不穿太透、太露、太紧的衣服；裙装应穿肉色丝袜，不穿黑色或镂花丝袜；不穿凉拖或露脚趾的凉鞋，鞋跟不宜过高；饰物不要过多，整体着装颜色不超过三种；香水、护肤品味道不宜过浓。

(4) 仪态。面试还需要有良好的外形仪态。作为大学毕业生千万不可在面试时大大咧咧、自以为是、不修边幅。文雅、得体的行为和谈吐，同样会给面试官留下良好的第一印象。它是表露人内心世界的语言，你的一举一动无不显露出自己的知识修养、个性特点等。面试中个人的举手投足，都传递着你的优缺点，会直接影响面试的结果。

5) 面试时间

面试是求职过程中的关键环节，抵达面试单位的时间也应做好规划。面试中最忌讳的是不守时。因此，面试一定不能迟到，但也不是越早到越好，最好比规定的面试时间提前10～15分钟到达，以体现求职者的时间观念和办事效率。如果有意外情况，最好能够在面试前告知用人单位，并说明不能准时到达的原因。还需注意，面试应独自前往，避免让父母、亲戚及同学陪同面试，如用人单位看到此种情景，会对应聘者产生一种信心不足和缺乏独立行事能力的不良印象。

2. 面试中

1) 面试的语言技巧

面试中，回答招聘单位面试官的问题是面试中的必要环节，对于应聘者而言无论提出的问题是什么，都应该掌握一定的语言技巧。

(1) 认真聆听，不盲目回答。面试官在向你了解情况或提出问题时，要认真聆听。可以微笑示意，在听清对方意思的情况下轻点头表示明白对方语意。回答问题时口齿清晰，语速不紧不慢，声音应让对方听清楚为宜。语言、语调、语气的运用要恰到好处。表达要有条理、重点突出，不要用简称、方言、口头语，也不要夹杂一些英文。一般情况下不要打断HR的话，否则会给人急躁、鲁莽、不礼貌的印象。

如果因为紧张没有听清HR的问题，或者听清楚了问题但没有明白具体要回答哪方面的内容，这时一定不要盲目回答，因为这样的作答只是走流程，含糊其词和胡吹乱侃会导致面试失败。这时你可以坦诚告诉HR："不好意思，自己有些紧张没有听清楚问题，能否重复一下？"或者和HR确认："请问是要我回答这方面的问题吗？"这样的交流会让HR认为你是一个思路清晰、态度认真的人。

(2) 缓解情绪，坦诚交流。对于没有面试经验的毕业生而言，很多同学在面试时会或多或少地紧张，有的同学紧张到忘记提前准备好的自我介绍，有的同学回答问题时声音会颤抖，不敢看HR的眼睛，还有的同学身体僵硬不自然只能硬着头皮走完面试流程，这样的面试结果肯定不尽如人意。如果你在面试时特别紧张，这种紧张情绪会让你无法好好回答问题，这时你可以深呼吸调整，也可以坦诚告诉面试的HR："很抱歉，因为太重视这次面试我有些紧张。"这种坦诚可能会让面试的HR给予你适当的鼓励，化解你的紧张情绪。

当然，在面试中也可能会遇到一些你回答不上来的问题，这时没必要东拉西扯随便作答。不用担心答不上来会影响你的面试结果，因为不懂装懂而含糊其词的回答方式反而会让面试的HR觉得你不够坦诚。承认自己的不足之处，敢于说"不知道"也是一种优秀的品质。

(3) 关注细节，及时调整。应聘者去面试其实更像一场与HR的自然交流。在交流过程中，应关注面试HR的细节反应。例如，听者心不在焉，可能表示他对你的这段话不感兴趣，你应设法转移话题，引人入胜；如果考官侧耳倾听，可能说明由于你的音量过小使对方难以听清楚；考官皱眉、摆头可能表示你的语言有不当之处。根据对方的这些反应，要适时地调整你的语言、语调、语气、音量、修辞，包括陈述内容，这样才能取得良好的面试效果。努力做到"察言观色"，回答问题"投其所好"不跑题，取得良好的面试结果。

2) 面试典型问题

○ 你的兴趣爱好是什么？

回答要点如下。

(1) 最好不要说自己没有业余爱好。

(2) 业余爱好能在一定程度上反映应聘者的性格、能力、心态，这是面试官问该问题的主要原因。

(3) 不要很随意地说兴趣是读书、听音乐、旅游这种大家都会说的内容，除非它确实是你的爱好，如果面试官深入问"你近期在读什么书""你有什么感想"，你也能对答如流。

(4) 兴趣不需多说1～2个即可，可以展开描述。

○ 谈谈你的缺点是什么？

回答要点如下。

(1) 不宜说些不痛不痒的缺点或者把一些优点反向说，如说自己要求太过完美。

(2) 不宜说一些与应聘岗位特质相抵触的缺点，如应聘老师时说自己没有耐心，应聘会计时说自己不够细心。

(3) 谈缺点的时候要尽量显得真诚，为增加可信度可以举例说明，并且讲一些为了改进该缺点做出的努力。

○ 谈你的一次失败经历？

回答要点如下。

(1) 不要将本身成功的结果说成自己觉得还是做得不够好，不要回避，真诚作答。

(2) 所说的失败经历不要与应聘岗位的重要工作内容或岗位需求有冲突。

(3) 谈失败经历时还应该总结通过这些经历发现问题是什么，自己今后要如何改进，具体都做了些什么。

(4) 说出的失败经历不要让人觉得这一失败意味着你某方面能力和性格的不足。

(5) 可以说说自己是如何面对失败的结果，如何调整心态重新振作的。

○ 你并非毕业于重点或名牌院校？

回答要点如下。

(1) 不要避讳，回答时结合岗位职责着重体现自己能力的匹配，毕竟重点学校也有能力无法胜任的，而普通学校也有各方面表现优秀的学生。

(2) 如有相关实习实践经历可重点介绍，毕竟学习知识要转化到具体的工作中，还可突出自己的学习适应力。

(3) 语气态度不卑不亢，表达时充满自信。

○ 你理想的薪资是多少？

回答要点如下。

(1) 不要说具体的数字。

(2) 说一个区间或者最低标准，当然这都是建立在你提前了解过应聘城市应聘岗位的基本薪资水平的基础上。

(3) 不要认为自己所说的薪酬待遇就是代表自己的能力，所以说得高比说得低好，因为面试时你说的数字并不会成为你实际的薪酬。

○ 你为什么选择我们公司？

回答要点如下。

(1) 面试官试图从中了解你求职的动机、愿望，以及对此项工作的态度。

(2) 建议从行业、企业和岗位这三个角度来回答。

(3) 此问题是最能够渗透你提前了解的企业文化、企业发展前景等相关内容的题目，这样的回答会让面试官看出你对他们公司的重视度和关注度，因此获得良好的印象。

○ 你缺乏工作经验，如何能胜任这项工作？

回答要点如下。

(1) 面试官对应届毕业生提出这个问题，实际上并不是真的在乎"经验"，而是想看看应聘者如何机智应答。

(2) 对这个问题的回答最好要体现应聘者的诚恳、机智及敬业。

(3) 回答时不用解释自己实际还是有一定经验的，要勇于承认事实。

(4) 可以回答一些与该岗位相关的实习实践经历，或者在校期间的社团经历，这些经历与该岗位需要具备的能力和素质有相似之处。

(5) 最后强调自己有较强的学习和适应力，有责任心，能够促使你胜任这个职位。

○ 如果录用你，你将如何开展工作？

回答要点如下。

(1) 面试官提问此题是想知道你是否清楚该岗位的岗位职责及具体的工作内容，回答应围绕此回答。

(2) 可以挑选自己擅长的内容，重点回答。

(3) 可以结合自己的优势，谈一些创新的工作方式或想法，更容易加分。

○ 如果你和领导意见不一致，你会怎么做？

回答要点如下。

(1) 应站在领导的角度思考为什么会有不同的意见，是否没有领会领导的意图。

(2) 尝试沟通，表达自己这样做的理由和想法，看领导是否接受。

(3) 回答时可先表述领导会积极鼓励新人去尝试的，如果领导给予机会去尝试，就尽可能做到最好，如果不行，那就按照领导的意见进行调整。分情况说明会让面试官觉得你是一个思路清晰的人。

○ 你还有什么要问的吗？

回答要点如下。

(1) 加分题，一定不要说没有什么可问的。

(2) 问一些自我成长、职业发展方面的问题，让面试官觉得你是一个有规划且上进的人。

(3) 不要问薪金待遇、福利待遇，还有一些让面试官尴尬的问题，如"我今天的表现如何""我能不能通过面试"等。

3) 面试礼仪

(1) 进门。敲门应该是进入正式面试时的第一步，敲门声音应大小适中，坚定有力，敲三下为宜，得到面试官的许可后方可进入。开门时尽量动作轻缓，关门时注意不要后手随手关门，应该转过身正对门轻轻把门合上。

(2) 站姿。站立时，身体要正对面试考官，抬头挺胸，直背舒肩，收腹，目光平视，面带微笑，表现出充分的自信和对面试的积极关注。

(3) 问好。站定后，向面试官问好，鞠躬或点头致意得体大方，一般鞠躬以30度为宜。问好时，若多为面试官，要主要面对中间位置的面试官，但也要兼顾其他面试官。目光要将所有面试官注视到，头不要左右摇动太多。最后目光收回到中间面试官，坚定而自信地问好。

一般可以说"各位领导/老师，早上(下午)好，我是面试××岗位的×××"。当面试官说"请坐"时，应聘者应说"谢谢"后入座。

(4) 坐姿。双手将椅子拉开后轻轻坐下，不要满座并仰靠在椅子上，身体应自然坐直。禁止跷二郎腿、抱臂、抖腿、身体歪斜、紧抓衣服等。

(5) 表情。面试时应聘者应呈现出精神饱满的状态，表情自然大方、自信从容、目光坚定、适时微笑。微笑是最好用的通行证，有助于提高面试成功的概率。

(6) 交谈。交谈过程中眼睛平视前方，与面试官保持眼神交流，注视位置以双眼为上底线，到唇部中央，构成一个倒立的等边三角形；交谈时口齿清晰，语言流利，语速音量适中；表达时应有重点，条理清晰；倾听时面试官话语时，应该注视对方，专注倾听，不要打断面试官的话；可以时不时通过表情、手势、点头进行必要的附和，向对方表示你在倾听他提供的信息。回答问题时，应该对自己要讲的话稍加思考，想好了再说，切勿夸夸其谈、文不对题，应尽量避免出现"然后""那个"等口语化的词语。交谈时整体表现出态度专注真诚，自信大方。

(7) 提问。除此之外，面试在很大程度上是双向选择的过程，如果对一个问题有独到的见解或者不明白的地方一定要自信提问。不会的问题也不要唯唯诺诺，眼神闪烁来掩饰自己的紧张，可以坦诚告诉面试官这个问题你不太了解。

3. 面试后

1) 结束细节

面试结束退场是整个面试的最后一个环节，也是应聘者展示自己的最后一次机会。当招聘单位的面试官示意面试结束时，应微笑起立，感谢招聘单位给予你的面试机会，然后礼貌再见。离开时还需注意一些细节：①起身向面试官说声"谢谢"并迅速整理好自己的随身物品；②双手将椅子归回原位，并将桌子上的一次性水杯或其他杂物带走；③离开时不需要主动握手，除非HR主动伸手；④如果面试表现欠佳，应聘上的希望不大，也要体面、大方、礼貌告辞；⑤面试后走出门，轻声关门，不要背对着门关门；⑥如果面试室办公室外有其他负责接待的工作人员，离开时也应一并向其致谢告辞。

2) 表示感谢

近因效应的存在会为你的面试添彩，面试结束，应聘者不能认为就此结束。感谢给予面试的机会是增加用人单位对你印象的重要途径，此时你可以打电话表示感谢或写感谢信，这可以帮助面试官在决定录用何人时想到你，你的这种方式会给对方留下深刻印象。应注意不要在感谢信中提及能否被录用的问题，因为感谢信的用意是感谢面试官在你的面试上花费了时间，而非增加对方的困扰。

3) 询问面试结果

离开时可以询问工作人员何时出面试结果，以何种方式通知。如果到时间没有收到通知，可以打电话或发邮件询问最终结果。如果面试失败，可以询问未被录取的原因，为以后面试做准备；也可以了解用人单位后期的招聘情况，为自己争取其他机会。

4) 及时总结

面试结束后应及时总结面试表现，找到有经验的老师或同学求教或询问，对自己表现不好的地方及时改进。如果自我介绍太书面化、重点不突出，那就需要及时修改内容。面试回答提问存在问题，可以提前准备一些典型的面试问题提前做好准备。回忆一下有哪些失误，找出弥补的办法，不要在下次面试中再次出现。只有在面试后及时总结并改进，才可能在下次面试中有好的表现。

五、执行任务

(一) 无领导小组讨论模拟

在开始进行正式模拟演练前，我们先来了解一下无领导小组讨论的相关知识。

1. 概念

无领导小组讨论面试是一种更加灵活的综合性面试方式。无领导小组讨论(leaderless group discussion)是评价中心技术中经常使用的一种测评技术，采用情景模拟的方式对考生进行集体面试。

它由一组考生组成一个临时工作小组(6人左右)，进行一小时左右的与应聘工作有关的问题讨论，讨论的问题招聘单位会提前准备，小组经过讨论做出决策。考生围坐在桌子前，考官在一侧观察(见图5-6)。讨论过程中不指定谁是领导，也不指定每位考生应坐的位置，由他们自行安排组织，考官来观测考生的组织协调能力、口头表达能力、辩论的说服能力等各方面能力和综合素质是否达到应聘岗位的要求，在讨论过程中观察他们的自信心、进取心、情绪稳定性、反应灵活性等个性特点是否符合应聘岗位的团体气氛，由此来综合评价考生之间的差别。

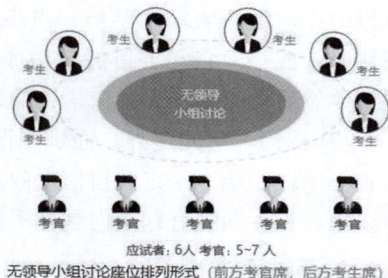

图 5-6 无领导小组座位图

角色分工

无领导小组讨论可自主形成五类角色。

1) 领导者

所有人都可以是领导者，所有人都可以具备领导者的心态，为了团队目标的达成做自己力所能及的事情，例如，提出整体讨论思路，组织协调，控制进度，把握方向，讨论主题不偏移。包括但不限于发言、沟通，还可以是组织分工、消解分歧和冲突、提醒时间，等等。

优秀表现如下。

(1) 把握整体讨论节奏，主题不偏移。

(2) 发现小组成员亮点并进行适度引导。

(3) 引导小组成员积极发言，让大家都有机会。

(4) 进行阶段性总结，推进讨论进程，保证最终汇报结果的形成。

2) 汇报者

在有效的汇报中，汇报者所报告的讨论结果代表了所有人的统一共识，汇报者应有全局意识，有较强的逻辑性、说服力，以及语言表达能力，他的表现直接决定面试官对他评价的高低。

优秀表现如下。

(1) 梳理小组成员讨论脉络，做好汇报提纲。

(2) 汇报时逻辑清晰，重点突出，表达流畅。

(3) 若时间有余，可让成员补充。

(4) 表达对小组的感谢，并谦虚请考官点评。

3) 时间管理者

有效的时间管理者能够将时间进行科学划分，分为讨论前的基准确定、讨论规则的建议、讨论过程中对发言人的时间限制，以及讨论尾声提醒结论的产出。合理管理时间，对推进讨论进程有很大的作用。

优秀表现如下。

(1) 合理把控讨论时间，让讨论效果达到最大化。

(2) 引导大家合理利用时间，让每个成员都有发言的机会。

(3) 敢于适当打断发言偏题、啰唆重复的小组成员。

(4) 为最终汇报者预留演练时间。

4) 记录者

好的记录者能够有效统计大家讨论的内容，记录每个的观点，并做好归纳总结，在做好记录的同时根据讨论节奏及时共享讨论成果，帮助团队消除分歧、达成共识。

优秀表现如下。

(1) 记录清晰，不遗漏重点。

(2) 记录时能归纳总结，体现两点发言内容。

(3) 若没有汇报者，可自己争取汇报的机会。

5) 参与者

其他参与无领导小组讨论的成员都是参与者，应在整个问题讨论的过程中积极表达自己的意见，好的建议和发言表现出良好的逻辑思维能力、问题分析能力、语言表达能力等依旧可以被面试官看见。计时者和记录者也可以是参与者发表自己的建议。

优秀表现如下。

(1) 思维活跃，有创意，发言时逻辑清晰。

(2) 发言中有好的观点提出，能让考官记住。

2. 作用

无领导小组讨论适用的范围越来越广，大企业的校园招聘、公务员考试等都在使用无领导小组讨论的方式来筛选优秀的应聘者，适用的岗位大致原则是那些经常跟"人"打交道的岗位，如企事业中高层管理人员、人力资源管理人员、行政管理人员、营销人员、公务员等，对于IT人员、生产类员工是不适用的。

无领导小组讨论具有评价和诊断功能，既可以作为领导人才选拔的测评工具，也可作为领导人才培训的诊断工具。作为选拔工具时，对于通过初步筛选并需要继续具体考核的应聘者使用这种测评手段，了解应聘者的领导技能和品质，从所有应聘者中择优录取。

作为培训诊断工具时，一般在培训前对在职领导人才的领导技能和品质进行无领导小组讨论，了解在职领导者的实际领导技能水平和品质表现，结合他们的岗位特征和职务要求，从中发现需要接受针对性培训和改善的地方，然后针对这些弱项进行培训，提高工作技能和水平。

3. 流程

1) 准备阶段

(1) 人员分组：将参与者分成若干小组，每组一般6人左右。

(2) 介绍规则：主持人向参与者介绍无领导小组讨论的目的、规则和时间安排等。

(3) 分发材料：如果有讨论材料，主持人会在这个阶段分发给参与者，给予一定时间阅读材料并进行思考。

2) 个人陈述阶段

(1) 参与者依次发言，阐述自己对问题的看法、观点和解决方案等。

(2) 发言时间一般为每人1～3分钟。

3) 自由讨论阶段

(1) 参与者就问题展开讨论，可以提出不同的观点、论据，对他人的观点进行回应和反驳等。

(2) 这个阶段注重团队合作和沟通，共同寻求最佳解决方案。

(3) 讨论时间一般为20～40分钟。

4) 总结陈述阶段

(1) 小组成员推选一名代表，对小组的讨论结果进行总结陈述。

(2) 代表要清晰、准确地阐述小组的观点、解决方案及达成共识的过程。

(3) 陈述时间一般为3～5分钟。

5) 附加阶段

总结陈述阶段后，也可能出现追加其他问题的情形。考官会对小组成员的汇报提出疑问，成员可根据情况进行简单的答辩。有的会以提问的方式进行，如直接要求成员选出表现最佳和最差的组员，直接提问如果我们小组成员中需要淘汰一位你会选择谁，谈谈你在这次无领导小组讨论中的表现等这类问题。

6) 评价反馈阶段

(1) 评委根据参与者在各个阶段的表现进行评价，包括沟通能力、团队合作、领导能力、分析问题能力等。

(2) 评委可以给予参与者反馈，指出优点和不足之处，以便参与者提升自己的能力。

4. 讨论形式

无领导小组讨论的讨论题一般是智能性的题目，从形式上来分，可以分为以下五种。

(1) 开放式问题。所谓开放式问题，是指其答案的范围可以很广、很宽，主要考察应聘者思考问题时是否全面，是否有针对性，思路是否清晰，是否有新的观点和见解，例如，你认为什么样的班级干部是好干部？关于此问题，应聘者可以从很多方面如班干部的人格魅力、领导才能、亲和力、管理取向等方面来回答，可以列出很多的优良品质。开放式问题对于招聘单位来说更容易出题，但是不容易对应聘者进行评价，因为此类问题不太容易引起应聘者之间的争辩，每个人的想法都可能有自己的理由，所考察的应聘者的能力范围较为有限。

(2) 两难问题。所谓两难问题，是指让应聘者在两种互有利弊的答案中选择其中的一种。主要考察应聘者的分析能力、语言表达能力及说服力等。例如，你认为以工作取向的领导是好领导，还是以人为取向的领导是好领导？一方面此类问题对于应聘者而言，不但通俗易懂，而且能够引起充分的辩论；另一方面对于招聘单位而言，不但在出题方面比较方便，而且在评价应聘者方面也比较有效。但是，此种类型的题目需要注意的是两种备选答案一定要有同等程度的利弊，不能是其中一个答案比另一个答案有很明显的选择性优势。

(3) 排序选择问题。所谓排序问题，就是讨论的问题会给出多个选项或要素，要求应聘者根据特定的标准或目标对这些选项进行先后顺序的排列。例如，给出几种应对突发公共事件的措施，如加强预警系统建设、提高公众应急意识、增加应急物资储备、完善应急预案等，要求考生根据重要性、紧急性、可行性等标准对这些措施进行排序，并说明理由。此类问题是让应聘者在多种备选答案中选择其中有效的几种或对备选答案的重要性进行排序，主要考察应聘者分析问题能力、逻辑思维能力、团队合作能力、沟通能力及表达能力等。此类问题对于面试官来说，比较难于出题目，但对于评价应聘者各个方面的能力和人格特点则比较有利。

(4) 资源争夺问题。资源争夺问题通常会设定一个场景，其中存在有限的资源，而多个主体(通常是小组成员代表的不同利益方或不同项目、方案等)需要对这些资源进行分配。例如，某公司有一笔固定的资金预算，现在有几个不同的部门项目需要资金支持，包括研发新项目、市场推广活动、员工培训计划、设备更新等。小组成员需要代表不同的项目方，通过讨论来确定资金如何分配，以争取自己所代表的项目获得更多的资源。此类问题可以适用于指定角色的无领导小组讨论，是让处于同等地位的应聘者就有限的资源进行分配，从而考察应聘者的分析能力、语言表达能力、分析问题能力、概括或总结能力、发言的积极性和反应的灵敏性等。如让应聘者担当各个分部门的经理，并就有限数量的资金进行分配。因为要想获得更多的资源，自己必须有理有据，必须能说服他人，所以此类问题可以引起应聘者的充分辩论，也有利于招聘单位面试官对应聘者的评价，但是对讨论题的要求较高，即讨论题本身必须具有角色地位的平等性和准备材料的充分性。

(5) 操作性问题。操作性问题是给应聘者一些材料、工具或者道具，让他们利用所给的这些材料，设计出一个或一些由招聘单位面试官指定的物体来，主要考察应聘者的主动性，合作能力以及在一实际操作任务中所充当的角色。如给应聘者一些材料，要求他们相互配合，构建一座铁塔或者一座楼房的模型。此类问题在考察应聘者的操作行为方面要比其他方面多一些，同时情景模拟的程度要大一些，但考察言语方面的能力则较少，同时招聘单位面试官必须很好地准备所能用到的一切材料，对面试官的要求和题目的要求都比较高。

5. 各阶段应对技巧

作为面试官，在无领导小组讨论中，通常会从个人和团队两个维度进行考察打分。个人维度考察到语言表达逻辑条理性、观点是否具有创新性、在讨论中说服力等。团队维度考察到有效分工组织、有效推进结果产出、有效协作、有效处理分歧等。通过面试官的评价维度，我们可以看出，一场无领导小组讨论的胜负并不是根据发言的多少判定，而是从多个维度进行考核。那么，怎样才能在无领导小组讨论中收获好的评价，这就需要掌握一定的讨论技巧。

1) 提纲准备阶段应对技巧

(1) 快速阅读，罗列提纲。充分利用时间，快速阅读材料，明确讨论的问题和要求，特别是对长材料内容进行梳理，有些关键信息就存在于背景材料中，用笔画出重点，明确自己的思路，快速罗列提纲，列出关键观点和论据，确定自己的发言内容。

(2) 预测观点，充分准备。时间允许的情况下，预测可能在讨论时出现的不同观点和争论点，提前准备好回应的策略。

2) 个人陈述阶段应对技巧

(1) 条理清晰，易于理解。发言时要有清晰的结构，如"首先……其次……最后……"，让你的观点易于理解。例如，"首先，我认为这个问题的关键在于明确目标受众。其次，针对目标受众的需求，我们可以提出以下几种解决方案……最后，综合考虑各方面因素，我推荐方案X"。

(2) 重点突出，简洁明了。简明扼要地阐述自己的核心观点，避免冗长和复杂的表述，不要超时发言。例如，"我认为这个项目的成功关键在于创新的营销策略，通过社交媒体和线上活动，吸引年轻消费者的关注"。

(3) 注意倾听，突出个性。组员发言时注重倾听，当自己发言时根据之前发言组员内容，调整自身内容，弱化共性，突出个性，切忌重复。可以提出一些新颖的观点或独特的分析角度，展现自己的思考深度。

3) 自由讨论阶段应对技巧

(1) 积极参与，主动发言。主动发言，展示你的积极性和团队合作精神。但也要注意发言的频率，不要过于频繁或过于沉默。例如，当讨论陷入僵局时，你可以提出新的思路或观点，推动讨论的进行。

(2) 尊重他人，认真倾听。认真倾听，不打断别人，给予肯定和回应，即使不同意对方观点，也应以尊重的态度进行反驳。适当记录其他组员的发言要点，便于自己在自己发言时引用其他组员的话，并在此基础上呈现自己的观点和建议。例如，"刚刚这位同学提到的建议很有启发性，我认为我们如果再增加以下方法可能会更有利于这个问题的解决"。

(3) 知识输出，体现专业。无领导小组讨论面试的核心还是以知识为主，要在过程中展现出扎实的知识积累，尤其是在选项的对比分析中，可以通过"选项必要性分析""选项意义和危害""选项关联的国家方针政策"等，对选项进行辩驳，体现知识储备和分析能力。

(4) 建立共识，化解冲突。在讨论中，努力寻找团队成员之间的共同点，建立共识。建议直接从个人陈述入手，整合大家意见，将后期讨论的方向确定，并引导其他考生同意自身观点。当与他人意见不同时，不要急于反驳，可以先肯定对方的部分观点，再提出自己的不同看法。最后通过总结大家的观点、提出折中的方案等方式，促进团队的合作。例如，"经过大家的讨论，我们在这一方面达成了共识，那么接下来我们在这个基础上，进一步讨论具体的实施方案"，这时你也做到了推进讨论的进程。

(5) 引领讨论，推动进程。自由讨论时，发言内容要有实质性的贡献，如提出新的解决方案、补充论据、对已有观点进行深入分析等。也可以及时进行阶段性总结，围绕敲定的选项进行简单总结，并及时承接下文，例如，"各位同学，刚才我们已经对第三项进行了充分讨论，如果没有异议可以将这一项内容敲定下来，接下来我们就可以进入重要性排序，我认为5项应排在第一位……"。当讨论陷入混乱或偏离主题时，可以适时地提醒大家回归主题，或者提出新的讨论方向，这些都可以推动讨论的进展。

4) 总结陈词阶段应对技巧

(1) 勇于担当，主动推荐。如果认为自己具备这样的能力，则主动承担总结发言的任务，展示你的领导能力和总结能力。要全面回顾小组的讨论过程和结果，突出重点，逻辑严谨地进行陈述。若自己无法胜任，可以主动推荐全程表现均较好的组员承担，适当说明推荐理由并主动为其总结提出完善建议，这也会让面试官看到你的团队精神。

(2) 全面准确，表达流畅。在总结发言中，要全面、准确地概括团队的讨论结果，包括达成的共识、存在的分歧以及未解决的问题等。同时，要注意语言表达的流畅性和逻辑性。例如，"经过讨论，我们一致认为这个问题的解决方案应该包括以下几个方面……同时，我们也对一些问题存在不同的看法，比如……希望在后续的工作中能够进一步探讨和解决"。

(3) 充分准备，把控时间。作为进行最终汇报的代表，除了要准确表达小组讨论的结果，还要注意总结发言的时间，不要超时。要避免语言的冗长和繁杂，不能脱离题干谈与题目无关信息。可以在发言前做好准备，列出要点，确保在规定时间内完成总结。

(4) 附加阶段。关于总结汇报后的附加提问，考生回答相关问题对他们的成绩不会有实质影响，回答时坚持实事求是的原则即可。

7. 无领导小组讨论的表达技巧

1) 讨论主题不偏移

讨论中要想表达出彩，首先就是要能明确讨论要求和主题，并时刻确定讨论的主题不偏移，如果讨论偏移，一定要在关键时刻及时纠正讨论方向，以保证无领导小组讨论的有效性。

2) 自由发言要积极

自由讨论阶段开始后，积极主动发言，清晰表达自己的观点，自信且坚定的状态，不仅可以给主考官员留下较深的印象，还能让其他小组成员接受你的想法和见解，让他们更容易同意自己的观点，从而争取充当小组中的领导者。自己的观点表述完以后，还应认真听取别人的意见和看法，以弥补自己发言的不足，从而使自己的应答内容更趋完善。

3) 说服对方要理智

讨论阶段，不要在小组成员坚持意见或情绪激动时力图改变其观点。因为在这种情况下，情感多于理智，很难接受别人的意见，甚至做出情绪失控的表达，这种情况对整个小组的评分都是不利的。应先平复情绪，然后理解对方的观点，在此基础上，找出彼此的共同点，引导对方接受自己的观点，整个过程中态度要诚挚，语言表述要真诚，用更深入的分析、更充分的证据来说服对方。以这种尊重他的方式理智沟通，才可能达到理想效果。

4) 表达观点有态度

表达自己观点时要立场鲜明，态度严肃，语气坚定，这样可以使对方明确自己的观点，重视自己的意见。反驳对方观点时一定要有理有据，不要攻击性太强，毕竟是讨论不是辩论，批判的态度不能达到有效反驳的目的。

5) 否定意见先肯定

若小组成员提出的意见你不赞成，可先肯定对方的说法，再转折一下，最后予以否定。肯定是手段，转折、否定是目的。先予肯定，可使对方明白你从他的角度是可以理解的，但还是有欠妥的地方。尽管最终是转折了，但这样理解他人且柔和叙述反对意见的方式，该小组成员较易接受。这样既能使自己从难以反驳的困境中解脱出来，又能使对方在较平和的心境中接受你的意见。

6) 取长补短后制人

在无领导小组讨论开始后，可先倾听其他组员的发言，不急于表述自己的看法，从中捕捉某些对于自己有用的信息，找到时机"后发制人"，通过取长补短来完善自己的发言。待自己的应答思路及内容都成熟以后，再精心地予以阐述，最终达到基于他人而又高于他人的目的。

8. 面试官(考官)评分标准

1) 评分标准

(1) 沟通能力。

①表达清晰：能够准确、流畅地表达自己的观点，语言简洁明了，让他人容易理解。

②倾听能力：认真倾听他人发言，不打断别人，能够理解他人的观点和意见。

③反馈回应：对他人的观点给予恰当的反馈和回应，表现出积极的沟通态度。

(2) 团队协作能力。

①合作意识：积极与小组成员合作，共同完成任务，不搞个人主义。

②冲突解决：在出现分歧时，能够以恰当的方式解决冲突，促进团队和谐。

③角色担当：根据团队需要，主动承担相应的角色，如领导者、协调者、记录者等。

(3) 分析问题能力

①问题理解：准确理解问题的核心和关键，不偏离主题。

②逻辑思维：运用逻辑思维分析问题，提出合理的观点和解决方案。

③深度思考：对问题进行深入思考，能够提出独特的见解和创新性的想法。

(4) 领导能力。

①引导讨论：能够引导小组讨论的方向，确保讨论不偏离主题。

②决策能力：在关键时刻能够做出果断的决策，推动小组达成共识。

③影响力：以自身的能力和魅力影响小组成员，获得大家的认可和支持。

(5) 时间管理能力。

①合理安排时间：根据任务要求，合理分配讨论时间，确保每个环节都能顺利完成。

②控制节奏：在讨论过程中，能够控制讨论的节奏，避免时间过长或过短。

(6) 整体表现。

①仪态仪表：着装得体，举止大方，表现出良好的职业素养。

②积极性：积极参与讨论，表现出高度的热情和积极性。

③团队成果：对团队最终的成果贡献程度。

2) 扣分情况

除了根据评分标准得分，以下几种表达方式也会给你在无领导小组讨论中扣分。

①忽略他人发言：通常表现为在别人发言时埋头罗列自己的发言提纲，对于别人的发言内容及观点一无所知，并片面地认为只要表达自己的观点就足够了。

②打断他人论述：当其他小组成员在论述时，发现与自己相左的观点便随意打断别人，开始发表自己的观点和意见，使小组成员发言中断。通常正确的做法是记下这些有异议的观点，待对方发言完后或讨论过程中再适时提出。

③发言繁冗拖沓：繁冗的论述不仅会耽误时间，留下毫无时间观念的印象，还会令其他小组成员焦躁，因为这样会影响整个团队的讨论进程。

④语言有攻击性：当不同意对方的观点时，尽量避免使用攻击性语言。如"我完全不同意这个观点"或"这样的观点是错误的"等。反驳其他小组成员的意见和观点可参考本书介绍的"表达技巧"部分。

⑤观点只标新立异：进行讨论时，观点建议有创新是能让考官看到的亮点，但前提建立在符合讨论的主题上，而不是单纯的个人标新立异，为了显示自己的与众不同，这种表现反而会被认为不是个表现良好的小组成员。

同学们了解了无领导小组讨论的流程和一些技巧后，来实际演练一下吧。请大家按照以下流程开展活动，可选择不同主题，每个小组进行，也可以请同学们报名，组成一个小组让同学们观摩打分。老师可挑选同学成为无领导小组讨论的考官，与老师一起进行评分和点评。

情景模拟：

考官(老师)：今天进行无领导小组讨论，要求同学们组成小组，对问题进行讨论分析，就给定的问题形成一致意见。现在我向大家介绍这次考试的程序和要求。无领导小组讨论分为四个阶段。

第一阶段是提纲准备阶段：限时20分钟。每位同学拿到题目后，独立阅读有关资料，梳理相关信息，并准备3分钟的发言提纲，为自己下一阶段的表现做好准备。

第二阶段是个人陈述阶段：每人发言限时3分钟。每位小组成员阐述自己的观点，个人陈述顺序由你们自由安排。

第三阶段是自由讨论阶段：时间50分钟。自由讨论阶段每位小组成员就材料和问题自由发表意见，并通过讨论形成小组的一致意见。你们如何发言、发言的顺序和次数等都由小组成员自行组织，但每人每次发言不能超过1分30秒。请大家踊跃发言，并注意发言质量和时间。最后推选一位小组成员，汇报你们讨论的结果。这个过程中，考官不干预讨论过程，只观察考生在讨论中的表现，并进行记录。

第四阶段是汇报人汇报小组讨论的结果：时间5分钟。最后由推选出的小组成员向考官简要汇报整个讨论的过程及讨论所取得的结果，现在开始计时。

无领导小组题目参考(世界500强及选调生面试题)。

题目一：大学生就业

我市今年有5.2万名大学生今年毕业，而仅有2.3万个工作岗位面向应届大学生，为解决大学生的就业问题，现在人大代表提出以下解决方案。

方案一：创业补贴，对大学生创业给予补贴(具体措施若干)。

方案二：税费减免，对于录用应届大学毕业生的企业给予税费减免优惠(具体措施若干)。

方案三：实习基地，选择1 000家企业创办实习基地，为10 000名学生提供实习指导(具体措施若干)。

方案四：鼓励大学生去西部建设西部，有考试加分等措施。

方案五：鼓励大学生去中小企业工作，给中小企业贷款方面的补贴。

方案六：鼓励大学生去城乡基层工作。

如果你是人力资源和社会保障部门的工作人员，你将如何解决大学生的就业问题。

1. 请选出三个最重要的措施，并阐述理由。

2. 在最重要措施中选择一个，然后讨论具体执行的步骤。

3. 最后向即将毕业的大学生做一个2分钟的就业指导演讲，角度自选，可结合所给材料。

题目二：是什么影响了饭店利润

你被调到某旅游饭店当总经理，上任后发现去年第四季度没有完成上级下达的利润指标，其原因是该饭店存在着许多影响利润指标完成的问题，它们分别如下。

1. 食堂伙食差、职工意见大，餐饮部饮食缺乏特色，服务又不好，对外宾缺乏吸引力，造成外宾到其他饭店就餐。

2. 分管组织人事工作的党委副书记调离一月余，人事安排无专人负责，不能调动职工积极性。

3. 客房、餐厅服务人员不懂外语，接待国外旅游者靠翻译。

4. 服务效率低，客房挂出"尽快打扫"门牌后，仍不能及时把房间整理干净，旅游外宾意见很大，纷纷投诉其他饭店。

5. 商品进货不当，造成有的商品脱销，有的商品积压。

6. 总服务台不能把市场信息、客房销售信息、财务收支信息、客人需求和意见等及时地传给总经理及客房部等有关部门。

7. 旅游旺季不敢超额订房，生怕发生纠纷而影响饭店声誉。

8. 饭店对上级的报告中有弄虚作假、夸大成绩、掩盖缺点的现象，而实际上确定的利润指标根本不符合本饭店实际情况。

9. 仓库管理混乱，物资堆放不规则，失窃严重。

10. 任人唯亲，有些局、公司干部的无能子女被安排到重要的工作岗位上。

请问：上述10项因素中，哪三项是造成去年第四季度利润指标不能完成的主要原因(只列举三项)，请陈述你的理由。

题目三：海上救援

现在发生海难，一游艇上有八名游客等待救援，但是现在直升飞机每次只能够救一个人。游艇已坏，不停漏水。寒冷的冬天，刺骨的海水。游客情况如下。

1. 将军，男，69岁，身经百战。

2. 外科医生，女，41岁，医术高明，医德高尚。

3. 大学生，男，19岁，家境贫寒，参加国际奥数获奖。

4. 大学教授，50岁，正主持一个科学领域的项目研究。

5. 运动员，女，23岁，奥运金牌获得者。

6. 经理人，35岁，擅长管理，曾将一大型企业扭亏为盈。

7. 小学校长，男，53岁，劳动模范，五一劳动奖章获得者。

8. 中学教师，女，47岁，桃李满天下，教学经验丰富。

请将这八名游客按照营救的先后顺序排序，并说明理由。

题目四：经费如何使用

单位(外企)经费紧张，现只有20万元，要办的事情有下列几项。

1. 解决办公打电话难的问题。

2. 装修会议室大厅等以迎接上级单位委托承办的大型会议。

3. 支付职工的高额医疗费用。

4. 五一节为单位职工发放福利。

很明显20万元无法将这四件事情同时办圆满，如果你是这个单位的分管领导，将如何使用这笔钱。

题目五：什么决定成败

有人说细节决定。也有说战略决定成败。请问：你同意上述哪个观点？并陈述你的理由(概论题小组不用达成统一观点，讨论阶段进行辩论，按以下流程完成)。

1. 考官提出问题后，第一名考生可用2分钟时间思考，可拟写提纲。

2. 每位考生按抽签顺序每人限2分钟依次发言阐明自己的基本观点。

3.依次发言结束后,考生间可进行自由辩论:在辩论过程中考生可更改自己的原始观点,但对新观点必须明确说明。

4.辩论结束后,考生将拟写的发言提纲及草稿纸交给考务人员,考生退场。

题目六:成功的领导者是怎样的

做一个成功的领导者,可能取决于很多的因素,例如:善于鼓舞人、能充分发挥下属优势、处事公正、能坚持原则又不失灵活性、办事能力强、幽默、独立有主见、言谈举止有风度、有亲和力、有威严感、善于沟通、熟悉业务知识、善于化解人际冲突、有明确的目标、能通观全局、有决断力。

请你分别从上面所列的因素中选出一个你认为最重要和最不重要的因素。

题目七:教育资源匮乏如何解决

在一个偏远山区,教育资源匮乏,有以下几种改善方案。

方案一:招募志愿者教师,长期支教。

方案二:政府加大教育资金投入,改善学校硬件设施。

方案三:利用网络技术,开展远程教学。

方案四:鼓励企业进行教育捐赠,设立奖学金等激励机制。

方案五:组织当地有知识的村民进行业余教学辅导。

就哪种方案最能有效改善偏远山区教育资源匮乏的问题进行讨论,并达成一致意见。

题目八:缓解交通拥堵问题

随着城市化进程的加快,城市交通拥堵问题日益严重。以下是几种缓解城市交通拥堵的方案。

方案一:大力发展公共交通,如增加地铁线路、公交线路和公交车辆数量。

方案二:提高私家车出行成本,如提高停车费、征收拥堵费等。

方案三:鼓励绿色出行,如推广共享单车、步行和骑行等。

方案四:优化城市道路规划,如拓宽道路、建设高架桥和地下通道等。

方案五:实行错峰上下班制度。

哪种方案最能有效缓解城市交通拥堵问题进行讨论,并达成一致意见,阐述理由。

(二) 电梯演讲

电梯演讲是指在乘电梯的30秒内清晰准确地向客户解释清楚解决方案。麦肯锡要求公司员工凡事要在最短的时间内把结果表达清楚,要直奔主题、直奔结果。这是麦肯锡公司检验其陈述咨询报告的方法之一,考验员工的快速应变能力,把握机会的能力,现在电梯演讲被广泛应用于各种场合,如产品发布会、投资评审会等,它可以介绍一个想法、产品、公司或推销自己。

按照电梯演讲的模式,做1分钟的自我介绍。活动要求如下。

(1) 准备1分钟的电梯演讲来介绍自己。

(2) 分小组进行,先小组内每个人分享,再每组推选一名同学在班级分享,由学生和教师进行点评。

(三) 模拟面试

根据不同专业学生提前设置面试情境,模拟一家单位开展不同岗位人员的面试。模拟演练入场、自我介绍、回答问题、面试退场的全过程,让学生有亲身体验。

1.选择3~5位学生作为面试官,也可以正式邀请企业人员或其他专业老师担任面试官,再挑选其他学生扮演应聘者。

2. 请学生和面试官评价面试扮演应聘者的学生在模拟面试过程中各个方面的表现，面试官可进行自我评价。

3. 教师对模拟面试中反映出来的问题进行总结。

(四) 识别面试中常见的语言陷阱

面试时面试官提出的问题并不是简单的字面问题，他们还会为了解应聘者的一些真实情况而设置一些陷阱来考察应聘者的临场应变能力及心理承受能力，如果应聘者稍不留神就会掉入面试陷阱。

1. 激将法

这类语言陷阱是淘汰大部分应聘者的一种方式。采用这种手法的面试官，往往会提出一些让应聘者无法想象到的问题，甚至有的问题会让应聘者觉得不可思议或者非常尖锐。提问时表现出怀疑、不友好、咄咄逼人的态度，令对方心理防线步步溃败，还有的面试官提出的问题会直接将应聘者激怒。

○ 错误表现

若面试官提出"你经历太单纯，我们需要的是社会经验丰富的人""你性格过于内向，这与我们的职业根本不合适""我们需要形象好、气质佳的毕业生，你不符合""你的照片和本人相差太大了"，作为应聘者，你听到后如果表现出不满或者愤怒，甚至站起来夺门而出，其实就是掉入了面试官的语言陷阱。

○ 适当表现

面对这类问题，首先要做到的就是无论如何不要被"激怒"，如果你表现出不高兴的情绪，那么你就已经落入面试官设下的陷阱。这时无论你说的是什么，都已经不重要了。面对这样的发问，回答的内容并不重要，只要能自圆其说，不被激怒，并且能微笑且自信地表达，那你就通过这道面试题了。

2. 诱导式

这类问题的特点是，面试官往往设定一个特定的背景条件，诱导对方做出错误的回答，因为也许任何一种回答都不能让对方满意。这时，你的回答需要通过另一方面来表达。

○ 错误表现

当面试官提出"以你现在的水平，恐怕能找到比我们企业更好的公司吧"，如果你回答"是"，那么说明你这个人也许脚踏两只船，"身在曹营心在汉"。如果你回答"否"，又会说明你对自己缺少自信或者你的能力无法胜任该岗位。

○ 适当表现

对这类"陷阱"问题，可以巧妙规避是与非的回答，可以这样答："或许我能找到比贵公司更好的企业，但从对新员工进行培养、晋升途径的畅通性来讲没有贵公司这么全面和完善，机会也不如贵公司多；或许我能找到更好的企业，但我认为珍惜每一次历练自己的机会才是最重要的。"借此"以其人之道还治其人之身"。

3. 挑战式

这类提问的特点是从应聘者最薄弱的地方入手，比如从资历、学历、经验等应聘者明显有欠缺的地方发问，很容易打乱应聘者的阵脚。有的应聘者会认为承认自己的缺点或不足会不利于自己求职，但事实是你确实存在这样的问题。面试官从这些方面提问，就是在考察你的应变能力。

○ 错误表现

对于应届毕业生，面试官会问："你几乎没有实习实践的经历，你怎么看？"对女大学生可能会问："女性常常会对自己的能力缺乏自信，你怎么看？"对成绩不好的学生会问："看你大学的成绩确实不够理想，你的专业知识能满足这个岗位的需要吗？"面对这样具有挑战性的问题，如果回答"不见得吧""我看未必"或"完全不是这么回事"，那么你或许就掉进陷阱了，因为对方希望听到的是你对这个问题的看法，而不是简单、生硬的反驳。

○ 适当表现

对于这样的问题，你可以先真诚地承认确实存在这样的问题。因为面试官能问出来，就是客观存在的实际情况。但是以"这样的看法值得探讨""这样的说法有一定的道理，但是不是可以这样理解"等语句为转折，然后婉转地表达自己的不同意见。这时可以告诉面试官，虽然自己确实存在这种情况，但是任何事情都有两面性，然后说出因此带来的一些机会和具备的其他优势。如针对没有实习实践经历，你可以说确实更注重专业方面的学习和培训，但是实习实践经历虽然缺乏，可大学期间积极参加社团活动，也锻炼了自己各方面的能力等。

4. "引君入瓮"式

这种语言陷阱是最难提防也是最具危险的，面试官会向你提出一个看似很普通的问题，并且让你发表自己的看法。而当你尽情发挥时，却早已经掉入面试官布好的陷阱。

○ 错误表现

假如你正要从一家公司跳槽去另一家公司。面试官问："你们的老板是不是很难相处啊，要不然你为什么跳槽？"也许他的猜测正是你要跳槽的原因。你为了能够表示和他看法一致，或者发自内心觉得他与你共情，这时你愤怒地抨击现在的老板或者义愤填膺地控诉你所在的公司，那么你的面试一定不会有好的结果，因为这样不但暴露了你的不宽容，还暴露了你的狭隘。

○ 适当表现

切记不要被面试官的问题和语气所迷惑，更不要顺着话往下说。你可以在回答前给自己留几秒钟想清楚面试官到底要了解些什么，然后再做出适当的回答。尽量不要投入自己的个人感情，而是要客观地阐述事实，并且可以顺便借此向面试官表露出对自己未来发展所持的态度和决心，把话题转移到对自己有利的方向。

5. 测试式

面试官会假设一种未发生的情况，然后让应聘者做出回答，考察评聘者的应变能力。大部分应聘者听到这样的提问，通常会就这个问题直接去想答案，但实际这已经不是正确的答题思路了。

○ 错误表现

假设面试官问"今天参加面试的有近10位候选人，如何证明你是最优秀的？"如果你就这一问题本身去思考，一味地列举自己的优势，总会有求职者有你没有的优点，所以这样的回答肯定是有漏洞的。若面试官提出质疑，你就无法继续回答。

○ 适当表现

在被问到这样的问题时，可以从正面绕开，从侧面回答此类问题。比如你可以回答说："对于这一点，可能要因具体情况而论，比如贵公司现在所需要的是行政管理方面的人才，虽然前来应聘的都是这方面的人才，但我深信我在……的经历已经为我打下了扎实的基础，这也是我自认为比较突出的一点。"这样的回答可以说比较圆滑，很难让对方抓住把柄，再度反击。

了解了面试中典型的语言陷阱，接下来请同学们试试回答下面的面试典型问题，看有没有存在语言陷阱的问题，如果有，可以先判断属于哪类型的语言陷阱，再进行回答。

(1) 你的缺点是什么？

低分回答："我做事太追求完美，容易给自己压力。"

回答技巧：此回答虽然看似在表达一个"缺点"，但实际上面试官一下就能识破实际是在表扬自己，这种拿一个并不是缺点的方面在回答该问题，只能显示出应聘者不够真诚。应该找一个不违背应聘岗位特质的问题来说，尽可能真诚，最后一定要回答自己在面对这样的缺点时是如何进行改善的。

高分回答：

_____

_____

(2) 了解了你之前的面试经历，你认为你面试成功率比较高，你的颜值是不是占了很大原因？

低分回答："可能有一定的原因，但我觉得肯定还是和我的能力是分不开的。"

回答技巧：此回答虽然没有问题，但比较普通，大部分应聘者都会这样回答，并不能成为一个有记忆点的高情商回答。这类问题可以结合具体情况来分析。

高分回答：

_____

_____

(3) 谈谈你对加班的看法如何？

低分回答："我不太能接受加班。"或"加班是常态，我可以随时加班。"

回答技巧：第一种回答显得过于强硬，可能会让面试官认为你缺乏工作热情和责任心；第二种回答则显得过于妥协，缺乏真实性，也会让面试官担心你的工作效率。这类问题最好不要直接回答是与非。

高分回答：

_____

_____

(4) 你还有什么想问我的？

低分回答："没有什么想问的了，谢谢您！"或"我入职后的福利待遇如何？"

回答技巧：第一种回答释放出比较消极的信号，会让面试官认为你对这个岗位的求职意愿不强烈；而第二种回答会让面试官觉得你很看重薪资待遇，不利于你面试成功。此时沟通应把问题重心放在业务上，展现你的专业性，或者让面试官觉得你更加关注自己的职业发展或者个人成长等。

高分回答：

_____

_____

(5) 你会如何处理工作中的压力？

低分回答："我虽然不太擅长处理压力，但我会尝试用积极的心理暗示克服压力。"

回答技巧：回答时过于简单空泛，这种回答会让面试官认为你只是在表面作答，没有实质的解决办法。你需要承认压力存在的事实，再把回答的重点放在对待压力的方式和缓解压力的能力上，尽可能说得具体，可举例说明你面对某次工作压力时的应对方式。

高分回答：
_____
_____
_____

(6) 我们这个岗位对应聘者的形象要求很高，你可能不符合我们的要求。

低分回答："您这样说可能不太有礼貌吧！"或者摆出不高兴的神色不作回答。

回答技巧：这种回答明显是不合格的。面对这类问题，应迅速思考面试官为什么会问出这样没有礼貌的问题，他的真实目的是什么，你是否会陷入他的语言陷阱。

高分回答：
_____
_____
_____

(7) 你对未来五年的职业规划是什么？

低分回答："我想在自己的专业领域有所成就。"

回答技巧：这样回答太不具体，会让面试官觉得你缺乏具体的职业生涯规划。没有详细规划的人会缺乏职业稳定性，是不是做几天就会辞职。面对这类问题，你应该以时间为节点，结合应聘岗位具体说出每个阶段的详细规划和目标，要学习的内容、要考取的资格证书、提升哪方面的能力、为公司做出的贡献、自己期待的发展等。

高分回答：
_____
_____
_____

(8) 你为什么离开上一家公司/结束上一段实习，是因为薪资吗？

低分回答："因为工资低/同事不好相处/工作太无聊。"

回答技巧：这样的回答可能显得过于负面，容易给人留下爱抱怨的印象。可以先给予肯定，表示在上一家公司学到了什么，获得了什么，然后转折并婉转告知原因。即使因为薪资，在此时也尽可能不要以它为主要理由，最重要的是可以回答该面试单位吸引你的理由。

高分回答：
_____
_____
_____

(9) 你的成绩不是很好，如何胜任这份工作？

低分回答："我的学习能力和接受能力很强，我可以学。"

回答技巧：这样回答太过空泛，没有事实佐证，只会让面试官觉得你缺乏能力。而且对于任何一家单位，他们都希望招聘来的员工可以直接胜任工作，这里不是学校而是工作单位。所以应突出你的能力，以及你的其他优势。

高分回答：
_____
_____
_____

(10) 你希望你的上司是一个怎样的人？

低分回答："我希望他是一个有丰富经验的人。"

回答技巧：这种回答可以说太具体又太宽泛，因为没有统一的标准。可以不直接回答具体是怎样的人，而从其他角度思考回答内容。

高分回答：

_____

_____

_____

(五) 你问我答面试题

案例：

如何卖掉情人节后的玫瑰花？

这是一场面试的最后阶段。招聘企业是世界500强的大公司，招聘岗位是高级营销人员，待遇十分优厚。经过几轮PK，最后站在考官面前的是4位各方面表现都很优秀的大学毕业生。考官公布了最后一道考题："假如你是一个花店的老板，2月14日情人节你进了许多玫瑰花，但在这一天你没有卖完，那么在2月15日，你怎样才能把剩下的玫瑰花处理掉？"

这看似是一个很随意的问题，但又联系实际，很能考查应聘者的销售、思维、应对及创新能力。

A同学很自信地思考了一会儿，说："由于玫瑰花很快会失去新鲜感，所以我必须在2月15日这天把玫瑰花卖出去。我会动员我的员工，让大家带上玫瑰花去街头、饭店、酒吧推销，我还会在酒吧里搞一个活动，主打温情牌，大声喊出我们的口号——明天我依然爱你。"对这位同学的销售创意，几位考官反问："你说的这些卖花方式，去街头、饭店、酒吧推销，在2月14日那天你肯定都做过，在最正确的时间、最正确的地点，你的玫瑰花都没有卖完，你有把握2月15日用同样的方式把玫瑰花卖掉吗？"该同学不知道如何回答。

B同学说："我会降价处理，2月15日，卖10元一朵的玫瑰花，我会5元一朵卖出。这样利润当然会少了点，但这不仅能把玫瑰花处理掉，还会提高我们花店的人气，让顾客多来我们店，吸引回头客！"对此方式，面试官评判说："降价是商界的大忌，是最没有智慧的销售方式，也是最危险的。你今天降价，明天还需降价，你只有在不断降价中才能卖掉东西，长此以往，结果可想而知。"

C同学是一个看上去很成熟的毕业生，他说自己大一就创建了自己的团队，大二加入了学生会，大三有过半年的销售经历，大四曾在有名的大企业做过实习生。他说："2月15日，我选择去学校门口卖玫瑰花，当然不是让学生之间送玫瑰花，而是通过学生送给他们的父母。现在的学生口袋里都有钱，学生的钱也是最好赚的。买一朵玫瑰花送给父母，可以表达感恩，也可以买一朵玫瑰花让爸爸送给妈妈，能够提升父母的情感，让家庭显得温馨。"对这个面试者的创意，有位考官予以点头，肯定了他的思路，但考官又为该同学担忧："中小学生是对世界认识还未成熟的群体，是最不能把握的，家长、老师都控制不了他，你怎样才能确保让他主动掏钱买玫瑰花？"该同学同样不知所措。

D同学在回答面试题之前，首先说："我想这个考题本身就是一个陷阱，对我来说是一件不存在的事。因为我既然进了那么多玫瑰花，就有把握能在2月14日售完。假如不能售完，这本身就是一个失败的销售者。"他的话令考官眼前一亮。该同学继续说："假设玫瑰花在情人节那天没有卖完，那第二天我会去火车站、机场推销我的玫瑰花。因为刚刚下车下飞机的人前一天大多都在旅途中度过，没有和爱人在一起，所以这时候我就选择他们作为我的待购人群，向他们推销玫瑰花。让他们带一朵玫瑰花回家，或者是去见自己爱的人，我想他们是乐意的。"他的回答让考官叫好。

活动要求：

以上的面试案例题有助于帮助同学们打开思路，为大家在面试回答问题时提供更多的创意巧思。请同学们以小组为单位，利用各种方式每组找到1～2个有特点或典型的面试题和其他小组交流，并讨论出相应的回答。

(六) 面试礼仪情景剧

为了让同学们更加了解面试时的礼仪，建立起对求职礼仪的认知，请大家按照以下要求进行活动。

周一的早上你要前往一单位进行面试，单位具体情况如下(可根据不同专业学生设置不同的面试单位)。

公司名称：南京××电力科技有限公司
考评面试官：人力资源总监王小姐
应聘部门：企划部
应聘职位：企划专员

你在经过一轮激烈的笔试竞争后，终于接到了南京××电力科技有限公司的面试通知，时间是20××年10月28日上午9点30分，地点位于繁华商业中心的A大厦的公司总部。南京××电力科技有限公司是本地著名的科技企业，能进入这样的企业工作是你长久以来的心愿，你决定抓住这次难得的机会，好好准备，把自己的优点全部表现出来。

活动要求：

全班同学分为若干小组，每组分为两队，A队模拟面试官，B队模拟应聘者，结合以下问题，模拟一场面试。完成一次面试后，A队和B队角色互换，重新开始。

1．你应该如何给自己塑造一个良好的求职者形象？
2．你应该注意哪些面试礼仪？
3．求职后你应该怎么做？
4．请根据以上情境编排成面试礼仪模拟情景剧，并在全班进行表演。

(七) 面试形象设计

将全班同学分成若干组，以小组为单位，根据自己所学的专业拟定一个你们小组想要应聘的具体岗位，结合小组每个成员的身高、外形、肤色等实际情况，讨论出一个适合自己的面试形象。请按讨论结果搭配自己的面试服装(女同学可化淡妆)，并在下节课上课时在全班展示，各小组相互打分。

讨论交流以下问题：

1.你选择的服装是否符合个人气质，应该怎样搭配？
2.不同肤色的同学应该如何进行颜色搭配？
3.不同体型的同学该怎样选择服装？
4.如何根据自己的形象设计发型？
5.女同学在不同场合应该化怎样的妆？
6.找出最适合自己的职业形象。

(八) 面试仪容仪表自查表

如果你收到了面试电话，对于自己面试前的仪容仪表，请结合下表(见表5-2、表5-3)进行自查。

表 5-2 男士仪容仪表自查表

内容	具体要求	注意事项	是否符合
西装款式	西服套装。 夏天可选择衬衣+西裤，衬衣尽可能为长袖。 应聘艺术类岗位，可以按自己审美穿搭，富有设计感的衣服会加分	可以新潮一些，尽量避免老旧的款式。选择适合亚洲人的款式，不要过于宽松或紧身，穿上后应显得精神干练。 切记将袖口标签剪掉。 服装必须是熨烫过的或者是没有褶皱的	
西装颜色	西装西裤颜色要统一，适宜颜色为深色，如深蓝、黑色、藏青色、灰色等。 衬衣的颜色不必非得是白色，可以是米色、浅蓝色或者浅粉色，带条纹、格子的都可以，简洁、大方为主	不要穿太过花哨的颜色，显得不够大方得体	
领带	一条纯真丝领带产生的职业效果最佳，也最容易打好。 颜色要与西装、衬衣相协调	系领带时，应把衬衣领口、袖口的扣子全部扣上，以彰显男性的刚性与力度	
皮带	颜色应该和你选择的鞋子相匹配，材质则应坚持使用皮质的	蓝色、黑色或灰色西装需要黑皮带和黑鞋子搭配，而棕色、棕褐色或者米色的西装应配棕色的皮带和鞋子	
皮鞋	皮鞋以黑色为主，系鞋带的皮鞋是最普遍的选择，一脚蹬的皮鞋也较大方得体，可以根据自身情况选择	不能穿凉鞋面试，露脚趾的鞋是面试禁忌	
袜子	袜子颜色宜穿深色系，长度应该以你跷腿时不露出太多的胫骨为宜，在你移动双脚时也不至于在脚踝部隆起	切记不要穿浅色袜子，黑皮鞋白袜子是大忌，不要在抬腿时露出腿部皮肤	
仪容	头发剪短，不染色，胡子刮干净，眼镜片擦拭干净，剪短指甲，仪容仪表整洁大方为宜	应聘艺术类岗位，不一定非要短发	

表 5-3 女士仪容仪表自查表

内容	具体要求	注意事项	是否符合
服装款式	套装或套裙。 衬衣+西裤/职业裙，有袖子的连衣裙	裙子不宜过长也不能穿超短裙，高于膝盖3～5公分即可。 衬衣不要有娃娃领、蕾丝边，裙子不宜是百褶裙等过于可爱的元素。 服装款式不宜过于紧身、过于暴露，衣服材质不透	
服装颜色	套装蓝色，藏青色，黑色，米色，驼色，都可以选择。衬衣颜色淡雅、不花哨即可，可以有点缀的小图案	面试不宜穿过于鲜亮的颜色，全身颜色不宜过多	
鞋子	皮鞋，以黑色为主，也可根据衣服颜色搭配棕色、浅色鞋子	不宜穿凉鞋、凉拖，不要露出脚趾。 不宜穿过高的鞋子，走路不要有太大响声的鞋子	
袜子	裙装一定要穿袜子	肤色袜子为宜	
饰品	饰品以简单大方为主，亮闪闪的装饰不宜出现	不要佩戴过多饰品，款式不宜太过复杂花哨	
发型	头发干净利落，长发扎起来为宜	不染夸张颜色，刘海不要遮住眼睛	
妆容	有经验的同学可画淡妆	素颜也不会减分，不做美甲，整洁大方是主旨	

(九) 面试结束自查表

面试结束后对照表5-4进行自我总结和自查是一个很好的习惯，将面试中的表现梳理出来，不仅能帮助你回顾自己的表现，还能为未来的面试积累经验。

表 5-4　面试结束自查表

面试阶段	内　容	完成情况
面试前	单位背景	是否充分了解了应聘单位的企业文化、产品、市场地位及近期动态等
	岗位职责	对该职位的职责、要求及期望成果是否有清晰的认识
	求职材料	书面材料准备的完整性
	简历内容	简历是否针对该职位进行了优化，突出了相关经验和技能
	问题准备	是否准备了针对公司、职位及个人发展的问题
面试中	自我介绍	是否符合要求，突出了个人亮点和与职位的匹配度
		是否成功吸引了面试官的注意
		介绍时的语速、表情、熟练度等表现力
	面试问题	对于专业技能的提问，回答是否准确深入
		是否用具体事例或项目体现了岗位匹配度、个人能力、优势等来支持你的回答
		面试典型问题是否回答满意？如你的职业规划、理想薪资、优缺点、成就故事等
		是否有回答不满意的问题？具体是什么？请在下次面试前做好准备
	能力体现	语言表达：表达是否清晰、有逻辑、有条理，语速适中
		倾听能力：是否认真倾听面试官的问题，并给予恰当的回应
		非言语沟通：肢体语言、面部表情是否自然、积极
		团队合作：分享的团队经历是否体现了你的协作能力和团队精神
		领导力展示：是否有机会展示你的领导才能或管理经验
		抗压能力：是否存在紧张等情况？能否应对突发情况
	面试礼仪	是否在整个面试中表现出自信、冷静、灵活作答的状态
		是否在整个面试中达到面试礼仪要求的标准。有没有需要改进的地方。具体有哪些
面试后	反思改进	优点总结：本次面试中表现突出的地方有哪些
		待改进之处：哪些方面可以做得更好？如何改进
		学习点：从这次面试中学到了什么新知识或技能

六、通关要领

面试是招聘单位面试官第一次近距离了解应聘者的机会，这个过程不仅仅考察应聘者的专业水平和能力是否符合招聘岗位的要求，还会通过多种方式了解应聘者的其他职业素养。

(一) 职业道德与诚信

对于面试官来说，一个具备良好职业道德和诚信的应聘者更值得信赖。他们会认为这样的人在工作中能够遵守公司的规章制度，忠诚于单位，对工作负责，能让领导放心地将重要任务和职责交付给你。

良好的职业道德和诚信是职业发展的基石，它有助于你在职业生涯中建立良好的声誉，为未来的晋升和发展创造机会。

去面试时，同学们应该做到：按时参加面试，如有特殊情况不能参加，应提前通知面试官并表示歉意。在面试过程中，应该诚实地回答面试官的问题，如实介绍自己的能力和经历，不夸大、不造假。如果对某个问题不确定，可以诚实地表示自己不太清楚，但会在今后的学习中努力掌握。诚信是职场立足之本，一旦失去诚信，将会面临严重后果。如果在面试中涉及前公司的机密信息，应严格保密，不要泄露。表现出对公司机密的重视，会让面试官认为你是一个可靠的人。

总之，在面试中，要充分展现出自己的职业道德和诚信，这将有助于你在竞争中脱颖而出，获得理想的工作机会。

(二) 团队合作与沟通能力

一个和谐的团队能应对各种挑战，实现共同目标。良好的团队合作可以整合团队成员的优势，分工协作，避免重复劳动，从而提高工作效率。而有效的沟通能确保信息准确传递，减少误解和错误，使工作流程更加顺畅。在团队中，不同成员的观点和经验相互碰撞，能够激发创新思维。良好的沟通有助于分享创新想法，推动团队不断进步。在面试中展示自己的团队合作能力，以及如何与未来的同事和领导进行有效沟通也是同学们需要去实现的。

在面试中，如果面试官没有直接询问你的团队合作与沟通能力，同学们可以通过其他一些问题的回答分享自己在过去团队中与团队成员合作的具体案例。描述自己在团队中承担的角色、遇到的问题，以及如何通过合作解决问题。表达对团队合作的重视，愿意为团队的成功贡献自己的力量。此外，可以提及自己具备良好的人际关系处理能力，善于倾听他人意见，能够清晰地表达自己的观点，能够与不同性格的人合作。注意自己的肢体语言、表情等非语言沟通方式，保持积极的态度和良好的形象。在面试中与面试官进行眼神交流，展现自信和专注。

总之，在面试中要充分展示自己的团队合作与沟通能力，让面试官相信你能够在团队中发挥积极作用，为单位的发展做出贡献。

(三) 创新精神与进取意识

在当今快速发展的时代，职场环境不断变化，行业竞争日益激烈。具备创新精神和进取意识的人能够更好地适应这些变化，迅速调整自己的思维和行动方式。他们能够主动寻找新的机会和挑战，而不是被动地等待变化的到来，从而在变化中保持竞争力。

具有创新精神的员工能够为企业带来新的产品、服务和业务模式，开拓新的市场，提高企业的竞争力。进取意识强的员工则会积极主动地为企业创造价值，不断追求卓越，推动企业持续发展。员工的创新精神和进取意识能够影响整个企业的文化氛围。当团队中充满了积极进取、勇于创新的人时，会激发更多的创造力和活力，形成一种积极向上的企业文化。

在面试的众多应聘者中，具备创新精神和进取意识的人更容易脱颖而出。面试官通常会对那些能够展现出独特思维和积极进取态度的候选人印象深刻。这种特质表明你有能力为公司带来新的想法和解决方案，而不仅仅是按部就班地完成工作任务。所以，如果面试时，面试官让你分享一件你在团队中印象深刻的事或者你的成就故事，你可以围绕创新精神和进取意识来选取事例。

在面试中体现创新精神和进取意识对于个人和企业发展都具有重要意义。它不仅能够增加你的求职竞争力，还能为你未来的职业发展打下坚实的基础，同时也为企业的发展注入新的活力。

(四) 社会责任感与家国情怀

具有社会责任感的人通常更注重工作的意义和价值，而不仅仅是为个人利益工作。这种态度能促使你在工作中更加敬业、负责，提高职业素养。对国家的情怀也能激发你的爱国热情，让你更加努力地为国家的发展贡献自己的力量。

　　社会责任感和国家情怀体现了一个人的道德水准和价值观。在面试中展示这些品质，能让面试官看到你是一个有担当、有原则的人。

　　如果员工在面试中体现出社会责任感和国家情怀，会让面试官认为该企业注重培养员工的良好品质，从而提升企业的形象。员工的社会责任感和国家情怀能激发团队的凝聚力和向心力。当大家都为了一个共同的目标——为企业的可持续发展贡献力量，为社会做贡献、为国家发展努力而奋斗时，会更加团结协作，共同克服困难。

　　在面试前，了解面试单位在社会责任方面付出的行动，如环保措施、公益活动、对社区的贡献等。这不仅能让你在面试中更好地回应相关问题，还能显示出你对单位的关注和深入了解。例如，面试单位参与了环保项目，你可以提前了解该项目的具体内容和影响，以便在面试中提及你对这类举措的认可和赞赏。还可以准备自己的一些社会经历，比如你曾经参与过的志愿者活动、社区服务、慈善捐赠等体现社会责任感的行为。准备好具体的例子，包括你在活动中承担的角色、取得的成果及从中获得的体会。若你曾参与过贫困地区的支教活动，可以详细描述你如何帮助当地学生提高学习成绩，以及这段经历对你的影响。

　　在面试时，当被问及职业目标、个人优势等问题时，可以巧妙地将社会责任感和国家情怀融入回答中。强调你希望通过自己的工作为社会做出贡献，或者表达你对国家发展的关注和期望在工作中为国家的进步贡献力量。例如，在阐述设立职业目标的理由时，可以说："我之所以会将这个职业作为我的职业目标是因为它是我的兴趣所在，同时我也希望能够利用自己的技能为社会解决一些实际问题，为国家的发展尽一份绵薄之力。"可以主动分享你在社会责任感和国家情怀方面的具体经历。例如，你可以讲述在疫情期间积极参与社区的防疫志愿者工作，协助分发物资、宣传防疫知识，展现出你在困难时期的担当和奉献精神，等等。

　　总之，在面试中体现出社会责任感与国家情怀会让面试官认为你的这些品质不仅对个人的职业发展有重要意义，还会对单位的发展和社会的进步具有积极的推动作用。

七、晋级成功

　　写下收获，取得下一关闯关资格。

_____

_____

_____

_____

_____

_____

_____

_____

_____

_____

_____

_____

_____

任务三　心态调适·就业无忧

一、关卡名称：怡心勇闯江湖

对于大学生而言，选择职业是走出校园、迈向社会的关键前奏，更是实现人生角色从学生到工作者的重大转折。2024年，高校毕业生规模达1 179万人，再创历史新高。与此同时国内经济形势面临下行压力，出口贸易增速放缓，消费市场虽有回暖迹象但复苏根基尚不稳固，2023年全国城镇调查失业率处于较高水平。当前国内产业结构正处于调整与升级的关键节点，传统产业转型使得招聘规模缩小，对人才提出更高要求，新兴产业崛起对大学生的专业技能和综合素质有着特定需求，进一步加剧了大学生就业市场的结构性矛盾。在如此严峻的形势下，大学生的就业形势愈发严峻，毕业生在求职之路上常常遭遇诸多挑战。

为了更顺畅地适应工作者身份并在就业岗位上绽放光彩，在校大学生应提前做好就业的心理准备，以积极的心态正视社会现实、客观剖析自我、敏锐抓住机遇、勇敢迎接挑战。人生处于不断变化发展之中，人对环境的适应能力也应持续提升。在人生的特定阶段，随着环境的变化，社会对人提出更高的要求，很多人可能会出现适应困难。此时，个人需要主动调整以适应环境，实现人与环境的和谐共生，方能顺利步入人生新征程；反之，则难以跨越难关，甚至在遭遇更大障碍时停滞不前。停滞的时间越长，适应环境的难度就越大，不仅会影响当下的处境和就业的成功，还会对终身发展造成阻碍并引发身心问题。

临近毕业，大学生会对自己的职业方向、选择和机会进行深入思考，同时也会对自我进行认知和调节，以最佳状态做出选择并迅速适应角色转变。前者是对社会就业环境的考量，不以个人意志为转移；后者是个人心理层面的思考，可通过个人努力加以改变。因此，了解环境、调节自我、开辟心理出路是进行心态调适的最为积极有效的途径。

自我心理调适是个人依据自身发展和环境需求等多方面因素对心理状态进行调节，挖掘个人潜能、维持心理平衡、排除心理干扰。大学生若能熟练掌握自我心理调适方法，就能在就业过程中降低受挫带来的创伤，迅速重拾信心，通过自我心理调节和情绪控制妥善处理挫折、困难和心理冲突，以理想的状态和合适的方式实现人生目标。大学生应深刻认识到积极的心理调适在就业过程中的重要性，及时调整心理状态，增强抗压能力，化解矛盾与冲突，促进身心健康发展，从而实现顺利就业，真正做到心态调适，就业无忧。

二、闯关意义

心态调适是每位大学生步入职场前不可或缺的重要一环，它不仅关系到个体能否平稳过渡到职业人士的角色，还深远地影响着个人职业生涯的长远发展。

在当下复杂多变的就业环境中，高校毕业生面临着前所未有的挑战。随着毕业生规模的不断扩大，就业市场的竞争愈发激烈，加之国内经济形势的不确定性，使得每位求职者都需要具备更加坚韧的心理素质和灵活的适应能力。心态调适正是帮助毕业生在这一转型期保持清醒头脑、明确自我定位的有效手段。

积极的心态调适有助于毕业生建立正确的就业观和职业观。在求职过程中，难免会遇到挫折和失败，但正确的态度能够引导毕业生正视困难，从失败中汲取教训，保持对未来的信心和期待。这种坚韧不拔的精神力量，是毕业生在职场中持续成长和进步的重要支撑。

心态调适还有助于毕业生维护身心健康。求职过程中的压力和挑战可能对个体的心理造成一定负担，但通过有效的调适策略，如自我激励、合理宣泄等，毕业生能够更好地管理情绪、缓解压力，保持积极向上的心态。这不仅有助于提升求职效率，还能为未来的职业生涯奠定坚实的身心基础。

三、闯关武器

(1) 大学生就业压力量表。
(2) 正念呼吸引导语。
(3) 认知灵活性ABC表。
(4) 自我关怀对话。
(5) 暖心罗盘。

四、解读密码

(一) 当代大学生就业面临的现实挑战

1. 毕业生数量庞大带来的压力

2024年，高校毕业生规模达1179万人，如此庞大的毕业生群体涌入就业市场，使得岗位竞争异常激烈。相关统计数据显示，热门行业如金融、互联网等岗位竞争比居高不下，部分岗位甚至高达惊人比例。例如，据某就业市场调研报告指出，2024年金融行业某些岗位竞争比达到1:80，互联网行业部分热门岗位竞争比也在1:70左右。众多毕业生争夺有限的岗位资源，无疑给大学生就业带来了巨大压力。

2. 技术革新与行业变革对人才需求的重塑

在全球经济一体化与科技日新月异的背景下，技术革新与行业变革正深刻改变着就业市场的格局。新兴产业的崛起，如人工智能、大数据、云计算等，对具有前沿技术知识和创新能力的人才需求激增。同时，传统产业也在加速转型升级，对人才的技能素质提出了更高要求。《2023中国企业数字化人才发展白皮书》明确指出，未来几年我国在高端制造业、人工智能等关键领域，对拥有国际化视野、创新思维及专业技能的人才需求将持续扩大。这一趋势要求大学生不仅要掌握扎实的专业知识，还须具备跨领域学习的能力和适应快速变化的技术环境，以适应新的人才需求模式。

3. 技能素质要求与自身短板

1) 专业知识与综合能力需兼备

随着产业升级与科技创新的加速推进，用人单位对大学生的专业知识和综合能力的要求日益提高。在专业知识层面，大学生务必拥有扎实的专业基础理论知识，对本专业的前沿技术与发展动态要做到充分掌握。只有这样，他们才能在专业领域中站稳脚跟，为未来的职业发展奠定坚实的基础。同时，用人单位对大学生的综合能力也提出了严格要求。良好的综合能力涵盖创新思维、团队协作、沟通能力及快速学习能力等多个方面。在当今复杂多变的职场环境中，这些能力对于大学生的职业发展至关重要。

以数字经济领域为例，用人单位不仅期望大学生具备计算机科学、数据分析等专业知识，还要求他们拥有创新思维和团队协作能力，以便能够迅速适应不断变化的市场需求。在这个领域，专业知识是基础，而创新思维和团队协作能力则是推动大学生在职场中不断前进的动力。据某科技企业招聘负责人介绍，在招聘过程中，他们更加倾向于那些既具备专业技术能力，又拥有良好沟通协作能力的大学生。这些大学生不仅能够在技术层面为企业做出贡献，还能与团队成员良好合作，共同推动企业的发展。

2) 实践不足成为就业短板

在当前的高等教育及就业环境下，实践能力的欠缺已然成为部分大学生就业的突出短板。

不少大学生在大学学习期间未能获得充分的实践锻炼机会。究其原因主要体现在两个方面。其一，部分高校在课程体系的设置上存在重理论而轻实践的倾向。在这样的课程安排下，学生实际操作的机会极为有限，难以将所学的理论知识与实际应用进行有效的结合。其二，一些大学生在课余时间里，主动参与实践活动的意识淡薄。他们未能充分认识到实践经验对于未来就业的重要性，从而没有积极地去积累足够的实践经历。

而在竞争激烈的就业市场，用人单位通常更倾向于招聘具有丰富实践经验的大学生。例如，某制造业企业在招聘时，明确提出应聘者须具备相关实习经历或项目经验。此类要求反映出用人单位对于大学生实践能力的高度重视。对于实践能力不足的大学生而言，这无疑使其在就业竞争中陷入明显的劣势地位，使得这部分毕业生在与那些拥有丰富实践经验的同龄人竞争时，往往难以脱颖而出，获得理想的就业机会。

(二) 当代大学生就业的心理准备

面临毕业的大学生，需要做好各方面的准备，尤其是保持良好的就业心态。只有做好充分的心理准备，才能在就业过程中合理选择适合自己的工作。但在当前严峻的就业形势下，许多大学毕业生并没有做好充分的心理准备。对于大多数人来说，大学阶段的生活是有保障且单纯的，学习、交际、生活、娱乐都是有规律的。在这种环境中，容易产生美好的理想和浪漫的情调。但是这样的生活和现实社会之间存在一定的距离，这种距离经常会使大学生没有做好充分的心理准备，具体表现如下。

1. 自我认知不完整

自我认知是指对自身气质、性格、能力、兴趣等个性心理特征的全面把握和认识。由于自身成长条件的不足，部分大学生的自我认知不完整，表现为对个性倾向、自身气质类型等了解不深入，特别是对符合自身个性心理特征的职业取向认知比较缺乏。

2. 角色转换不充分

角色转换主要是指一个出类拔萃的大学生转换成一个现实社会的求职者。这需要大学生抛开幻想、抛开浪漫，充分认识到自身所处的社会现实和真实地位，踏踏实实地面对就业现实。大学生必须转变角色以便正确地选择职业。如果把亲友、同学、家庭、学校的关心、尊重、呵护当作社会的最终认可，则不能正确地认识社会和了解社会，不能准确地进行自我定位，不能冷静、客观地找到求职状态，肯定会在择业就业时产生较大的心理压力。

3. 缺乏良好的心理素质

大学生在择业就业时，如果缺乏积极的心理准备，则有可能会产生紧张、苦恼的情绪，更严重的会产生不知所措、焦虑的情绪。表现为情绪易波动、易焦虑、易担心，显得心神不宁，情绪低落，忧愁烦闷。

4. 缺乏较强的应变能力

当代大学生具备一定的知识素养，并且青春活泼、精力充沛，有积极进取的精神，有独立思考的优良品质，能够积极乐观地面对现实。但是，大学生缺乏社会经历，初入职场，面对愈加激烈的就业竞争，就会显露出不成熟的应变能力。特别是在就业中受到挫折、遇到困难的时候，由于不善于冷静分析、沉着应对，而感到手忙脚乱、不知所措，显得情绪低沉、急躁不安，更有甚者会自暴自弃。

5. 强烈追求自我价值的实现，但往往不能正视现实

大学生对就业的高期望主要表现在：在工作单位的选择上，毕业生看中发展前景好并且收入高的合资或外资企业、党政机关公务人员，甚至工作稳定条件好的教师行业或部队；毕业生一部分把大城市及东部沿海经济发达地区或中心城市选定为工作地点；众多毕业生也把工资福利待遇作为关注的重点，几乎没有毕业生会喜欢月薪低于三千元以下的单位。大学生在追求自我价值实现的同时，渴望找到一份工资福利高、发展前景好的工作是理所应当的，但如果超越客观现实，只是盲目追求较高的就业期望，不能准确地自我定位，就会在就业的过程中四处碰壁。屡战屡败，结局只会令自己吃亏。

6. 职业选择的多变性和不稳定性，处在各种矛盾之中艰难选择

大学生在就业过程中的多变性和不稳定性，具体表现在：一些主要面向基层就业的林、农或工科毕业生，虽然明白艰苦行业和基层需要人，也很能锻炼人，但是不愿意吃苦，害怕面对复杂的人际关系，害怕无出人头地之日；一些专业不热门、学业层次低的毕业生想通过升学、考研来改变命运，奈何决心不大，不能坚持到底，下不了苦功夫，优柔寡断；一些抢手的热门专业毕业生，面对大量需求单位的邀请函犹豫不决，举棋不定；一些毕业生在就业中有太多选择，看到一家公司条件不错就想去，觉得不满意了又想跳槽等。这种就业的多变性和不稳定性，很有可能会在鱼和熊掌不可兼得时无法做到当机立断。

7. 就业有商品化的趋向，缺乏把握自我的能力

大学生就业主导思想的商品意识，伴随着利益观念的逐渐加强而不断加强，功利性日益强化。一部分大学生衡量个人价值的标准只有物质利益，并且会看中一些能迅速把自己的知识转化为金钱的单位。所以，会有很多大学生支持"成才不如发财，有理想不如有钱"的观点。当代大学生正在被商品化选择趋向所影响。在心理上特别是在认知和人格上陷入一些无法自拔的境地，产生一些心理上的误区。

(三) 当代大学生就业的困惑

通过学生间的交流讨论、辅导员的思想指导、专业心理师的心理咨询等方式，大学生在就业时产生的各种矛盾心理可以得到解决。以下是大学生就业时产生的矛盾心理的主要表现形式。

1. 理想与现实的矛盾

当代大学生有丰富多彩的理想，在就业方面对理想有着更强烈、更远大的追求。很多毕业生豪情满怀、踌躇满志，打算在社会上干出一片天地。但是由于毕业生对社会现实的了解有限，对未来有不现实和幻想的成分，个人需求与社会需求存在一定差距，因此个人理想通常会脱离主观条件和客观现实。大学毕业生普遍不愿意到条件差或者偏远地区去工作，而是留恋条件优越的大城市，追求经济效益好、社会地位高的工作岗位。但是在就业的过程中，这一部分人很少考虑目标与个人发展是否一致，也很少真正思考过理想与现实的差距，更有甚者都不了解自己的兴趣爱好、能力、气质适合什么工作，从而产生现实与理想之间的矛盾。

2. 就业与继续求学的矛盾

近年来，高校考研的学生逐年增加，一方面是因为知识的重要性越来越突出，另一方面是

因为学历对就业起着越来越重要的影响。大城市、好公司更想要学历高的高端人才，所以现在的情形是考研才能找到好工作。但是继续深造和就业之间也有着很多矛盾，一方面是时间冲突的矛盾，另一方面是用人单位增加的矛盾(如果毕业生申明自己打算考研就很难找到工作)，这两方面的矛盾解决不好，很有可能考研和找工作都会耽误。

3. 亲情与爱情的矛盾

毕业生也会经常因为爱情和亲情的矛盾而烦恼。随着大学生中的独生子女增加，很多父母都希望自己的子女毕业后能在身边工作，特别是家中只有一个女儿的父母希望女儿不要在外地工作。那些谈恋爱的毕业生既想和对象在一起工作，又想尽量满足父母的期望，双方都希望到自己父母身边安家，难以平衡。

4. 所学专业与未来工作的矛盾

很多毕业生很重视自己的专业，在就业的过程中，只要是与专业不对口的工作就会在心中淘汰。但是现实情况是，工作与所学专业100%对口得很少，所以就产生了所学专业与工作有出入的矛盾。其实本科教育主要是培养人的学习能力、接受新事物的能力、适应新环境的能力，所以，毕业生真的没必要为了所学没有致用而烦恼。现在很多大学都在强调要培养大学生的基础知识，比如一些高校在大一采取不分专业的方法来淡化本科生的专业意识。国内很多大公司在招人时对专业要求并不严格，比如宝洁公司在招收毕业生时只对应聘者的基本能力进行面试和测试，对专业不做要求。

5. "鸡头"与"凤尾"的矛盾

大学毕业生经常会遇见做"鸡头"还是"凤尾"的矛盾，这个矛盾主要是选择到小城市一展身手还是到大城市做默默无闻的打工人。关于这个问题，不同的人有不同的见解。在大城市有迅速发展的经济，随时都可能有的机遇。但是大城市人才济济，竞争压力很大，比如在北上广地区的大学生到处都是，根本不缺本科生，所以本科生在这种大城市工作也只能做"凤尾"。"鸡头"虽然听上去风光无限，但是会很辛苦。"凤尾"虽然没办法完全展现自身才华，但是繁华的大城市生活也真的很美好。"鸡头"和"凤尾"的矛盾不但体现在到什么样的城市工作，而且还体现在选择什么样的工作单位，这对大多数毕业生来说也很纠结。

(四) 大学生常见的就业心理问题

大学生从学生转变为职业人是一次重要的人生转折，其内心世界必然发生种种反应、变化。大学生的就业心理是指大学生因就业问题而引发的心理活动。每个大学生自身实际情况不同，就业心理表现也不同：有的大学生乐观、自信，敢于竞争，有风险意识，为自己的就业目标不懈努力；有的大学生则悲观、自卑，缺乏进取意识，陷入消极的心理误区。

1. 焦虑心理

就业制度改革拓宽了毕业生的职业选择面，但对部分大学生来说，职业选择自由度越大，择业心理压力便越重。有的同学面对用人单位严格的录用程序而感到胆战心惊；有的因性别、学历层次等不敢大胆求职；有的因自己学习成绩不佳而烦恼；有的因自己能力不高而紧张。此外，也有部分大学生在就业过程中，希望一蹴而就，幻想付出不大的努力就能得到称心如意的工作，可在实际中却往往事与愿违。正是因为害怕失败，大学生在求职择业过程中可能会出现焦虑、烦躁、不安、恐惧的心理。就业过程中的过度焦虑，如不能在一定时间内化解，则会严重影响学生主观能动性的发挥，给求职带来不必要的困难，甚至造成择业失败。

2. 自卑心理

大学生求职时对自己的弱项有自知之明是明智的，因为这有助于避开自己不擅长的工作。但是过度自卑则是对自己的潜能优势缺乏了解，缺乏自信心的表现。一些大学生过低地估计自己，总是自惭形秽，觉得自己不如别人，这种自卑心理导致他们缺乏竞争勇气和自信。还有的毕业生在择业过程中自己拿不定主意，犹豫、退缩、信心不足，对自己能胜任的工作不敢说"我能行"，而总是"试试看"，当遇到几次求职挫折后，更是萎靡不振，自我封闭，在求职时畏首畏尾，容易给人以无能的印象。

3. 自负心理

大学生择业时的盲目自信是指对主客观条件的估量不够准确，不能正确评价自己的素质和条件，过高估计自己的知识和能力水平，却眼高手低，反而给用人单位留下浮躁、不踏实的印象，造成择业困难。部分毕业生一心追求大城市、高报酬、条件好的单位，而不顾自己的专业或自己的某些缺陷是否适合这一行业。

大学生求职时不能没有自信，但是自信过了头，就成了自负。自负的人不能客观看待自己的优势，夸大了自己的优势，因此当心目中的高目标不能得到满足时，便会产生失望、挫折的心理。

4. 依赖心理

依赖心理的实质是缺乏信心，自己放弃了对自己大脑的支配权。在就业过程中，大学生的依赖心理表现在缺乏主动参与意识，独立性不强，信心和勇气不足，在社会为其提供的就业机会面前心存依赖，不主动参与就业市场的竞争，不敢向用人单位展示和推销自我，依靠自身的努力去赢得竞争、赢得用人单位青睐，或一味地依赖亲戚、朋友、社会关系给自己找门路，或依靠家长代替自己去奔波。这种消极被动的求职方式与当今激烈竞争的社会现实很不合拍，毕业生最终可能会错失良机。

依赖他人的帮助，毕业生有可能也会找到一份好工作，但是从长远来说，依赖的心理对毕业生的社会适应却是有害的，因为依赖的习惯会使人逐渐丧失自信、失去自我，不相信通过自己的努力会达成自己想要的目标。在当今竞争激烈的社会，自信心、自我效能感对于一个人的成功越来越重要。

5. 盲目从众心理

从众心理主要表现为随大流，人云亦云，缺乏个人主见。法国的自然科学家们曾经把一群毛毛虫放在一个盘子的边缘，让它们一个跟着一个，头尾相连，沿着盘子排成一圈。于是，这些毛毛虫开始沿着盘子爬行，每一只都紧跟着自己前边的那一只，既不敢掉队，也不敢独自走新路。他们连续爬了七天七夜，终于因饥饿而死去，而在那个盘子中央就摆着它们喜欢吃的食物。人们也许会讥笑毛毛虫的呆板与愚蠢，但是，人类有时也会犯同样的错误。例如，在就业过程中，部分大学生容易忽视自身所学专业和特长而盲目从众，在择业地区中死守"天(天津)、南(南方沿海城市)、海(上海)、北(北京)"，不去"新(新疆)、西(西藏)、兰(兰州)"。在择业单位上，盲目追求物质享受，千方百计涌向外资高薪企业和行政事业单位及高校科研单位。在从众心理的驱使下，毕业生从心理上限制了自己，择业面变窄，直接导致求职失败和困难。

适度的从众即认为多数人的行为和意见是正确的而怀疑自己的判断，在一定程度上有助于人们遵从一定的规范，形成一致的行为，完成群体目标。但它的消极影响不容忽视。在就业问题上，克服从众心理首先要认清自我，了解自己的价值观，弄清自己的条件(优势和劣势)，摆正自己的位置，根据自己的实际情况，形成一种脚踏实地的务实态度，而不是盲目随大流。其次，克服从众心理需要适当表现自己，做回自己。表现自己能帮助个体发现自己的特长和潜力，做回自己重在自我的突破和发展而不是强调与他人的统一。毕业生应跨越"从众"的矮墙，告别平庸，走向卓越。

6. 攀比心理

攀比心理是指个体发现自己与参照个体存在差距时产生的负面情绪。大学生在求职过程中，没有对自己的潜能、志趣、专业、特长、职业发展等因素进行分析，确定自己的求职方向，常会不由自主地与别人比较，看别人找到知名度高、效益好的单位，或进入大城市、选择了高层次部门，就会感到心理失衡，总希望自己也能找到条件相当的工作。他们不能结合自己的实际合理定位，要求用人单位十全十美，工资、福利、住房、地理位置、工作环境等都在考虑之内。

由于每个人的自身条件不同，找到的工作有差别也是自然现象。对毕业生而言，不能将眼光局限在当前的差别上，而要立足于现实，努力从自身角度出发选择适合自己的工作，不要盲目攀比。况且任何工作都有其优缺点，随着时间的推移，每个人都会面临不同的发展机会，再加上个人自身的适应性与努力程度不同，其发展前景也会有很大差异。树立正确的择业观念，消除虚荣心的影响，是克服攀比心理的有效途径。择业的基本原则是从自身的实际条件出发，选择适合自己的工作，而不是选择别人认为好的工作。如果为了面子而"这山望着那山高"，盲目与别人攀比，只会贻误个人的发展前途。

(五) 诱发大学生就业心理问题的主要因素

随着年龄、资历、教育等的变化，在诸多因素的影响下，选择职业的心理会发生变化。

1. 社会文化因素

(1) 家庭教育的影响。在教育方式上，一部分家长因为受教育程度较低，多采用简单、粗暴的传统的家长制手段。这种消极的教养方式，容易使子女形成敏感多疑、自卑易怒、抑郁焦虑、偏执敌对等不健康的品质。而且，部分家长在子女考入大学后将更多的精力转移到为其提供经济支持上，对子女的心理成长问题则关注不够。家庭教育是一个连续的过程，大学阶段的家庭教育是以往各个阶段家庭教育的延续，但又有其特殊性。大学阶段家庭对学生的教育主要是非智力因素的教育，其内容是配合学校、社会对大学生进行综合素质培养。这就要求家长要不断学习新的教育观念，了解大学生的心理特点，做好其心理压力的调节和疏导工作。

(2) 社会大环境的影响。随着社会主义现代化建设进程的加快，人们的社会生活思想领域、心理层面都发生了深刻的变化。高等院校处在社会思想变化的前沿，大学生的思想变化是社会思想变化的代表，整个社会所承受的改革的压力必然在大学生这个群体中显现出较为强烈的反应。面对许多社会思想观念方面的冲击，他们的心灵所受到的震撼也最为强烈。一些大学生产生了无意义感、多余感和厌烦等心态，从而引起其心理机制的应激反应，久而久之会导致心理障碍。对于正确的思想观念他们易于接受，但对于错误的东西，由于其社会阅历浅、辨别是非能力有限，因此会对社会上一些问题尚缺乏理性的思考，也易受到不良思想的影响。

(3) 学校教育制度的影响。这几年随着高等院校改革的深入，学校在学科建设、专业调整、师资队伍建设、改善办学条件、提高办学质量等方面比较重视，对学生的思想教育管理有时抓得不到位，对学生的心理素质培养、心理咨询工作重视不够。

2. 个体生理与心理因素

(1) 自身生理心理发展不平衡的影响。大学生在智力发育、思维水平和自我意识等诸多方面都有很大程度的发展和提高，但由于他们生活阅历浅、对问题缺乏客观正确的认识会导致生理需要和心理发育的不协调，加之有的学生还不善于认识问题和分析问题，不善于重建平衡，不善于运用自我功能克服危机，因此一旦面临种种压力，他们就容易出现心理失衡，导致心理障碍的发生。

(2) 躯体疾病的影响。许多学生入校后，放松了对身体的锻炼，饮食起居很不规律，导致精神不振，这会直接影响一个人的心理承受能力，甚至导致一些慢性疾病的发生。有的学生发病后又不愿及时诊治，造成精力不集中，精神空虚、烦躁，有的会提出休学，有的甚至认为既增加社会负担又增加家庭负担，产生轻生念头。这个问题如果处理不当，也会影响学生的心理健康。

(3) 环境变迁的影响。许多学生初入大学，对于面前所展现的校园生活环境感到既新奇又陌生。面对新的学习和生活环境、新的学习特点、新的人际关系建立等问题缺乏适应和调节的能力，有一些学生甚至缺乏独立生活的能力。这些日常的生活问题给大学生带来了困扰，一定程度上影响了大学生的心理健康状况，如果不能得到及时有效的解决和调适，甚至会影响他们以后的适应性和心理健康。

(4) 自我意识的影响。自我意识在心理发展和人格健全中起着导向、控制、内省和归因作用，也是大学生健康成长、全面发展、走向成功的必备要素。尽管从总体上来说，当代大学生的自我意识发展的水平较高，但由于青年期这一特殊的生理和心理发展阶段，故大学生自我意识发展存在着许多的矛盾和偏差。这种矛盾和偏差表现在：过度的自我拒绝、过强的自尊心、过重的自卑感、过分的独立意识与过分的逆反心理、扭曲的自我中心感和普遍的从众心理等。这些心理偏差使得大学生在面临学习压力、经济压力、情感压力、就业压力等时不能用一种平衡的心态去调整自我。于是，大学生在理想追求中因期望值过高，而又受现实主客观因素的阻碍，在矛盾冲突中就产生迷茫、悲伤、怨天尤人等严重心理障碍；在人际交往中，大学生或心胸狭窄，或自卑，或自命不凡等，不愿坦诚与人交往，把自己游离于集体之外，这样容易产生压抑、孤寂、悲观、厌世的心理问题；在情感问题上受挫、在择业中不顺利或在生活上遇到其他不如意的事情，则由于情感脆弱、意志不坚定产生强烈的消极情绪体验，从而陷入失望、恐惧、愤怒、悲观厌世的烦恼中。

从以上种种表现可以看出，大学生在求职择业中产生的这些心理障碍大多属于适应性障碍。这主要是因为大学生面对求职环境的应对不良而引起的各种状况，也说明大学生对求职环境缺乏一种良好的适应状态。但这种现象只是属于发展过程中的适应不良引起的，只要大学生能主动适应就业环境，各方面引导得当，这些心理障碍会随着时间的推移而逐渐消除，大多数不会形成心理疾患。

(六) 大学生就业心理调适方法

1. 自我激励法

大学生在就业过程中需要进行面试，而面试往往容易使其出现胆怯、信心不足等现象。遇到这种现象时，大学生可以通过自我激励法进行调节。自我激励法主要有以下两种。

(1) 积极地自我暗示。这主要是指运用内部语言或书面语言来调节自己的情绪，增强自己的自信心，如在心里默念"我能行""我会发挥得很好""我一定能成功"等语句，或写在纸上，或找个视野开阔的地方大声喊出来。

(2) 大胆实践。这主要是指大学生可以通过主动出击，做一些自己本不敢做的行动来激励自己，如要求自己主动与用人单位的代表打招呼、握手问好，把心里的想法响亮地说出来等。

2. 自我安慰法

大学生在就业过程中遇到困难和挫折时，首先应当想办法努力解决困难，改变状况，但是如果仍旧无法改变现状，就可以通过自我安慰法来缓解内心的矛盾冲突，消除一系列的不良情绪。具体来说，可以说服自己适当地做出让步，将不成功归因于客观条件和客观现实，同时要勇敢地接受现实，也可以用"失败乃成功之母"这样的句子来安慰自己。

3. 注意力转移法

注意力转移法是指把注意力从消极的情绪转移到积极的情绪上。一般情况下，大学生通常能够对自己的不良情绪进行有效的控制。然而，在就业的过程中，很容易滋生一种难以控制的不良情绪。这时，大学生应该采取注意力转移法，把自己的情感和精力转移到其他活动中去。例如，可以参加一些自己感兴趣的活动，可以学习一些新的知识和技能，使自己没有时间和可能长期沉浸在不良情绪中，以求心理平衡，保护自己。

4. 松弛练习法

松弛练习法是指一种通过练习学会在心理和躯体放松的方法。大学生在就业面试时遇到紧张、恐惧、焦虑、失眠等状况，可以通过松弛练习进行消除。常见的松弛练习法有肌肉松弛练习和意念松弛练习两种。

(1) 肌肉松弛练习。肌肉松弛练习的具体方法是：先紧张某些肌肉群，然后放松。例如，用力握紧拳头，坚持10秒左右，然后彻底放松双手，体验放松的感觉；将脚尖使劲向上翘，脚跟向下向后紧压地面，绷紧小腿肌肉，坚持10秒钟，然后彻底放松，体会小腿放松的感觉。

(2) 意念松弛练习。意念松弛练习的具体方法是：先稳定情绪，静下心来，闭上眼睛，排除杂念，把注意力集中到腹部，用腹式呼吸法慢慢呼吸。腹式呼吸法是一种非常安全而有效的呼吸方法。吸气时，感觉气沉在肺底，并一直把空气吸向腹部，感觉横膈下沉，并带动腹内的各种脏器一起下沉。肋骨向外和向上扩张。呼气时，横膈渐渐复位，小腹回落，要想象这股气从头顶向后顺着脖子、脊柱直回腹部。一般反复几次就能消除紧张状态。

5. 合理宣泄法

大学生在就业过程中遇到失败和挫折，处于焦虑、抑郁等消极状态时，可以进行合理宣泄。合理宣泄的方法有很多，常见的有以下三种。

(1) 哭泣。可以找个适当的场合大哭一场，使紧张的情绪得以缓解和消除。

(2) 倾诉。可以向朋友、同学、家人、老师倾诉心中的烦恼和忧虑，也可以用写日记的办法倾诉不快。

(3) 适度体育运动。可以进行打球、爬山、长跑等运动项目。当然，宣泄情绪要注意场合、身份、气氛；宣泄要适度，不能伤害他人或破坏他人或集体的财物。

6. 理性情绪法

任何人都不可避免地具有或多或少的不合理的思维，但经常用不合理的思维去面对问题、行动，就会使这些不合理的思维转化为内化语言，会造成无法排解的情绪困扰。因此，我们需要接受自己的情绪，并用理性的思维去消除不良的情绪。这种认识实际上来源于美国临床心理学家艾里斯提出的"合理情绪疗法"。他认为，情绪困扰经常是由个体对事件的非理性解释和评价导致的，如果改变个体的非理性想法，使其重新认识和评价诱发事件，领悟到理性观念，就能使情绪困扰予以消除。

大学生在就业过程中，一遇到挫折和失败，就会出现各种不良情绪，主要是因为其总是认为就业不会很难，这种想法对其摆脱不良情绪极为不利。因此，要学会利用理性情绪法，通过纠正不合理的想法来排除不良情绪的干扰，做情绪的主人。

7. 积极寻求必要的社会辅助

当大学生靠自己一个人的力量不能独立应对就业过程中所遭遇的心理困境时，应当寻求社会辅助。

1) 向就业主管部门咨询

当前阶段，中国高校大学生的就业不再是过去的统包统分，而是大学生与用人单位的双向选择，主管部门与学校上下结合来制订就业计划。因此，大学生在就业时，可先认真阅读相关就业文件，了解就业政策，并及时向学校负责就业的部门和老师咨询，以便帮助自己顺利找到工作。大学生若不了解就业政策，盲目地寻找就业单位，则很容易受到挫败，打击自己的自信心，从而出现诸多心理问题。

2) 寻求家人朋友的帮助

大学生可以将自己的基本情况和愿望告诉亲戚、朋友、同学和熟人，请他们留意有关就业的信息并帮助推荐，形成一个广阔的信息网，从而让自己尽早了解社会需求和用人单位的情况，选择较好的职业。当找到满意的工作时，就业心理问题自然就会得到解决。

3) 寻求心理咨询机构的帮助

当前，很多高校都有心理健康咨询中心，社会上的心理辅导机构也纷纷建立起来。因此，当大学生在就业过程中，因就业挫折而产生焦虑、烦恼、抑郁等不良情绪时，可寻求心理咨询与辅导机构的帮助。通常情况下，心理辅导老师或者心理医生能帮助大学生迅速有效地消除就业挫折带来的不良情绪，帮助大学生更加客观正确地认识自我，同时，还能够使大学生通过心理训练，提高就业面试的技巧。

五、执行任务

(一) 就业压力自我评估

1. 任务目的

在当前竞争激烈的就业市场环境下，大学生面临着诸多挑战与压力，准确把握自身所承受的压力程度至关重要。本活动旨在通过大学生就业压力问卷测验，帮助大学生自我评估面临就业压力的程度，了解自身在不同维度上的压力状况，引导学生正确认识就业压力，并学会采取积极有效的应对策略。有助于大学生明确自己在哪些方面承受着较大的压力，为后续有针对性地采取应对措施提供依据。

引导学生认识到就业压力并非完全是负面的，适度的压力可以激发大学生的动力和潜能，促使他们更加积极地为就业做准备。通过本次活动，大学生可以明白就业压力的产生是多种因素共同作用的结果，是大学生活中的一种正常现象，从而避免因过度焦虑而产生心理问题。

2. 任务流程

仔细阅读大学生就业压力问卷中的题目(见章后附录)，根据自己的实际情况进行作答。问卷涵盖职业素质评价、就业竞争环境、自我认识与定位、就业心理预期、缺少求职帮助、专业供求矛盾六个维度，共59道题目。

3. 计分方式及评分标准

可采用Likert5级计分法，1分表示完全不符合；2分表示比较不符合；3分表示一般；4分表示比较符合；5分表示完全符合。计算总分则将所有题目的得分相加，总分越高，表明大学生的就业压力越大。

各维度得分：分别计算六个维度的题目得分总和，其中竞争性就业环境：1、6、10、11、17、19、26、28、29、31、41、50、51、53；自我意识和定位：2、5、22、36、37、52、58；就业心理预期：7、8、25、32、35、39、44、47、55；缺乏求职帮助：13、14、34、38、40、42、46、48、56；专业供求矛盾：3、49、54、59。

4. 注意事项

本测评仅为自我评估工具，其结果不能替代专业分析。

在进行测评时，请保持客观和真实，以便更准确地了解自己的就业压力状况。

若测评结果显示压力较大，或你意识到自己在就业方面存在困扰，请及时寻求心理老师、辅导员等工作人员的帮助和建议，共同探讨应对策略。

(二) 正念呼吸放松练习

1. 活动目的

通过正念呼吸放松练习，帮助大学生缓解就业压力带来的紧张、焦虑等不良情绪，提高心理调适能力，以更加积极平和的心态面对就业挑战。正念呼吸能让大学生们觉察自我，链接身体感觉，深入了解自己在压力状态下的身心反应，从而更好地进行情绪管理和心理调节。

2. 活动流程

找一个安静舒适的地方坐下，挺直脊背，放松肩膀。每次呼吸时，觉察身体的感觉和心情的变化。阅读如下正念呼吸引导语，在每次呼吸后，记录下身体感受、心情变化以及觉察到的任何思维或情绪。重复这个过程，直到完成10次呼吸的记录，见表5-1。

正念呼吸引导语如下。

请尽量以慢节奏做10次深呼吸。现在，将注意力集中在胸腔起伏和肺部叶纳之上。注意吸气的感觉：胸腔扩展、肩膀抬升，胸部扩张；再去注意呼气的感觉：胸腔收缩，肩膀下沉，空气从鼻孔中呼出。现在，请尽力将肺里的气体完全排空，仿佛一丝空气都不留，感受肺部的收缩，再次呼气之前，先停顿会儿。然后，再次吸气，觉察腹部如何慢慢鼓胀起来。现在、请允许任何想法和意象在头脑背景中来来去去，仿佛是街道上自由育校的汽车。如果出现一个新的想法或意象，就单纯承认它们的存在，好像是对此刻驶过身边的汽车里的司机颔首致意。然后，继续将注意力放在呼吸上，感觉肺部空气的进出。当一个想法或意象出现时默默对自己说"谢谢"。这么做可能会很有帮助。很多人都是通过这个方法来确认想法的存在并让想法自行消散的。不妨现在就去试试，如果真有帮助，就可以经常练习。一个想法或许会时不时地吸引你的注意，让你"上钩"和把你"拐跑"，练习也因之中断。这时、你需要意识到自己"上钩"了，花一两秒觉察是什么在分散注意力，然后轻柔地让自己"脱钩"，将注意力重点收回到呼吸之间。

表 5-1　正念呼吸记录表

呼吸次数		身体感觉	觉察到的想法	体验到的情绪感受
1				
2				
3				
4				
5				

现在，请再读一遍指导语，然后合上书，再练习一遍。

进展如何？练习过程中，绝大多数人会多次对想法"上钩"或被"拐跑"，这正是想法影响我们的典型方式：将我们缠绕进去，从而无法聚焦于正在做的事。通常，我们会说头脑在漫游，其实并不准确，真正漫游的是注意力。通过反复规律进行上述练习，我们会学到三种非常重要的技巧：如何任由想法来去而不予以关注，如何识别出自己对想法"上钩"或被其"拐跑"，如何轻柔地让自己从想法中"脱钩"并重新聚焦。

3. 注意事项

在练习过程中，如果被外界干扰打断，不要急躁，重新将注意力拉回到呼吸上即可。通过这种方式，不断训练自己的觉察力和专注力，更好地应对外界干扰。

不要对自己的表现过于苛刻，这个练习是一个渐进的过程，每次的进步都是值得肯定的。接纳自己在练习中的不完美，有助于建立积极的自我认知。

4. 总结与启示

可以将这个练习融入日常生活中，比如在感到压力大的时候，随时进行正念呼吸放松，帮助自己调整状态。让正念呼吸成为一种习惯，持续提升自己的心理调适能力。

通过这个正念呼吸放松练习，大学生们可以更好地应对就业压力，保持良好的心理状态，通过觉察和链接身体感觉，大学生们能够更加深入地认识自己，提升自我认知和情绪管理能力，以更加从容的姿态面向未来的挑战。

(三) 摆脱就业烦恼——认知灵活性练习

1. 理论基础

认知灵活性练习源自理性情绪疗法，是由美国心理学家阿尔伯特·艾利斯创立的，完整模型是"ABCDE"，具体如下。

A(activating events)是指诱发性事件。

B(believes)是指由 A 引起的信念，即对 A 的评价和解释等。

C(emotional and behavioral consequence)是指情绪和行为的后果。

D(disputing irrational believes)是指与不合理的信念辩论。

E(new emotional and behavioral effects)是指通过治疗达到的新的情绪及行为的治疗效果。

合理情绪疗法的基本理论是情绪ABC理论(图5-7)。该理论认为，人的消极情绪和行为障碍结果(C)，不是由某刺激事件(A)直接引发的，而是由经受这一事件的个体对它不正确的认知和评价所产生的错误信念(B)直接引起的。也就是说，诱发事件(A)只是引起情绪及行为反应的间接原因，人们对诱发性事件所持的信念、看法、解释(B)才是引起人们的情绪及行为反应(C)更直接的原因。

合理情绪疗法就是要以理性信念治疗非理性信念，帮助人们以合理的思维方式和信念代替不合理的思维方式和信念，从而最大限度地减少不合理的信念给情绪带来的不良影响也就是说，合理情绪疗法主要通过改变认知来帮助人们减少或消除他们已有的情绪障碍。不合理信念的三个特征如下。

(1) 绝对化的要求。这主要是指人们以自己的意愿为出发点，对某事怀有其必定会发生或不会发生的信念。这种信念通常通过必须、应该等绝对化字眼进行表达，例如，我必须成功，别人必须对我好，工作应该很好找到等。

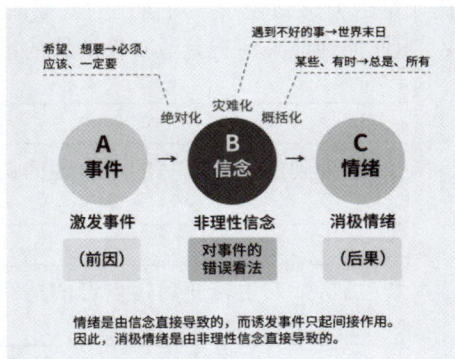

图 5-7　情绪 ABC 理论模型图

(2) 过分概括化。这是一种以偏概全、以一概十的不合理思维方式的表现。一方面，表现为对自身的不合理评价。自己一旦做错了一件事，就认为自己一无是处，以某一件或几件事来评价自己的整体价值，其结果往往会自责自罪、自暴自弃，进而产生焦虑和抑郁等情绪。另一方面，表现为对他人的不合理评价。别人稍有一点做不好就认为对方坏透了，完全否定他人，责备他人，从而产生敌意和愤怒等情绪。

(3) 糟糕至极。这种想法认为，如果一件不好的事发生了，就将非常可怕糟糕，甚至可谓一场灾难。糟糕至极常常是伴随着人们对自己、对他人及对周围环境的绝对化要求而出现的，这将导致个体陷入耻辱、自责、自罪、焦虑、悲观、抑郁等极端不良的情绪体验的恶性循环之中，且难以自拔。

2. 活动设计：摆脱就业烦恼——认知灵活性练习

在就业心理调适的过程中，学生们常常会因为各种就业相关的问题而产生负面情绪。通过学习就业心理的相关理论，学生们了解到不合理的就业认知会引发负性情绪，影响求职行为甚至对自身心理状态产生不良影响。

活动步骤：

(1) 准备A4纸若干、盒子，舒缓的有助于放松的音乐(可选择一些适合缓解压力的轻音乐)。

(2) 回忆就业困扰事件：让学生写出近期在就业过程中发生的最令人困扰、焦虑的事件，并回忆当时在面对该事件时的心理感受、生理反应以及行为表现。比如感到焦虑时是否心跳加速、坐立不安，是否会频繁投递简历却缺乏针对性等。

(3) 扔掉就业烦恼：将书写有就业烦恼的纸条折叠，用力扔到盒子里。体会把纸条(代表愤怒、焦虑或烦恼的就业事件)用力扔进盒子后的感受，仿佛是在扔掉就业压力带来的负担。

(4) 抽取他人纸条：所有学生从盒子里随意抽取一张他人写的纸条。

(5) 看到其他同学写的就业事件和解决方案，感受自己的生理反应和情绪体验。比如是否会感同身受，或者从他人的经历中获得启发：

① 你觉得他在就业事件中的认知(B)合适吗？例如，有的同学可能因为一次面试失败就认为自己能力不足，这种认知是否合理。

② 请你帮他找出1～2个更合理的认知和解决此问题的方法。比如面试失败可能是因为岗位不匹配，而非自身能力问题，可以继续有针对性地寻找更适合的岗位。

(6) 体验感悟分享。当你给出了新的认知和解决方案时，感受自己的生理反应和情绪体验。比如是否会感到轻松，对自己的就业前景更有信心。

① 抽到他人写有就业负性情绪的纸条后，你的情绪、身体有何反应？

_____

_____

② 你抽到的纸条上写的不合理的认知是什么？可以用哪些新的认知解决此问题？

_____

_____

③ 当认知发生转变后，自己的情绪体验和生理反应又发生了哪些变化？

_____

_____

(四) 挫折事件应对——自我关爱练习

1. 任务目标

本任务旨在帮助求职大学生提升面对挫折的心理韧性，增强自我关爱意识。通过回顾挫折事件、进行自我关怀对话、发现成长点、制订新计划以及每日自我肯定等步骤，引导大学生以积极的心态看待求职挫折，从挫折中汲取经验教训，不断提升自身能力和综合素质，为实现理想的职业目标奠定坚实的基础。

让大学生学会在挫折中关爱自己，理解挫折是成长的一部分，并非对自己的否定。培养大学生面对困难时的乐观精神和坚定信念，使其在求职道路上更加自信、勇敢地前行。

助力大学生掌握有效地应对挫折的方法和技巧，提高其应对不确定性和压力的能力，以更好地适应复杂多变的求职环境。

2. 任务步骤

1) 挫折回顾

寻一处安静之所坐下，轻轻闭上双眼，做几次深呼吸让自己放松下来。接着回忆自己在求职过程中遭遇的一次挫折事件，涵盖当时的具体情景、内心感受以及脑海中的想法。在笔记本上简要描述此次挫折。

遭遇挫折的求职情景：

_____
_____

当时的想法和感受：

_____
_____

2) 自我关怀对话

想象自己拥有一位充满爱意与智慧的内在伙伴，此刻这位内在伙伴要与自己倾心交谈，心中默默诵读以下这段话，表达对自己在挫折中所经历的痛苦的理解与同情，充分肯定自己在这个过程中的努力与勇气。

亲爱的_____：

我知晓这次求职挫折让你深感沮丧与困惑，你或许在疑惑，为何事情没有朝着期望的方向发展呢？为何自己付出了努力却没有得到想要的结果呢？但请务必相信，这绝非你的过错。求职之路本就充满变数，众多因素会左右其走向。你已然十分努力，为了这次求职，你做了充足的准备，你用心应对每一个环节，展现出了自身的实力与潜力。你是如此优秀，拥有诸多优点与才能，只是暂时未遇到最为契合的机会罢了。切勿因这次挫折而否定自己，不要让它挫伤你的自信心。挫折只是暂时的，它是迈向成功的阶梯。每一次挫折都是一次成长的契机，它能让你更清晰地认识到自己的不足，促使你更加努力地提升自我。你必定能够从这次挫折中走出来，变得愈发强大。请坚信自己，你完全有能力找到一份理想的工作。你拥有足够的智慧与勇气去直面未来的挑战。你独一无二，值得拥有美好的职业前景。加油！我会始终陪伴在你身旁。

爱你的内在朋友：_____
_____(日期)

273

3) 发现成长点

回顾这次挫折，深入思考自己从中收获了什么。可以从自身能力、心态调整、求职技巧等方面进行思索。以下横线处罗列自己在此次挫折中获得的成长点。

我意识到：

_____

_____

我学会了：

_____

_____

(五) 绘制暖心罗盘

1. 理论依据

在面对就业挫折，尤其是面试失败时，大学生容易陷入自我怀疑和消极情绪中。此时，强大的社会支持系统可以为大学生提供情感慰藉、实用建议和新的机会，帮助他们尽快走出挫折，重拾信心，继续积极应对就业挑战。社会支持理论强调，个人在面临压力和困境时，来自他人和社会的支持能够有效增强其心理韧性和应对能力。

2. 活动准备

准备足够数量的空白纸张和笔。向学生介绍活动主题为"面对面试失败等就业挫折时如何构建支持系统"及活动流程。

3. 活动步骤

发给每位学生一张空白纸，让他们在纸的中心位置写上"我(面对面试失败时)"。引导学生思考在面试失败后可以求助的对象，将这些对象填写在第二圈，如家人、朋友、老师、辅导员等。离我越近的代表越先想到的求助对象。

针对每个求助对象，在第三圈填写他们可以提供的直接帮助。例如，家人可能给予安慰和鼓励，提醒自己的优点和潜力；朋友可以分享他们类似的经历及应对方法，一起分析失败原因；老师和辅导员可以提供专业的面试技巧指导和职业规划调整建议。如图5-8所示。

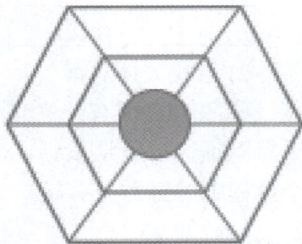

图5-8 暖心罗盘

4. 小组讨论

将学生分成小组，每个小组4～6人。让学生在小组内分享自己面试失败的支持系统，讨论不同求助对象的有效性，以及如何更好地向他们寻求帮助。小组推选代表，准备在全班分享小组讨论的结果。

每个小组的代表向全班同学介绍自己小组讨论的主要内容，包括对不同求助对象在应对面试失败时的作用的认识和具体的求助策略。其他小组的同学可以提问和发表自己的看法。

5. 教师总结

教师对各小组的分享进行点评和总结，强调在面对就业挫折时积极构建和利用支持系统的重要性。提供一些额外的建议和资源，如学校的就业辅导中心、在线职业社区等，鼓励学生在遇到面试失败等挫折时不要独自承受，要主动寻求支持，不断调整自己，以更好的状态迎接下一次挑战。

六、通关要领

在当前国内经济形势复杂多变、就业环境面临诸多挑战的新形势下，大学毕业生的就业问题愈发凸显。近些年来国内经济增速有所放缓，产业结构持续调整，新兴行业不断涌现，传统行业也在积极转型。在这样的背景下，大学生就业市场竞争激烈，就业压力持续增大。就业本身就是毕业生认识和适应社会的一个过程，在求职过程中遇到困难甚至经过几次挫折最后才获得成功是正常的；在就业中遇到许多心理冲突、困惑，产生一些不良情绪也是正常的。大学毕业生在遇到就业问题时要及时调整心态，从容、冷静地面对就业这一人生重大课题，并做出正确、理智的选择。树立正确的就业观对毕业生就业具有导向和动力作用。它支配着就业主体对就业目标的期望、定位和选择，支配着就业主体的就业行为。

(一) 认清形势，转变观念

大学生应当清醒地认识到我国社会经济发展的现状与趋势，深入了解国家就业政策的导向。面对不断变化的就业市场和对多元化人才的需求，大学生首要任务是进行自我认知的审视与评估，做到合理定位，既立足现实又展望未来，适时调整个人期望值。在双向选择的就业环境中，大学生需学会以积极、健康的心态面对挑战，增强自我调控能力，保持理性与冷静。要深刻理解学业与技能在求职就业中的基石作用，认识到随着时代的发展，知识与技能必须不断更新与提升。

将个人发展融入国家发展大局，理解个人命运与国家发展同频共振的深刻含义。了解国家发展战略、产业升级趋势等宏观背景，激发对国家未来的责任感与使命感，鼓励大学生选择既符合个人兴趣与能力，又能服务于国家和社会发展的职业道路。大学生应当进一步树立终身学习的理念，将知识教育与技能培训视为个人成长的重要组成部分。通过不断"充电"，提升自我素质，以适应时代发展的需要，确保在激烈的就业竞争中占据主动地位，实现个人价值与社会贡献的双赢。

(二) 树立先就业后择业的职业流动观念

随着我国各项改革向纵深推进，各行各业之间、各行业及各个企事业单位内部等都会引入竞争机制。竞争必然优胜劣汰，从而使职业变更不可避免。现代社会为人们提供了独立发展的空间，市场优化配置资源的方式是合理流动，市场经济配置人力资源的特征也是流动。资金、商品要流动，人力资源也同样要流动，社会不再有从一而终的职业。先就业并不意味着随意选择一份工作，而是要以积极的心态去面对各种机会。通过实际工作的锻炼，提升自己的专业技能和综合素质，为未来的职业发展打下坚实的基础。当积累了一定的经验和资源后，再根据自己的职业规划和人生目标进行择业，此时的选择将更加理性和成熟。

职业流动是现代社会的显著特征。人们不再局限于一种职业或一个岗位，而是在不同的领域和行业中寻找更适合自己的发展机会。树立先就业后择业的职业流动观念，有助于更好地适应社会的变化，实现自身价值。

(三) 树立自主创业的择业观

自主创业为大学生提供了一条崭新的职业发展道路。随着社会经济的不断发展和科技的持续进步，新的商业机会层出不穷，为有创业志向的大学生搭建了广阔的舞台。大学生自主创业能够充分展现他们的创新活力与创造力。凭借自身的专业知识、独特兴趣，以及对市场的敏锐洞察力，大学生可以开发出富有创意的产品或服务，最大限度地实现自我价值。同时，创业的过程也是对大学生综合能力的全面锤炼，能够培养他们的坚韧意志、问题解决能力和领导才能。

自主创业的大学生还能为社会创造大量的就业岗位，有力推动经济的蓬勃发展。他们在追逐自己梦想的同时，也为其他求职者提供了工作机会，为社会的稳定与繁荣贡献力量。此外，大学生的创业活动往往能够带动相关产业的创新与发展，促进经济结构的优化升级。

然而大学生自主创业绝非坦途，需要具备多方面的素养和能力。他们要有敏锐的市场嗅觉，精准把握市场需求和发展趋势；要掌握扎实的专业知识和技能，为创业项目提供坚实的技术支撑；要培养良好的团队协作精神，组建一支高效、团结的创业团队；更要有强烈的风险意识和出色的应对能力，在遭遇各种困难和挑战时能够保持冷静，积极探索解决方案。

(四) 应对就业错位、适应新趋势

在当前经济和就业市场的新形势下，大学生在就业过程中遇到专业错位、学历错位和能力错位的现象较为普遍。这种错位往往是由于产业结构调整、市场需求变化，以及高校专业设置与社会需求之间的不匹配所导致的。这种错位是多种因素造成的结果，如在国民经济转型期中产业结构的调整相对市场需求的变化存在滞后性，有一个时间差，高校的专业结构的调整更是需要时间的。在市场的多元性和经济的动态发展的客观条件下，大学生就业错位现象是当前人才供给与现实需要不完全相符的实际表现，是与当前形势相吻合的正常现象。因此，大学生要求所学专业与社会工作完全一致显然是不可能的。大学生就业时绝不能把专业对口、学以致用绝对化。

大学生应当认识到就业是一个动态的过程，专业与工作的不匹配并不意味着就业失败。他们应该保持开放的心态，愿意接受与专业不完全对口的工作机会，同时积极提升自己的跨学科能力和综合素养，以适应岗位的需求。这可以通过参加实习、兼职、志愿服务等实践活动来实现，这些经历不仅能够增强个人的社会适应能力，还能拓宽就业选择。大学生应该树立积极的就业观念，认识到就业是一个长期的过程，需要不断地学习、适应和成长。他们应该摒弃一步到位的想法，而是通过不断地实践和经验积累，逐步实现职业发展目标。

(五) 树立职业无贵贱的观点

在新时代背景下，随着社会对各类职业的需求日益多样化，每种职业都有其存在的价值和意义。无论是高科技领域的研发人员，还是服务行业的普通员工，他们都是社会发展不可或缺的一部分，都在为社会的进步和人民的福祉做出贡献。每项工作、每个岗位都有其客观的社会意义和价值。"没有永恒的文凭，也没有永恒的地位，只有永恒的价值。"只要尽自己最大的努力以诚实的劳动为社会做贡献，就能获得社会报酬和人们的赞誉。每个大学生在就业时都应摒弃世俗偏见，正确对待职业。

大学生在求职过程中，应该摒弃传统的职业等级观念，认识到每份工作都是社会大机器中的重要一环，都是实现个人价值和社会价值的重要途径。职业的选择不仅仅是为了谋生，更是个人实现自我价值和社会价值的途径。在职业选择上，应该更加注重个人兴趣、专业特长与社会发展需求的结合，而不是单纯追求所谓的"高人一等"的职业。通过自身的努力，在任何岗位上都能够发光发热，实现自己的人生价值。这种职业观念的转变，不仅有助于大学生顺利就业，还有助于形成更加公平、包容和多元的社会氛围，促进社会的和谐发展。

(六) 客观评价自我、克服理想化倾向

大学生应当以科学的态度来审视自我，进行客观的自我评价，并且合理地设置职业目标，避免过度的理想化倾向。理想化倾向往往是指个体在认识自我和社会时，存在一种不切实际的美好幻想。具体表现在高估个人能力和低估实现目标所需的努力，以及对于未来职业发展的过分乐观估计。这种倾向容易导致个体在遭遇现实挑战时感到失望、沮丧甚至放弃，从而影响个人的职业发展和社会适应。

为了克服理想化倾向，大学生在就业前应该进行全面而客观的自我分析。首先，要认识到自己所在学校的社会影响力及其在教育质量上的表现，了解自己所学专业的市场需求和发展前景。其次，要清晰地认识自身的性格特点、兴趣爱好以及职业技能水平，这些因素都将直接影响未来的职业选择与发展。此外，还要考虑个人的价值观和社会责任感，因为这些内在驱动力是支撑一个人在职业生涯中持续前进的重要因素。

在设定职业目标时，不仅要问自己"我能做什么"，更要思考"社会需要我做什么"。这意味着在选择职业道路时，要结合社会需求和个人特长，寻找两者之间的最佳契合点。即使最初的工作可能并不完全符合个人的兴趣，也应该学会在工作中发现乐趣和价值，逐渐培养出对工作的热爱。正如社会主义核心价值观所倡导的那样，敬业精神不仅是对工作的态度，更是个人成长与社会责任的体现。

总之，选择职业就是选择未来，毕业生如果能正确地认识自己，全面地了解和认识社会环境，弄清当前的就业形势，正确地选择职业，也就为未来的成功奠定了良好的基础。通过社会、学校、家庭的共同努力，一定能够帮助毕业生树立良好的求职择业观念，也必将对大学教育快速、健康发展起到一定的促进作用。同时，大学毕业生应当自觉地提高自我心理调适的主动性，积极调整心态，促进人格完善。在求职择业过程中，通过对自己在就业时出现的种种不良心态的分析，可以发现自己平时不容易察觉的一些人格缺陷。应该说，这些人格缺陷是产生就业心理问题的根本原因，如果现在没有很好地完善自己的人格，那么这些问题还会给今后的工作、生活带来困扰。因此，要正确面对就业过程中自身暴露出来的问题，不必为自己所存在的人格缺陷而懊恼，因为绝对的人格健全者几乎是不存在的，关键是要在发现自己的问题的基础上，积极改变自己、发展自己，使自己的人格更加成熟，顺利就业。

【拓展阅读】

"慢就业"可以，"逃就业"不行

又到一年"金九银十"，校园招聘迎来黄金期。当大多数毕业生奔波于各大招聘会、投递简历时，却有一部分年轻人选择暂缓求职脚步——他们或旅行、或做义工、或尝试自由职业，以"慢就业"的方式探索更适合自己的职业方向。数据显示，近年来选择"慢就业"的毕业生比例有所上升，成为就业市场的新现象。

"慢就业"本身并非问题。初入社会，年轻人需要时间认清自我、了解行业，避免盲目扎堆"热门岗位"。合理的职业观望，能帮助毕业生做出更成熟的选择。但值得注意的是，部分年轻人以"慢就业"为名，实则逃避就业压力——或依赖家庭经济支持，或畏惧职场竞争，迟迟不愿迈出第一步。这种"慢"不再是理性规划，而是"逃就业""懒就业"的托词。

与"慢就业"形成鲜明对比的，是"早就业"群体。他们深知，二十余年的求学之路离不开家庭和社会的支持，尽早投身职场不仅是对自我的历练，更是对责任的担当。就业不仅是谋生手段，更是个人价值与社会需求的交汇点。延迟就业或许能换来短暂轻松，但长期脱离职业赛道，可能让年轻人错失成长机遇，甚至陷入"越慢越怕、越怕越慢"的恶性循环。

当然，就业焦虑并非毫无缘由。职场竞争激烈、行业波动加剧，让部分毕业生望而生畏。但逃避无法解决问题——行业弊病不会因个人迟疑而消失，职场挑战也不会因拖延而减轻。真正的"慢就业"，应当是以主动探索替代被动等待，以职业规划替代盲目试错。

面对"慢就业"现象，社会需避免一刀切评价。对积极寻求方向的年轻人，应给予理解与支持；对以"慢"为借口的逃避者，则需及时引导。高校在传授专业知识的同时，更应强化职业观教育，帮助学生建立"劳动创造价值"的认知。

就业是人生的重要转折，慎重选择无可厚非。但"慢"必须有度——它应是职业航程的短暂停泊，而非永久抛锚。年轻人终需明白：社会不会为任何人按下暂停键，唯有直面挑战，才能在时代浪潮中锚定自己的坐标。

七、晋级成功

写下收获，取得下一关闯关资格。

_____
_____
_____
_____
_____
_____
_____
_____
_____

附录：大学生就业压力问卷

大学生就业压力问卷

指导语：问卷中的问题是大学生在找工作的过程中可能产生就业压力的来源或原因。请您就题目给出的各种就业压力源，结合自己所感受到的压力大小，选择符合自己实际情况的选项。选项包括"完全不符合、比较不符合、一般符合、比较符合、完全符合"，每题只选一项，选择无所谓对错，如实填写即可。

1. 所学专业的市场需求量较小，人才供过于求。
□完全不符合　　□比较不符合　　□一般符合　　□比较符合　　□完全符合

2. 父母与自己的就业去向意见不一致。
□完全不符合　　□比较不符合　　□一般符合　　□比较符合　　□完全符合

3. 不知道自己喜欢什么工作。
□完全不符合　　□比较不符合　　□一般符合　　□比较符合　　□完全符合

4. 自己的语言表达能力较弱。
□完全不符合　　□比较不符合　　□一般符合　　□比较符合　　□完全符合

5. 缺乏学生干部的工作管理经历。
□完全不符合　　□比较不符合　　□一般符合　　□比较符合　　□完全符合

6. 所学专业是万金油的性质，没有学到什么技能技巧。
□完全不符合　　□比较不符合　　□一般符合　　□比较符合　　□完全符合

7. 周围的同学找到的工作比自己好。
□完全不符合　　□比较不符合　　□一般符合　　□比较符合　　□完全符合

8. 许多单位都在压缩岗位编制，可提供的岗位减少。
□完全不符合　　□比较不符合　　□一般符合　　□比较符合　　□完全符合

9. 担心求职时上当受骗。
□完全不符合 □比较不符合 □一般符合 □比较符合 □完全符合

10. 不知道本专业究竟适合从事什么工作。
□完全不符合 □比较不符合 □一般符合 □比较符合 □完全符合

11. 担心找到的工作没有发展前景和机会。
□完全不符合 □比较不符合 □一般符合 □比较符合 □完全符合

12. 自己的组织与管理能力较差。
□完全不符合 □比较不符合 □一般符合 □比较符合 □完全符合

13. 没有什么社会关系帮助自己求职。
□完全不符合 □比较不符合 □一般符合 □比较符合 □完全符合

14. 很想在相对稳定的行业里工作。
□完全不符合 □比较不符合 □一般符合 □比较符合 □完全符合

15. 自己学习成绩不好。
□完全不符合 □比较不符合 □一般符合 □比较符合 □完全符合

16. 工作岗位对本专业人员的素质要求很高。
□完全不符合 □比较不符合 □一般符合 □比较符合 □完全符合

17. 不知道自己适合什么工作。
□完全不符合 □比较不符合 □一般符合 □比较符合 □完全符合

18. 所学专业的就业面较窄，对口的就业岗位不多，选择的机会少。
□完全不符合 □比较不符合 □一般符合 □比较符合 □完全符合

19. 自己的性格不好。
□完全不符合 □比较不符合 □一般符合 □比较符合 □完全符合

20. 担心要从底层做起。
□完全不符合 □比较不符合 □一般符合 □比较符合 □完全符合

21. 自己的专业技能水平不高。
□完全不符合 □比较不符合 □一般符合 □比较符合 □完全符合

22. 担心工作的经济待遇低，薪水少。
□完全不符合 □比较不符合 □一般符合 □比较符合 □完全符合

23. 没有考取某些重要的资格证书(如大学英语四级或专业资格考试未通过)。
□完全不符合 □比较不符合 □一般符合 □比较符合 □完全符合

24. 自己很少参加专业社会实践活动或学术活动。
□完全不符合 □比较不符合 □一般符合 □比较符合 □完全符合

25. 自己的计算机应用水平不高。
□完全不符合 □比较不符合 □一般符合 □比较符合 □完全符合

26. 不了解合同法，劳动法，不知道找工作有哪些法律保障。
□完全不符合 □比较不符合 □一般符合 □比较符合 □完全符合

27. 所学专业上一届的就业情况不理想。
□完全不符合 □比较不符合 □一般符合 □比较符合 □完全符合

28. 担心工作难度大，自己不能胜任。
□完全不符合 □比较不符合 □一般符合 □比较符合 □完全符合

29. 周围同学比自己先找到工作。
☐完全不符合　　☐比较不符合　　☐一般符合　　☐比较符合　　☐完全符合

30. 自己的协调与沟通能力较差。
☐完全不符合　　☐比较不符合　　☐一般符合　　☐比较符合　　☐完全符合

31. 很想在名气大、效益好的单位工作。
☐完全不符合　　☐比较不符合　　☐一般符合　　☐比较符合　　☐完全符合

32. 担心应聘时没能把握住面试和选拔的机会。
☐完全不符合　　☐比较不符合　　☐一般符合　　☐比较符合　　☐完全符合

33. 自己没有什么特长。
☐完全不符合　　☐比较不符合　　☐一般符合　　☐比较符合　　☐完全符合

34. 不知道是全身心投入考研，还是同时兼顾求职应聘。
☐完全不符合　　☐比较不符合　　☐一般符合　　☐比较符合　　☐完全符合

35. 担心户口和档案的问题难解决。
☐完全不符合　　☐比较不符合　　☐一般符合　　☐比较符合　　☐完全符合

36. 毕业人数众多，竞争激烈。
☐完全不符合　　☐比较不符合　　☐一般符合　　☐比较符合　　☐完全符合

37. 自己的适应性较差，担心不适应新的工作环境。
☐完全不符合　　☐比较不符合　　☐一般符合　　☐比较符合　　☐完全符合

38. 担心工作枯燥乏味无挑战性。
☐完全不符合　　☐比较不符合　　☐一般符合　　☐比较符合　　☐完全符合

39. 参加招聘会，面试和上课时间冲突。
☐完全不符合　　☐比较不符合　　☐一般符合　　☐比较符合　　☐完全符合

40. 担心招聘岗位的性别歧视。
☐完全不符合　　☐比较不符合　　☐一般符合　　☐比较符合　　☐完全符合

41. 自己的英语应用水平不高。
☐完全不符合　　☐比较不符合　　☐一般符合　　☐比较符合　　☐完全符合

42. 不懂面试技巧，对求职方法知之甚少。
☐完全不符合　　☐比较不符合　　☐一般符合　　☐比较符合　　☐完全符合

43. 担心找到的工作自己不喜欢，在工作上没有长久的动力。
☐完全不符合　　☐比较不符合　　☐一般符合　　☐比较符合　　☐完全符合

44. 自己的综合能力较弱，缺乏竞争的信心。
☐完全不符合　　☐比较不符合　　☐一般符合　　☐比较符合　　☐完全符合

45. 担心工作缺少各种福利保障。
☐完全不符合　　☐比较不符合　　☐一般符合　　☐比较符合　　☐完全符合

46. 很想留在大城市或经济发达地区。
☐完全不符合　　☐比较不符合　　☐一般符合　　☐比较符合　　☐完全符合

47. 找工作的花费负担很重(如路费、通信费、服装费、资料费、门票费等)。
☐完全不符合　　☐比较不符合　　☐一般符合　　☐比较符合　　☐完全符合

48. 不知道该从哪里获得准确的用人信息。
☐完全不符合　　☐比较不符合　　☐一般符合　　☐比较符合　　☐完全符合

49. 担心工作的具体地点太偏僻。
□完全不符合　　□比较不符合　　□一般符合　　□比较符合　　□完全符合

50. 所学专业的就业前景不乐观，是冷门专业。
□完全不符合　　□比较不符合　　□一般符合　　□比较符合　　□完全符合

51. 担心专业对口问题，是否能从事与专业对应的工作。
□完全不符合　　□比较不符合　　□一般符合　　□比较符合　　□完全符合

52. 家庭缺乏一定的经济实力。
□完全不符合　　□比较不符合　　□一般符合　　□比较符合　　□完全符合

53. 就业信息严重不足。
□完全不符合　　□比较不符合　　□一般符合　　□比较符合　　□完全符合

54. 不喜欢自己的专业，不知道找工作时到底应该选专业还是选兴趣。
□完全不符合　　□比较不符合　　□一般符合　　□比较符合　　□完全符合

55. 家庭背景很一般。
□完全不符合　　□比较不符合　　□一般符合　　□比较符合　　□完全符合

56. 找工作的过程中要应对各类招聘考试和选拔考试。
□完全不符合　　□比较不符合　　□一般符合　　□比较符合　　□完全符合

57. 试用期与上课时间冲突。
□完全不符合　　□比较不符合　　□一般符合　　□比较符合　　□完全符合

58. 目前大学生的就业环境不理想，就业形势紧张。
□完全不符合　　□比较不符合　　□一般符合　　□比较符合　　□完全符合

59. 不知道自己到底应该从事什么工作。
□完全不符合　　□比较不符合　　□一般符合　　□比较符合　　□完全符合

复盘评估关

任务　复盘生涯·谋定新程

一、关卡名称：复盘成长之路

　　复盘，就是在头脑中对过去所做的事情重新"过"一遍。通过对过去的思维和行为进行回顾、反思和探究，找出原因，找到规律，从而指导我们解决问题，帮助我们提升解决问题的能力。

　　唐代诗人杜牧在《重送绝句》一诗中曾形象生动地描述了他与一位围棋高手对弈之后复盘的场景："绝艺如君天下少，闲人似我世间无。别后竹窗风雪夜，一灯明暗覆吴图。"复盘就是每次博弈结束以后，双方棋手把刚才的对局再重复一遍，这样可以有效地加深对这盘对弈的印象，也可以找出双方攻守的漏洞，是提高自己水平的好方法。

(一) 什么是复盘

　　复盘是围棋术语，也称"复局"，指对局完毕后，复演该盘棋的记录，以检查对局中招法的优劣与得失关键，一般用以自学，或请高手给予指导分析。棋手平时在训练的时候大多数时间并不是在和别人搏杀，而应该把大量的时间用在复盘上。复盘就是把当时"走"的表面的过程重复一遍，客观地表现出来，即当时是如何想的，为什么"走"这一步，是如何设计、预想接下来的几步的。在复盘中，双方进行双向交流，对自己、对方走的每一步的成败得失进行分析，同时提出假设：如果不这样走，还可以怎样走；怎样走，才是最佳方案。

　　对于复盘来说，回顾、反思、探究、提升，一个都不能少。

(二) 复盘的对象

　　理论上，只要是发生过的事情，不管是自己做的还是他人做的，不管是大事还是小事，都可以成为我们复盘的对象。一句话：随时随地随事皆可复盘。

　　在复盘中，双方的思维不断碰撞，不断激发新的方案、新的思路，新的思维、新的理论也都可能在此萌发。通过复盘，当某种熟悉的类似的局面出现在你面前的时候，你往往能够知道自己将如何去应对，在你的脑海中就会出现好多种应对的方法，或者你可以敏锐地感觉当前所处的状态，从而对自己下一步的走向做出判断。复盘可以避免我们犯同样的错误，找到和掌握规律，校验方向，不断自我成长，带来持久成功。

(三) 复盘的类型

根据复盘参与人员的不同，可以将复盘分为两种类型：自我复盘和团队复盘。

(1) 自我复盘是自己一个人对事件进行复盘。它是一种最简单、最具操作性的复盘方式，不受时间和空间等外在条件的限制，也不受事情本身进展的约束，只要我们愿意，只要形成习惯，就可以随时、随地、随意地进行复盘。一闪念，一回想，一反思，一对照，一总结，都是复盘。而它也不否定正式的复盘，个人依旧可以找一个宁静的空间，对某件事情进行完整的复盘。

(2) 团队复盘则是由多人(一个小组)共同对某件事情进行复盘。团队复盘有人员的要求，一般是多人，因而有场地的要求，必须有一个能容纳多人且不受打扰的场地。此外，还有时间的要求，每个人都有自己的学习和工作安排，要在同一时间出现在同一场合，就必须协调各自的工作安排。不管是场地还是时间，背后牵涉到的，其实是成本。因此，团队复盘不能也不应该随时随地进行，而是应该在项目结束之后、项目的关键节点、出现了重大疑问的时候进行。

一般来说，团队复盘中存在三种角色：主持人、设问人、叙述人。主持人主要是为了保证复盘的顺利进行，避免讨论偏离团队复盘设定的方向；设问人则通过自己的提问，引导大家的思考；叙述人则叙述所需复盘事件的情况，同时回答设问人提出的问题。设问人和叙述人，并不是完全固定的，有时候可以相互转化。

不管是自我复盘还是团队复盘，常见和常做的是对自己做过的事情进行复盘，这是在复盘自己。

(四) 复盘的心态

不自欺是对自己而言，要诚实。有胜心是指对自己要有挑战自己潜能的胜己之心；对别人而言，则不要有"有胜心"，要虚心。两种心态的指向是同一个：成长心态。一切只关乎成长！

(五) 复盘与总结的区别

复盘与总结的区别有以下三个方面。

1. 以学习为导向

复盘的目的是让个人和团队能够从刚刚过去的经历中学习，因此必须有适宜学习的氛围和机制。复盘不追究哪个人的功过得失、不批评、不表扬，只是忠实地还原事实、分析差异、反思自我，学到经验或教训，找到未来可以改进的地方。

而一般工作总结的目的是对前一阶段的工作进行小结(画个"句号")，往往会以陈述自己的成绩为主，经常与绩效考核或能力评定等挂钩，因而不提或少提缺陷与不足，也不必然包含深入的反思与剖析。

2. 结构化的流程与逻辑

我们都知道，总结是对一定时期的工作或某个事件的梳理、汇报，每个人依自己的习惯和悟性，对已经发生的事件、行为及结果进行回顾、描述。总结通常没有固定的模板和结构，也不必包括对目标与事实差异原因的分析、经验提炼等要素。

复盘是以学习为导向的，必须遵从特定的步骤与逻辑：不仅回顾目标与事实，也要对差异的原因进行分析、得出经验与教训，并转化应用，才能算是一次完整的复盘。

3. 复盘更适合以团队形式进行

虽然个人也可以进行复盘，但在更多情况下，由于现代组织中许多活动都是多人、多部门协同完成的，因此复盘通常是以团队形式进行的。复盘是一种非常重要的团队学习与组织学习机制。通过集体深度会谈，团队成员不仅可以相互了解彼此的工作和关系，而且可以超出个人的局限，让人们看到整体，并激发出新的观点。

工作总结往往只是个人的观点，会不可避免地存在片面、局部和主观的描述。

二、闯关意义

生涯规划不是一蹴而就的事情，是不断调整、不断优化的过程，因此生涯规划的复盘与评估在一个人的生涯规划路径当中弥足珍贵，意义非凡。

(一) 校准偏差

或调整或修正或重置。在个人按照自己之前的生涯目标积极实践、积累经验的过程中，随着实践的推移和环境的变化，最初设定的目标可能与现实不符，如同某人利用GPS导航系统，导航去某些城市的某几个热门的景点参观游览，旅行季中的某天，点开接下来行程中某个景点的官方App发现需要提前一周预约门票，否则将无法进入游览，这导致该目标行程无法正常进行，因此需要调整旅行计划，重新设定新的目的地。此次经历，回顾复盘后，吃一堑长一智，在以后的旅行计划中，定会对目标旅游景点的订票时间和方式多加注意，避免先前的事件再次发生。

(二) 提升能力

在复盘评估的过程中，人们能够清晰了解自己在知识、技能、认知等方面的局限和优势，即跳出当下看问题，以一个旁观者的角度全面审阅一个事件或一个经历，从而有针对性地学习提升，促进个人不断适应新的变化，学习新的事物，保持竞争力，实现持续成长。

(三) 整合资源

复盘评估可以发现过往经历中资源使用的具体情况，判断某个时间节点或某个任务环节中，资源的投入过多或不足，哪些资源尚未进行有机整合和充分利用，从而在下一次行动计划中，能够提前合理分配现有资源，拓展整合更多外部资源，提高效率，保障效果。

三、闯关武器

韩赟KGN复盘法。

四、解读密码

KGN复盘法是韩赟生涯工作室研发的一套新的复盘工具。相比以往的复盘方法，其优点是简单、便捷，容易让使用者记住，关注焦点，找出优劣势，扬其所长，避其所短。常用工具主要包括复盘沙盘工具图(见图6-1)和便利贴(见图6-2)。

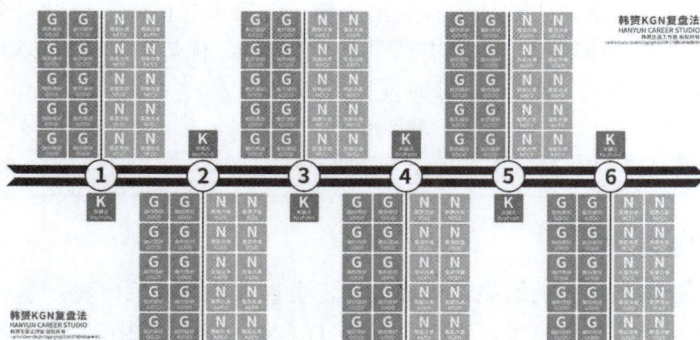

图 6-1　复盘沙盘工具图

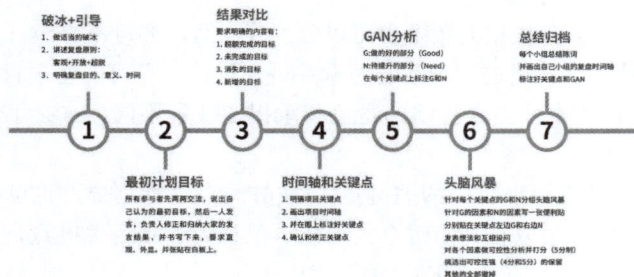

图 6-2 便利贴

(一) KGN复盘法的基本要素

K(key point)：关键点。

G(good)：做得很好的。

N(need)：需要改善和提升的。

K就是寻找关键点，即在复盘的过程中，首先确定复盘事件的关键点(K)，然后围绕关键点进行重现和推演。一般说来，关键点分为两种，一种是以具体时间为关键点，另一种是以具体事件为关键点。无论是具体时间还是具体事件，在整个复盘事件中都是具有里程碑意义的。

G和N就是在关键点K的基础上，做得好的地方和需要提升的地方。

(二) KGN复盘模型解构

(1) 关键点(key)：项目里程碑事件识别或关键事件节点梳理(时间维度20%关键节点影响80%结果)。

(2) 优势项(good)：显性成果提炼与隐性能力显性化(行为模式－决策逻辑－团队协同)。

(3) 需求域(need)：改进及需要提升的空间定位(技术短板－认知盲区－环境适配)。

(三) KGN复盘法的设计思路

工具和模型的作用在于服务于使用者，让使用者在深切理解的基础上，更容易上手，从而达到复盘评估的目的。KGN复盘法让流程更清晰明了、简单易操作，通过三个字母，提高其可执行性。相比其他传统的复盘工具，它具有情景复杂性降维、优势和需求直接对应具体关键场景、符合Z世代学习特征(模块化、可视化、即时反馈)的优势。

五、执行任务

(一) 开启KGN复盘之旅

进行复盘时，应该保持开放心态，坦诚表达，实事求是，反思自我，集思广益。KGN复盘工具由复盘沙盘指示图(见图6-1)和颜色不同的K、G、N便利贴(见图6-2)组成。具体流程如下。

(1) 教师发放"KGN复盘沙盘"指示图，并宣布当日复盘的项目和主题(每次复盘需要确定唯一项目和主题，不可一次复多盘)。

(2) 所有参与复盘的人员根据人数多少可以分为若干组，亦可不分组。

(3) 教师给时间让团队成员进行项目的回顾并进行讨论。尽可能将项目具体化、清晰化、明朗化。所有团队成员在该事件当中扮演的角色和承担的任务不同，未必了解各个环节，通过这个步骤让项目完整呈现。

(4) 团队成员共同商定该项目中的关键点(可按时间点进行划分，也可按照项目中的关键事件进行划分)。团队成员可采取首先由每个人写出自己认为的项目关键点，然后团体内合并同类项，归纳总结，最终确定最为关键的K点(关键点)。

(5) 教师发放K点便利贴。要求团队成员将确定好的K点(关键点)写在便利贴上，并贴于沙盘指示图K的位置。

(6) 团队成员根据每一个K点依次进行复盘评估。

(7) 教师发放G点便利贴，要求团队成员根据K点展开评估，在此K点上，做得好的地方是什么(写在G便利贴上)，所有成员整理归类，去掉重复内容，将公认的G便利贴贴在沙盘指示图G的位置。

(8) 教师发放N点便利贴，要求团队成员根据K点展开评估，在此K点上，需要提升的地方是什么(写在N点便利贴上)，所有成员整理归类，去掉重复内容，将公认的N点便利贴贴在沙盘指示图N点的位置。

(9) 根据便利贴上的可控性评分，区分类别：可控性评分低但是效果反馈不错的，就思考下一阶段如何提高其可控性；可控性评分高但是效果反馈并不理想的，就思考下一阶段如何改进操作性，以便提高有效性。

(10) 先针对每个关键点复盘，分析该关键点上做得好的部分和需要改善的部分，将其分别详细填写在相应的便利贴上；再根据时间轴顺序依次连接每个关键点的复盘结果，不仅回顾目标与事实，也要对差异的原因进行分析、得出经验与教训，并转化应用，才能算是一次完整的复盘。

(二) 复盘中需注意

(1) 在此之前，同学们需要明确复盘的误区：首先，确定复谁的盘，避免没有重点无所不包；其次，复盘中需要理智客观，切忌报喜不报忧；最后，要明确目标是否清晰或达成共识。

(2) 此外，还可以用逆向关键点法则进行复盘，逆向关键点法则指的是在复盘的过程中，根据以前的经验，先行确定事件成功要满足的关键成功因素，然后围绕关键成功因素进行KGN复盘，流程同上。

(3) 一般来讲，一个事件的关键点可以提取4～8个，根据事件的性质和重要程度，也可达到二十几个，甚至更多。

六、通关要领

复盘作为一种系统性反思与总结的思维方式，连接过去与未来，对个人成长和国家进步都具有深远的影响，对个人而言，它是突破认知边界的工具；对国家而言，它是文明传承的载体。当个体复盘意识汇聚成社会共识，便能真正形成"自下而上创新"与"自上而下引导"的共振，驱动人类文明在反思中持续进化。它不仅是经验积累的途径，更是推动持续改进的核心动力。所以说，构建以KGN复盘法为枢纽的成长生态系统，能够实现微观个体能力提升、中观组织效能优化、宏观国家创新发展的三级联动。

(一) 复盘工具的时代价值

当复盘从散落的经验碎片升级为系统的认知基础设施，我们将摒弃以往的"反复试错"的原始路径。以往我们执行完一项任务或实施了某个决定后，通常以集体会议的形式，讨论得失和目标达成，以便更好地为下一次执行项目提供借鉴，趋利避害。但是往往陷入到冗长的报喜不报忧、盲人摸象、罗生门的误区。比如报喜不报忧，很多人参与复盘，因为种种原因，只说成绩，不谈问题。这样就丧失了复盘的意义；再比如盲人摸象，尤其是对一些大的项目和决定。在执行的过程中，牵涉的细节非常多，每个人的认知、视角不同，很难站在整体的角度考虑问题，人们往往只看到需要自己负责的局部和碎片；而罗生门的现象，是由于参与复盘的人因为价值观的不同、经验的不同，对同一件事情不能客观地给出意见建议，而是强调自己对其的理解，无法在总结的过程中达成共识。因此，为了个人进步、项目优化等，复盘必须在某种开放、公平、轻松、包容的环境下展开，同时需要借助一定的结构化工具，大家共同参与，一旦复盘可视化、工具化，就从被动的适应试错到主动地设计未来。

(1) 复盘的本质升级：从经验总结到系统化认知迭代工具。

复盘工具从传统的经验总结演变为系统化、结构化的方法论，标志着人类认知迭代方式的革命性升级。这种转变不仅提升了反思的效率与深度，更在全球化、数字化和复杂化的时代背景下，成为推动个人、组织乃至文明跃迁的关键杠杆。如腾讯曾使用ORID复盘产品迭代，将用户流失率分析误差从32%降至7%。

(2) 当代需求特征：VUCA时代对敏捷反思能力的要求。

在VUCA时代，我们只有不断地从过去获得经验和力量，发现自己的闪光点，才能赋能自己，更好地面对未来，就能收获华丽转身的自己，而重要的每一次转身，都是回看过往，频繁复盘，不断改进，生活会发生改变。曾经有一项数据非常令人深思：

如果每天进步1%，一年后的结果是：1.01365=37.78。如果每天退步1%，一年后的结果是：0.99365=0.025。复盘的目的不是让自己觉得做了多少事情，而是发现自己可以进步的空间以及自己的局限和需要提升的地方(need)。因此，复盘是敏捷反思过去，深刻理解当下，充分绸缪未来，它是一种终身成长的学习方式，在复盘中实现迭代。

(3) KGN复盘方法论突破：结构化思维(key关键点定位——good优势确认——need需要提升)的三维模型。

例：图6-3为西安培华学院教师在举办完一届"生涯体验节"后进行项目复盘的实操场

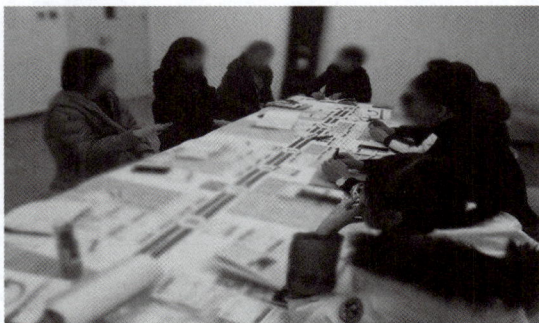

图 6-3　复盘沙盘工具实操

景。当下高校比较流行的体验式生涯互动大型活动多数以户外闯关为主要形式的生涯体验节/生涯嘉年华/生涯游园会等。该活动旨在唤醒大学生的生涯规划意识，帮助大学生进行初步的生涯规划。高校将生涯规划课程内容设计成系统的活动，在户外开展，学生通过游戏、咨询、竞赛等多样的方式，进行自我目标定位、自我探索、职业探索等，在实践中了解并进行生涯规划，致力于让同学们在快乐中触摸生涯。

该项目活动需按照内在逻辑设计一系列子活动组合而成，绝不是单纯以游戏堆砌，同学们在每个子活动中开始思考自己的学业、专业、职业，项目活动的框架搭建通常为：项目活动主题，体验式活动模块(模块与模块之间要有逻辑关系)，对应一系列子活动。

KGN方法论的突破在于所有参与者运用结构化思维，在KGN复盘工具沙盘上，按照操作流程和步骤，看到项目的全貌，先找到关键点(key)，再依次在每一个关键点上讨论做得好的地方(good)和需要提升改善的地方(need)。这样就规避了前面说过的"盲人摸象"的情况。而且结构化的思维让整个复盘更有条理更加有效。因此，在不断地复盘评估和优化升级后，西安培华学院原创的"蒲公英"生涯体验节每年进行更新和迭代，在服务本校的基础上，给予了省内外很多高校生涯教育者技术支持。

(二) 为国家战略需求提供支持

案例：大学生职业规划大赛项目复盘。

技术攻关节点(K)→ 跨学科协作模式(G)→ 成果转化瓶颈(N)

2024年的《教育部关于举办第二届全国大学生职业规划大赛的通知》中指出，学生的职业目标要结合所学专业多渠道了解相关行业发展趋势和就业市场的需求，要能够将个人理想与国家需要、社会经济发展相结合，体现正确的择业就业观念。从某种意义上说：大学生应该树立与国家战略需求相统一的职业发展方向。如突破"卡脖子"问题，这直接关系到国家科技的自立自强。如果大学生职业规划的方向能够聚焦这些关键的节点，不仅能为个人职业发展提供方向，还能为国家战略需求贡献力量。

我们不难发现，历年在职业规划大赛中获得优异成绩的选手，均不是一个人在战斗，在个人整体职业规划过程中，充分体现了其综合素质，也得到了跨学科指导老师的帮助，跨学科协作是解决复杂问题的有效途径，能够整合不同领域的知识和技术，推动创新突破，这使得选手能够更加具有竞争力。

但是也不乏存在有学生为了比赛而比赛的情况出现，现场比赛的结果对未来个人的生涯发展一定会起到促进的作用，但并非直接的因果关系。因此，"以赛促就"并不是一蹴而就的事情，而是需要通过不断地复盘、实践、调整，逐渐实现的过程。

大学生职业规划大赛的项目通过复盘从技术关键点、跨学科协作和成果转化的经验，不仅能够提升个人的职业竞争力，还能为国家战略需求提供有力支持。大学作为科技创新的重要阵地，个人的成功经验和经典案例也能为国家战略实施提供宝贵经验。未来，无论是个人、组织、社会、国家都应该进一步强化复盘的意识，推动科技创新与经济社会发展的深度融合，为实现中华民族伟大复兴贡献力量。

七、晋级成功

写下收获，取得下一关闯关资格。

参考文献

[1] 新华网. 党的二十大报告辅导读本[M]. 北京：人民出版社，2023.

[2] 赵小云. 当代大学生的生涯适应力研究[M]. 北京：科学出版社，2015.

[3] 关翩翩，李敏. 生涯建构理论：内涵，框架与应用[J]. 心理科学进展，2015，23(12):2177-2186.

[4] Savickas M L .Career Adaptability: An Integrative Construct for Life‐Span, Life‐Space Theory[J]. Career Development Quarterly，2011，45(3):247-259.

[5] 马可·L. 萨维科斯，著；郭本禹，主编. 生涯咨询[M]. 郑世彦，马明伟，郭本禹，译. 重庆：重庆大学出版社. 2015.

[6] 国家职业分类大典修订工作委员会编. 中华人民共和国职业分类大典 2022版[M]. 北京：中国劳动社会保障出版社，2022.11.

[7] 国家统计局编. 国民经济行业分类注释[M]. 北京：中国统计出版社，2008.

[8] 刘宣文. 了解自己的职业性向 职业兴趣组合卡的价值与应用[M]. 宁波：宁波出版社，2015.

[9] 金树人. 生涯咨询与辅导[M]. 北京：高等教育出版社，2007.

[10] 李枢著. 生涯咨询99个关键点与技巧[M]. 北京：机械工业出版社，2022.

[11] 顾雪英，胡湜. MBTI人格类型量表：新近发展及应用[J]. 心理科学进展，2012，20(10): 1700-1708.

[12] 苗丹民，皇甫恩，Rosina C. Chia，等. MBTI人格类型量表的效度分析[J]. 心理学报，2000，(3)：324-331.

[13] 黄希庭. 人格心理学[M]. 重庆：西南师范大学出版社，2021.

[14] 理查德·尼尔森·鲍利斯. 你的降落伞是什么颜色？[M]. 陈玮，等译. 北京：中信出版社，2002.

[15] 罗陈娟，韩赟编. 职业生涯规划团体活动教程[M]. 北京：清华大学出版社，2023.

[16] 李彦霖. 大学生求职面试指导用书[M]. 北京：北京师范大学出版社，2017.

[17] 薛正金. 当代大学生心理健康教育[M]. 南京：南京大学出版社，2021.